菲律賓南海仲裁案

核心問題法理分析

黃　瑤　黃靖文　主編

目錄

CONTENTS

Chapter Four: The Legality of China's Activities in the South China Sea / 433

Introduction / 434

前言

　　2013 年 1 月 22 日，菲律賓根據 1982 年《聯合國海洋法公約》第十五部分和附件七，就中國和菲律賓有關 "南海管轄權" 爭議向中國遞交仲裁通知，提起強制仲裁程序。該案組建的臨時仲裁庭不顧中國一方的反對，在中國堅持 "不接受、不參與" 立場的情況下，於 2015 年 10 月 29 日發佈管轄權和可受理性問題裁決，裁定其有權審理菲律賓提交的大部分訴求。2016 年 7 月 12 日，該案仲裁庭發佈了一份長達 500 頁的最終裁決書，首次就中國與菲律賓複雜的南海爭端作出實體裁決，嚴重損害中國在南海斷續線（俗稱 "南海九段線"）內的島礁領土主權和海洋權益。

　　然而，這次由菲律賓主導的南海爭端 "司法化" 運作，並未如菲方所願有效地解決兩國之間的複雜爭議，反而使得多年來難以平靜的南海地區局勢再度緊張。菲律賓不顧中國反對而單方面提起國際仲裁，以及隨後仲裁庭的審理工作，其法理上的正當性在國際社會和學術界也引起廣泛爭議，並成為進一步惡化南海秩序的一個重要因素。

　　非法程序將導致無效裁決。一方面，中國政府堅持 "不承認、不執行" 此南海仲裁案裁決的外交立場難以撼動；另一方面，唯有全面剖析該裁決書的法律謬誤，才能從根本上阻卻菲律賓借助國際輿論強制執行非法裁決，為中國在南海的合法權益正名，進而鼓勵南海爭端國重新回歸談判與協商進程，為南海周邊國家區域合作創造和諧環境。

　　為對菲律賓南海仲裁案核心問題展開法理分析，受中國國家社會科學基金重大招標項目"南海斷續線的法理與歷史依據研究"（14ZDB165）的支持，我邀請國內部分知名南海法律專家學者撰稿出版本書，旨在有理有據地揭批該案裁決書的錯誤之處，全面客觀地評析該案所涉的主要國際法問題，並豐富相關理論研究。

本書篇章結構遵循國際法案例評析的通常思路，先管轄權和可受理性問題，後實體問題。本書除了前言、導論、餘論及附錄部分之外，由以下四章組成：

第一章評析南海仲裁案的管轄權和可受理性一般問題，探討該案有關爭端的識別與定性、管轄權的例外與限制、交換意見的義務，以及中國不出庭對程序的影響等問題，旨在闡釋中國不接受、不承認南海仲裁案裁決的立場是否具備正當性與合法性。

第二章評論南海斷續線與歷史性權利，針對菲律賓在該案提出的第1、2項訴求，指出仲裁庭就歷史性權利訴求所作裁決的事實與法律適用謬誤，探討一般國際法中的歷史性權利在現代國際海洋法體系中的地位，闡釋中國南海斷續線的法理內涵。

第三章主題為南海島礁法律地位，針對菲方第3－7項訴求，從《聯合國海洋法公約》有關島嶼制度和低潮高地規則兩個方面，論證南海島礁法律地位問題不具有可仲裁性，並結合豐富的國家實踐和國際司法、仲裁案例批駁仲裁庭裁決。

第四章論述中國在南海有關行動的合法性，針對本案其他訴求，討論中國在黃岩島附近海域執法行動的合法性、中國在美濟礁等島礁建設行為的合法性，以及中國在南海有關活動是否違反海洋環境保護義務等問題。

本書由我和黃靖文博士擬定篇章結構安排，並負責文章的更新或修改定稿。為了幫助非專業讀者初步了解相關國際法規則和制度，為他們知曉南海仲裁案重要細節提供便利和引導，我們撰寫了導論和每章導讀。此外，站在對南海法律爭端的全面思考之上，本書餘論選取南海地區公共安全合作為研究對象，為中國在南海仲裁案之後如何促進南海地區和平發展建言獻策。

本書各部分執筆人如下（以撰寫章節先後為序）：

導論：黃瑤、黃靖文、鄭亦君

第一章：劉楠來、余敏友、謝瓊、劉丹、張晏瑲、余民才

第二章：黃瑤、黃靖文、鄭志華、張祖興、李揚

第三章：王勇、黃靖文、羅歡欣、張衛彬、李任遠

第四章：曲波、梁贇、馬博、闕佔文

餘論：張良福

附錄：黃靖文編譯，黃瑤校

本書的出版承蒙三聯書店（香港）有限公司的大力支持，尤其是顧瑜女士為本書的出版付出了辛勤的勞動，謹此一併表示衷心的感謝！

黃瑤

2018 年夏於廣州康樂園

導論

菲律賓所提南海仲裁案涉及的國際法問題透視 *

一、南海仲裁案始末回顧

　　2013 年 1 月 22 日，菲律賓根據 1982 年《聯合國海洋法公約》（以下簡稱 "《海洋法公約》"）第 287 條和附件七，在未取得另一方爭端國 —— 中國同意的情況下，就兩國有關南海管轄權的爭端向中國遞交仲裁通知，提起強制仲裁程序。同年 6 月 21 日，仲裁庭正式成立。2014 年 3 月 30 日，菲律賓提交了訴狀，陳述了 15 項訴求並呈交相應的證據，在以下三類事項上請求仲裁法庭裁定中國違反《海洋法公約》：第一，中國在南海斷續線內所主張的 "歷史性權利" 超出《海洋法公約》規定的權利範圍，與該公約不符；第二，中國依據南海若干岩礁、低潮高地和水下地物（submerged

---

　*　作者：黃瑤，中山大學法學院教授、中國南海研究協同創新中心研究員、博士生導師；黃靖文、鄭亦君，中山大學法學院博士研究生。

features）所主張的領海、專屬經濟區、大陸架等海洋權利違反《海洋法公約》；第三，中國在南海行使權利的行為非法干涉菲律賓基於《海洋法公約》所享有的各項權利和自由。❶

自本案程序提起之時，中國政府已多次鄭重聲明不接受、不參與菲律賓提起的仲裁。2014 年 12 月 7 日，針對菲律賓的訴狀，中國外交部受權發表了《中華人民共和國政府關於菲律賓共和國所提南海仲裁案管轄權問題的立場文件》（以下簡稱 "《立場文件》"），不僅再次重申不接受、不參與的立場，並陳述了本案仲裁庭缺乏管轄權的具體法律依據。❷ 但中國的立場並未得到仲裁庭的充分尊重，在 2015 年 10 月 30 日，仲裁庭就本案的管轄權和可受理性問題發表了第一階段裁決書，裁定對菲律賓的 15 項訴求中的 7 項訴求具有管轄權，剩餘的 8 項訴求的管轄權問題將與實體問題一併審理，進而把本案的審理工作推進實體階段。面對如此複雜的案情，仲裁庭隨後用不足一年的時間便完成了剩餘的審理工作，於 2016 年 7 月 12 日公佈最終裁決。兩份裁決支持仲裁庭對本案絕大部分訴求的管轄權；而且，在實體問題上，仲裁庭幾乎全盤否認中國在南海的海洋權益，包括：認定中國在南海斷續線內的歷史性權利沒有法律依據，裁決個別南沙群島島礁和黃岩島只能主張寬度 12 海里領海（territorial sea），南沙群島不能依據《海洋法公約》主張寬度為 200 海里的專屬經濟區（exclusive economic zone）和大陸架（continental shelf）海域權利，並裁決中國的行為侵犯菲律

❶ 關於菲律賓向仲裁庭提交的 15 項訴求的最終表述，請參見本書附錄一 "菲律賓的 15 項最終訴求（中英文對照）"。

❷ 《中華人民共和國政府關於菲律賓共和國所提南海仲裁案管轄權問題的立場文件》，2014 年 12 月 7 日，中華人民共和國外交部網站：http://www.mfa.gov.cn/web/wjb_673085/zzjg_673183/tyfls_674667/xwlb_674669/t1217143.shtml，最後訪問時間：2017 年 12 月 1 日。

賓的主權權利（sovereign rights）、違反有關海洋環境保護的規則、惡化了南海爭端等。❶

回顧中菲南海仲裁案過程始末，其程序運作始終在一方當事國主導、另一方當事國缺席的情況下進行，被中國一方視作違反《海洋法公約》，也正因如此，中國堅持不接受、不承認仲裁庭所作裁決之效力。在最終裁決公佈當日，中國外交部發表了《中華人民共和國外交部關於應菲律賓共和國請求建立的南海仲裁案仲裁庭所作裁決的聲明》，鄭重強調本次仲裁的非法性，聲明"該裁決是無效的，沒有拘束力，中國不接受、不承認"。❷同日，中國外交部還發表了《中華人民共和國政府關於在南海的領土主權和海洋權益的聲明》，全面概述了中國在南海的領土主權和海洋權益，闡明了中國在南海的領土主權和海洋權益符合國際法和國際實踐，回應了最終裁決對中國在南海享有合法權益的漠視和損害。這些權益包括：第一，中國對南海諸島，包括東沙群島、西沙群島、中沙群島和南沙群島擁有主權；第二，中國南海諸島擁有內水、領海和毗連區；第三，中國南海諸島擁有專屬經濟區和大陸架；第四，中國在南海擁有歷史性權利。❸本書旨在評析南海仲裁案仲裁庭對上述中國在南海核心領土主權和海洋權益的裁決依據與結論，並對該案管轄權、可受理性和實體主要問題進行法理分析。

---

❶ 關於仲裁庭就本案管轄權和可受理性問題、實體問題所作最終裁決，請參見本書附錄二 "南海仲裁案最終裁決結果（中英文對照）"。

❷ 《中華人民共和國外交部關於應菲律賓共和國請求建立的南海仲裁案仲裁庭所作裁決的聲明》，2016 年 7 月 12 日，中華人民共和國外交部網站：http://www.fmprc.gov.cn/web/zyxw/t1379490.shtml，最後訪問時間：2017 年 12 月 1 日。

❸ 《中華人民共和國政府關於在南海的領土主權和海洋權益的聲明》，2016 年 7 月 12 日，中華人民共和國外交部網站：http://www.mfa.gov.cn/nanhai/chn/snhwtlcwj/t1380021.htm，最後訪問時間：2017 年 12 月 1 日。

二、南海仲裁案仲裁庭對中菲南海爭端的錯誤表述和碎片化處理

回顧 20 世紀 70 年代以來中國和菲律賓兩國在南海的衝突歷史，可以將中菲在南海問題上的爭議爭端歸納為兩個層次：第一個層次是雙方在黃岩島和南沙群島部分島礁〔菲方稱之為 "卡拉延群島"（the Kalayaan Island Group）〕的領土主權爭端，第二個層次是雙方在南海的海洋劃界爭端。依據國際海洋法上的 "陸地統治海洋"（la terre domine la mer）原則，第一層爭端是第二層爭端產生的根源，而這兩層爭端的處理結果決定了中菲在南海各項行動於法理上的孰是孰非。但是，這兩層爭端與菲方在仲裁案中 15 項訴求的表述存在極大差異。菲律賓及其代理律師將中菲南海爭端進行精心篩選和巧妙包裝，其根本目的是借助國際仲裁程序來突破其在島礁主權爭端中所處的被動和劣勢地位，主要體現為如下三點：

首先，在第 1 項和第 2 項訴求中，菲律賓將中國地圖上的南海斷續線與一般國際法下的 "歷史性權利" 掛鈎，指責中國在斷續線內的海域存在一項 "歷史性權利" 主張，該主張因超越《海洋法公約》所允許的海域權利範圍而無效。

南海斷續線（the Dotted Line）是指中國地圖上南海諸島海域外圍的那些斷續線，又被稱為南海 "U 形線"（the U-shaped Line）或 "九段線"(the Nine-Dash Line)。南海斷續線沿用至今已超過 70 年。二戰後，中華民國政府根據《開羅宣言》和《波茨坦公告》從日本手中收復了南海諸島，在經過一步的巡視和測量後，於 1947 年由內政部方域司繪製完成《南海諸島

位置署圖》，11 條斷續線首次正式出現在這幅官方地圖中。結合當時的歷史背景，南海斷續線的首要目的是宣示中國對斷續線內島礁的領土主權。在南海仲裁案程序啟動前，中國從未公開地將斷續線這一地圖標識與菲方所指的 "歷史性權利" 主張聯繫起來。菲律賓的第 1 項和第 2 項訴求有意忽視斷續線作為中國 "島嶼歸屬線" 的關鍵地位，避重就輕地提出所謂中國的 "歷史性權利" 訴求，藉機弱化斷續線在中菲島礁主權爭端中的證據價值。

其次，菲律賓割裂中國對南沙群島整體的主權主張，挑選中國實際佔有的黃岩島和南沙群島中的 8 個島礁，越過這些島礁在習慣國際法下的主權歸屬問題，避談這些島礁在兩國海上劃界中的地位和作用，僅僅把它們在《海洋法公約》下的法律地位以及可以產生何種海域權利的問題提上議程。

在第 3 項和第 7 項訴求中，菲律賓請求仲裁庭裁決黃岩島、赤瓜礁、華陽礁和永暑礁在性質上為《海洋法公約》第 121 條第 3 款所定義的 "岩礁"（rocks）。[●] 岩礁有別於一般的島嶼（islands），只能產生寬度為 12 海里的領海主權，不能產生 200 海里寬度的專屬經濟區和大陸架的主權權利和管轄權。在第 4 項和第 6 項訴求中，菲律賓主張中國佔領的美濟礁、仁愛礁、渚碧礁、南薰礁和西門礁（包括東門礁）為《海洋法公約》第 13 條第 1 款定義的 "低潮高地"（low-tide elevations），而不是島嶼。低潮高地既不能獨立產生領海，更不能產生專屬經濟區和大陸架。菲律賓的第 5 項訴求是 "美濟礁和仁愛礁屬菲律賓的專屬經濟區及大陸架的一部分"，這一訴求潛在地

[●] 按照《海洋法公約》第 121 條第 3 款，不能維持人類居住或其本身的經濟生活的岩礁，不應有專屬經濟區或大陸架。

要求仲裁庭認定菲律賓在南沙群島中存在合法的海域權利及其具體的地理範圍，以便日後可以行海洋劃界之實。由此，中國在南沙群島和黃岩島的海洋權益被大面積嚴重擠壓。通過這次堪稱"一邊倒"的仲裁，菲律賓成功地對南沙群島和黃岩島的法律地位進行"降格"，欲限制中國在南海行使資源開發、科考測量、航行執法、開展平時軍事活動等重大權益。

最後，菲律賓為自身的海域權利"確權"後，指責中國在南海的各項活動違反《海洋法公約》，將過去中國為維護南海島礁領土主權完整所作的努力以及正當行使海洋權益的行為定性為違法行為。

菲律賓在第 10 項、第 11 項和第 13 項訴求中，指控中國在黃岩島及其附近海域非法干涉菲律賓漁民的傳統捕魚活動、破壞海洋環境和實施危險航行。菲律賓提出其漁民在黃岩島享有傳統捕魚權，以此遮掩菲律賓在1997 年 5 月才首次對黃岩島提出主權主張的事實，[1]而中國早在元代就已發現黃岩島並將其納入版圖[2]。2012 年 4 月 10 日發生的"黃岩島對峙事件"，

---

[1] 1997 年 5 月底，當時的菲律賓總統拉莫斯（Fidel Ramos）公然聲稱："菲律賓有勘探和開發黃岩島資源的主權，它是在菲律賓的專屬經濟區之內。" 這意味著，菲律賓正式對黃岩島提出主權要求。1997 年 6 月 5 日，時任菲律賓外交部長西亞松（Domingo Siazon）在菲眾議院外交與國防委員會的一次公開聽證會上，發表了有關黃岩島的聲明："我們堅持黃岩島是我們領土的一部分"，因為《菲律賓憲法》第 1 條稱，國家領土由菲律賓群島、群島內的所有島嶼和水域，以及菲律賓已擁有主權和管轄權的所有領土組成。他進一步說："菲律賓已對黃岩島及其周圍水域行使主權和有效的管轄權，菲律賓漁民已將此地區作為他們傳統的漁區和天氣惡劣時的庇護所。菲律賓通過菲律賓大學和環境與自然資源部一直從事著海洋學、島礁結構和其他海洋科學的研究。黃岩島長期被國防當局當作一個衝擊區，菲律賓已在島上建立一座燈塔，並長期在此地區執行反走私和反非法捕魚。" 見李金明：《近年來菲律賓在黃岩島的活動評析》，載《南洋問題研究》2003 年第 3 期，第 41 頁。

[2] 元世祖忽必烈平定南宋後，於至元十五年（公元 1278 年）設立太史院，為統一中國疆域內之曆法，需在各地測驗晷景，取得數據。元世祖敕令郭守敬親自"抵南海"主持"四海測驗"起點的測驗工作。實測表明，郭守敬所"抵南海"在南海東部，即今黃岩島，換言之，元朝政府已對黃岩島行使主權和管轄權。參見韓振華：《元代〈四海測驗〉中中國疆宇的南海》，載《南洋問題》1979 年第 6 期；李金明：《元代"四海測驗"中的南海》，載《中國邊疆史地研究》1996 年第 4 期。

起因是菲律賓海軍軍艦企圖抓扣在黃岩島作業的中國漁船，並將漁船圍堵在黃岩島潟湖內並登船檢查。中國隨即派出海監船趕赴現場，阻止菲方進入潟湖。對峙時間持續逾一個月，期間中方在菲方拒絕撤離的情況下部署多艘公務船在黃岩島海域護漁。菲律賓借題發揮，在其呈交仲裁庭的訴狀中，將該事件中雙方對峙行為描述為中國單方面侵犯菲漁民的傳統捕魚權行為，將中方公務船被動的護漁行動解讀為中方縱容中國漁民在黃岩島從事非法捕撈、破壞海洋環境的行為，將 2012 年 4 月 28 日對峙期間中國公務船阻止菲方公務船進入中國黃岩島主權海域的行為解讀為中國危險航行活動，以此支持其訴求。

在 2013 年 3 月至 2014 年 3 月，菲方多次派出公務船、軍艦和民用船舶進入仁愛礁海域，試圖為 1999 年 "坐灘" 在此的一艘菲律賓舊軍艦提供補給、對艦上人員進行換防，對此，中方派出軍艦和公務船進行干預。這些事件發生在 2013 年 1 月仲裁程序啟動之後，菲方沒有像處理 "黃岩島對峙事件" 那般將仁愛礁事件包裝為中國侵犯菲方《海洋法公約》下海洋權益的行為，而是 "創造性" 地在第 14 項訴求中，將中國維護仁愛礁及其周邊水域主權的行為描述為 "非法地惡化並擴大爭端" 的行為。

仲裁庭在 2015 年 10 月 29 日作出管轄權和可受理性裁決後，菲律賓再次修改其訴求，在第 14 項訴求中增加 "（d）在美濟礁、華陽礁、永暑礁、南薰礁、赤瓜礁、東門礁和渚碧礁進行挖掘、人工島建造和建設活動" 一項內容，將中國 2014 年後才開始的大規模島礁建設活動定性為 "非法地惡化並擴大爭端" 的行為。實際上，在 2014 年前，中國在南海實際控制的島嶼無論是在擴展面積還是島上的基礎設施方面，都遠落後於菲律賓、越南和馬來西亞在其各自控制南沙島礁上的建設情況，後三國在 20 世紀七八十年代就開始大興土木，進行南沙島礁建設。[1]中國政府對島礁建設的目的作出了如下說明："中國政府對南沙部分駐守島礁進行了相關建設和設施維護，主要是為了完善島礁的相關功能，改善駐守人員的工作和生活條件，更好地維護國家領土主權和海洋權益，更好地履行中方在海上搜尋與救助、防災減災、海洋科研、氣象觀察、環境保護、航行安全、漁業生產服務等方面承擔的國際責任和義務。有關建設是中方主權範圍內的事情，合情、合理、合法，不影響也不針對任何國家，無可非議。"[2]菲律賓將中國近期的島礁建設行為與其他南海各國持續數十載的"搶建"行為區別對待，用所謂"破壞海洋環境"、"惡化爭端"等標籤取而代之，強行把中國島礁建設行為與中菲雙方島礁領土主權爭端的大背景割裂開來。

菲律賓費盡心思地將中菲領土主權爭端和海洋劃界爭端進行拆解，並篩選為 15 項訴求。對此，仲裁庭本應遵循國際司法實踐的一貫做法，在進行爭端識別和事實認定時辨明何為中菲之間真正的爭端，揭開菲律賓單方面的訴求背後請求仲裁庭干涉南海主權爭端的真實意圖，避免越權受理與《海洋法公約》無關的爭端，然而，仲裁庭顯然並沒有這樣做。那麼，仲裁庭基於什麼理由最終確立了對各項訴求的管轄權？又是基於哪些事實和法律，最終裁決中國敗訴？本書擬針對這些問題以及南海仲裁案所涉主要國際法問題，基於《海洋法公約》和一般國際法理論，對本案裁決進行解析。下文將從管轄權與可受理性問題，以及實體兩個層面，梳理並簡要說明本案關涉的主要國際法問題，讀者也可以在本書每一章的導讀中獲取關於這些問題的更詳細闡釋。

---

[1] 參見馬博：《審視南海島礁建設法理性問題中的三個國際法維度》，載《法學評論》2015 年第 6 期，第 54 頁。

[2] 《2015 年 4 月 9 日外交部發言人華春瑩主持例行記者會》，環球網：http://china.huanqiu.com/News/fmprc/2015-04/6143156.html，最後訪問時間：2017 年 12 月 1 日。

三、本案管轄權和可受理性問題

國際仲裁庭或法庭裁決爭端的權力，即管轄權（jurisdiction），其根源來自當事國的同意。除非仲裁庭或法庭獲得當事國雙方的授權，否則，程序不得進入實體權利義務的審理階段，仲裁庭或法庭無權作出裁決或判決。[1] 當一方不願接受仲裁程序時，仲裁庭是否對案件具有管轄權這一問題往往構成相對獨立的爭端，成為"案中案"，這主要體現為實體審理階段前的"初步反對主張"（preliminary objections）階段。在國際法上，管轄權的內涵有多個維度，一般包括：屬人管轄權（jurisdiction *ratione personae*）、屬事管轄權（jurisdiction *ratione materiae*）、屬時管轄權（jurisdiction *ratione temporis*）和屬地管轄權（jurisdiction *ratione loci*）。而存在任何一環的缺陷，都可能導致仲裁庭缺乏管轄權。[2] 實踐中，國家間仲裁的管轄權異議常常圍繞仲裁條款對當事國是否具有法律約束力、爭端是否存在、爭端在性質上是否為"關於一項公約的解釋和適用"，以及所提交的爭端是否落入被仲裁協議規定的保留事項等問題展開。而可受理性（admissibility）問題是另一類初步反對意見的依據，是指假設仲裁庭在原則上具備管轄權，但特定的情勢將導致仲裁庭不能或應當拒絕裁決案件。影響可受理性的情形通常包括不當地延遲提交訴求、未能用盡當地救濟、

---

[1] See J. G. Merrills, *International Dispute Settlement* (Cambridge University Press, 6th edn., 2017), pp. 124–125.

[2] See P. R. Romano, Karen J. Alter & Yuval Shany (eds.), *Oxford Handbook of International Adjudication* (Oxford University Press, 2015), p. 781.

訴由消失（mootness）、濫用程序等。[1]

在南海仲裁案中，對管轄權和可受理性的審查是仲裁庭不能推卸的職責。在中國拒絕接受和參與本案仲裁程序的情況下，根據《海洋法公約》附件七第 9 條，仲裁法庭在作出裁決前，必須不但查明對該爭端確有管轄權，而且需查明所提要求在事實上和法律上均確有根據。[2]中國政府雖未到庭，但所發佈的《立場文件》也被仲裁庭視為有關仲裁庭管轄權的有效抗辯。[3]下文首先解讀《海洋法公約》附件七對仲裁管轄權和可受理性問題的規定，在此基礎上，對仲裁庭在管轄權和可受理性問題所作裁決的主要爭議點予以簡要說明。

（一）本案仲裁庭應遵循《海洋法公約》對管轄權和可受理性的規定

依據《海洋法公約》有關爭端解決機制的規定，本案仲裁庭對菲律賓各項訴求是否擁有管轄權以及菲方所提事項是否具有可受理性，應受《海洋法公約》第十五部分具體規則的調整。仲裁庭需自證其滿足如下條件和限制，方可確立它有權對該案各項具體訴求所涉實體問題作出裁決：

首先，依據《海洋法公約》第 288 條第 1 款，仲裁庭只對締約國"有關公約解釋和適用的爭端"具有管轄權。為符合這一"屬事管轄"標準，

---

[1] See James Crawford (ed.), *Brownlie's Principles of Public International Law* (Oxford University Press, 8th edn., 2012), p. 693; P. R. Romano, Karen J. Alter & Yuval Shany (eds.), *Oxford Handbook of International Adjudication*, pp. 796–798.

[2] See *The South China Sea Arbitration (the Republic of the Philippines v. the People's Republic of China)*, Award on Jurisdiction and Admissibility, 29 October 2015, Permanent Court of Arbitration, para. 115.

[3] See *The South China Sea Arbitration (the Republic of the Philippines v. the People's Republic of China)*, Award on Jurisdiction and Admissibility, 29 October 2015, para. 122.

本案仲裁庭需論證：第一，菲律賓所提交的爭端確實存在；第二，這些爭端在性質上必須屬有關《海洋法公約》解釋和適用的那類爭端。換言之，仲裁庭需對菲律賓挑選、包裝過的爭議事項進行識別和定性。

國際法上所定義的爭端是指當事方關於事實、法律或政策上的具體分歧，存在一方的主張以及另一方的拒絕、反主張或否認。[1] 國際法庭不能對不存在的、虛假的爭端進行管轄。實際上，既有的國際司法和仲裁實踐為爭端的識別累積了一套標準。一方面，爭端的內容需具體化，即存在一個或幾個得到合理、充分界定的主題事項；[2] 另一方面，爭端需具有明顯的對抗性，雙方對履行或未履行某些條約義務持有明顯對立的觀點。[3] 因此，為了識別爭端真實存在，仲裁庭需要考察菲律賓在 2013 年 1 月提起仲裁程序前，是否就 15 項訴求所載事項與中國存在具體的、相互對抗的法律分歧。

其次，即便菲律賓所表述的爭端在客觀上確實存在，這一判斷並不直接導致仲裁庭的管轄權成立，仲裁庭還需進一步認定爭端的法律屬性，特別是確認菲方訴求在性質上是否屬有關《海洋法公約》解釋和適用之外的爭端。中國在其《立場文件》中，認為菲律賓提請的所有仲裁事項的實質是南海部分島礁的領土主權問題。而《海洋法公約》序言已開宗明義地將陸地領土主權排除在公約調整範圍外，並指出：本公約的規範內容目的是 "在妥為顧及所有國家主權的情形下，為海洋建立一種法律秩序"。《海洋法公約》的具體條款也未對陸地領土主權作出調整。在本案中，幾乎所

---

[1] J. G. Merrills, *International Dispute Settlement* (6th edn.), p. 1.

[2] See Richard B. Bilder, "Overview of International Dispute Settlement", (1986) 1 *Emory Journal of International Dispute Resolution*, p. 4.

[3] *Interpretation of Peace Treaties with Bulgaria, Hungary and Romania*, Advisory Opinion (first phase), 30 March 1950, *I.C.J. Reports* 1950, p. 74.

有訴求的本質都可以追溯到雙方的南沙群島和黃岩島的領土主權爭端。譬如，所謂"歷史性權利"爭端和島礁海域權利爭端的核心是裁決中國在南海的海洋權利超出《海洋法公約》允許的範圍，但無論遵循何種邏輯，只有首先確定中國在南海的領土主權，才能據此判斷中國的主張是否超越了《海洋法公約》允許的範圍。[1] 因此，為確立其管轄權，本案仲裁庭應就這些訴求與中菲島礁領土主權爭端在本質上是否為同一爭端作出在法理上具有說服力的解釋。

退一步來說，即便菲律賓成功塑造了一系列"有關公約解釋和適用的爭端"，但它們並非都能被最終納入仲裁庭的管轄範圍，因為《海洋法公約》第十五部分第三節規定了管轄權的限制和例外情況，這主要體現在第297條和第298條。據此，某些關於專屬經濟區內和大陸架上的海洋科學研究的爭端，以及某些有關專屬經濟區內漁業的爭端則屬公約爭端解決機制管轄的例外情形。而關於劃定海洋邊界的爭端、歷史性海灣或所有權、軍事和執法活動以及安理會執行《聯合國憲章》所賦予的職務等爭端，則可以由當事國通過提前聲明的方式排除仲裁庭的管轄。

中國在 2006 年 8 月 25 日就《海洋法公約》第 298 條作出書面聲明，表示中國在海域劃界等事項上不接受公約第十五部分第二節規定的任何程序。[2] 在南海仲裁案中，中國的這一聲明給仲裁庭的管轄權造成不少障礙，

[1] 《中華人民共和國政府關於菲律賓共和國所提南海仲裁案管轄權問題的立場文件》，2014 年 12 月 7 日，第 10 段。

[2] 2006 年 8 月 25 日，中國依據《海洋法公約》第 298 條規定，向聯合國秘書長提交書面聲明，對於《海洋法公約》第 298 條第 1 款（a）、（b）和（c）項所述的任何爭端（即涉及海洋劃界、領土爭端、軍事活動等爭端），中國政府不接受《海洋法公約》第十五部分第二節規定的任何國際司法或仲裁管轄。見中華人民共和國外交部網站：http://wcm.fmprc.gov.cn/pub/chn/gxh/zlb/tyfg/t270754.htm，最後訪問時間：2017 年 12 月 1 日。

仲裁庭必須就菲律賓所提訴求是否涉及海洋劃界、歷史性海灣、軍事或執法活動作出認定。中國在《立場文件》第 67 段指出，"海域劃界是一項整體、系統工程"，菲律賓所提交的島礁屬性和海域權利問題、"歷史性權利"問題等均屬為實現公平的海域劃界所必須考慮的相關因素，應排除仲裁庭對這些問題的管轄權。

最後，即便假設仲裁庭對案件享有管轄權，仲裁庭仍有義務查明案件是否具備可受理性。就南海仲裁案而言，可受理性是指菲律賓訴求所涉事項在實體上可以通過附件七規定的仲裁程序解決，具有可裁決性，沒有程序上的瑕疵以及其他阻止仲裁庭進入實體審理階段的例外情況。[❶]《海洋法公約》第 280 條和第 281 條保障締約國優先適用自行選擇的方法解決有關該公約解釋和適用的爭端；只有在訴諸這種方法而爭端仍未得到解決，以及爭端各方的協議並不排除其他程序的情形下，才能適用包括附件七仲裁在內的法律解決程序。[❷] 因此，無論菲律賓所提交的爭端是否滿足管轄權標準，假設中菲兩國已事先達成一致意見，同意優先適用仲裁之外的其他方法解決爭端，那麼南海仲裁案仲裁庭亦無權受理該案，除非已適用約定的方法但無法解決爭端，或有關協議不排除適用其他爭端解決方法，抑或約定適用特定方法的時限屆滿。第 282 條規定，爭端在一方請求下優先適用

---

❶ See Bing Bing Jia, "The Issue of Admissibility in Inter-State Arbitration", in Stefen Talmon & Bing Bing Jia (eds.), *The South China Sea Arbitration: A Chinese Perspective* (Hart Publishing, 2014), pp. 108–109.

❷ 《海洋法公約》第 280 條："本公約的任何規定均不損害任何締約國於任何時候協議用自行選擇的任何和平方法解決它們之間有關本公約的解釋或適用的爭端的權利。"
《海洋法公約》第 281 條："1. 作為有關本公約的解釋或適用的爭端各方的締約各國，如已協議用自行選擇的和平方法來謀求解決爭端，則只有在訴諸這種方法而仍未得到解決以及爭端各方間的協議並不排除任何其他程序的情形下，才適用本部分所規定的程序。2. 爭端各方如已就時限也達成協議，則只有在該時限屆滿時才適用第 1 款。"

"一般性、區域性或雙邊協定"規定的導致有拘束力裁判的程序，該程序將替代《海洋法公約》第十五部分所規定的程序。❶另外，根據《海洋法公約》第 283 條，❷仲裁庭還需認定菲律賓在爭端產生後迅速就選擇何種爭端解決方式與中國交換過意見，否則，菲方無權啟動強制仲裁程序。而事實上，中菲兩國曾在多個聯合聲明、公報中承諾通過談判和磋商的方式解決有關南海爭端。這種共識也被 2002 年中國和東盟十國共同簽署的《南海各方行為宣言》所確認，該宣言第 4 條規定："有關各方承諾根據公認的國際法原則，包括 1982 年《聯合國海洋法公約》，由直接有關的主權國家通過友好磋商和談判，以和平方式解決它們的領土和管轄權爭議。"❸而菲律賓企圖繞開兩國的談判渠道、直接尋求強制法律仲裁的行為，成為本案可受理性的重大瑕疵。同時，對於菲律賓虛構爭端和濫用仲裁程序的行為，仲裁庭應依據《海洋法公約》第 300 條❹和國際法中的善意履行國際義務原則，審查菲律賓提起仲裁的行為是否構成濫用權利的行為。

---

❶ 《海洋法公約》第 282 條："作為有關本公約的解釋或適用的爭端各方的締約各國如已通過一般性、區域性或雙邊協定或以其他方式協議，經爭端任何一方請求，應將這種爭端提交導致有拘束力裁判的程序，該程序應代替本部分規定的程序而適用，除非爭端各方另有協議。"

❷ 《海洋法公約》第 283 條："1. 如果締約國之間對本公約的解釋或適用發生爭端，爭端各方應迅速就以談判或其他和平方法解決爭端一事交換意見。2. 如果解決這種爭端的程序已經終止，而爭端仍未得到解決，或如已達成解決辦法，而情況要求就解決辦法的實施方式進行協商時，爭端各方也應迅速著手交換意見。"

❸ 《南海各方行為宣言》，2002 年 11 月 4 日，中華人民共和國外交部網站：http://www.fmprc.gov.cn/web/wjb_673085/zzjg_673183/yzs_673193/dqzz_673197/nanhai_673325/t848051.shtml，最後訪問時間：2017 年 12 月 1 日。

❹ 《海洋法公約》第 300 條："締約國應誠意履行根據本公約承擔的義務並應以不致構成濫用權利的方式，行使本公約所承認的權利、管轄權和自由。"

（二）本案管轄權和可受理性問題裁決主要法律爭議概述

仲裁庭通過前後兩份仲裁裁決，確立其對菲律賓除第 14(a)、(b)、(c) 項和第 15 項訴求之外的所有訴求都具有管轄權，並認定菲律賓的這些主張具有可受理性。儘管仲裁裁決篇幅繁雜，試圖全面回應中國在《立場文件》中的反對意見，但本案管轄權和可受理性問題裁決結果仍在法律問題的處理上引起了激烈爭議，主要體現在下列幾個方面：

第一，為確認菲方所訴爭端真實存在，仲裁庭並未遵循國際法庭實踐中形成的一般證據標準，而是在事實認定上大多憑藉菲方的片面之詞，錯誤解讀中國對南沙群島主權和海域權利所作的聲明，進而認定中菲在本案絕大部分訴求所涉事項上存在爭端。

雖然仲裁庭回顧了國際法院在數個案例中形成的爭端識別的證據標準，但這些標準並未在管轄權和可受理性裁決中得到嚴格遵循。例如，仲裁庭結合 1998 年 "喀麥隆訴尼日利亞案" 初步問題判決總結道：即便當事國並未明確表達其立場，法庭仍可以從當事國的行為或沉默中作出恰當的推論，仲裁庭的判斷應當客觀，不應對當事國立場中的故意含糊其辭作出過分技術性的評估。❶ 仲裁庭首先承認中國未曾澄清在南海的 "歷史性權利" 主張的性質、範圍及南海斷續線的內涵，並承認中國未對南海特定島礁的法律地位發表過觀點。❷ 然而，隨後仲裁庭卻採納了菲律賓的單方面提供的證據，即憑藉中國在 2009 年 5 月 7 日和菲律賓在 2011 年 4 月 5 日提交給

---

❶ *The South China Sea Arbitration (the Republic of the Philippines v. the People's Republic of China),* Award on Jurisdiction and Admissibility, 29 October 2015, para. 163.

❷ *The South China Sea Arbitration (the Republic of the Philippines v. the People's Republic of China),* Award on Jurisdiction and Admissibility, 29 October 2015, para. 160.

聯合國的兩份照會，認定雙方就南海斷續線內的歷史性權利主張存在爭議（第 1、2 項訴求）。[1] 但實際上，這兩份立場鮮明的照會僅陳述了中菲各自依據《海洋法公約》主張的領海、專屬經濟區和大陸架權利，以及對南海島礁的陸地領土主權，並未涉及 "歷史性權利" 這一概念及主張，而仲裁庭仍據此推論雙方在第 1、2 項訴求上存在爭端。另外，仲裁庭又憑中國對南沙群島作為整體擁有海域權利這一概括性聲明，認為雙方未對每一處特定南海島礁的法律地位交換過意見，認為這並不妨礙仲裁庭裁決雙方在美濟礁等島礁的法律地位這一事項上存在爭端（第 3－7 項訴求）。[2] 仲裁庭為證明菲律賓憑空設想的爭端確有其事而作的推論，難免被質疑為已經超越了其標榜的 "客觀" 及 "恰當" 的限度。又如，菲律賓在第 4 項訴求中主張低潮高地不得被佔有，卻完全沒有就此特定爭端的存在提供任何證據，仲裁庭裁決中更沒有專門對此作出解釋，便認定中菲在第 4 項訴求所涉全部事項上存在爭端。再者，菲律賓是否對其他各項訴求所指爭端內容提供相關的充分證據，同樣存在較大爭議，對此本書將在相應的章節展開分析。

第二，為否定菲方訴求在本質上屬領土主權爭端，仲裁庭提出一個缺乏國際法理論和實踐支持的檢驗標準，該檢驗標準的適用也頗有爭議。

仲裁庭提出，當菲方的訴求明示或暗示地要求仲裁庭首先就領土主權問題作出決定，或者當菲方主張的實際目的是為了提升其在領土主權爭議上的地位，才能認定菲方訴求反映了一個關於領土主權的爭端，否則，這

---

[1] *The South China Sea Arbitration (the Republic of the Philippines v. the People's Republic of China),* Award on Jurisdiction and Admissibility, 29 October 2015, paras. 165–168.

[2] *The South China Sea Arbitration (the Republic of the Philippines v. the People's Republic of China),* Award on Jurisdiction and Admissibility, 29 October 2015, para. 170.

便不是一個領土主權爭端。❶ 這兩項標準可以被概括為"單方意思標準"和
"實際效果標準"。❷ 需指出的是，仲裁庭並未尋求任何既有國際法理論去
支持該檢驗標準，此標準也與過往其他國際法庭採取的標準有所不同。例
如，在 2015 年"查戈斯群島仲裁案"中，該案仲裁庭基於爭端的主次之分
判斷一項爭端是否本質上為領土主權爭端：當主權問題是爭端的主要部分
時，關於《海洋法公約》的解釋和適用只是主要爭端的附屬問題或表現形
式，那麼該爭端應定性為領土主權爭端。為判斷何者為爭端的主要部分，
該案仲裁庭著重考察爭端的來龍去脈和訴求的展現方式，重視毛里求斯和
英國之間有關查戈斯群島領土主權問題的這一段爭端歷史。❸ 此外，眾多同
類案例也表明島礁的領土主權歸屬是判定島礁法律屬性及其海洋權利範圍
的必要前提，國際法庭只在雙方不存在島礁主權爭議、或者雙方的島礁主
權爭議在同一案件中得到解決的前提下，再行判決島礁在《海洋法公約》
下的法律地位。❹ 而南海仲裁案仲裁庭提出的"單方意思標準"和"實際效
果標準"缺乏過往司法實踐的支持，這與中菲南海爭端的獨特性不無關
係，這是國際法庭首次在領土主權尚未解決的情況下去判定有關島礁法律

---

❶ *The South China Sea Arbitration (the Republic of the Philippines v. the People's Republic of China)*, Award on Jurisdiction and Admissibility, 29 October 2015, para. 153.

❷ 馬新民：《菲律賓南海仲裁案裁決程序問題評析》，載《吉林大學社會科學學報》2017 年第 2 期，第 15 頁。

❸ *Chagos Marine Protected Area Arbitration (Mauritius v. United Kingdom)*, Award, 18 March 2015, Permanent Court of Arbitration, paras. 211, 229; See Stefan Talmon, "The Chagos Marine Protected Area Arbitration: Expansion of the Jurisdiction of UNCLOS Part XV Courts and Tribunals", (2016) 65 *International and Comparative Law Quarterly* 927, p. 933.

❹ 相關典型案例包括：*Concerning Maritime Delimitation and Territorial Questions Between Qatar and Bahrain (Qatar v. Bahrain)*, Merits, Judgment, 16 March 2001, *I.C.J. Reports* 2001; *Territorial and Maritime Dispute between Nicaragua and Honduras in the Caribbean Sea (Nicaragua v. Honduras)*, Judgment, 8 October 2007, *I.C.J. Reports* 2007; *Territorial and Maritime Dispute (Nicaragua v. Colombia)*, Judgment, 19 November 2012, *I.C.J. Reports* 2012.

地位爭議。尤其是，仲裁庭的判斷標準受制於菲律賓的單方面主張意見，而將中菲雙方在南海領土主權和海洋劃界爭端這一大背景下呈現的對抗立場擱置一旁，因此其客觀性備受爭議。

第三，仲裁庭將《海洋法公約》第 298 條所排除的 "關於海域劃界的爭端" 的限制情形解釋為劃定重疊海域的海洋邊界的爭端，從而否定菲方訴求實際上構成一個關於海洋劃界的爭端，據此確立其對本案的管轄權。

仲裁庭一方面認同中國在《立場文件》中關於 "海洋劃界是一項整體、系統工程" 的觀點，尤其是《海洋法公約》第 15 條、第 74 條、第 83 條關於 "特殊情況"、"相關情況" 和 "公平解決" 的規定表明海洋劃界應考慮各種潛在影響因素；另一方面，仲裁庭不同意海洋劃界過程中的某一個環節（例如界定島礁的法律地位和海洋權利問題）足以構成海洋劃界爭端本身，而是認為只有當雙方存在重疊的海洋區域主張才可能導致海洋劃界爭端。❶ 換言之，仲裁庭認為所謂 "關於" 海洋劃界的爭端，只包括海洋劃界系統工程中的最後一步，即在重疊海域中劃定邊界，仲裁庭未對 "關於海域劃界的爭端" 中的 "關於" 一詞的含義作出合理解釋，割裂了劃定海洋邊界與海洋地物（maritime features）法律地位以及一般國際法下的各方享有的權利和利益等各種相關因素之間的緊密聯繫。❷ 雖然菲律賓的所有訴求在表述中均未提出 "劃定海洋邊界" 的請求，但是菲方的個別訴求變相地請求仲裁庭首先確定菲律賓在南海的海域邊界（第 8、9 項訴求）。❸ 而

❶ *The South China Sea Arbitration (the Republic of the Philippines v. the People's Republic of China)*, Award on Jurisdiction and Admissibility, 29 October 2015, paras. 155–156.

❷ 參見本書第一章中 "《聯合國海洋法公約》第 298 條 '任擇性例外' 與南海仲裁案" 有關論述。

❸ See Michael Sheng-Ti Gao, "Issues of Jurisdiction in Cases of Default of Appearance", in Stefen Talmon & Bing Bing Jia (eds.), *The South China Sea Arbitration: A Chinese Perspective*, p. 96.

其他訴求要麼否定中國在南海爭議地區的沿海國地位和歷史性權利主體資格（第 3－7 項訴求），要麼否定中國在爭議海域行使管轄權的合法性（第 10－13 項），相當於菲方請求仲裁庭否定中國在爭議海域中除了個別島礁 12 海里領海之外的所有海域權利，企圖達成菲律賓海域邊界向外拓寬的效果，即實現廣義上的海洋劃界。

第四，仲裁庭為擴大附件七強制仲裁程序的適用範圍，否認中菲在 2002 年《南海各方行為宣言》和其他多個中菲聯合聲明中，已經就通過談判和友好協商解決南海爭端達成的一項有法律拘束力的承諾，認為只有在雙方必須存在明示排除其他方法的法律協議的情況下，才能否定菲律賓強制提起仲裁在程序上的正當性。在認定《南海各方行為宣言》及其他文件是否有法律拘束力的問題上，仲裁庭認為應當結合文件的文本和締結時的情勢加以判斷。❶ 需指出的是，仲裁庭實際上混淆了文件整體的法律拘束力與文件中個別條款的法律拘束力，認為一旦文件構成條約，則文件所包含的內容即有拘束力；反之，一旦文件被視為政治性文件，則其中就爭端解決方法所作承諾便不足以成為一項法律義務。然而，這個觀點與 2006 年 "巴巴多斯與特立尼達和多巴哥仲裁案" 裁決對《海洋法公約》第 281 條的解釋相左，該案認為第 281 條第 1 款所指的 "協議用自行選擇的和平方法來謀求解決爭端" 不要求雙方達成一項正式條約，臨時的協議也符合要求。❷ 南海仲裁案仲裁庭還背離了國際法院在一項判決中對 "承諾" （undertake）這一術語的法律含義解讀，認為 "承諾" 未必導致一項義務

---

❶ *The South China Sea Arbitration (the Republic of the Philippines v. the People's Republic of China)*, Award on Jurisdiction and Admissibility, 29 October 2015, pp. 213, 241.

❷ See *In the Matter of an Arbitration between Barbados and the Republic of Trinidad and Tobago*, Award, 11 April 2006, Permanent Court of Arbitration, para. 200.

或條款的拘束力，即《南海各方行為宣言》第 4 條 "有關各方承諾……由直接有關的主權國家通過友好磋商和談判……解決它們的領土和管轄權爭議" 不足以產生一項法律義務。❶

第五，本案仲裁庭弱化中菲雙方在仲裁程序啟動前就爭端解決方法進行交換意見的義務。根據《海洋法公約》第 283 條的規定，為論證中菲履行了 "交換意見"，仲裁庭必須確認以下兩點：其一，在菲律賓單方面提起仲裁程序前，中菲之間就爭端解決方法清晰而明確地交換意見，確保一種爭端解決方式不會自動轉變為另一種爭端解決方法；❷ 其二，交換意見的事項是有關《海洋法公約》解釋和適用的事項。針對第一點，儘管仲裁庭一方面拒絕認定《南海各方行為宣言》第 4 條屬條約條款，卻認為第 4 條代表中菲雙方就本案爭端的解決方法進行了交換意見。2012 年 1 月舉行的第十七次中菲外交磋商以及雙方在黃岩島事件發生後往來照會，都被仲裁庭列入交換意見的範疇。仲裁庭甚至認為，遠在 2009 年菲律賓修改本國海洋立法並使之與《海洋法公約》相符之前，中菲在 1995 年和 1998 年的

---

❶ See *The South China Sea Arbitration (the Republic of the Philippines v. the People's Republic of China)*, Award on Jurisdiction and Admissibility, 29 October 2015, paras. 212–219. 國際法院在 2007 年波斯尼亞和黑塞哥維那訴黑山 "關於適用《防止和懲治滅種罪公約》案" 判決的第 162 段，將 "承諾" 解釋為："'承諾'這個詞的一般含義是給予一個正式的諾言，以約束自己或使自己受到約束，給予一個保證或諾言來表示同意、接受某一義務。它在規定締約國義務的條約中經常出現……它並非只是被用來提倡或表示某種目標。"《中華人民共和國政府關於菲律賓共和國所提南海仲裁案管轄權問題的立場文件》，2014 年 12 月 7 日，第 38 段；*Application of the Convention on the Prevention and Punishment of the Crime of Genocide (Bosnia and Herzegovina v. Serbia and Montenegro)*, Judgment, *I.C.J. Reports 2007*, para. 162.

❷ See A. O. Adede, "The Basic Structure of the Disputes Settlement of the Law of the Sea Convention", (1982) 11 *Ocean Development and International Law* 125, p. 129; 參見馬新民：《菲律賓南海仲裁案裁決程序問題評析》，第 22－23 頁。

雙邊磋商中也就爭端解決的方法交換了意見。[1]然而，這些雙邊或多邊磋商並未清楚反映菲律賓正在尋求《海洋法公約》附件七仲裁解決兩國爭端的意圖。更進一步，即便假設中菲之間曾就南海問題的解決方法展開意見交換，這些意見交換也並非是針對菲方所提的仲裁事項，而是針對兩國的島礁領土主權問題。[2]針對這一點，仲裁庭卻僅僅以《海洋法公約》未作具體要求為理由予以回應，認為菲律賓沒必要事先就訴求涉及的全部事項與中國展開對話和磋商，[3]仲裁庭的這種處理方式在法律上欠缺充分論證。

對於以上有關本案管轄權和可受理的主要法律問題，本書第一章將專門予以評析，第二章和第三章也將結合本案具體訴求，分別就歷史性權利、島礁法律地位、中國南海活動的合法性問題等爭議事項，具體探討仲裁庭在管轄權問題上的錯誤之處。

四、本案主要實體法律問題

自仲裁程序啟動以來，國際社會尤為關注南海仲裁案中的數個重大疑難法律問題。這些問題或是代表了世界範圍內普遍存在的某些典型爭議，

---

[1] See *The South China Sea Arbitration (the Republic of the Philippines v. the People's Republic of China)*, Award on Jurisdiction and Admissibility, 29 October 2015, paras. 334–343.

[2] 《中華人民共和國政府關於菲律賓共和國所提南海仲裁案管轄權問題的立場文件》，2014 年 12 月 7 日，第 49 段。

[3] See *The South China Sea Arbitration (the Republic of the Philippines v. the People's Republic of China)*, Award on Jurisdiction and Admissibility, 29 October 2015, para. 351.

或是缺乏明確、具體的國際法規則，又或是它們的解決關乎中國在南海的重要權益，將深刻影響南海地區的秩序和穩定。這裏將簡要解說本案主要實體法律問題的基本內容、涉及的法律規範以及仲裁庭有關處理結果的爭議性，而對相關裁決的評析將在本書第二、三、四章展開。

（一）中國在南海的歷史性權利

一般認為，歷史性權利（historic rights）是早在現代國際海洋法體系形成之前就已經存在的一種遠古權利，源於沿海國在歷史演進過程中對海域長期、穩定的開發與利用的事實，其法律淵源是習慣國際法而非條約法規則，即一個國家的歷史性權利的合法性來自於該國在海洋長期、持續存在的某種實踐，以及國際社會對這些實踐的承認。[1] 歷史性權利內容多樣、實踐豐富。例如，加拿大對北極群島水域主張歷史性水域，外國船舶不得在該主權水域行使航行自由權；中美洲法院在 1917 年判決豐塞卡灣（Gulf of Fonseca）是薩爾瓦多、洪都拉斯與尼加拉瓜三國共有的歷史性海灣，其地位是三國共同擁有主權的內水[2]；菲律賓在第三次聯合國海洋法會議中也援用歷史性權利作為群島國制度的法理基礎[3]，等等。

20 世紀 50 年代後，國際社會在編纂四項日內瓦海洋法公約和 1982 年

[1] See U.N. Doc. A/CN.4/143, "Juridical Regime of Historic Waters, Including Historic Bays", (1962) 2 *Yearbook of the International Law Commission* 1.

[2] See *El Salvador v. Nicaragua*, CACJ, Judgment, 9 March 1917, (1917) 11 *the American Journal of International Law* 674.

[3] 《1973 年菲律賓憲法》第 1 條；Summary Records of Meetings of the Second Committee, 30th Meeting, U.N. Doc. A/CONF.62/C.2/SR.30, *Official Records of the Third United Nations Conference on the Law of the Sea II* 226, p. 227.

《海洋法公約》的過程中，曾對歷史性權利有關理論和實踐進行討論，但並未形成具體的規則。《海洋法公約》並未提及 "歷史性權利" 這一概念，只是在該公約第 10 條、第 15 條、第 51 條、第 62 條、第 298 條等規定中體現了《海洋法公約》對歷史性海灣（historic bays）、歷史性所有權（historic titles）、傳統捕魚權利（traditional fishing rights）等與 "歷史性權利" 相關概念的承認與尊重，但這些條款未能就歷史性海灣和歷史性所有權的定義、性質、要素等提供規範指引。

南海仲裁案仲裁庭將中國在南海的歷史性權利主張定性為一項對南海斷續線內生物和非生物資源的排他性權利主張，並指出這項 "歷史性權利" 與《海洋法公約》有關專屬經濟區和大陸架制度相互矛盾，從而被後者取代。仲裁庭更進一步超越仲裁事項範圍，裁決中國在《海洋法公約》生效前的歷史性權利不成立。那麼，在缺乏條約直接規定的情況下，仲裁庭所得結論的法律依據是否充分？如何正確看待歷史性權利與現代國際海洋法體系的關係？中國自古以來對南海島礁和海域視作一整體而予以管轄，但仲裁庭卻脫離島礁主權來討論中國在南海的歷史性權利，這麼做是否符合歷史性權利的基本法理？❶ 對這些問題的思考亦有助於認清《海洋法公約》的地位與局限性。

雖然中國政府在南海仲裁案最終裁決公佈後的第一時間就聲明 "中國在南海擁有歷史性權利"，但並未說明此種歷史性權利的內容和性質為何。儘管如此，這並不妨礙學者結合相關法理和中國的既有實踐作出推論，並得出與仲裁庭不同的觀點。本書收錄的論文中，學者對於中國在南海的歷史性權利內容、性質為何，也有各自獨立的見解。

---

❶　參見中國國際法學會：《南海仲裁案裁決之批判》，北京：外文出版社，2018 年，第 185－186 頁。

回顧中國自古以來在南海海域的開發、利用和管理實踐，大量史料表明，中國在南海的活動包括巡航、捕魚、通航、打擊海盜、海難救助，以及科學測量與調查，等等，這些海洋活動與行使南海諸島主權的行為存在緊密的聯繫。自 1948 年南海斷續線地圖公佈以來，中國在南海的歷史性主張通過豐富實踐得到延續和強化，中國在斷續線內積極開展資源開發、執法維權、測量調查、科學考察、定期巡航等活動。中國在南海的歷史性權利是通過各個歷史階段累積而成的，其性質和內容也因中國的具體實踐事實而得以確立。筆者認為，這些實踐內容不限於對生物和非生物資源的利用，也並非全部具有排他性質。因此，仲裁庭不應輕率斷言中國在南海的歷史性權利被專屬經濟區和大陸架權利所排斥和替代，也不應以此為由否認中國的歷史性權利主張與《海洋法公約》所兼容，進而否認其在現代海洋法體系下的合法性。仲裁庭的結論難以站得住腳。

（二）《海洋法公約》"岩礁條款" 的解釋與適用

《海洋法公約》對各類海洋地物產生海域權利的能力作出區分。其中第 121 條在肯定了島嶼可以擁有領海、毗連區、專屬經濟區和大陸架的完整海域權利的同時，還在該條第 3 款對一類特殊島嶼的海域權利範圍作出規定，衍生出了 "岩礁" 這一概念。被稱為 "岩礁條款" 的第 121 條第 3 款規定："不能維持人類居住或本身經濟生活的岩礁，不應有專屬經濟區或大陸架。"❶ 因《海洋法公約》並未對何為 "不能維持人類居住"、"不能維

---

❶ 《海洋法公約》第 121 條："1. 島嶼是四面環水並在高潮時高於水面的自然形成的陸地區域。2. 除第 3 款另有規定外，島嶼的領海、毗連區、專屬經濟區和大陸架應按照本公約適用於其他陸地領土的規定加以確定。3. 不能維持人類居住或其本身的經濟生活的岩礁，不應有專屬經濟區或大陸架。"

持本身經濟生活"等用語提供具體指引，該條規定充滿了不確定性和模糊性，從而為各國在實踐中對該條款的解釋和適用留下了解釋空間。各國對該條款的爭議主要集中在無人居住小島是否為岩礁的問題上。例如，日本就主張其高約 1 米、直徑僅為數米的沖之鳥礁（Okinotorishima）是島嶼而不是岩礁，可以主張 200 海里專屬經濟區和大陸架。相較之下，中國在南沙群島的太平島，其自然條件較為優越，既有土壤、淡水、植被等基本物質條件，也不乏人類居住和開發的歷史紀錄。假設確如菲律賓所主張的，太平島等數個南沙島礁只構成岩礁，則許多國家依據無人荒島主張廣袤海域的行為也將招致非議或被否認。

南海仲裁案裁決在歷史上首次為"岩礁"概念提出了十分嚴格的定義，將包括太平島在內的多個南沙島礁界定為岩礁，以使中國在南沙群島失去專屬經濟區和大陸架權利。對此，國際法學者們不得不質疑：仲裁庭對第 121 條第 3 款的解釋是否過於嚴苛而導致該條款的一些構成要素失去存在的意義？仲裁庭不顧國家實踐而任意進行"司法造法"，會否減損其裁決的合法性？

（三）大陸國家遠洋群島的整體性問題

中國一貫主張對南海斷續線內的西沙群島、南沙群島、中沙群島、東沙群島在整體上的領土主權，這種主權主張無差別地覆蓋每個群島內的島嶼、岩礁、低潮高地、水下地物以及各個海洋地物之間相連的水域。在此基礎上，中國概括地主張西沙群島、南沙群島、中沙群島、東沙群島的領海、專屬經濟區和大陸架。事實上，除了中國，包括挪威、丹麥、印度在內的多個國家也有相似的遠洋群島整體性主張。

《海洋法公約》關於"群島國制度"的規定允許群島國將群島作為一個整體來劃定領海基線，並在此整體基礎上主張海域權利。儘管中國不符合公約對"群島國"的定義而不適用群島基線，[1] 但包括《海洋法公約》在內的國際法並未禁止中國這類大陸國家將其遠洋群島視為一個整體來主張主權和海域權利。在本案中，菲律賓僅從南沙群島中篩選數個島礁，對它們的法律地位提出質疑，這一做法本身就是對南沙群島整體性的否定。仲裁庭最終裁決中國既不能在南沙群島適用群島基線，也不能根據《海洋法公約》第 7 條適用直線基線制度，[2] 採取"逐一擊破"的方式來否定南沙島礁的整體法律地位。然而，仲裁庭的有關論證缺乏直接的條約依據和充足的理論以及國家實踐的支持，將群島國的群島與大陸國家的群島置於不公平之地位，其裁決的合法性受到質疑。

（四）島礁建設的合法性問題

沿海國在其擁有主權的島礁進行建設，被公認為行使主權的合法行為。在南海仲裁案中，雖然菲律賓自己也曾對其佔領的多個南沙島礁進行長期的建設，但菲律賓和仲裁庭卻將中國的島礁建設說成是兼具改變島礁自然屬性、侵佔他國海域和破壞海洋環境多重性質的違法行為。

---

[1] 按照《海洋法公約》第四部分"群島國"制度的規定，群島國可劃定連接群島最外緣各島和各乾礁的最外緣各點的直線群島基線，主張從該基線量起一定寬度的領海、專屬經濟區和大陸架。

[2] 按照《海洋法公約》第 7 條的規定，在海岸線極為曲折的地方，或者如果緊接海岸有一系列島嶼，測算領海寬度的基線的劃定可採用連接各適當點的直線基線法。

關於人工島建設，《海洋法公約》第 60 條和第 80 條的規定是："沿海國在專屬經濟區（或大陸架）內有專屬權利建造並授權和管理建造、操作和使用人工島嶼、設施和結構。"但這些規定僅僅規範了在管轄海域內建造人工島的合法性，而並未對另一類更常見的行為 —— 在本國擁有或聲稱擁有主權的島礁上進行擴張、加固的建設活動，作出明確規定。中國對美濟礁、渚碧礁、永暑礁等島礁進行建設，是依託於其原有的地貌，並不改變它們本身作為中國所有的海洋地物的地位，但菲律賓和仲裁庭卻企圖將其歸入"人工島"的範疇，有偷換概念之嫌。而且，仲裁庭裁決中國的島礁建設行為違反《海洋法公約》有關人工島建設和海洋環境保護的義務，其法理論證十分薄弱。需指出的是，南海仲裁案對島礁建設的合法性問題的處理揭示了《海洋法公約》的局限性，其相關規則亟待完善。

第一章

管轄權和可受理性
一般問題

導　讀

　　管轄權和可受理性問題屬國際法庭或仲裁庭的初步審議事項，其目的是首先確認該法庭有權裁決當事方提交的爭端，以確定是否就實體法律權利和義務作出裁決。本書的導論部分已對南海仲裁案管轄權和可受理性問題涵蓋的法律問題予以簡要梳理。根據"管轄權自定原則"（competence-competence doctrine），管轄權和可受理性事項的決定權也屬該法庭。

　　在南海仲裁案中，中菲在本案管轄權和可受理性問題上存在嚴重分歧。依據《海洋法公約》第十五部分，仲裁庭有義務首先認定菲律賓所提交的爭端是否屬有關《海洋法公約》解釋或適用的爭端（以滿足管轄權要求），而且還需要裁定菲律賓將有關爭端提交《海洋法公約》附件七仲裁在程序上是否合法（以滿足可受理性要求）。在 2015 年 10 月 29 日第一階段裁決中，仲裁庭主要從爭端的識別、第三方介入以及管轄的前提、限制與例外三個方面加以闡述，在第二階段的審理過程中則對剩餘的管轄權和可受理性問題作出處理。

　　可以說，在南海仲裁案中，管轄權和可受理性問題更具決定性意義，一個在管轄權和程序問題上存在錯誤的法庭，其所作實體裁決亦可能被當事國藉此主張無效。仲裁庭在初步審議事項上是否做到了公正、合法，也將深刻地影響未來南海各個當事國選擇何種路徑解決彼此錯綜複雜的領土和海洋爭端。

本章的五篇文章分別從南海仲裁案仲裁庭面臨的管轄權和可受理性一般問題中，選取最具爭議的幾個熱點問題予以評析，力求客觀、全面地闡明南海仲裁案為何不具有程序上的合法性。

在《中國對南海諸島的主權與南海仲裁案》一文中，作者提綱挈領地指出南海仲裁案一開始就是非法、無效的，對仲裁庭濫用權力、自我擴張管轄權的行為予以批評。針對那些主張中國應出庭應訴的聲音，劉楠來教授有著自己獨立的見解，提醒讀者應從國際政治的現實層面看待一項法律程序的運作，中國不接受、不參與仲裁有著多方面的考量。

針對本案的可受理性問題，《從〈聯合國海洋法公約〉第 283 條 "交換意見的義務" 看南海仲裁案裁決的違法性》一文認為，菲方是否盡到 "交換意見的義務" 這一問題，是對當事國是否善意履行國際法義務的拷問，也體現了《海洋法公約》爭端解決機制對談判解決爭端與合作精神的重視。作者余敏友教授和謝瓊博士認為，仲裁庭就該問題所作裁決存在嚴重缺陷，理由主要有二：首先，用來證明履行交換意見的義務的事實不屬第 283 條所指 "交換意見"；其次，仲裁庭割裂交換意見的義務與談判的義務之間的有機聯繫，從而使 "交換意見的義務" 本身毫無意義，有悖《海洋法公約》的目的。

《〈聯合國海洋法公約〉第 298 條 "任擇性例外" 與南海仲裁案》一文聚焦管轄權例外情形在本案的適用。作者劉丹副研究員首先研究《海洋法公約》第 298 條的締約背景，認為該條款不僅免除特定海洋事項的管轄權，而且為具有領土主權爭端內容的“混合爭端”能否納入仲裁庭的強制管轄範圍帶來疑問。通過剖析“歷史性海灣或歷史性所有權”、“軍事活動爭端”、“執法活動爭端”、“混合爭端”若干類管轄權例外事項的內涵，該文認為，從南海仲裁案兩份裁決來看，仲裁庭在管轄權問題上顯現出擅自擴權之舉。

近年來，國家拒絕出庭的現象似有回升的趨勢。譬如，巴基斯坦拒絕出席馬紹爾群島在 2014 年向國際法院提起的訴訟案下的庭審程序；2015 年 7 月，克羅地亞中途退出了其與斯洛文尼亞之間的領土與海洋爭端仲裁程序；2018 年 6 月 18 日，委內瑞拉向國際法院發出通知，宣佈其不參加圭亞那提起的訴訟程序，該案涉及一項 1899 年的仲裁裁決的效力問題；中國從南海仲裁案程序啟動之後堅持“不接受、不參與”的立場；與此同時，俄羅斯在另一個《海洋法公約》附件七仲裁程序和國際海洋法法庭的臨時措施案（“極地曙光號案”）中也採取了相似的立場。頻繁發生的不出庭行為引發了《海洋法公約》附件七仲裁程序是否被濫用的質疑。“極地曙光號案”和南海仲裁案兩個案件的裁決均認定，一方缺席或未能進行辯護並不妨礙訴訟程序的進行，也不會阻止法庭作出裁決，同時承認法庭有義務保障不出庭一方的權利。《由“極地曙光號案”和南海仲裁案看國際爭端解決機構對於不到庭之態度》一文闡述了荷蘭訴俄羅斯“極地曙光號案”和南海仲裁案中國際法庭對當事國不到庭的裁決，作者張晏瑲教授分析國際爭端解決機制對於不到庭的態度，並從中歸納出不到庭立場的利弊。

一個國家不接受和不承認一項國際判決或裁決並不罕見，世界各大地理區域內的某些國家都曾經不接受和不承認某項國際判決或裁決。在《中國不接受和不承認南海仲裁案終局裁決的正當性》一文中，余民才教授認為國家不接受和不承認的原因很複雜，最主要的是有關法律機構越權管轄和錯誤適用法律。該文指出，南海仲裁案仲裁庭背離國際法院和先前附件七仲裁庭確立的既定法理，錯誤定性南海仲裁案的本質，越權管轄中菲南海島礁主權爭端和海洋劃界爭端，錯誤解釋和適用相關條款，因此中國有正當理由予以不接受和不承認。

中國對南海諸島的主權與南海仲裁案 *

菲律賓提起的所謂南海仲裁案是非法的，中國對南海諸島的主權具有充分的國際法依據，中國不接受、不參與、不承認仲裁庭是經過慎重考慮的。

一、關於領土主權取得方式的法律依據

在國際法上，一個國家享有主權的領土可以由三個部分組成，即領陸（陸地領土）、領水和領空。領陸，包括大陸和海上的島礁，中國在南海有東沙、西沙、中沙和南沙四組群島，這些群島都是中國的陸地領土。領

---

* 作者：劉楠來，中國社會科學院榮譽學部委員、研究生院教授。本文原載於《邊界與海洋研究》2016 年第 3 期，係作者根據其 2016 年 8 月參加求是網《求是訪談》節目時的訪談實錄整理而成。本書主編對該文的部分表述作了必要的調整。

水，包括內水和領海，即國家沿海所劃定的領海基線以外的一帶海域，以及這個基線以內陸地領土中的江河湖海和沿岸的內水。領空，即領水和領陸的上空。領陸、領水和領空都處於一國的主權之下，國家對於它們的主權的取得方式是不一樣的。我們可以從領土主權取得方式的角度來認識中國對南海諸島主權的法律依據。

首先來談陸地領土主權的取得方式。

在傳統國際法裏，取得陸地領土主權的方式主要有先佔、添附、時效、割讓和征服等等。根據《聯合國憲章》禁止戰爭的規定，作為戰爭的一種後果的割讓、征服等方式已屬非法，所以在當代主要是通過先佔、添附和時效等方式來取得對陸地領土的主權。所謂先佔，其前提是佔領的對象是無主地，只有當它不屬於任何一個國家時，才可以通過先佔的方式取得對它的領土主權。所謂添附，對於海上的島礁來說，是指本來處於海底的一些灘、沙，由於自身地質地理情況的發展，逐漸高出水面形成了島礁，而成為這個國家領土的一部分。所謂時效，是指原屬其他國家的領土被另外一個國家所佔領，在相當長的時間內沒有遭到反對而取得對該領土的主權。以上是近代國際法取得領土主權的一些規則，而在 17 世紀以前，"發現" 即可取得領土主權。一個國家只要發現了一塊土地，就可以根據這一點來主張對這塊土地的主權。

中國維護南海諸島的領土主權，是完全符合國際法要求的。根據國際法有關島嶼領土主權取得方式的規定，中國對南海諸島的主權具有充分的歷史和法理依據。

歷史依據方面，史料表明，中國在秦漢時期已經發現、命名了南海諸島，之後一直在那裏從事經營活動，對那裏進行了很長時間的控制和管理。

法理依據方面，最晚從北宋時期開始，南海諸島就已被置於中國的管轄範圍。進入 20 世紀以後，有些國家，如法國、日本，曾經想佔領這些島礁，當時中國政府及時與他們進行了交涉，體現了中國對這塊領土的管轄權。在第二次世界大戰中，南海諸島曾被日本侵佔，二戰結束以後，中國根據《開羅宣言》、《波茨坦公告》等國際文件，收復了這些島礁，並且派了軍艦和官員登島，在島上豎立了主權碑，升了旗，行使了對南海諸島的主權和管轄權。中華人民共和國成立以後，特別是在 20 世紀 70 年代以後，南海周邊一些國家，如越南、菲律賓等，又來侵佔南海部分島礁，挑戰中國對這部分島礁的主權，中國不斷與他們進行交涉，展開了維護南海領土主權的鬥爭。

其次，海洋領土主權的取得方式與陸地領土主權的取得方式不同。海洋領土主要是指領海，取得海洋領土主權的主要根據是國際法中的"陸地統治海洋"原則，以及國際海洋法上的有關制度規定。

所謂"陸地統治海洋"（*la terre domine la mer*）原則，簡單地說，就是對於海洋的權利來自對於相關陸地的控制，誰擁有了某一塊陸地，即可取得對臨近這塊陸地的海洋的一些權利。18 世紀以來，國際上逐漸確立了公海和領海制度。1982 年通過的《海洋法公約》，明文規定沿海國可以在它的領海基線以外建立不超過 12 海里的領海。領海基線的劃定有兩種方法，一種是在沿岸陸地領土上確定一些點作為領海基點，用直線連接基點形成一條基線，叫直線基線；另一種就是以沿岸低潮線作為領海基線。領海基線以外 12 海里範圍內的海域就構成領海。中國按照 1992 年的《中華人民共和國領海及毗連區法》和《海洋法公約》，採用直線基線方法建立了中國的領海基線和 12 海里寬的領海。

二、南海仲裁案一開始就是非法、無效的

2016 年 7 月 12 日，仲裁庭作出所謂最終裁決，中國外交部當即發表聲明，指出該裁決是 "無效的，沒有拘束力，中國不接受、不承認"。事實上，從菲律賓於 2013 年 1 月單方面提起仲裁案開始，中國政府就明確表態，這一仲裁案是非法、無效的，中國採取這一立場，主要基於以下三個理由：

第一，菲律賓單方面提起仲裁和南海仲裁庭的成立本身是非法的。《海洋法公約》明文規定，有關《海洋法公約》的解釋和適用的爭端，應由當事國通過協議來選擇解決爭端的方法來加以解決。這是《海洋法公約》所確立的原則，也是爭端當事方享有的權利。一般來說，凡仲裁都必須建立在有關國家自願的基礎之上，即使提交《海洋法公約》所規定的強制程序，也要以各個國家自願為前提。從此次南海仲裁案來看，菲律賓想請中國參加仲裁，但是中國拒絕了這一要求，仲裁庭是在沒有得到中國同意的情況下成立的，因此這個仲裁程序的成立本身就缺乏法律依據。

《海洋法公約》還規定，如果爭端雙方達成協議，決定選用某種方法來解決爭端，那麼只有在這種方法未能解決爭端的情況下，才能使用《海洋法公約》所規定的一些強制程序。中國跟菲律賓曾就南海爭端達成過由直接有關雙方談判解決南海爭端的協議，但是尚未進入談判解決爭端的階段，在這種情況下，菲律賓未經中國同意，就將南海爭端提交仲裁，本身就是非法的。

第二，菲律賓將南海爭端提交仲裁違反了它作出的承諾和與中國達成

的協議。在此次南海仲裁案之前，中國跟菲律賓曾就南海問題的解決進行過磋商並達成協議，規定這些爭端應由雙方通過談判解決。2002 年，中國跟包括菲律賓在內的東盟各國簽署了《南海各方行為宣言》，各方承諾南海爭議要通過有關方直接磋商和談判解決。

第三，南海仲裁庭濫用權力，自我擴張管轄權。根據《海洋法公約》的有關規定和中國在 2006 年發表的排除性聲明，對於菲律賓提起的仲裁訴求，仲裁庭是沒有管轄權的，在沒有管轄權的情況下進行仲裁和作出裁決，都是非法、無效的。

中國跟菲律賓之間的爭端主要是因為菲律賓侵佔了中國的南沙群島中的部分島礁而引發的，這是一個陸地領土主權問題，而這個問題根本不在《海洋法公約》的調整範圍和根據《海洋法公約》成立的仲裁庭的管轄範圍之內。儘管菲律賓對它提起的仲裁事項千方百計地加以偽裝，也掩飾不了它的實質是南沙部分島礁的領土主權問題，仲裁庭對此是沒有管轄權的。

此外，菲律賓在其提交的仲裁案中，還要求仲裁庭處理一些島礁（如太平島、美濟礁）的法律地位問題，這些問題是同海域劃界問題緊密聯繫在一起的。中國在 2006 年已經根據《海洋法公約》的規定發表過把有關海域劃界、歷史性權利、軍事活動等爭端排除在強制程序之外的聲明，因此仲裁庭對此是沒有管轄權的，它作出的裁決當然也是無效的。

三、中國緣何不接受、不參與仲裁程序

有一種觀點認為，如果中國出庭辯論，反映我們的一些主張和聲音，也許可以改變仲裁庭一邊倒的情況，影響仲裁庭作出的裁決。這種想法帶有比較大的主觀性。中國決定不接受、不參與這個仲裁庭，是有多方面考慮的：

第一，參與仲裁庭就等於認同了菲律賓和仲裁庭的非法行為。菲律賓提起仲裁案和仲裁庭的成立，違反了菲律賓與中國達成的協議和《海洋法公約》的有關規定，仲裁庭是在沒有管轄權的情況下受理菲律賓提出的仲裁訴求的，其作出的裁決是無效的。如果中國同意出席仲裁庭，就等於接受、承認了這種非法行為。中國作為一個負責任的大國，作為國際社會的一員，必須遵行國際法治，堅持正確的、國際法的立場。

第二，參與仲裁庭意味著中國放棄了自主選擇解決爭端方法的權利。中國一貫強調通過協商談判解決有關領土主權和重大利益的爭端。決定採取什麼樣的方法解決有關爭端是我們國家的權利。中國已經跟菲律賓達成了協議，用雙邊談判的方法來解決爭端。如果我們接受仲裁，出席仲裁庭，就等於背離自己的固有立場，放棄了選擇爭端解決方法的權利。

第三，參與仲裁庭無法獲得公正的裁決。從菲律賓不惜犧牲自己的國際聲譽，單方面提起仲裁案和仲裁庭的成立過程，可以清楚地看出這一仲裁程序的進行將是不利於中國的。仲裁庭就管轄權問題作出的、在國際司法和仲裁實踐中極其罕見的、完全倒向訴訟一方的裁決，進一步證明，我們對這一仲裁案的結果不能有不切實際的企望。

從《聯合國海洋法公約》第283條"交換意見的義務"看南海仲裁案裁決的違法性 *

　　在南海仲裁案仲裁庭 2015 年 10 月 29 日發佈的《管轄權和可受理性問題裁決》(以下簡稱 "《管轄權裁決》")中,仲裁庭裁定對菲律賓所提 15 項訴求中的 7 項(第 3、4、6、7、10、11、13 項訴求)擁有管轄權,7 項訴求(第 1、2、5、8、9、12、14 項訴求)的管轄權需要和實體問題一併審理,第 15 項訴求有待菲律賓進一步澄清。該裁決具有明顯的傾向性,有關《海洋法公約》第 283 條規定之 "交換意見的義務" 是否已經履行的論證,存在嚴重缺陷,在事實認定和法律適用上,存在明顯漏洞。

---

* 　作者:余敏友,武漢大學國際法研究所教授;謝瓊,中共中央黨校國際戰略研究院研究人員。本文原載於《邊界與海洋研究》2016 年第 2 期。本書主編對該文的部分表述作了必要的調整。

一、善意履行《海洋法公約》第 283 條 "交換意見的義務" 是確立仲裁庭管轄權的一個必備法律條件

（一）確立《海洋法公約》附件七仲裁庭管轄權的法律要件

依據《海洋法公約》第十五部分和附件七的規定，確立《海洋法公約》附件七仲裁庭的管轄權應遵循 "四個要件"：（1）主體適格，即 "爭端當事方" 都是《海洋法公約》的締約國；（2）客體適格，即當事方之間存在 "爭端"，且提請仲裁的該爭端 "有關《海洋法公約》解釋或適用"；（3）符合《海洋法公約》第 281 條、第 282 條、第 283 條和第 295 條規定的要求；（4）不屬於《海洋法公約》第 297 條和第 298 條規定的限制或排除情形。❶ 由這四個要件組成的整個邏輯鏈必須完整，對這些要件的成立與否必須予以正面回答。其中《海洋法公約》第 283 條規定的 "交換意見的義務" 非常重要。即使當事方之間存在有關《海洋法公約》解釋或適用的爭端，如果當事方沒有履行該義務，則就該爭端不能啟動《海洋法公約》第十五部分第二節的 "強制程序"（包括附件七仲裁），相關法庭對提起的案件也就沒有管轄權。

在管轄權裁決中，本案仲裁庭除了沒有論及第 295 條之外，其餘要件都有所討論，除了對爭端的認定和爭端有關《海洋法公約》解釋或適用的

---

❶ 參見劉衡：《論確立海洋爭端強制仲裁管轄權的法律要件 —— 以〈聯合國海洋法公約〉附件七為視角》，載《中國海洋法學評論》2015 年第 1 期，第 4－22 頁。

論述完全不能成立外，在仲裁庭管轄權的三個前提條件中，有關第 283 條"交換意見的義務"是否履行的論證尤其糟糕。

（二）《海洋法公約》第 283 條"交換意見的義務"與第 300 條"善意履行《海洋法公約》義務"

《海洋法公約》第 283 條規定了訴前交換意見的具體義務。[1] 該條名為"交換意見的義務"，共有兩款規定。[2] 其中第 1 款要求爭端當事方"對本《海洋法公約》的解釋或適用發生爭端，應迅速就以談判或以其他和平方法解決爭端一事交換意見"。如果爭端當事方沒有履行該積極義務，則不得訴諸包括附件七仲裁在內的《海洋法公約》第十五部分第二節規定的強制程序。據此，第一，適用第 283 條的前提應是當事方之間確定存在"有關《海洋法公約》解釋或適用"的爭端。第二，"交換意見"所針對的對象必須是該"爭端"，而不能是其他事項，即爭端具有同一性。第三，"交換意見"的行為須發生在該"爭端"產生以後。第四，"交換意見"的內容應是用何種方式（談判或其他和平方法）解決該爭端。所以，"交換意見"的客體並不是"爭端"，而是爭端"解決方式"。"首先應就採用哪一種最合適的方式解決爭端交換意見"。[3] 第五，"交換意見"是一項強制義務，[4] 僅僅有"交

---

[1] See José Manuel & Cortés Martín, "Prior Consultation and Jurisdiction at ITLOS", (2014) 13 *The Law and Practice of International Courts and Tribunals* 1, pp. 2–7, 14–17; Mariano J. Aznar, "The Obligation to Exchange Views before the International Tribunal for the Law of the Sea: A Critical Appraisal", (2014) 1 *Revue Belge de Droit International* 237, pp. 241–246.

[2] 由於第 283 條第 2 款適用於爭端解決協議的執行階段，與本案無關，故在此不討論第 2 款。

[3] José Manuel & Cortés Martín, "Prior Consultation and Jurisdiction at ITLOS", p. 16.

[4] See Mariano J. Aznar, "The Obligation to Exchange Views before the International Tribunal for the Law of the Sea: A Critical Appraisal", pp. 245–246.

換意見"的行為不能算履行了相關義務，還必須依據一定的標準來說明已經履行了該義務。最後，原則上"交換意見"應在爭端產生後"迅速"進行。

從其"立法"目的來看，第 283 條確立的"交換意見義務"，目的並非全在"義務"本身，而在於強調"通過談判解決爭端"。"納入'交換意見'的義務旨在滿足各代表團的期待，即爭端當事方的首要義務應是盡一切努力通過談判解決爭端。條文以一種間接的方式提及這一點，使得談判成為交換意見基本義務的主要目的。"❶ "交換意見是與談判相關的術語。談判可以視為交換意見的下一步。"❷ 同時，"交換意見的義務"之設計，也符合和平解決爭端機制內在的"合作義務"（obligation of cooperation），❸ 也就是爭端產生時，雙方要為了解決相互之間的爭端而努力。所以，只有爭端雙方"合作"的可能性窮盡無遺了，才可能將爭端訴諸《海洋法公約》規定可單方面啟動的強制程序。

《海洋法公約》第 300 條"善意履行《海洋法公約》義務"的規定，也適用於本條有關"交換意見的義務"。國際法院在 1974 年"核試驗案"中指出：不管一項法律義務來自何處，有關創設和履行該義務的基本原則就是善意履行原則。體現善意的信任和信心是國際合作的內在要素，在眾多領域日益盛行國際合作的時代，尤其需要強調這一點。❹

---

❶ Myron H. Nordquist (et al. eds.), *United Nations Convention on the Law of the Sea 1982: A Commentary*, Vol. V (Martinus Nijhoff Publishers, 1989), p. 29.

❷ Kari Hakapää, "Negotiation", in *Max Planck Encyclopedia on of Public International Law (online edition)*, para.16.

❸ Anne Peters, "International Dispute Settlement: A Network of Cooperational Duties", (2003) 14 *European Journal of International Law* 1, p. 2.

❹ *Nuclear Tests (Australia v. France)*, Judgment, 20 December 1974, *I.C.J. Reports* 1974, p. 268, para. 46.

善意履行國際義務在國際法中具有根本性的基礎地位。[1] 首先，國家主權平等原則派生的一項國際法基本規範是"國家非經其同意不受約束"，通過主權國家的明示同意或默示同意才能產生的國際法，是在相互尋求共識的基礎上逐漸形成的一種較為確定的行為規範，雖然必要時可由外力加以強制實施，但主要依靠國家及其他國際法主體的自願遵守和善意履行。其次，依照國際法建立的國際秩序和國際制度，實質上就是各國依照國際法而享有的權利和承擔的義務。只有善意履行義務，才能保證各國依照國際法享有這些國際秩序和國際制度所產生的權益。善意履行國際義務不僅不與國家主權原則衝突，而且是實施國家主權原則的實際結果。在一般情況下，國際義務只有在依國家主權原則自願承擔的情況下才具有國際法上的約束力；違背國家主權原則的任何義務都沒有法律效力。事實上，只要各國真誠履行國際義務，國家主權才能真正得到尊重。第三，國際法的有效性和國際秩序的穩定性，主要取決於各國忠實遵守國際法的規範和善意履行其承擔的國際義務。如果國際義務得不到善意履行，國際社會成員之間就會失去信任，國際法就會名存實亡，各種國際合作制度就無法正常運作，國際秩序就無法維持。

綜上，依照第 283 條和第 300 條的規定，判斷"交換意見的義務"是否履行，必須依據如下基本標準：第一，在交換意見中應提及《海洋法公約》具體條款涉及本爭端。[2] 第二，交換意見所討論的事項必須是或者包括

---

[1] Markus Kotzur, "Good Faith (*Bona fide*)", in *Max Planck Encyclopedia on of Public International Law (online edition).*

[2] Natalie Klein, *Dispute Settlement in the UN Convention on the Law of the Sea* (Cambridge University Press, 2005), p. 64.

爭端訴求所涉及的事項，如果討論的是此種事項，而提起爭端的是彼種事項，就該爭端而言，這種交換意見就不是第 283 條規定的"交換意見"。第三，交換意見的時間必須發生在爭端產生以後、仲裁程序啟動以前。第四，交換意見必須具有一定的頻率，在一定的時間內，雙方進行了多次或者密集的討論。這是"交換意見"作為一種"義務"的應有之義。第五，"交換意見的義務"不僅是一種形式義務，更是一種實質義務。這是善意履行義務的內在要求。

（三）有關《海洋法公約》"交換意見的義務"的國際實踐

"南方藍鰭金槍魚案"是對該條進行詳細討論的第一案。該仲裁庭認為爭端各方"已經進行了長時間、激烈和嚴肅的談判"，且在談判中申請方援引了《海洋法公約》，因而已經滿足第 283 條所規定的義務。[1] 在"莫克斯核燃料廠案"中，英國辯稱雙方未能就通過談判或其他和平方式解決爭端交換意見，因而第 283 條之要求尚未滿足。[2] 在"圍海造地案"中，新加坡辯稱雙方尚未依據《海洋法公約》第 283 條的規定，"就以談判或其他和平方式解決爭端一事交換意見"，並認為該條使得"談判"構成"啟動第十五部分強制爭端解決程序的先決條件"。[3] 拉奧法官（Chandrasekhara Rao）

---

[1] *Southern Bluefin Tuna Case (Australia and New Zealand v. Japan)*, Award on Jurisdiction and Admissibility, 4 August 2000, para. 55.

[2] *The MOX Plant Case (Ireland v. United Kingdom)*, Order, 3 December 2001, ITLOS, para. 54.

[3] *Case Concerning Land Reclamation by Singapore In and Around the Straits of Johor (Malaysia v. Singapore)*, Order, 8 October 2003, ITLOS, paras. 33–34.

在個別意見中支持新加坡，指出 "有關交換意見的要求並非一個空洞的形式，不能由爭端一方憑一時興起來決定。必須善意履行這方面的義務，而對此加以審查是法庭的職責"。[1] 此後，附件七仲裁庭處理的巴巴多斯和特立尼達與多巴哥的 "海洋劃界案"[2]、圭亞那與蘇里南的 "海洋劃界案"[3] 和 "極地曙光號案"[4]，以及國際海洋法法庭處理的 "自由號案"（臨時措施）[5]、"極地曙光號案"（臨時措施）[6] 等案件都涉及到第 283 條 "交換意見義務" 的規定。[7]

從實踐來看，"交換意見" 不需要正式的程序，也不必明確指出是第 283 條意義上的意見交換，只要爭端各方在交流中談及有關《海洋法公約》解釋或適用的爭端就足夠了。[8]"國際海洋法法庭和仲裁庭都不太情願裁定第

[1] *Case Concerning Land Reclamation by Singapore In and Around the Straits of Johor (Malaysia v. Singapore)*, Separate Opinion of Judge Chandrasekhara Rao, para. 11.

[2] *In the Matter of an Arbitration between Barbados and the Republic of Trinidad and Tobago*, Award, 11 April 2006, Permanent Court of Arbitration, paras. 201–203.

[3] *In the Matter of an Arbitration between Guyana and Suriname*, Award, 17 September 2007, Permanent Court of Arbitration, paras. 408–410.

[4] *The Arctic Sunrise Arbitration (Netherlands v. Russia)*, Award on the Merits, 14 August 2015, Permanent Court of Arbitration, paras. 149–156.

[5] *The "Ara Libertad" Case (Argentina v. Ghana), Request for the Prescription of Provisional Measures*, Order, 15 December 2012, ITLOS, paras. 68–72.

[6] *The Arctic Sunrise Case (Kingdom of the Netherlands v. Russian Federation)*, Order, 22 November 2013, ITLOS, paras. 72–75.

[7] 從實踐來看，除處理附件七仲裁第一案 ——"南方藍鰭金槍魚案" 的仲裁庭相對比較慎重對待公約第 283 條規定的 "交換意見的義務" 之外，其他法庭都有逐步降低該條適用門檻的趨勢。尤其是國際海洋法法庭，它在處理附件七仲裁庭初步管轄權的過程中，幾乎將該條規定視為一種 "空洞的形式"，偏離了法律的明確規定。它的這種做法對附件七仲裁庭明顯產生了影響。降低第 283 條的適用門檻，有助於確立法庭的管轄權，這與近年來出現的國際法院或法庭不斷擴張自身管轄權的趨勢是一致的。限於主題，本文對此不作專門分析。

[8] Natalie Klein, *Dispute Settlement in the UN Convention on the Law of the Sea*, p. 64.

283 條義務尚未履行"，● 從未出現過該要件未能滿足的實例。多數實踐明顯偏離了法律的明確規定和立法原意，受到學者的批評。❷

二、管轄權裁決有關第 283 條 "交換意見的義務" 的內容

管轄權裁決在第 332－352 段，對於菲律賓是否已履行了《海洋法公約》第 283 條規定的 "交換意見的義務"，進行了具體討論。其證據包括中菲之間 1995 年和 1998 年的兩輪磋商、2002 年簽署的《南海各方行為宣言》（以下簡稱 "《宣言》"）、中方 2009－2011 年的三個普通照會和菲律賓 2011 年的普通照會、2012 年中菲之間的新一輪磋商和 2012 年 4 月雙方有關黃岩島的討論。經過簡單而籠統的分析，仲裁庭得出了菲律賓已經履行該義務的結論。

誠然，仲裁庭的論述存在嚴重缺陷，這些證據無法證明菲律賓滿足了判斷第 283 條規定義務是否履行的上述基本要求，該結論不能成立。首先，用來證明履行交換意見的義務的事實不屬於第 283 條所指的 "交換意見"；其次，仲裁庭割裂交換意見的義務與談判的義務之間的有機聯繫，使得 "交換意見的義務" 本身沒有意義，有悖 "立法" 目的。

---

❶ David Anderson, *Article 283 of the UN Convention on the Law of the Sea* (Martinus Nijhoff Publishers, 2007), p. 866.

❷ See David A. Colson & Dr. Peggy Hoyle, "Satisfying the Procedural Prerequisites to the Compulsory Dispute Settlement Mechanisms of the 1982 Law of the Sea Convention: Is the Southern Bluefin Tuna Tribunal Getting It Right?", (2003) 34 *Ocean Development & International Law* 59, pp. 59–82; Mariano J. Aznar, "The Obligation to Exchange Views before the International Tribunal for the Law of the Sea: A Critical Appraisal", pp. 237–254.

（一）仲裁庭的觀點

對於該項義務，仲裁庭首先指出，交換意見的內容應是爭端的“解決方式”，而不是就爭端事項展開談判；其次，在實踐中對爭端解決方式的討論常常與爭端事項的談判交織在一起。隨後，仲裁庭提到中菲兩國於 1995 年和 1998 年舉行了兩輪磋商，認為“這些磋商的確包括了在當時就解決雙方之間爭端的方式交換意見”。❶ 接著仲裁庭又提到了《宣言》第 4 條，認為“《宣言》本身，連同就進一步創設‘行為準則’進行的討論一道，表明各方就爭端解決方式交換了意見”。❷

然而，仲裁庭很快意識到，客觀事實並不支持菲律賓：“《宣言》簽署於 2002 年。菲方強調的磋商發生於 1995 年和 1998 年。從雙方交換意見的紀錄來看，當時雙方的爭端是關於南沙群島主權和在美濟礁的某些活動。菲方提交到本仲裁庭的爭端的關鍵事件尚未產生。特別是，中方還沒有發出 2009 年 5 月 7 日的普通照會，在菲方提交的第 8 項到第 14 項訴求中指稱的多數中方行動也尚未發生。” ❸

為改變對菲律賓不利的局面，仲裁庭作出了驚人之語：“本庭認為各方關於南海的各種爭端彼此聯繫，並接受在仲裁程序開始之前，各方可能僅為使爭端進一步發展或引起其他相關爭端時，才會就解決爭端全面交換

---

❶ *The South China Sea Arbitration (the Republic of the Philippines v. the People's Republic of China)*, Award on Jurisdiction and Admissibility, 29 October 2015, Permanent Court of Arbitration, para. 334.

❷ *The South China Sea Arbitration (the Republic of the Philippines v. the People's Republic of China)*, Award on Jurisdiction and Admissibility, 29 October 2015, para. 335.

❸ *The South China Sea Arbitration (the Republic of the Philippines v. the People's Republic of China)*, Award on Jurisdiction and Admissibility, 29 October 2015, para. 336.

意見。但是，本仲裁庭並不絕對需要確定此情況適用第 283 條，因為紀錄表明，直到菲方提起此項仲裁前，雙方還在持續就解決爭端的方式交換意見。" ❶ 仲裁庭隨後詳細引用了 2012 年中菲間的一輪磋商 ❷ 和 2012 年 4 月有關黃岩島的討論 ❸。最後，仲裁庭得出結論："雙方已交換意見，且未能就解決它們之間爭端的方式達成一致，本仲裁庭認為第 283 條的要求已經得到滿足。" ❹

（二）仲裁庭的論述存在嚴重缺陷，結論不能成立

仲裁庭的上述論述建立在對《海洋法公約》第 283 條規定的錯誤理解之上，存在下列兩個嚴重問題：

1. 證明履行交換意見義務的事實不屬於第 283 條規定的 "交換意見"

首先，交換意見的時間一定是在所針對的特定爭端產生之後。仲裁庭在論證是否存在爭端，以及如果存在，該爭端是否有關《海洋法公約》解釋和適用的爭端時，並沒有具體指出其所認為存在的各 "爭端" 何時產生，只是以 2009－2011 年間的四個照會為證。在這裏，仲裁庭提供的事例中，

---

❶ *The South China Sea Arbitration (the Republic of the Philippines v. the People's Republic of China),* Award on Jurisdiction and Admissibility, 29 October 2015, para. 337.

❷ *The South China Sea Arbitration (the Republic of the Philippines v. the People's Republic of China),* Award on Jurisdiction and Admissibility, 29 October 2015, paras. 337–339.

❸ *The South China Sea Arbitration (the Republic of the Philippines v. the People's Republic of China),* Award on Jurisdiction and Admissibility, 29 October 2015, paras. 340–341.

❹ *The South China Sea Arbitration (the Republic of the Philippines v. the People's Republic of China),* Award on Jurisdiction and Admissibility, 29 October 2015, para. 343.

包括 1995 年和 1998 年的兩輪磋商，以及 2002 年簽署的《宣言》，這三個時間點都在 2009 年以前。而且，《海洋法公約》1995 年還未對中國生效，[●]中菲之間的爭端，無論存在與否，都不可能涉及《海洋法公約》的解釋或適用。中國在《中華人民共和國政府關於菲律賓共和國所提南海仲裁案管轄權問題的立場文件》（以下簡稱"《立場文件》"）中也指出："既然菲律賓自己都認為它直到 2009 年才開始放棄與《海洋法公約》不符的海洋權利主張，那麼，中菲兩國自 1995 年起已就與本仲裁案有關的《海洋法公約》解釋或適用的問題交換意見，從何談起？"[●]

　　如前所述，仲裁庭承認這裏有問題，表示菲方提起程序的很多"爭端"還沒有出現，特別是仲裁庭作為主要論據的中國 2009 年照會，以及菲方第 8-14 項訴求中所列中方行為的絕大多數都還沒有發生。對此，仲裁庭的解釋是，它認為"當事雙方有關南海的不同爭端具有相關性，承認當事雙方可能（may）在某一爭端進一步發展，或者相關爭端出現以後，才將（will）就該爭端全面交換意見"。[●]言下之意，目前沒有交換意見，未來會交換意見的；未來不是一定會交換意見，但是存在交換意見的可能性。仲裁庭接著說："紀錄顯示直到菲律賓啟動仲裁前不久，雙方仍在就解決爭端的方式交換意見，所以不需要具體確定第 283 條的適用情況。"[●]仲裁庭這種籠統的解釋，簡直是一種"糊弄"，完全不符合第 283 條的基本要求。

[●] 中國於 1982 年 12 月 10 日簽署了《海洋法公約》，並於 1996 年 5 月 15 日批准《海洋法公約》。

[●] 《中華人民共和國政府關於菲律賓共和國所提南海仲裁案管轄權問題的立場文件》，2014 年 12 月 7 日，第 50 段。

[●] *The South China Sea Arbitration (the Republic of the Philippines v. the People's Republic of China),* Award on Jurisdiction and Admissibility, 29 October 2015, para. 337.

[●] *The South China Sea Arbitration (the Republic of the Philippines v. the People's Republic of China),* Award on Jurisdiction and Admissibility, 29 October 2015, para. 337.

其次，就爭端解決方式交換意見所指向的爭端，一定是或者說一定包括仲裁庭所確認存在的"爭端"，即討論的主題事項與仲裁庭所界定"爭端"的主題事項必須具有同一性。

仲裁庭所舉其中一個發生在 2009－2011 年之後的事例是 2012 年 1 月 14 日中菲之間的一次雙邊磋商。❶在紀錄中，雙方分別談到了談判和法律程序的問題，似乎有些許關於爭端解決"方式"的意味。鑒於分別討論的是"disputes in the West Philippine Sea"（菲律賓的提法）和"this dispute"（中國的提法），仲裁庭需要回答：這些"disputes"或者"dispute"是仲裁庭在裁決第五部分所確定存在的"爭端"嗎（無論是否成立）？只有確定這些"爭端"是仲裁庭在前面所確定存在的"爭端"，才能算是第 283 條規定的"交換意見"。遺憾的是，仲裁庭沒有提供答案——實際上它不可能提供答案。事實上，雙邊磋商討論的這些"disputes"或者"dispute"，是雙方圍繞菲律賓所謂的"卡拉延島群"的主權歸屬爭端及其相關事宜，而不是仲裁庭前面確定存在的非主權"爭端"。

再次，就黃岩島問題菲律賓尚未履行交換意見的義務。黃岩島問題可能是中菲間所進行唯一一次第 283 條意義上的意見交換。且不談中菲有關黃岩島問題的爭端具體是什麼爭端，至少在雙方討論中，不再限於如何談判的問題，而是明確提及了《海洋法公約》規定的第三方裁決機制。這當然是在就爭端解決方式交換意見。但是，因為菲律賓發了一個照會與中方作出了一個回覆，就可以認定菲方履行了第 283 條交換意見的義務嗎？就

---

❶ *The South China Sea Arbitration (the Republic of the Philippines v. the People's Republic of China),* Award on Jurisdiction and Admissibility, 29 October 2015, paras. 337–339.

可因此得出"就爭端解決方式達成協議的可能性不再存在"的結論嗎？[❶]在"圍海造地案"中，仲裁庭認為馬來西亞在短時間內就同一事項向新加坡連發了三個照會，而新加坡都斷然拒絕或沒有理會，才被視為"就爭端解決方式達成協議的可能性不再存在"。[❷]菲律賓的做法不能被認為是善意履行義務之舉。

最後，《宣言》第 4 條是中國和東盟各國就如何解決領土和管轄權爭端達成的協議（agreement），即就如何解決上述爭端已經有了確定性的意見（所涉當事國之間的友好磋商和談判）。這根本不是第 283 條意義上的交換意見。根據 1969 年《維也納條約法公約》第 31 條規定，從通常含義解釋，一方認為應該這樣那樣，另一方卻認為應該那樣這樣，就同一事項相互表述各方意見，並朝達成協議的方向努力，但是雙方之間並沒有達成協議（no agreement）。交換意見的意思是什麼？"協議"和"交換意見"是性質完全不同的事物，仲裁庭完全是指鹿為馬。如果《宣言》只是一種意見交換，簽署各方那麼鄭重其事地談判、起草、通過、簽署和批准，在國際法上恐怕也是空前絕後的事情了。

2. 仲裁庭曲解第 283 條規定的義務

仲裁庭割裂交換意見的義務與談判的義務之間的有機聯繫，使得"交換意見的義務"本身不具有意義，有悖"立法"目的，破壞《海洋法公約》爭端解決機制的微妙平衡。

[❶] *The South China Sea Arbitration (the Republic of the Philippines v. the People's Republic of China),* Award on Jurisdiction and Admissibility, 29 October 2015, para. 343.

[❷] *Case Concerning Land Reclamation by Singapore in and around the Straits of Johor (Malaysia v. Singapore),* Order, 8 October 2003, paras. 39–40.

仲裁庭認可《海洋法公約》爭端解決機制是一系列妥協達成的微妙平衡，理解各條款需要結合“立法”背景仔細考量，尤其不得違背“立法”目的。但是仲裁庭在本案的做法是，盡量降低第 283 條的門檻，曲解第 283 條規定的義務，將交換意見的“義務”（obligation to exchange views）轉化為交換意見的“行為”（act to exchange views）。在本裁決中，交換意見義務的唯一要求便是要有交換意見的行為，不管該交換意見是否發生在爭端產生以後，也不論交換意見是針對此爭端還是彼爭端。這使得第 283 條規定的義務退化成一種僅僅只是在自動訴諸強制程序前需要經歷的過程，沒有任何其他價值。

如上所述，第 283 條的主要目的是鼓勵當事方為確定以何種方式解決爭端加強協商，防止爭端從非強制程序自動轉入強制程序，或從一種強制程序轉入另一種強制程序。[1] 同時，該條再次確認了通過談判解決爭端的重要性。[2] 換言之，“交換意見的義務”隱含著努力導向“談判的義務”。本條規定的“交換意見”被理解為談判的一種形式。[3] 沃爾夫魯姆（Rüdiger Wolfrum）法官在國際海洋法法庭受理的“路易莎號案”的反對意見中指出：第 283 條提及談判“明顯表達了一個不同的目的，即不通過《海洋法公約》第十五部分第二節的（強制）程序解決爭端。”[4] 可在本案中，作為菲律賓指定仲裁員的沃爾夫魯姆法官似乎已經完全忘了他的上述觀點。在

---

[1] A.O. Adede, *The System for Settlement of Disputes under the United Nations Convention on the Law of the Sea: A Drafting History and A Commentary* (Martinus Nijhoff Publishers, 1987), p. 93.

[2] Natalie Klein, *Dispute Settlement in the UN Convention on the Law of the Sea*, p. 33.

[3] See J.G. Merrills, "The Mosaic of International Dispute Settlement Procedures: Complementary or Contradictory?", (2007) 54 *Netherlands International Law Review* 361, pp. 364–366.

[4] *The M/V "Louisa" Case , Saint Vincent and the Grenadines v. Kingdom of Spanish*, Order, Dissenting Opinion of Judge Wolfrum, 23 December 2010, ITLOS, para. 27.

同一個案件中，特雷韋斯（Tullio Treves）法官也指出，由申訴方承擔提出訴求並邀請對方交換意見的責任，已為就"談判或其他方式"解決爭端提供可能。[1] 遺憾的是，裁決沒有展示菲律賓做到了這一點，從仲裁庭所提供的證據中也找不到這一點。

中國在《立場文件》中表示"事實上，迄今為止，中菲兩國從未就菲律賓所提仲裁事項進行過談判"。[2] 中方的意思很簡單，就菲方所稱雙方存在"爭端"的事項，雙方從未進行過任何討論，包括一方觀點是否被另一方"積極反對"因此構成爭端等，當然就更談不上就爭端解決方式交換意見了。雙方在這些事項上根本不存在爭端，遑論有關《海洋法公約》解釋或適用的爭端，又何談爭端解決方式呢？即"中菲此前圍繞南海問題所進行的交換意見，並非針對菲律賓所提的仲裁事項"。

綜上，即使假設中菲之間就菲律賓所提仲裁事項存在有關《海洋法公約》解釋或適用的爭端，仲裁庭也沒有證明菲律賓就這些爭端履行了第283條規定的與中國"交換意見的義務"。恰恰相反，菲方所謂"交換意見"的事實回應了中方"通過談判方式解決在南海的爭端是中菲兩國之間的協議"之聲明。否則，即使從 1995 年起，雙方不會在之後的十多年期間一直堅持通過談判試圖解決"爭端"。

---

[1] *The M/V "Louisa" Case , Saint Vincent and the Grenadines v. Kingdom of Spanish*, Order, 23 December 2010, Dissenting Opinion of Judge Treves, ITLOS, para. 13.

[2] 《中華人民共和國政府關於菲律賓共和國所提南海仲裁案管轄權問題的立場文件》，2014 年 12 月 7 日，第 45 段。

三、結語

　　研讀菲律賓南海仲裁案仲裁庭於 2015 年 10 月作出的管轄權裁決，很容易發現仲裁庭的論述破綻百出，只能得出菲律賓沒有履行《海洋法公約》第 283 條"交換意見義務"的結論。

　　《海洋法公約》附件七仲裁庭管轄權的四個要件是一條完整的邏輯鏈，其中任何一個環節的斷裂，都將導致整個邏輯鏈的斷裂，從而無法有效確立仲裁庭的管轄權。仲裁庭有關菲律賓履行"交換意見的義務"的論述具有致命缺陷，其結論不能成立。即便假設中菲之間就菲律賓所提仲裁事項存在有關《海洋法公約》解釋或適用的爭端，菲律賓也沒有履行"交換意見的義務"，因此仲裁庭不能對菲律賓提出的仲裁事項行使管轄權，其管轄權裁決是完全錯誤的。因此，仲裁庭基於一個無效的管轄權裁決作出的最終裁決，無論其結果對中國有利還是不利，都將是無效的。

《聯合國海洋法公約》第298條
"任擇性例外"與南海仲裁案 *

　　在中國的強烈反對下，南海仲裁案仲裁庭於 2015 年 10 月 29 日發佈《管轄權和可受理性問題裁決》（以下簡稱 "《管轄權裁決》"），裁定對菲律賓的部分訴求有管轄權。[1] 仲裁庭於 2016 年 7 月 12 日公佈實體裁決。時任中國外交部部長王毅強調，仲裁庭裁決與國際法治的精神背道而馳，也違反了《海洋法公約》的原則和精神，該裁決存在三個 "不合法"：一是仲裁的提起不合法；二是仲裁庭的成立不合法；三是仲裁的結果不合法。[2]2014 年 12 月 7 日《中華人民共和國政府關於菲律賓共和國所提南海仲裁案管轄

---

* 作者：劉丹，上海交通大學凱原法學院海洋法治研究中心副研究員。本文原載於《國際法研究》2016 年第 6 期，題目為 "論《聯合國海洋法公約》第 298 條 '任擇性例外' —— 兼評南海仲裁案中的管轄權問題"。本書主編對該文的部分表述做了必要的調整。

[1] 仲裁庭在裁決中裁定：對菲律賓訴求的第 3、4、6、7、10、11、13 項有管轄權；對第 1、2、5、8、9、12、14 項訴求留待實體審理階段再考慮管轄權問題；對第 15 項要求菲律賓縮小訴求範圍並澄清內容，進而在實體階段再考慮管轄權問題。See *The South China Sea Arbitration (the Republic of the Philippines v. the People's Republic of China),* Award on Jurisdiction and Admissibility, 29 October 2015, Permanent Court of Arbitration, para. 413.

[2] 王毅：《仲裁庭背後的政治操作必將大白於天下》，中華人民共和國外交部網站：http://www.fmprc.gov.cn/web/zyxw/t1384715.shtml，最後訪問時間：2016 年 7 月 26 日。

058　菲律賓南海仲裁案核心問題法理分析

權問題的立場文件》（以下簡稱 "《立場文件》"）更明確指出，中國根據
《海洋法公約》第 298 條（適用導致具有約束力裁判的強制程序的 "任擇性
例外"），在 2006 年發表的 "排除性聲明"（以下簡稱 "《2006 年聲明》"）
中，已將一些特定爭端排除在包括仲裁在內的強制爭端解決程序之外。❶

　　因此，結合仲裁裁決，聚焦《海洋法公約》第 298 條的立法原意來闡
述其解釋與適用問題，將有利於從管轄權問題上駁斥仲裁庭裁決有悖於爭
端解決的原理，違背了《海洋法公約》的原則和精神。從現實層面看，對
第 298 條進行深入剖析，也有助於國際法學界和相關部門防微杜漸、進行
後續海洋維權的國際法應對。

一、《海洋法公約》第 298 條及相關條款的締約背景

　　2014 年中國《立場文件》主要援引《海洋法公約》第 298 條和其依據
該條款所發表的《2006 年聲明》，作為仲裁庭無管轄權的依據，❷ 同時寬泛
地提到了第 297 條管轄權的限制問題。❸ 中方主張：其一，菲律賓提請仲裁

---

❶　參見《中華人民共和國政府關於菲律賓共和國所提南海仲裁案管轄權問題的立場文件》，2014 年
　　12 月 7 日，第 57－58 段。

❷　《中華人民共和國政府關於菲律賓共和國所提南海仲裁案管轄權問題的立場文件》，2014 年 12 月 7
　　日，第 58、70、79 段。

❸　《立場文件》中僅有一段涉及第 297 條的表述："中國作為《公約》締約國，接受了《公約》第十五
　　部分第二節有關強制爭端解決程序的規定。但是，中國接受該規定的適用範圍不包括領土主權爭
　　端，不包括中國與其他締約國同意以自行選擇的方式加以解決的爭端，也不包括《公約》第 297 條
　　和中國 2006 年根據《公約》第 298 條所作聲明排除的所有爭端。" 參見《中華人民共和國政府關
　　於菲律賓共和國所提南海仲裁案管轄權問題的立場文件》，2014 年 12 月 7 日，第 79 段。

事項的實質是南海部分島礁的領土主權問題，不涉及《海洋法公約》的解釋或適用；其二，即使菲律賓提出的仲裁事項涉及有關《海洋法公約》解釋或適用的問題，也構成中菲兩國海域劃界不可分割的組成部分，進而落入中國《2006 年聲明》排除的爭端範圍之內。菲方則認為自己的 15 項訴求是關於《海洋法公約》的解釋和適用問題。[1] 可見，菲律賓是用包裝過的訴求，以掩蓋南海仲裁案爭端的實質。本文基於《海洋法公約》爭端解決機制的締約背景，分析第 298 條以及與該條密不可分的其他相關條款。

（一）《海洋法公約》爭端解決機制締約背景和第 298 條的條文設置

《海洋法公約》被譽為 "海洋法憲章"[2]。在公約的談判過程中，各國有關爭端解決機制的討論主要圍繞如下幾個方面：第一，爭端解決機制在公約中的地位，這一爭議的核心為是否應規定強制的爭端解決程序。最終該公約的文本採用將爭端解決作為公約整體之一部分的做法，將強制爭端解決機制納入公約視為維護公約文本整體性的一種保障。[3] 第二，強制爭端解決程序的具體程序設置。公約最終文本的第十五部分第二節在確保締約國接受第三方爭端解決的前提下，規定了四種導致有約束裁判的強制程序，締

---

[1] See *The South China Sea Arbitration (the Republic of the Philippines v. the People's Republic of China), Award on Jurisdiction and Admissibility*, 29 October 2015, paras. 133, 140.

[2] 該用語來自第三次海洋法會議上，會議主席、來自新加坡的許通美（Tommy Koh）對公約的評價。See "A Constitution for the Ocean", Remarks by Tommy T. B. Koh, of Singapore, President of the Third United Nations Conference on the Law of the Sea, U.N., http://www.un.org/depts/los/convention_agreements/texts/koh_english.pdf (last visited 30 July 2016).

[3] Natalie Klein, *Dispute Settlement in the UN Convention on the Law of the Sea* (Cambridge University Press, 2005), p. 52.

約國可以用 "自助餐"（smorgrasbord）的方式從中選擇，即可以在四種程序中選擇一種或者一種以上的程序。❶ 第三，對強制爭端解決程序予以限制。第三次海洋法會議上大多數國家 "儘管贊成某種形式和某種程度的強制爭端解決程序，但多數情況下更傾向於以對具體事項進行保留的方式建立此類強制爭端解決機制" ❷，原因在於一些爭端所涉及事項具有高度敏感性，如沿海國相鄰或相向國家的海洋劃界爭端，而該公約的實體規定又大多比較抽象，許多國家並不願意把這些爭端提交導致有約束力裁判的解決程序。❸

《海洋法公約》第 309 條 ❹ 不允許締約國對公約條款進行保留，因此對強制爭端解決程序的限制最終放置在公約的第十五部分第三節；第三節的標題即為 "第二節的限制與例外"，具體規定了哪些爭端可以適用強制爭端解決程序，以及哪些爭端被排除在強制爭端解決程序（含強制調解程序）之外。❺ 菲律賓正是依據爭端解決機制第二節第 287 條中的 "附件七仲裁"程序啟動了南海仲裁案。中國在《立場文件》中所援引的、作為仲裁庭沒有管轄權依據的《海洋法公約》第 298 條 ——"適用導致具有約束力裁判的強制程序的 '任擇性例外'"，則位於爭端解決機制的第三節。

作為適用強制爭端解決程序的 "例外" 條款，《海洋法公約》第 298 條第 1 款允許各國在加入或批准該公約的時候，用聲明的方式，將一些特殊類別的爭端排除在強制爭端解決程序之外，這些爭端包括：

---

❶ Myron H. Nordquist (et al. eds.), *United Nations Convention on the Law of the Sea 1982: A Commentary*, Vol. V(Martinus Nijhoff Publishers,1989), p. 8.

❷ Natalie Klein, *Dispute Settlement in the UN Convention on the Law of the Sea*, p. 170.

❸ 高健軍：《〈聯合國海洋法公約〉爭端解決機制研究》，北京：中國政法大學出版社，2014 年，第 7 頁。

❹ 《海洋法公約》第 309 條規定："除非本公約其他條款明示許可，對本公約不得作出保留或例外。"

❺ Natalie Klein, *Dispute Settlement in the UN Convention on the Law of the Sea*, p. 170.

（a）（1）關於劃定海洋邊界的第 15 條、第 74 條、第 83 條在解釋或適用上的爭端，或涉及歷史性海灣或所有權的爭端，但如這種爭端發生於本公約生效之後，經爭端各方談判仍未能在合理期間內達成協議，則作此聲明的國家，經爭端任何一方請求，應同意將該事項提交附件五第二節所規定的調解；此外，任何爭端如果必然涉及同時審議與大陸或島嶼陸地領土的主權或其他權利有關的任何尚未解決的爭端，則不應提交這一程序；

（b）關於軍事活動，包括從事非商業服務的政府船隻和飛機的軍事活動的爭端，以及根據第 297 條第 2 和第 3 款不屬於法院或法庭管轄的關於行使主權權利或管轄權的法律執行活動的爭端；

（c）正由聯合國安全理事會執行《聯合國憲章》所賦予的職務的爭端，但安全理事會決定將該事項從其議程刪除或要求爭端各方用本公約規定的方法解決該爭端者除外。

可見，第 298 條第 1 款所列舉的被排除在《海洋法公約》第十五部分第二節強制爭端解決（含附件七仲裁）之外的爭端包括：海洋劃界、涉及歷史性海灣或所有權的爭端、軍事活動爭端、執法活動爭端、由安理會賦予的執行《聯合國憲章》的爭端，一共明確了三大類 5 種爭端。

（二）第 298 條和相關條款的關聯

《海洋法公約》第 287 條第 1 款規定："一國在簽署、批准或加入本公約時，或在其後任何時間，應有自由用書面聲明的方式選擇下列一個或一個以上方法，以解決有關本公約的解釋或適用的爭端：（a）按照附件六設立的國際海洋法法庭；（b）國際法院；（c）按照附件七組成的仲裁法庭；（d）按照附件八組成的處理其中所列的一類或一類以上爭端的特別仲裁法庭。"在聯合國網站上，截至 2016 年 7 月底，有 58 個國家在批准《海洋法公約》時，不僅根據第 298 條（含 297 條）作出聲明，還就其是否選擇第 287 條強制爭端解決程序的 4 個爭端解決機構作出表態。[1] 2006 年中國根據第 298 條所作的聲明稱："中華人民共和國不接受由公約第十五部分第二節有關公約第 298 條第 1 款（a）、（b）和（c）項所有爭端類別所規定的任何程序。"[2] 在 58 個對第 298 條（含 297 條）和第 287 條作出聲明及表態的國家中，有 32 個國家對第 298 條作出聲明，其中 10 個國家將第 298 條第 1 款所有爭端排除出強制爭端解決程序之外，這些國家包括加拿大、智利、法國、葡萄牙、俄羅斯、突尼斯、中國、厄瓜多爾和泰國。除中國外，既對第 298 條第 1 款所列的一種或幾種爭端作出排除性聲明，又表態對第 287 條強制爭端解決程序"不作選擇"的有 7 個國家，包括：赤道幾內亞、法國、加蓬、冰島、帕勞、韓國和泰國。58 個國家中有對自己的早期聲明作出撤回聲明的先例。例如阿根廷在 1995 年 10 月 18 日的聲明中曾

---

[1] See "Settlement of dispute mechanism," U.N., http://www.un.org/Depts/los/settlement_of_disputes/choice_procedure.htm(last visited 30 July 2016).

[2] 中國"2006 年聲明"在聯合國"海法辦"官網的英文表述為："The Government of the People's Republic of China does not accept any of the procedures provided for in Section 2 of Part XV of the Convention with respect to all the categories of disputes referred to in paragraph 1 (a) (b) and (c) of Article 298 of the Convention"。See "Declarations and Statements", U.N., http://www.un.org/Depts/los/convention_agreements/convention_declarations.htm#China after ratification (last visited 30 July 2016)；陳德恭：《國際海洋法》，北京：海洋出版社，2009 年，第 571 頁。

表明，公約第十五部分第二節不適用於第 298 條第 1 款所列爭端，但 "不包括從事非商業服務的政府船隻和飛機的軍事活動"，[1] 後於 2012 年 10 月 26 日撤回該聲明。[2] 在第 287 條第 1 款所列的四種爭端解決程序中作出選擇，從《海洋法公約》的措辭看是締約國的一種 "自由" 而非義務，一國可以選擇不發表聲明進行選擇。南海仲裁案中管轄權的核心問題之一是，中國目前對第 287 條爭端解決程序 "不作選擇" 的表態，是否客觀上達到阻礙仲裁庭行使管轄權的效果？有學者將 "附件七仲裁" 視為一種 "默認程序"（default procedure），[3] 因此理論上不作積極選擇並不能使一國 "規避" 接受導致有約束力裁判程序的義務。

第三次海洋法會議沿海國所關心的專屬經濟區內特殊權利問題，被併入《海洋法公約》第 297 條（即對強制爭端解決程序的 "限制"）中。[4] 根據第 297 條第 1 款，關於因沿海國行使公約規定的主權權利或管轄權而發生的 "對公約的解釋或適用的爭端"，沿海國應遵守《海洋法公約》第十五部分第二節的爭端解決程序。這些 "對公約解釋或適用的爭端" 包括：（1）沿海國關於航行、飛越或鋪設海底電纜和管道的自由和權利，或關於海洋的其他國際合法用途方面有違公約規定的行為；（2）一國在行使

---

[1] See "Chapter XXI Law of the Sea, Status of Treaties", U.N., https://treaties.un.org/Pages/ViewDetailsIII.aspx?src=TREATY&mtdsg_no=XXI-6&chapter=21&Temp=mtdsg3&clang=_en#13 (last visited 30 July 2016).

[2] 參見 "Declarations and Statements", U.N.；高健軍：《〈聯合國海洋法公約〉爭端解決機制研究》（2014 年版），第 388－394 頁。

[3] Peter Malanczuk, *Akehurst's Modern Introduction to International Law* (Routlege, 7th edn, 1997), p. 298; Alan Boyle, "The International Tribunal for the Law of the Sea and the Settlement of Disputes", in Joseph J. Norton (et al. eds.), *The Changing World of International Law in the Twenty-First Century: A Tribute to the Late Kenneth R. Simmonds* (Kluwer Law International, 1998), p. 113.

[4] Myron H. Nordquist (et al. eds.), *United Nations Convention on the Law of the Sea 1982: A Commentary*, Vol. V, p. 109.

上述自由、權利或用途時，有違反本公約或沿海國按照公約和其他與公約不相抵觸的國際法規則制定的法律或規章的行為；（3）沿海國違反關於保護和保全海洋環境的特定國際規則和標準的行為。❶ 然而，第 297 條也列舉了沿海國無義務提交強制爭端解決程序的兩類爭端，主要涉及漁業爭端和海洋科學研究：第一，沿海國有關專屬經濟區內（漁業）主權權利和管轄權之行使事項的爭端，具體包括：（1）沿海國對其決定可捕量、捕撈能力、分配剩餘量給其他國家的爭端；（2）沿海國養護和管理漁業資源法律規章中所制訂的條款和條件的斟酌決定權的爭端。❷ 第二，有關沿海國專屬經濟區中海洋科學研究的特定類型爭端，具體包括：（1）沿海國行使海洋科學研究權利或斟酌決定權；（2）沿海國決定命令暫停或停止一項研究計劃；（3）進行研究的國家指控沿海國對某一特定計劃行使權利的方式不符合公約而引起的爭端，應提交公約附件五的調解程序（而非第二節的爭端解決程序）。❸

此外，《海洋法公約》第 288 條第 1 款和第 286 條都將爭端管轄的主題事項限制為 "涉及《海洋法公約》的解釋和適用"，這被南海仲裁案的仲裁庭作為對案件定性和（爭端）歸類的主要依據。❹ 第 288 條第 1 款規定，"第 287 條所指的法院或法庭，對於按照本部分向其提出的有關本公約的解釋或適用的任何爭端，應具有管轄權"，指出 "屬事管轄權" 的範圍。除了第 297 條第 2 和第 3 款、第 298 條對特定海洋事項管轄權的限制和法定

---

❶ 《海洋法公約》第 297 條第 1 款（a）至（c）項。

❷ 《海洋法公約》第 297 條第 3 款（a）項。

❸ 《海洋法公約》第 297 條第 3 款。

❹ See *The South China Sea Arbitration (the Republic of the Philippines v. the People's Republic of China)*, Award on Jurisdiction and Admissibility, 29 October 2015, para. 148.

例外等原因，其他原因是當事方之間 "混合爭端"（mixed disputes）或多層次爭端的現實以及對這類條款法律解釋內在的靈活性。[1] 南海仲裁案的問題在於，一項單獨的領土主權爭端，或者在混合爭端中其中之一為領土主權而其他爭端僅涉及 "海洋劃界或涉及歷史性海灣或所有權" 之外的海洋事項，能否構成對第 288 條第 1 款的 "屬事管轄" 之限制？《海洋法公約》附件七第 9 條規定："仲裁庭在作出裁決前，不但必須查明對該爭端確有管轄權，而且須查明所提訴求在事實上和法律上均確有根據。" 因此仲裁庭基於 "事實和法律" 查明 "對爭端確有管轄權" 的職責，在中國不出庭的前提下顯得尤為重要。

二、第 298 條 "任擇性例外" 的爭端類型

第三次海洋法會議上，沿海國所關心的涉及其專屬經濟區權益的議題中，最突出的有海洋劃界、歷史性海灣或歷史性所有權、軍事和執法活動，以及涉及聯合國安理會維護和平與安全的相關問題。這些議題貫穿在第 298 條的整個締約過程中。早在 1974 年 "爭端解決非正式工作組" 會議上，為這 5 種類型爭端單列特別條款的想法就已被列為考慮範疇。[2] 鑒於南海仲裁案並未涉及 "聯合國安理會維護和平與安全" 類爭端，本章側重從

---

[1] 陳喜峰：《爭端的構成和本質：南海仲裁案第 1 項訴求及其管轄權裁決評析》，載《國際法研究》2016 年第 2 期，第 18－19 頁。

[2] Myron H. Nordquist (et al. eds.), *United Nations Convention on the Law of the Sea 1982: A Commentary*, Vol. V, p. 109.

締約背景的角度考察第 298 條所明示的前 4 種爭端，並將爭議頗大的 "混合爭端" 單列並納入考察範圍。

（一）海洋劃界爭端例外

從第 298 條第 1 款（a）（1）項前半部分條文看，適用 "任擇性例外" 的海域劃界爭端是 "關於劃定海洋邊界的第 15 條、第 74 條、第 83 條在解釋或適用上的爭端"（disputes concerning the interpretation or application of article 15，74 and 83 relating to sea boundary delimitations），從字面看是有關領海、專屬經濟區和大陸架劃界的爭端。在解釋和適用 "relating to sea boundary delimitations" 並分析這一類型的爭端時，有兩點值得注意：其一，從締約歷史看，第 298 條特別提到這 3 個條款的海洋劃界，是因為《海洋法公約》的實體條款只明確提及了領海、專屬經濟區和大陸架劃界，而並未提及其他類型的海域劃界如毗連區劃界；[1] 其二，鑒於 1980 年《非正式綜合協商案文》（修正二）之前的各期有關爭端解決的案文規定的是 "與海洋劃界有關的爭端"（disputes concerning sea boundary delimitations），因此 "此類聲明的效果實際上是將所有形式和類型的海洋劃界爭端都排除出導致有約束力裁判的強制程序"[2]。再者，從 "愛琴海大陸架案" 中國際法院確認大陸架劃界是 "關於" 領土主權問題的論斷[3] 看，結合上述締約背景，對第 298 條第 1 款的海洋劃界類 "爭端例外" 應作廣義而非狹義的解釋。

---

❶ Myron H. Nordquist (et. al. eds.), *United Nations Convention on the Law of the Sea 1982: A Commentary*, Vol. V, p. 133.

❷ 高健軍：《〈聯合國海洋法公約〉爭端解決機制研究》（2014 年版），第 311 頁。

❸ See *Aegean Sea Continental Shelf*, Judgment,19 December 1978, *I.C.J. Reports* 1978, pp. 35–36, paras. 84, 86.

（二）歷史性海灣或歷史性所有權爭端例外

第 298 條第 1 款（a）（1）項前半部分適用 "任擇性例外" 的還有 "涉及歷史性海灣或所有權的爭端"（those involving historic bays or titles）。在《海洋法公約》的實體條款中，明確規定歷史性海灣的是第 10 條第 6 款 **❶**；提及歷史性所有權的是有關領海劃界的第 15 條 **❷**。在條文位置中，"歷史性所有權" 這項 "爭端例外" 緊跟著 "海洋劃界例外"，但這是否意味著 "歷史性海灣或所有權" 爭端是僅限於有關海洋劃界的爭端呢？答案是否定的，理由有二：

第一，就排除導致具有約束力裁判爭端解決機制的管轄權條款這一問題，《1974 年爭端解決非正式工作組工作報告》（以下簡稱 "《1974 工作組報告》"）提供了兩種備選方案，都各有 4 個選項。在備選方案 B.1 中，（b）項是關於國家間海洋劃界的爭端，(c) 項是有關歷史性海灣或領海界限的爭端 **❸**；在備選方案的 B.2 中，（c）項卻將關於歷史性海灣的爭端視為海

---

❶ 《海洋法公約》第 10 條第 6 款："上述規定不適用於所謂 '歷史性' 海灣，也不適用於採用第 7 條所規定的直線基線法的任何情形。"

❷ 《海洋法公約》第 15 條規定："如果兩國海岸彼此相向或相鄰，兩國中任何一國在彼此沒有相反協議的情形下，均無權將其領海伸延至一條其每一點都同測算兩國中每一國領海寬度的基線上近各點距離相等的中間線以外。但如因歷史性所有權或其他特殊情況而有必要按照與上述規定不同的方法劃定兩國領海的界限，則不適用上述規定。"

❸ Alternative B.1: (b) Disputes concerning sea boundary delimitations between States; (c) Disputes involving historic bays or limits of territorial sea. See Australia et al., "Working Paper on the Settlement of Law of the Sea Disputes", U.N. Doc. A/CONF.62/L.7, 27 August 1974, p. 92, U.N., http://legal.un.org/diplomaticconferences/lawofthesea-1982/docs/vol_III/a_conf-62_l-7.pdf (last visited 30 July 2016).

洋劃界爭端的一種類型。[1] 再比較《海洋法公約》最終文本，該公約採取的是備選方案 B.1 的模式，這說明 "關於海洋劃界的爭端" 與 "關於歷史性海灣的爭端" 是不同的爭端。

第二，《海洋法公約》最終文本在連接 "關於劃定海洋邊界的第 15 條、第 74 條、第 83 條在解釋或適用上的爭端" 和 "涉及歷史性海灣或所有權的爭端" 這兩類爭端時，用的是 "或" 而非 "和"。如果因為海洋劃界爭端、"歷史性海灣或所有權" 爭端這兩種爭端在條文上緊緊相鄰，就將後者解讀為包含在海洋劃界內的一種爭端，難免牽強附會。

（三）軍事活動爭端例外

第 298 條第 1 款（b）項規定的適用 "任擇性例外" 有 "軍事活動，包括從事非商業服務的政府船隻和飛機的軍事活動的爭端"，即 "軍事活動爭端"。除了第 298 條，涉及海上軍事活動的條款還散見於《海洋法公約》的多處：第 19 條（無害通過）；規定 "適用於軍艦和其他用於非商業目的的政府船舶的規則" 的第 29、30、31、32 條；第 95 條（公海上軍艦的豁免權）；第 102、107 條（如何處理軍艦成員發生叛變的海盜行為）；第 110、111 條（軍艦的登臨和緊追權）；第 224、226 條（軍艦的執法行為、主權豁免）等。綜觀這些條款，《海洋法公約》既沒有對 "軍事活動" 下定義，對哪類海洋區域允許何種軍事活動，以及如果許可又如何行動也沒有可供

---

[1] Alternative B.2: (c) "Disputes concerning sea boundary delimitations between adjacent and opposite States, including those involving historic bays and the delimitation of the adjacent territorial sea". See U.N. Doc. A/CONF.62/L.7, p. 92.

操作的細節。不過，第 29 條倒是提供了“軍艦”的定義，即“屬一國武裝部隊、具備辨別軍艦國籍的外部標誌、由該國政府正式委任並名列相應的現役名冊或類似名冊的軍官指揮和配備有服從正規武裝部隊紀律的船員的船舶”。

（四）執法活動爭端例外

第 298 條第 1 款（b）項適用“任擇性例外”還有“根據第 297 條第 2 和第 3 款不屬法院或法庭管轄的關於行使主權權利或管轄權的法律執行活動的爭端”，即“執法活動爭端”。第 298 條“任擇”的性質（optional character）❶ 決定了如果締約國作出聲明，這類“執法活動爭端”就被排除在強制爭端解決程序之外。屬“管轄權”限制、仍應提交強制爭端解決程序的“執法活動”主要集中在第 297 條第 1 款所列的 3 類爭端，即在沿海國享有主權權利和管轄權的海域有關航行和飛越自由、鋪設海底電纜和管道的自由，以及其他有關合法使用海洋的權利的爭端。❷ 從立法背景看，將軍事活動列入“任擇性例外”可追溯到 1973 年美國代表的提議，原意是將國家主權豁免適用於特定類型的船舶或飛機，這一提議被納入 1974 年爭端解決非正式工作組擬定的草案中。❸ 海洋軍事強國的主張招致沿海國反對，沿海國擔心如果軍事活動發生在專屬經濟區的話，會出現軍事活動免於強制爭端解決程序解決而沿海國的執法活動卻不能幸免的情況。作為妥協，公

---

❶ Myron H. Nordquist (et al. eds.), *United Nations Convention on the Law of the Sea 1982: A Commentary*, Vol. V, p. 134.

❷ 《海洋法公約》第 297 條第 1 款（a）至（c）項。

❸ Section 11, alternative C.1(d), U.N. Doc. A/CONF.62/L.7.

約賦予執法活動和軍事活動類似的主權豁免，並列納入第 298 條 "任擇性例外"。●

（五）"涉及大陸或島嶼陸地領土的主權或其他權利" 的 "混合爭端" 例外

第 298 條第 1 款（a）（1）項後半部分規定："任何爭端如果必然涉及同時審議與大陸或島嶼陸地領土的主權或其他權利有關的任何尚未解決的爭端，則不應提交這一程序（即強制調解程序）。""必然涉及同時審議與大陸或島嶼陸地領土的主權或其他權利有關的任何尚未解決的爭端" 這一類爭端，被視為 "混合爭端"。●《海洋法公約》的實體條文並沒有提及 "混合爭端" 這一術語，但 "混合爭端" 的討論不僅出現於公約的約文 "準備工作"，也是學理研究中不容忽視的重要問題。1977 年 3 月爭端解決條款非正式磋商會議《主席報告》中發佈的條約草案文本，不僅因為包含 "導致具有約束力的裁判" 程序的條款招致與會國的批評，更因為條款包含了領土爭端在內的海域劃界之 "混合爭端" 隱患，一樣遭到與會國的批評。● 為了將這類爭端排除在強制程序或強制裁決之外，約文草案的第 297 條第

● Myron H. Nordquist (et al. eds.), *United Nations Convention on the Law of the Sea 1982: A Commentary*, Vol. V, pp. 136–137.

● See Irina Buga, "Territorial Sovereignty Issues in Maritime Disputes: A Jurisdictional Dilemma for Law of the Sea Tribunals", (2012) 27 *International Journal of Marine and Coastal Law* 59, p. 60; Rüdiger Wolfrum, "Statement to the Informal Meeting of Legal Advisers of Ministries of Foreign Affairs", 23 October 2006, ITLOS, https://www.itlos.org/fileadmin/itlos/documents/statements_of_president/wolfrum/legal_advisors_231006_eng.pdf (last visited 30 July 2016).

● See U.N. Doc. A/CONF.62/WP.9A/CONF.62/WP.9/Add.1 (1997), U.N., http://www.dipublico.org/conferencias/mar/pdffiles/papers/A_CONF.62_WP.9_ADD.1.pdf (last visited 30 July 2016).

1 款（c）項〔最終文本第 298 條第 1 款（a）（1）項〕相應修改為 "任何同時審議與大陸或島嶼陸地領土有關的領土或其他權利" 的爭端。[1] 然而，《海洋法公約》最終文本 "任何爭端如果涉及……，則不應提交這一程序"，結合同一條款之前的表述，則表明 "混合爭端" 在條文中被排除在 "強制調解程序" 之外，而該公約對這類爭端是否也被明確排除在強制爭端解決程序之外則無明示。

學界對 "混合爭端" 的爭議，主要集中在強制爭端解決程序是否對這類爭端有管轄權的問題[2]上。從《海洋法公約》上下條文看，第 288 條第 1 款規定，"第 287 條所指的法院或法庭（含附件七仲裁），對於按照本部分向其提出的有關本公約解釋或適用的任何爭端，應具有管轄權"，包括海洋劃界爭端，卻並未明示這些法院或法庭（含仲裁庭）是否有權處理領土爭端。2006 年時任國際海洋法法庭庭長沃爾夫魯姆（Rüdiger Wolfrum，南海仲裁案五人仲裁員之一）發表演講，認為國際海洋法法庭對包括領土爭端在內的海洋劃界爭端享有全部的管轄權。[3] 他對混合爭端的表態，反映了當時多由國際法院受理傳統的領土爭端案，而國際海洋法法庭仍需開拓海

---

[1] Myron H. Nordquist (et al. eds.), *United Nations Convention on the Law of the Sea 1982: A Commentary*, Vol. V, pp. 117–118.

[2] 一般性討論或專門研究 "混合爭端" 的相關文獻，參見 Donald R. Rothwell, "Building on the Strengths and Addressing the Challenges: The Role of Law of the Sea Institutions", (2004) 35 *Ocean Development and International Law* 131, pp. 131–133; Irina Buga, "Territorial Sovereignty Issues in Maritime Disputes: A Jurisdictional Dilemma for Law of the Sea Tribunals", p. 60; Qu Wensheng, "The Issue of Jurisdiction Over Mixed Disputes in the Chagos Marine Protection Area Arbitration and Beyond", (2016) 47 *Ocean Development and International Law* 40；劉衡：《〈聯合國海洋法公約〉附件七仲裁：定位、表現與問題》，載《國際法研究》2015 年第 5 期，第 16 頁。

[3] Rüdiger Wolfrum, "Statement to the Informal Meeting of Legal Advisers of Ministries of Foreign Affairs".

洋劃界管轄權案件來源的狀況，也能部分解釋為何"附件七仲裁"仲裁庭 ❶
逐步受理混合爭端的緣由。菲律賓單方提起南海仲裁案後，對依據附件七
仲裁成立的臨時仲裁庭擴權趨勢的擔憂也主要集中在"混合爭端"的討論
中。陳喜峰教授對仲裁庭處理混合爭端的方式提出質疑，他認為：對那些
不屬"海洋劃界或歷史性海灣或所有權爭端"但同時必然涉及"大陸或島
嶼陸地領土的主權或其他權利有關的任何尚未解決的爭端"，❷ 即使後者僅
為附帶性或輔助性的，其爭端結果的確定性本身也不應由仲裁庭管轄。❸

---

❶ 截至 2016 年 7 月底，"附件七仲裁"爭端解決判例已有 18 個，這些案件及其提起時間為：1."塞
加號案"（聖文森特及格林納丁斯達和幾內亞，1997 年 12 月 22 日）；2."南方藍鰭金槍魚案"（澳
大利亞和新西蘭訴日本，1997 年 7 月 15 日）；3. 劍魚案（智利和歐共體，2000 年）；4. 莫克思核燃
料廠案（愛爾蘭和英國，2001 年 10 月 25 日）；5. 圍海造地案（馬來西亞和新加坡，2003 年 7 月 4
日）；6. 海洋劃界案（巴巴多斯與特立尼達和多巴哥，2014 年 2 月 16 日）；7. 海洋劃界案（圭亞那
和蘇里南，2004 年 2 月 24 日）；8. 海洋劃界案（孟加拉國和印度，2009 年 10 月 8 日）；9. 海洋劃
界案（孟加拉國和緬甸，2009 年 10 月 8 日）；10. 海洋保護區案（毛里求斯和英國，2010 年 12 月
20 日）；11."弗吉尼亞號案"（巴拿馬和幾內亞比紹，2011 年 6 月 3 日）；12."自由號案"（阿根廷
和加納，2012 年 10 月 29 日）；13. 南海仲裁案（菲律賓和中國，2013 年 1 月 22 日）；14."鯡魚案"
（丹屬法羅群島和歐盟，2013 年 8 月 16 日）；15."極地曙光號案"（荷蘭和俄羅斯，2013 年 10 月 4
日）；16."都茲基特正直號案"（馬耳他與聖多美和普林西比，2013 年 10 月 22 日）；17. 海洋劃界案
（加納和科特迪瓦，2014 年）；18."艾麗卡・萊克茜號案"（意大利和印度，2015 年 6 月 26 日）。作
者根據國際海洋法法庭（https://www.itlos.org/cases/list-of-cases/）、國際常設仲裁院（https://pcacases.
com/web/allcases/）和解決投資爭端國際中心（https://icsid.worldbank.org/apps/ICSIDWEB/cases/Pages/
AdvancedSearch.aspx?cte=CD18）各自的官方網站統計。
❷ 例如，在 2016 年 11 月南海仲裁案的聽證中，仲裁員坡拉克（Stanislaw Pawlak）曾提問："（菲律賓）
陳述的歷史背景很有趣。如我所理解，菲方觀點是，在《開羅宣言》、《波茨坦公告》和 1951 年《舊
金山和約》後，西沙群島及其暗礁地物成為無主地。是這樣嗎？" 該問題儘管可以將領土主權事項
作為一項客觀的事實並在實體問題的聽證階段提及，但該仲裁員問的是一個標準的法律問題而不是
事實問題，這並不符合國際爭端解決機構案件審理的常理。See "Hearing on the Merits and Remaining
Issues of Jurisdiction and Admissibility" (Day 4, 30 November 2015), *The South China Sea Arbitration (the
Republic of the Philippines v. the People's Republic of China)*, Permanent Court of Arbitration, p. 137.
❸ 陳喜峰：《爭端的構成和本質：南海仲裁案第 1 項訴求及其管轄權裁決評析》，第 24 頁。

三、南海仲裁案裁決對管轄權問題的不當處理

南海仲裁中，菲律賓共提出 15 項仲裁訴求。對此中方《立場文件》總括地指出 "2006 年中國根據《海洋法公約》第 298 條向聯合國秘書長提交聲明……對於涉及海域劃界、歷史性海灣或所有權、軍事和執法活動以及安理會執行《聯合國憲章》所賦予的職務等爭端，中國政府不接受該公約第十五部分第二節下的任何強制爭端解決程序，包括仲裁"[❶]，以說明仲裁庭對案件並無管轄權。仲裁庭在 2015 年 10 月 29 日發佈的《管轄權裁決》，裁定對菲方訴求中的 7 項有管轄權，將 8 項保留至實體階段處理，其中還有 1 項要求菲方澄清內容、限縮範圍。[❷] 由於仲裁庭在程序階段並沒有裁定對菲方全部訴求具有管轄權，因此即使在實體問題審理和最終裁決中，第298 條也是仲裁庭難以繞開的 "管轄權障礙"。

2015 年《管轄權裁決》在程序階段的管轄權問題上，就中國對強制爭端解決程序 "不作選擇" 之間的關聯問題，仲裁庭傾向於認為：《海洋法公約》第 309 條規定，"除非另有規定，對本公約不可以作出保留或例外"，

---

❶ 《中華人民共和國政府關於菲律賓共和國所提南海仲裁案管轄權問題的立場文件》，2014 年 12 月 7 日，第 58 段。

❷ 仲裁庭裁定：在《管轄權裁決》第 400、401、403、404、407、408 和 410 段的條件限制下，對菲律賓第 3、4、6、7、10、11 和 13 項訴求（菲方要求裁定黃岩島和中方所控制的南沙島礁不能產生領海、專屬經濟區和大陸架權利、中方非法干擾了菲方享有的海洋權利）具有管轄權；將對菲方第 1、2、5、8、9、12 和 14 項訴求（菲方要求裁定中國主張的歷史性權利缺乏法律依據、南海斷續線不符合《海洋法公約》，以及中國在南沙部分島礁附近的活動違反《海洋法公約》）的管轄權問題的審議保留至實體問題階段處理；指令菲方將第 15 項訴求（要求仲裁庭裁定中國應當停止違法活動）澄清內容和限縮範圍，並保留對第 15 項訴求的管轄權問題的審議至實體問題階段。See *The South China Sea Arbitration (the Republic of the Philippines v. the People's Republic of China),* Award on Jurisdiction and Admissibility, 29 October 2015, para. 413.

成員國並不能自由選擇接受或是拒絕公約中的某一部分的規定。仲裁庭進而認為，中國沒有對公約第 287 條所列爭端解決方法中選擇任何一種，根據適用第 287 條第 3 款 ❶ 後，它將這種情況視為中國應接受附件七的仲裁程序。❷2016 年最終裁決中，仲裁庭在自認 "攻破" 諸如案件初步事項、案件可受理性等 "閥門" 後，從爭端的 "類型化因素" 著眼，著重考察第 298 條 "管轄權例外" 和第 297 條 "管轄權限制"。❸ 與《管轄權裁決》相比，從最終裁決對各項訴求的處理和裁決書體例看，仲裁庭將審查重點更多放在了第 298 條，對 297 條著墨不多。

（一）仲裁庭對 298 條 "爭端例外" 的解釋與適用

菲律賓的仲裁訴求與第 298 條 "管轄權例外" 的關係，總結起來包括：南海斷續線與 "歷史性權利" 是否屬第 298 條 "管轄權例外" 的 "海洋劃界和歷史性權利" 爭端？南海島礁的屬性和法律地位與第 298 條 "混合爭端" 的關係；菲所稱的 "島礁建設和海洋環保類訴求"，是否落入第 298 條 "管轄權例外" 尤其是 "軍事活動爭端" 或 "執法活動爭端" 例外的範圍中，以及是否也落入第 297 條 "管轄權限制" 的範圍中？❹

---

❶ 《海洋法公約》第 287 條第 3 款規定："締約國如為有效聲明所未包括的爭端的一方，應視為已接受附件七所規定的仲裁。"

❷ *The South China Sea Arbitration (the Republic of the Philippines v. the People's Republic of China),* Award on Jurisdiction and Admissibility, 29 October 2015, paras. 107–109.

❸ *The South China Sea Arbitration (the Republic of the Philippines v. the People's Republic of China),* Award, 12 July 2016, Permanent Court of Arbitration, paras. 149–163.

❹ 劉丹：《南海仲裁案核心程序法問題》，載《中國國際法年刊 2015》，北京：法律出版社，2016 年，第 30－31 頁。

1. 歷史性權利

菲律賓的第 1 和第 2 項訴求涉及中國在南海的海洋權利在《海洋法公約》框架下的合法性問題。案件管轄權和可受理性階段，在識別和定性爭端時，仲裁庭將訴求 1、2（中國對南海的權利主權和斷續線）的法律依據定為"歷史性權利"，[●]中國學界對這樣的定性予以抨擊：一種看法是，"菲律賓曲解了中國學術論文中提及的'中國南海歷史性權利主張'"。過去中國有學術論文認為，中國政府對南海斷續線內海域的立場並不清楚，而立場的不確定性首先就導致很難構建一個可供仲裁庭審理的爭端事項，即菲律賓提起的第 1、2 項訴求並不構成"爭端"；[●]另一種看法是，仲裁庭將這兩項訴求定義為僅是有關中國在南海的歷史性權利的爭端，但即便仲裁庭按照菲律賓對中國歷史性權利的假定，否定中國的歷史性權利，中國仍然可以按照《海洋法公約》的規定主張在南海的海洋權利。[●]

由於中國從未主張南海是歷史性海灣，因此仲裁庭在管轄權階段的審理重點聚焦在 "historic titles" 的審查，尤其是審查對菲律賓第 1、2 項訴求反映的爭端是否有管轄權。鑒於菲律賓第 1、2 項訴求涉及一些不完全具有初步性質（not possess an exclusively preliminary character）的管轄權異議問題，仲裁庭在程序審理階段並未確定對它們的管轄權，而是留在實體審理

[●] *The South China Sea Arbitration (the Republic of the Philippines v. the People's Republic of China),* Award on Jurisdiction and Admissibility, 29 October 2015, para. 164.

[●] 高聖惕：《論中菲南海仲裁案的不可受理性、仲裁裁決的無效性及仲裁庭無管轄權的問題 —— 特別針對菲國在 2015 年 7 月 7－13 日聽證會上提出的法律主張》，載《中國海洋法評論》2015 年第 2 期，第 14－19 頁。

[●] 參見中國法學會菲律賓南海仲裁案研究小組：《與南海仲裁案之歷史性權利問題有關的事實認定和法律適用報告》，中國法學會網站：http://www.chinalaw.org.cn/Column/Column_View. aspx?ColumnID=893&InfoID=19951，最後訪問時間：2016 年 7 月 30 日。

階段處理。● 在管轄權問題上，決定管轄權爭議 "具有不完全初步性質" 的有兩個焦點問題：其一是中國南海權利主張的屬性；其二是中國依據其所 "主張" 的歷史性權利可否被第 298 條之 "historic bays or historic titles" ● 爭端例外所覆蓋。如果答案是肯定的，由於中國《2006 年聲明》對第 298 條所有事項作出管轄權排除聲明，仲裁庭對中國主張的歷史性權利將不具有管轄權。在 2016 年最終裁決對第 298 條 "historic bays or historic titles" 的裁定中，仲裁庭傾向於狹義解釋這項例外，認為《海洋法公約》並無意覆蓋（除了第 15 條 "領海劃界"）"更廣泛和更未列明的那些未基於主權的 historic titles 之類別" ●。仲裁庭還認為中國對南海水域主張的不是 "historic titles"，而是 "缺乏所有權基礎的一系列的歷史性權利"（a constellation of historic rights short of title），因此不需要審查第 298 條該項例外。●

如上所述，"historical titles 管轄權例外" 的第一個問題是中國南海權利的屬性問題，這偏重實體法和事實判斷。菲方比較多種語言版本的《海洋法公約》、● 中國學者論著 ● 和中國國內法後，辯稱："historic bays or historic

---

● See *The South China Sea Arbitration (the Republic of the Philippines v. the People's Republic of China)*, Award on Jurisdiction and Admissibility, 29 October 2015, paras. 397–299, 413.

● 鑑於菲律賓在案件庭審中耍文字游戲稱：中文文本的 "歷史性權利" 和 "歷史性所有權" 是不一樣的含義，因此無權引用第 298 條的 "historic titles" 進行管轄權例外抗辯。為了表達第 298 條 "historic titles" 的複數形式和所內涵的歷史性權利，本文第三部分在容易引起誤讀的地方保留《海洋法公約》相應條款或裁決書中的英文原文表述。

● *The South China Sea Arbitration (the Republic of the Philippines v. the People's Republic of China)*, Award, 12 July 2016, para. 226.

● *The South China Sea Arbitration (the Republic of the Philippines v. the People's Republic of China)*, Award, 12 July 2016, para. 229.

● Hearing on Jurisdiction and Admissibility (Day 2, 8 July 2015), *The South China Sea Arbitration (the Republic of the Philippines v. the People's Republic of China)*, Permanent Court of Arbitration, pp. 58–60.

● Zhiguo Gao & Bingbing Jia, "The Nine-Dash Line in the South China Sea: History, Status, and Implications", (2013) 107 *American Journal of International Law* 98, p. 124.

titles" 僅限於主權國家對與陸地相毗鄰的近岸海域權利的主張，中方在南海的權利主張即南海斷續線的性質是 "historic rights" 而非 "historic titles"，❶ 並不符合第 298 條的 "historic titles 管轄權例外"。然而，菲律賓援引的法文、西班牙文、阿拉伯文和俄文文本存在簡單比較、專家意見含混粗糙等大量問題。❷ 更重要的是，聯合國 1962 年《包括歷史性海灣在內的歷史性水域法律制度》的研究報告中，"historic bays" 是作為能被國家主張為領海或內水的 "historic waters" 的一種類型被討論。❸ 對此，一種不失合理性的解釋是，增加 "historic titles" 是作為同類型的兜底設定，"historic titles" 指向的權利主張性質其實受到 "historic bays" 的限定。❹ 然而，脫離了 1962 年報告的特定上下文，在《海洋法公約》中，難以解釋 "historic titles" 與 "historic bays" 或 "historic waters" 在性質上完全對等，故 "historic titles" 可以包括除主權之外的其他歷史性海洋權利，中國的歷史性權利主

❶ See Hearing on Jurisdiction and Admissibility (Day 2, 8 July 2015), pp. 69–72.

❷ 菲律賓在分析多語言文本時，對重點論證的俄文文本採取專家意見的證據形式，即以俄國法律專家撰寫關於俄文相關法律用語含義的意見。在該份意見中，菲律賓邀請的專家含混地轉引俄國其他海洋法知名學者的觀點，將 "historic waters" 與 "historic rights" 的權利性質差別扭曲為 "historic title" 與 "historic rights" 的含義差別；菲方在論述法文和西班牙文文本時，只提到對 "title" 和 "right" 的區別翻譯，但沒有進一步論證兩者的含義究竟有什麼差別。對於中文文本，由於中文語境並沒有準確對應 "title" 含義的用語，使用 "所有權" 只是為了強調 "historic titles" 含義中排他性的一面，但並不暗示排他性只限於主權。參見 Dr. Alexander Zadorozhny, "Expert Opinion on the Russian term 'историческиеправооснования' in Article 298(1)(a)(i) of the 1982 United Nations Convention on the Law of the Sea" (8 March 2015), Annex 512, Supplemental writing submission of the Philippines, 16 March 2015；中國法學會菲律賓南海仲裁案研究小組：《與南海仲裁案之歷史性權利問題有關的事實認定和法律適用報告》（2016 年 6 月 1 日），中國法學會網站：http://www.chinalaw.org.cn/Column/Column_View.aspx?ColumnID=893&InfoID=19951，最後訪問時間：2016 年 7 月 30 日。

❸ See UN Secretariat, "Juridical Regime of Historic waters including historic bays, Study prepared by the Secretariat", 9 March 1962, U.N. Doc. A/CN.4/143, para. 33, U.N., http://legal.un.org/ilc/documentation/english/a_cn4_143.pdf (last visited 30 July 2016).

❹ 參見中國法學會菲律賓南海仲裁案研究小組：《與南海仲裁案之歷史性權利問題有關的事實認定和法律適用報告》。

張也包含在內。

就 "historical titles 管轄權例外" 的第二個問題，菲律賓以第 298 條 "歷史性海灣或所有權的爭端" 和 "有關海洋劃界的爭端" 在該條款的位置都離得較近為由，提出 "歷史性所有權的爭端" 其實就是領海劃界爭端的一種，[1] 進而排除適用 "歷史性所有權爭端例外" 的可能。但是，如本書第二章所述，對比《海洋法公約》和《1974 工作組報告》文本，《海洋法公約》採取的是備選條款 B.1 的模式，這正說明 "關於海洋劃界的爭端" 與 "關於歷史性海灣的爭端" 是不同的爭端，因此仲裁庭對 "historic bays or historic titles" 的狹義解釋並不能成立。

2. 海洋劃界或 "混合爭端"

菲方第 5、8、9 項訴求在管轄權和可受理性階段被裁定為 "對管轄權問題的審議保留至實體問題階段處理"。[2] 這幾項訴求中管轄權問題的核心是，仲裁庭需要識別仲裁請求是否屬第 298 條 "關於劃定海洋邊界的第 15 條、第 74 條、第 83 條在解釋或適用上" 的爭端，進而落入中國所排除的爭端範疇。中方認為自己排除的是 "關於海洋劃界的爭端"，菲方則予以否認。然而，仲裁庭表示自己 "未被中方說服"，僅在《管轄權裁決》第 155－157 段作出簡要說明，理由為：在海洋劃界過程中確有需要考慮的涉及 "相關情況" 的爭端，但並不意味著這樣的問題本身就是海洋劃界爭

---

[1] Hearing on the Merits and Remaining Issues of Jurisdiction and Admissibility (Day 1, 14 November 2016), *The South China Sea Arbitration (the Republic of the Philippines v. the People's Republic of China)*, Permanent Court of Arbitration, p. 51.

[2] *The South China Sea Arbitration (the Republic of the Philippines v. the People's Republic of China),* Award on Jurisdiction and Admissibility, 29 October 2015, para. 413.

端；海域權利爭端（maritime entitlement）和海洋劃界爭端截然不同，有海域權利重疊才會發生海洋劃界問題；菲方在第 5、8、9 項涉及專屬經濟區和大陸架相關權利的訴求中並不要求劃界，仲裁庭也不會劃定任何海洋界線。❶ 類似的，基於管轄權階段 "有海域重疊才會發生海洋劃界問題" 的結論，加之認定美濟礁和黃岩島是低潮高地且中國不能主張周邊海域權利，仲裁庭在最終裁決中得出結論：沒有海域權利重疊就不會產生適用 "關於海洋邊界的第 15 條、第 74 條、第 83 條" 的劃界問題。❷ 更為弔詭的是，仲裁庭迴避對第 298 條 "關於劃定海洋邊界的第 15 條、第 74 條、第 83 條在解釋或適用上的爭端" 中 "關於" 一詞的條約解釋，反而將重心放在 "是否存在關於公約的解釋和適用的爭端"（existence of a dispute concerning interpretation and application of the Convention）這一問題上。❸

第 298 條 "海洋劃界爭端" 前使用的是 "關於"（concerning）一詞，表明對這類爭端應作寬泛理解而非狹義解釋。❹ 根據 1969 年《維也納條約法公約》第 31 條的條約解釋原則，對於待解釋的條約名詞，應該依據該名詞的普通意義而不是根據該名詞的狹隘意義來進行解釋。"concerning" 這個

---

❶ See *The South China Sea Arbitration (the Republic of the Philippines v. the People's Republic of China)*, Award on Jurisdiction and Admissibility, 29 October 2015, paras. 155–157.

❷ *The South China Sea Arbitration (the Republic of the Philippines v. the People's Republic of China)*, Award, 12 July 2016, para. 633.

❸ *The South China Sea Arbitration (the Republic of the Philippines v. the People's Republic of China)*, Award, 12 July 2016, paras. 153–156.

❹ 菲律賓律師菲利普·桑德斯（Philippe Sands）在庭審中對第 298（1）（a）條 "關於劃定海洋邊界的第 15 條、第 74 條和第 83 條在解釋或適用上的爭端……" 中的 "關於"（concerning）術語進行了不恰當的狹義解釋，企圖將該條的適用範圍刻意限縮為 "第 298 條第 1 款第（a）項僅適用於劃界爭端的調解"。See Hearing on the Merits and Remaining Issues of Jurisdiction and Admissibility (Day 1, 14 November 2016), pp. 94–95.

詞的普通意義解釋有：（1）跟⋯⋯有關（having relation to or relating to）；（2）影響⋯⋯（affecting）；（3）對⋯⋯重要（being important to）。從相關判例看，國際海洋法法庭曾處理過 "路易莎號案" 的當事方 —— 聖文森特及格林納丁斯達對 "關於逮捕和扣押船舶的爭端" 的聲明。法庭認為，"關於" 一詞意味著這類爭端不應局限於該條款明示的爭端，而應結合為公約中任何其他涉及 "關於逮捕和扣押船舶" 用語的條款理解❶，從而作出廣義解釋。無論從本文已分析的締約背景，還是從第 298 條 "關於" 一詞的條約解釋看，對 "關於劃定海洋邊界的第 15 條、第 74 條、第 83 條在解釋或適用上的爭端" 作狹義理解是不恰當的，何況仲裁庭所作的是疏於條約解釋的簡要結論。此外，仲裁庭一方面狹義適用 "海洋劃界爭端"，另一方面卻又承認 "海洋劃界過程是整體化和系統性的過程"，❷後者意味著海洋劃界無法和涉案島礁屬性問題以及島礁的領土爭端議題完全割裂❸。因此，在對待 "海洋劃界爭端例外" 時，仲裁庭《管轄權裁決》有嚴重的自相矛盾傾向；在這樣對管轄權自相矛盾的論證基礎上作出的最終裁決必然有失偏頗。

菲方對南海島礁法律地位的第 3－7 項和 11 訴求涉及混合爭端問題，仲裁庭在《管轄權裁決》中裁定對第 3、4、6、7、11 項爭端有管轄

---

❶ See *The M/V "Louisa" Case (Saint Vincent and the Grenadines v. Kingdom of Spain)*, Judgment, 28 March 2013, ITLOS, para. 83.

❷ See *The South China Sea Arbitration (the Republic of the Philippines v. the People's Republic of China)*, Award on Jurisdiction and Admissibility, 29 October 2015, para. 155; *The South China Sea Arbitration (the Republic of the Philippines v. the People's Republic of China)*, Award, 12 July 2016, para. 155.

❸ Chris Whomersley, "The South China Sea: The Award of the Tribunal in the Case Brought by Philippines against China - A Critique", (2016) 15 *Chinese Journal of International Law* 239, p.251, para.30.

權，[1]並最終在最終裁決中對涉案的南海島礁屬性及其所獲得的海洋權利[2]進行裁定。由於菲方在庭審中聲稱不要求仲裁庭處理領土主權問題，[3]隨之而來的焦點問題就是，領土主權爭端能否構成對第 288 條第 1 款的"屬事管轄權限制"？[4]對於"有沒有判例證明，海洋地貌產生的海洋權利與領土主權可以完全分割"這個問題，仲裁員坡拉克在庭審中曾向菲律賓律師團提問。[5]菲律賓主張該問題和仲裁庭管轄權無關，並列舉了三個國際法院的判例和一個"附件七仲裁"判例作為依據。[6]仲裁庭不僅在裁決中贊同國際法院在"德黑蘭外交與領事人員案"[7]中表達的觀點，而且認為基於中菲關係的廣泛、多面性，雙方完全可能存在關於不同事項的爭端，這實質上是關

---

[1] See *The South China Sea Arbitration (the Republic of the Philippines v. the People's Republic of China)*, Award on Jurisdiction and Admissibility, 29 October 2015, para. 413.

[2] 仲裁庭不顧中國所堅持的南海島礁"整體論"，將菲律賓所提起訴求的海洋地物"碎片化"，割裂"海域權利"與"海域劃界"兩個問題，作出關於針對以下南海島礁法律屬性的裁定：(1)"黃岩島、華陽礁、永暑礁、赤瓜礁、西門礁、南薰礁(北礁)"是"高潮時露出水面"的"礁"(rocks)；(2)"東門礁、南薰礁(南礁)、渚碧礁、美濟礁、仁愛礁"是"低潮時露出水面而高潮時被淹沒"的"低潮高地"；(3)"太平島、中業島、南威島、南子島、北子島"因"不能維持人類經濟生活的需要"，不符合《海洋法公約》第 121 條第 1 款關於"島"的要求，屬第 121 條第 3 款的"礁"。See *The South China Sea Arbitration (the Republic of the Philippines v. the People's Republic of China)*, Award, 12 July 2016, paras. 382–383.

[3] See *The South China Sea Arbitration (the Republic of the Philippines v. the People's Republic of China)*, Award on Jurisdiction and Admissibility, 29 October 2015, para. 153.

[4] 陳喜峰：《爭端的構成和本質：南海仲裁案第 1 項訴求及其管轄權裁決評析》，第 18 頁。

[5] See Hearing on Jurisdiction and Admissibility (Day 3, 13 July 2015), *The South China Sea Arbitration (the Republic of the Philippines v. the People's Republic of China)*, Permanent Court of Arbitration, p. 62.

[6] 菲律賓引用的判例為：國際法院的"德黑蘭外交與領事人員案"、"哥倫比亞軍事與准軍事案"和"馬其頓訴希臘‵1995 臨時協議′案"，以及依據"附件七仲裁"成立的仲裁庭處理的"查格斯島海洋保護區案"。See Hearing on Jurisdiction and Admissibility (Day 3, 13 July 2015), pp. 69–73.

[7] *United States Diplomatic and Consular Staff in Tehran (United States v. Iran)*, Judgment, 24 May 1980, *I.C.J. Reports* 1980, pp. 3, 19–20.

於不同事項的爭端的議題。[1] 問題在於，仲裁庭將案件不作區分的 "類推適用" 造成了兩類案件混同的效果："德黑蘭外交與領事人員案" 是針對一項爭端的不同方面問題，南海仲裁案的島礁法律地位訴求則屬中菲領土主權和中菲海域劃界爭端的組成部分問題，結果就是裁決迴避了中菲之間有關爭端的領土主權與海域劃界實質。

3. 軍事活動和執法活動例外

菲律賓第 11、12、13、14 項訴求涉及第 298 條第 1 款（b）項的 "軍事活動和執法活動例外"。在庭審中，為避開第 298 條的管轄權障礙，菲方先對 "軍事活動爭端" 進行狹義解讀："海上軍事活動僅由一國武裝力量操作的船舶或飛機行使，若無相反證據，那就只能推導出一國船舶或飛機所為的其他行為不是軍事活動。"[2] 菲方認為，是否有軍事人員駐紮或涉及 "執法活動例外" 與自己所提交的中方對美濟礁的佔領和建造活動沒有關聯，它又將中國在黃岩島周邊海域針對菲律賓漁船的行動定性為非 "軍事活動" 的 "執法活動"。[3] 但由於專屬經濟區沿海國對生物資源行使主權權利和管轄權的執法行動不但涉及第 298 條，也是第 297 條第 3 款（a）項規定的 "管轄限制" 事項，菲律賓主張中方在黃岩島周邊海域的海上執法行動的水域屬黃岩島的領海。[4] 菲方還認為，中國在仁愛礁附近的活動是執法活動

---

[1] *The South China Sea Arbitration (the Republic of the Philippines v. the People's Republic of China),* Award on Jurisdiction and Admissibility, 29 October 2015, para. 152.

[2] See Hearing on Jurisdiction and Admissibility (Day 2, 8 July 2015), *The South China Sea Arbitration (the Republic of the Philippines v. the People's Republic of China)*, pp. 80–81.

[3] Hearing on Jurisdiction and Admissibility (Day 2, 8 July 2015), pp. 87–90.

[4] *The South China Sea Arbitration (the Republic of the Philippines v. the People's Republic of China),* Award on Jurisdiction and Admissibility, 29 October 2015, para. 362.

而非軍事活動，即使是執法活動也僅落入第 297 條執法活動的 "管轄限制"範圍，鑒於仁愛礁並不處於中國可主張專屬經濟區的海域，第 297 條也不適用。❶

仲裁庭在《管轄權裁決》中認為，第 11、13 項所涉黃岩島的相關活動發生在黃岩島 12 海里領海以內，從而排除第 298 條第 1 款（b）項 "執法活動例外" 的適用，裁定對第 11、13 項有管轄權，將第 12、14 項訴求留到實體審理階段處理。❷ 最終裁決中，仲裁庭以中國官方聲稱在仁愛礁的相關活動非軍用而是民用為由，裁定第 12 項訴求不能適用 "軍事活動爭端"例外，由此確定了自己的管轄權。❸ 對第 14 項訴求，仲裁庭表示無意對第298 條 "有關軍事活動爭端"（disputes concerning military activities）的外延進行考察，鑒於仁愛礁菲方坐灘軍艦 "換防補給事件" 前後中菲雙方都有海軍或政府公務船活動，最後裁定對第 14 項訴求中 3 類與仁愛礁有關的請求無管轄權。❹

仲裁庭在處理第 298 條第 1 款（b）項的 "軍事活動例外" 或 "執法活動例外" 時，仍無法迴避的問題是黃岩島和美濟礁的主權問題。但仲裁庭對此的處理非常牽強，因為一旦涉及主權歸屬問題，它就無法行使管轄權。關於 "執法例外"，判斷一項活動是執法活動還是軍事活動時，一國

---

❶ Hearing on Jurisdiction and Admissibility (Day 2, 8 July 2015), p. 92.

❷ See *The South China Sea Arbitration (the Republic of the Philippines v. the People's Republic of China)*, Award on Jurisdiction and Admissibility, 29 October 2015, paras. 410–413.

❸ *The South China Sea Arbitration (the Republic of the Philippines v. the People's Republic of China)*, Award, 12 July 2016, para. 1028.

❹ 在第 14 項訴求原有的 3 類訴求基礎上，2015 年 12 月，菲方又補充（d）類訴求，指控中國在美濟礁、永暑礁等 7 個島礁的建設活動加劇了爭端，仲裁員最終在最終裁決中裁定對這類訴求有管轄權。*The South China Sea Arbitration (the Republic of the Philippines v. the People's Republic of China)*, Award, 12 July 2016, para. 1181.

從事該活動的法律根據和目的並非像菲律賓所說的那樣無足輕重，區分該項 "活動" 本身的性質到底是軍事行動還是海上執法十分重要。從《海洋法公約》的締約歷史看，凡是沿海國為了維護或行使公約規定的主權、主權權利或管轄權的行為，或為確保其法律法規得到遵守採取必要的措施，原則上都應屬執法行為，即使這些活動是由軍事船隻實施的。❶ 另一方面，依據第 110、111 條，軍艦或軍用飛機的相關活動也並非僅限於軍事活動。中國執法船在黃岩島、仁愛礁周邊海域的行動具有維護國家領土主權的軍事行動的性質，中國執法船在中菲尚未進行專屬經濟區劃界的海域實施的執法行動是行使生物資源的主權權利和管轄權，這正是第三次海洋法會議上大量沿海國將 "執法活動" 和 "軍事活動" 並列納入第 298 條 "任擇性例外" 的初衷。仲裁庭在處理有關島礁的法律地位時，把中國視為享有涉案島礁產生海洋權利的 "沿海國"，卻在處理 "軍事活動和執法活動例外" 時遵從菲方的主張，無視中國作為沿海國在涉案島礁和周邊水域從事軍事活動和執法活動的 "沿海國" 地位，自相矛盾。

（二）仲裁庭對第 297 條的解釋與適用

相較第 298 條而言，第 297 條僅適用於特定主體（屬人管轄）和特定爭端（屬事管轄），適用範圍具體且狹窄。❷ 雖然第 297 條並不是本案管轄權問題的核心，仲裁庭仍需考察該條款的適用：第一，第 297 條第 1 款（c）項在菲方有關海洋環境保護和保全訴求的適用；第二，第 297 條第 3

---

❶ 高健軍：《〈聯合國海洋法公約〉爭端解決機制研究》（2014 年版），第 320 頁。
❷ 劉衡：《〈聯合國海洋法公約〉附件七仲裁：定位、表現與問題》，第 11 頁。

款在菲方有關漁業的訴求的適用。[1] 南海仲裁案中，菲律賓的第 10、11 項訴求涉及第 297 條的適用問題，仲裁庭在《管轄權裁決》中已先行確認其管轄權，具體原因和論證如下：（1）第 10 項訴求涉及黃岩島海域菲方所稱的 "傳統捕魚權"。仲裁庭認為因爭端發生在黃岩島的領海海域，第 297 條第 3 款（a）項 "管轄權限制" 不適用。[2]（2）第 11 項訴求涉及中國在黃岩島和仁愛礁海域海洋環境的保護及保全的義務。仲裁庭認為海洋環保義務不分具體海域，且所涉 "破壞海洋環境" 行為發生在 "菲方的專屬經濟區" 海域，第 297 條第 1 款（c）項賦予了仲裁庭管轄權。[3] 類似的，最終裁決也裁定，第 297 條第 3 款、第 297 條第 1 款都無法構成對仲裁庭管轄權的障礙。[4]

　　結合仲裁最終裁決，仲裁庭對第 297 條適用的焦點問題處理不當表現在：第一，第 297 條第 1 款規定，因沿海國行使主權權利或管轄權而產生對公約的解釋適用問題時，應遵守強制爭端解決程序，但前提或是沿海國違反海洋環保的國際規則，或是（非沿海國的）其他國家違反海洋環保的沿海國國內法或國際法。[5] 仲裁庭依據第 297 條第 1 款（c）項，認為菲方指控的中國在黃岩島或仁愛礁海域行為 "違反沿海國海洋環保義務" 無法 "規

---

❶ *The South China Sea Arbitration (the Republic of the Philippines v. the People's Republic of China),* Award on Jurisdiction and Admissibility, 29 October 2015, para. 360.

❷ *The South China Sea Arbitration (the Republic of the Philippines v. the People's Republic of China),* Award on Jurisdiction and Admissibility, 29 October 2015, para. 407.

❸ *The South China Sea Arbitration (the Republic of the Philippines v. the People's Republic of China),* Award on Jurisdiction and Admissibility, 29 October 2015, para. 408.

❹ See *The South China Sea Arbitration (the Republic of the Philippines v. the People's Republic of China),* Award, 12 July 2016, paras. 695, 930.

❺ 《海洋法公約》第 297 條第 1 款（b）（c）項。

避"仲裁庭管轄，[1]這又一次暴露仲裁庭在中國是否擁有涉案島礁"沿海國"地位問題上的反覆無常、邏輯混亂。另外，仲裁庭最終仍未能成功解開這些環保指控背後所隱藏的"主權死結"，即中國保護海洋環境的義務固然不取決於對涉案島礁的主權，但違反保護海洋環境義務責任的承擔則取決於島礁的主權及其可主張的海域範圍。

第二，菲律賓把第 297 條第 3 款（a）項的適用範圍解釋為，該項針對強制爭端解決程序的限制，僅跟沿海國對自己專屬經濟區"以內"（in the exclusive economic zone）的有關生物資源的主權權利或權利行使有關。[2]這樣解釋的結果十分荒謬：首先，該項限制在專屬經濟區"以內"適用，在"以外"的海域 —— 領海、毗連區都不適用；其次，沿海國在專屬經濟區內的主權權利甚至大過領海的主權。《維也納條約法公約》第 32 條規定，當對條約進行通常含義進行解釋，"所獲結果顯屬荒謬或不合理時"，應結合"解釋之補充資料"予以解釋。然而從庭審和仲裁裁決看，無論是菲律賓還是仲裁庭都沒有盡到對第 297 條"善意解釋"的義務，仲裁庭更是對菲方的結論採用"拿來主義"，得出"因爭端發生在黃岩島的領海海域，第 297 條第 3 款（a）項管轄權限制不適用"這樣草率的結論。

---

[1] *The South China Sea Arbitration (the Republic of the Philippines v. the People's Republic of China)*, Award, 12 July 2016, para. 930.

[2] See Hearing on Jurisdiction and Admissibility (Day 2, 8 July 2015), pp.78–79; *The South China Sea Arbitration (the Republic of the Philippines v. the People's Republic of China)*, Award, 12 July 2016, para. 682.

四、結論

從最終文本看，相較第一次海洋法會議上達成的 1958 年海洋法 "日內瓦四公約" 外加《關於強制爭端解決任擇簽字議定書》的方式，《海洋法公約》的 "爭端解決機制" 則是整個公約的組成部分。《海洋法公約》第十五部分的爭端解決機制被視為 "一攬子方案不可或缺的組成部分"[1]，起到了平衡沿海國主權權利和其他國家在沿海國專屬經濟區和大陸架享有的公海自由等權利的作用。[2]《海洋法公約》中納入荷蘭教授里普哈根（Willem Riphagen）創造的 "蒙特勒公式"（Montreux Formula），[3] 允許各國在四種不同爭端解決方法間自由選擇，這在短暫解決締約國分歧的同時，卻又製造了爭議。四種選擇中的 "附件七仲裁" 不僅可作為爭議方的第一選擇，更是 "唯一的剩餘方法"，這確立了它在《海洋法公約》爭端解決機制中的獨特角色。[4] 然而，在 "附件七仲裁" 及其仲裁庭愈發活躍地實踐著 "默認程序" 功能的同時，卻無法回應以下國際實踐中的尷尬與困惑：第一，國際法確定國際法庭管轄權的傳統規則為，原告有選擇審理法庭的自由，

---

[1] Alexander Yankov, "The International Tribunal for the Law of the Sea and the Comprehensive Dispute Settlement System of the Law of the Sea", in P. Chandrasekhara Rao & Rahmatullah Khan (eds.), *The International Tribunal for the Law of the Sea: Law and Practise* (Kluwer Law International, 2001), p. 33.

[2] Sreenivasa Rao Pemmaraju, "The South China Sea Arbitration (The Philippines v. China): Assessment of the Award on Jurisdiction and Admissibility", (2016) 15 *Chinese Journal of International Law* 265, para. 19, p. 278.

[3] See A. O. Adede, *The System for Settlement of Disputes under the United Nations Convention on the Law of the Sea: A Draft History and A Commentary* (Martinus Nijhoff Publishers, 1987), pp. 53–54.

[4] 劉衡：《〈聯合國海洋法公約〉附件七仲裁：定位、表現與問題》，第 4 頁。

但同時不能違背被告的意願將其控至一個其不承認管轄權的法庭。[1] 站在對 298 條作出過聲明的 32 個國家和對第 287 條爭端解決機制表示"不作選擇"的其他 7 個國家的角度，南海仲裁案這樣的實踐對於國際爭端解決機制的發展意味著什麼？第二，如果那些對第 298 條涉及的爭端明確作出"不接受附件七仲裁"表態的 32 個締約國被另一締約國單方提交仲裁，又將會產生何種法律後果？2013 年，附件七仲裁案例中首次出現了"不應訴"情況，且同年出現兩次，分別是南海仲裁案中的中國立場和"極地曙光號案"中的俄羅斯立場。另外，第 298 條"管轄權例外"和第 297 條"管轄權限制"發揮的作用並不大。根據中國學者的統計，實踐中依據第 298 條"管轄權例外"或第 297 條"管轄權限制"成功排除附件七仲裁管轄權的情形很少。[2] 第三次海洋法會議起草條文，旨在制衡和約束爭端解決機制的"例外與限制"條款，實踐中並沒有充分發揮作用。

在上述背景下，即使不談實體問題，南海仲裁案仲裁庭在管轄權問題上先入為主和擅自擴權的趨勢十分突出，具體表現為：

第一，仲裁庭在區分第 288 條第 1 款和第 298 條第 1 款的"爭端"時，採用"白馬非馬"的邏輯取得"屬事管轄"，將中方主張有關領土主權和海洋劃界的爭端扭曲為菲方主張的"涉及《海洋法公約》解釋或適用的爭端"。仲裁庭既無意探究菲律賓 15 項訴求的真實意圖，又未對每項訴求是否構成真實的爭端進行考察，而是用行動實踐了"'涉及《海洋法公約》解釋或適用的爭端'就是'涉及《海洋法公約》的爭端'"這樣荒謬的"條

---

[1] See René-Jean Dupuy & Daniel Vignes (eds.), *A Handbook on the New Law of the Sea*, Vol. II (Martinus Nijhoff Publishers, 1991), p. 1366.

[2] 劉衡：《〈聯合國海洋法公約〉附件七仲裁：定位、表現與問題》，第 12 頁。

文釋義"。

第二，仲裁庭在解釋和適用第 298 條第 1 款（a）（b）（c）項"任擇性例外"各項爭端時，又處處"指鹿為馬"，以排除這些"爭端例外"在本案的適用，具體表現為：對"historic titles"的狹義解釋並不符合締約背景，將中國南海權利定性為"缺乏所有權基礎的一系列的歷史性權利"更是草率；處理海洋劃界爭端時，對"關於劃定海洋邊界的第 15 條、第 74 條、第 83 條在解釋或適用上的爭端"作出不符合公約締約歷史的狹義解釋，並且有前後矛盾傾向；在處理國際司法實踐爭議較大的"混合爭端"時，將涉及不同特質爭端的判例進行類比並得出結論；在處理"軍事活動和執法活動例外"時遵從菲方的主張，無視中國作為沿海國在涉案島礁和周邊水域從事軍事活動和執法活動的"沿海國"地位，自相矛盾。

第三，仲裁庭適用第 297 條導致有約束力裁判程序的"限制"時，更是"走馬觀花"。管轄權問題處理後，目的是為菲律賓的實體訴求進行"背書"。仲裁庭對第 297 條第 1 款（c）項的處理，不僅沒能成功解開菲方對中國環保義務指控所隱藏的"主權死結"，更暴露仲裁庭在中國是否擁有涉案島礁"沿海國"地位問題上的反覆和邏輯混亂。仲裁庭對第 297 條第 3 款（a）適用而不解釋，對菲方的論證採取拿來主義，更沒有盡到"善意解釋"的義務。

由 "極地曙光號案" 和南海仲裁案看國際爭端解決機構對於不到庭之態度 *

一、"極地曙光號案"

"極地曙光號" 是一艘由國際綠色和平組織運營的船舶,其船旗國為荷蘭。2013 年 9 月 18 日,國際綠色和平組織活動人士搭乘 "極地曙光號",試圖登上俄羅斯天然氣工業石油大陸架公司的普里拉茲洛姆納亞鑽井平台,以抗議其對北極地區石油的開採。同日,俄羅斯在其外交照會中通知荷蘭,決定對 "極地曙光號" 及相關人員採取措施。9 月 19 日,俄羅斯邊防人員在其專屬經濟區內登上 "極地曙光號",控制並拘留了該船隻以及 30 名活動人士,將其帶往摩爾曼斯克,並對他們提起 "海盜行為" 的指控,其後變更指控為 "流氓行為"。9 月 20 日,荷蘭作為船旗國,非正

---

* 作者:張晏瑒,山東大學法學院教授、海洋海事研究所所長。本文原載於《亞太安全與海洋研究》2016 年第 4 期,題目為 "由 '極地曙光' 號案和中菲南海仲裁案看國際爭端解決機構對於不到庭之態度",本書主編對該文做了必要的調整。

式地向俄羅斯發出外交照會，要求俄羅斯提供相應的信息，包括回答關於俄羅斯執法人員對船隻及人員採取措施的具體問題。在外交照會中，荷蘭還強調了立即釋放船隻及人員的重要性。但是俄羅斯並沒有回覆此外交照會。9月26日，荷蘭重申了其要求。9月27日，俄羅斯通知荷蘭，從9月28日起到10月2日，作為刑事調查的一部分，俄羅斯調查委員會官員將登上"極地曙光號"進行調查。9月28日，俄羅斯執法人員如期開始了調查。荷蘭對此表示反對。10月1日，俄羅斯向荷蘭發出外交照會，回答了此前荷蘭提出的問題。根據該外交照會，俄羅斯聲稱對"極地曙光號"的登臨、調查和拘留符合《海洋法公約》對於專屬經濟區及大陸架的規定。荷蘭對此表示反對。10月3日，在其外交照會中，荷蘭表示，俄羅斯作為一個沿海國，在其專屬經濟區內的權利義務的問題上，俄羅斯與荷蘭觀點有分歧。考慮到船隻及人員正被拘留，以及此事件的緊急性，荷蘭決定盡快將此事件提交仲裁。2013年10月4日，荷蘭按照《海洋法公約》附件七提起仲裁。

在按照《海洋法公約》第十五部分第二節以及附件七第3條組成仲裁庭之前，2013年10月21日，荷蘭向國際海洋法法庭提起訴訟，要求俄羅斯按照《海洋法公約》第290條的規定，採取並執行臨時措施，允許"極地曙光號"離開俄羅斯水域並釋放其人員。國際海洋法法庭於11月作出裁決，要求解除對"極地曙光號"的扣留，裁定由荷蘭政府支付360萬歐元擔保之後釋放被逮捕的28名活動人士和兩名自由記者。2014年11月26日，附件七仲裁庭作出其有管轄權的裁定。2015年8月14日，附件七仲裁庭對案件作出最終裁決，認為俄羅斯對"極地曙光號"及其船員所作出的行為違反了《海洋法公約》第56條第2款、第58條第1款和第2

款、第 87 條第 1 款 a 項，以及第 92 條第 1 款。此外，仲裁庭認為，俄羅斯沒有遵循國際海洋法法庭的判決違反了《海洋法公約》第 290 條第 6 款和 296 條第 1 款。俄羅斯不繳納仲裁費用的行為構成對《海洋法公約》第十五部分和第 300 條的違反。同時，荷蘭有權利要求俄羅斯對其進行賠償。

在"極地曙光號案"中，俄羅斯自始至終都沒有參加庭審程序。在國際海洋法法庭的臨時措施程序中，法庭檢視了俄羅斯的不到庭。從法庭的判決可以看出國際海洋法法庭對於不到庭應訴的態度。法庭在其判決中認為，一方缺席或未能進行辯護並不妨礙訴訟程序的進行，也不會阻止法庭作出臨時措施的裁定，只要雙方都被給予了表達其意見的機會。[1] 不應訴的一方仍然是法律程序的一方，[2] 擁有隨之而來的權利和義務。[3] 法庭還援引了國際法院在"尼加拉瓜訴美國案"中的裁決，認為不應訴的一方必須接受判決的後果，而第一個後果就是即使其不參加訴訟，訴訟也會繼續進行。選擇不應訴的一方國家仍然是案件的一方當事國，並且根據《國際法院規約》第 59 條受到最終裁決的規制。[4]

法庭還提到，一方不到庭可能會妨礙訴訟程序的正常進行，影響司法

---

[1] See *Fisheries Jurisdiction (United Kingdom v. Iceland)*, Order of 17 August 1972, *I. C. J. Reports* 1972, p. 15, para. 11; *Fisheries Jurisdiction (Federal Republic of Germany v. Iceland)*, Order of 17 August 1972, *I.C.J. Reports* 1972, pp. 32–33, para. 11; *Nuclear Tests (Australia v. France)*, Order of 22 June 1973, *I.C.J. Reports* 1973, p. 101, para. 11; *Nuclear Tests (New Zealand v. France)*, Order of 22 June 1973, *I.C.J. Reports* 1973, p. 137, para. 12; *Aegean Sea Continental Shelf Case (Greece v. Turkey)*, Order of 11 September 1976, *I. C. J. Reports* 1976, p. 6, para. 13; *United States Diplomatic and Consular Staff in Tehran (United States of America v. Iran)*, Order of 15 December 1979, *I.C.J. Reports* 1979, pp. 11–12, 13, paras. 9, 13.

[2] See *Nuclear Tests (Australia v. France)*, Order of 22 June 1973, *I.C.J. Reports* 1973, pp. 103–104, para. 24.

[3] *The "Arctic Sunrise" Case (Kingdom of the Netherlands v. Russian Federation)*, Order of 22 November 2013, ITLOS, p. 13, para. 51.

[4] *Military and Paramilitary Activities in and against Nicaragua (Nicaragua v. United States of America)*, Judgment on Merits, 27 June 1986, *I.C.J. Reports* 1986, p. 24, para. 28.

公正的良好管理，[●]而且俄羅斯本可以通過提供給法庭關於本案事實和法律更全面的信息，來方便法庭的工作。[●]在本案中，法庭在評估臨時措施要保護的雙方權利的性質和範圍時面臨困難，又不能因為俄羅斯的不到庭，而將荷蘭放在一個不利的位置上。[●]

在沃爾夫魯姆（Rüdiger Wolfrum）法官和凱利（Elsa Kelly）法官的共同單獨意見中，兩位法官提到，不應訴的一方不僅在法律爭端上削弱了自己的立場，更妨礙了另一方在訴訟中追求權利和利益。但是更為重要的是，這妨礙了國際法院或法庭的工作。在一方不應訴的情形下，法庭只能依靠一方提供的事實和法律觀點，而不能聽到另一方的聲音。公佈於眾的信息並不能完全彌補這一不足。[●]兩位法官進一步提到，不應訴是與《海洋法公約》第十五部分爭端解決機制的目標和目的不相符合的。法律程序是以雙方的法律論述以及雙方與國際法庭之間的合作為基礎的，而不應訴削弱了這一程序。所以，《國際海洋法法庭規約》第28條不應當被理解為賦予當事國不應訴的權利，相反，其反映了一個現實，一些國家儘管承諾與國際法庭進行合作，但是其仍然可以採取這樣的行動。[●]

---

❶ *The "Arctic Sunrise" Case (Kingdom of the Netherlands v. Russian Federation)*, Order of 22 November 2013, ITLOS, p. 14, para. 53.

❷ *The "Arctic Sunrise" Case (Kingdom of the Netherlands v. Russian Federation)*, Order of 22 November 2013, ITLOS, p. 14, para. 54.

❸ *The "Arctic Sunrise" Case (Kingdom of the Netherlands v. Russian Federation)*, Order of 22 November 2013, ITLOS, p. 14, paras. 55–56.

❹ *The "Arctic Sunrise" Case (Kingdom of the Netherlands v. Russian Federation)*, Joint Separate Opinion of Judge Wolfrum and Judge Kelly, Order of 22 November 2013, ITLOS, pp. 2–3, para. 5.

❺ *The "Arctic Sunrise" Case (Kingdom of the Netherlands v. Russian Federation)*, Joint Separate Opinion of Judge Wolfrum and Judge Kelly, Order of 22 November 2013, ITLOS, p. 3, para. 6.

二、研習此案的意義

　　本案國際海洋法法庭的裁決主要包括以下幾方面的內容：俄羅斯依照《海洋法公約》所作出的排除第十五部分第二節規定程序管轄的聲明；俄羅斯不到庭應訴，法庭必須認定附件七仲裁庭有表面管轄權（*prima facie jurisdiction*），根據《海洋法公約》第 283 條雙方有交換意見的義務，以及該案符合作出臨時措施的條件。

　　在南海仲裁案中，根據菲律賓在 2013 年 1 月 22 日對中國發出的外交照會來看，在本次仲裁中，菲律賓並不尋求決定雙方都主張主權的島嶼的主權歸屬，菲律賓也不要求進行任何海域界線的劃定。[1] 菲律賓知曉中國 2006 年 8 月 25 日根據《海洋法公約》第 298 條所作出的聲明，[2] 該聲明表明，關於《海洋法公約》第 298 條第 1 款（a）、（b）、（c）三項所指的所有爭端，中華人民共和國政府不接受《海洋法公約》第十五部分第二節提供的任何爭端解決程序，[3] 因此菲律賓避免提出中國已通過聲明排除仲裁管轄的問題以及主張。[4] 菲律賓還聲稱，本案中所有菲律賓的主張都已經經過了雙方真誠的談判，雙方多次進行了意見交換，《海洋法公約》第 279 條的規定已被滿足。因此，仲裁庭對菲律賓提出的訴求有管轄權。[5]

---

[1]　See "The Notification and Statement of Claims", issued by Department of Foreign Affairs of Republic of the Philippines in Manila to the Embassy of the People's Republic of China in Manila, 22 January 2013, para. 7.

[2]　See "The Notification and Statement of Claims", para. 7.

[3]　See www.un.org/Depts/los/convention_agreements/convention_declarations.htm#China%20Upon%20 ratification (last visited 14 August 2014).

[4]　See "The Notification and Statement of Claims", para. 7.

[5]　See "The Notification and Statement of Claims", para. 8.

通過比較"極地曙光號案"的裁決和菲律賓的外交照會,可以看出兩案有幾個相似的地方。但是,同時也應當看到,兩案存在本質上的不同。首先,在本次菲律賓提起的強制仲裁案中,中國表明,菲律賓的訴求被中國2006年的聲明所涵蓋,因此不適用強制仲裁程序,這與俄羅斯在本案中的觀點一致,但是中俄兩國所依據的條款不同,而且爭端是否真正被聲明所排除也不盡相同。其次,中國表示不會配合菲律賓的要求,拒絕配合任命仲裁員及組成仲裁庭,不會提出答辯狀,也不會參加仲裁庭的口頭辯論,這與俄羅斯在"極地曙光號案"中採取的行動一致。再次,在作出裁決之前,南海仲裁案的仲裁庭也必須確認雙方已經履行了交換意見的義務。

三、中菲南海仲裁案

聯合國海洋法爭端解決機制中出現的另一個不到庭的案件是中菲南海仲裁案。2013年1月22日,菲律賓按照《海洋法公約》第287條和附件七對中國提起了仲裁,挑戰中國對於南海及其底土的權利。中國於2013年2月19日退還了菲律賓的訴之聲明,並表示不會參加仲裁。❶ 隨後,中國沒有任命仲裁員,沒有提交答辯狀,沒有參加2015年7月舉行的庭審,也

---

❶ See "Foreign Ministry Spokesperson Hong Lei's Regular Press Conference on February 19, 2013", www.fmprc.gov.cn/mfa_eng/xwfw_665399/s2510_665401/2511_665403/t1015317.shtml (last visited 21 June 2015).

沒有支付仲裁費用。● 在附件七仲裁庭關於管轄權的裁決中，仲裁庭指出，根據《海洋法公約》附件七第 9 條的規定，爭端一方不參加仲裁不能阻礙仲裁程序的進行。中國仍是爭端的一方，根據《海洋法公約》第 296 條第 1 款和附件七第 11 條的規定，中國將受仲裁庭決定的約束。● 仲裁庭同時指出，在一方不參加仲裁的情形下，《海洋法公約》附件七第 9 條試圖平衡訴訟雙方可能承受的不公。首先，通過保證訴訟程序不會因為一方的不參加而終止來保護參加訴訟的一方。其次，通過保證法庭不會輕易接受出庭一方的訴求來保護不出庭一方的權利。在作出判決之前，仲裁庭必須認定其有管轄權，並且出庭一方的訴求在事實和法律上有充分的依據。●

　　仲裁庭指出，其已經採取了一系列措施來保證中國的程序性權利。比如，仲裁庭已經向中國送達了本次仲裁所有的文件資料，給予中國同樣的、充足的時間提交答辯狀，邀請中國評價仲裁庭採取的程序性措施，邀請中國評價仲裁庭關於管轄權的審理等等。● 同時，仲裁庭也採取了一系列措施來保證菲律賓的程序性權利。仲裁庭援引了國際海洋法法庭在"極地曙光號案"中的判決，表示出庭的一方不能因為另一方不出庭而被置於一個不利的位置。仲裁庭除了要平等地對待雙方之外，南海仲裁案的程序規則第 10 條還要求仲裁庭避免任何不必要的延遲和花費，並且為解決爭端提

● *The South China Sea Arbitration (the Republic of the Philippines v. the People's Republic of China),* Award on Jurisdiction and Admissibility, 29 October 2015, Permanent Court of Arbitration, p. 39, para. 112.

● *The South China Sea Arbitration (the Republic of the Philippines v. the People's Republic of China),* Award on Jurisdiction and Admissibility, 29 October 2015, p. 39, para. 114.

● *The South China Sea Arbitration (the Republic of the Philippines v. the People's Republic of China),* Award on Jurisdiction and Admissibility, 29 October 2015, p. 40, para. 115.

● *The South China Sea Arbitration (the Republic of the Philippines v. the People's Republic of China),* Award on Jurisdiction and Admissibility, 29 October 2015, p. 40, para. 117.

供一個公平和快捷的程序。因此，仲裁庭始終積極回應雙方在日程等問題上的看法。[1]

仲裁庭指出，另一個可能對菲律賓不利的後果是菲律賓需要猜測中國可能會提出的觀點，並且要替中國形成觀點。[2] 在這一方面，中國發佈的立場文件減輕了菲律賓所遭受的不利。[3] 同時，仲裁庭也注意到了中國的《立場文件》以及非正式通信，認定其等同於或構成先決反對，並將程序分為管轄權和實體兩部分。[4] 此外，通過程序規則第 25 條第 2 款，仲裁庭規定在一方不出庭的情形下，如果仲裁庭認為某一特定問題沒有經過詳細討論，仲裁庭應當邀請出庭一方提交書面觀點。[5] 仲裁庭先後於 2014 年 12 月 16 日和 2015 年 6 月 23 日要求雙方回答一系列問題。[6]

仲裁庭還指出，其不會局限於中國在《中華人民共和國政府關於菲律賓共和國所提南海仲裁案管轄權問題的立場文件》（以下簡稱 "《立場文件》"）中提出的問題，為了保證其有管轄權，仲裁庭還會考慮其他可能會使其喪失管轄權的問題。[7]

---

[1] *The South China Sea Arbitration (the Republic of the Philippines v. the People's Republic of China),* Award on Jurisdiction and Admissibility, 29 October 2015, p. 40, para. 118.

[2] *The South China Sea Arbitration (the Republic of the Philippines v. the People's Republic of China),* Award on Jurisdiction and Admissibility, 29 October 2015, p. 41, para. 119.

[3] *The South China Sea Arbitration (the Republic of the Philippines v. the People's Republic of China),* Award on Jurisdiction and Admissibility, 29 October 2015, p. 41, para. 121.

[4] *The South China Sea Arbitration (the Republic of the Philippines v. the People's Republic of China),* Award on Jurisdiction and Admissibility, 29 October 2015, pp. 41–42 , para. 122.

[5] *The South China Sea Arbitration (the Republic of the Philippines v. the People's Republic of China),* Award on Jurisdiction and Admissibility, 29 October 2015, p. 41, para. 119.

[6] *The South China Sea Arbitration (the Republic of the Philippines v. the People's Republic of China),* Award on Jurisdiction and Admissibility, 29 October 2015, p. 41, para. 120.

[7] *The South China Sea Arbitration (the Republic of the Philippines v. the People's Republic of China),* Award on Jurisdiction and Admissibility, 29 October 2015, p. 42, para. 123.

四、借鑒意義

（一）《海洋法公約》第 283 條第 1 款

《海洋法公約》第 283 條第 1 款要求爭端雙方在按照公約第十五部分第二節提起訴訟之前，迅速就以談判或其他和平方法解決爭端一事交換意見。在以往的判決中，國際海洋法法庭強調過第 283 條第 1 款所設立的條件的重要性，[1] 這些條件構成了公約爭端解決程序不可缺少的一部分。國際法院儘管認為窮盡外交談判並不構成提起訴訟的一個前提，但是卻明確表示應當進行這種談判。[2] 從國際海洋法法庭以及國際法院以往的判例可以總結出關於第 283 條第 1 款的 4 個特點或適用時的要求。

第一，在"格魯吉亞訴俄羅斯聯邦案"中，國際法院認為談判（negotiation）的作用在於，一是通知被告國雙方之間存 3 在爭端，並且劃定爭端的範圍及其主題（subject）；二是鼓勵雙方嘗試通過協議解決爭端，因此避免訴諸有約束力的第三方裁決。[3] 也就是說，不通過《海洋法公約》第十五部分第二節規定的程序解決爭端。[4] 實際上，國際爭端解決機制並不

---

[1] *M/V "Louisa" (Saint Vincent and the Grenadines v. Kingdom of Spain)*, Dissenting Opinion of Judge Wolfrum, Order of 23 December 2010, ITLOS, p. 85, para. 27.

[2] *Land and Maritime Boundary between Cameroon and Nigeria (Cameroon v. Nigeria)*, Judgment on Preliminary Objections, 11 June 1998, *I.C.J. Reports* 1998, pp. 302–303, para. 56.

[3] *Application of the International Convention on the Elimination of All Forms of Racial Discrimination (Georgia v. Russian Federation)*, Judgment on Preliminary Objections, 1 April 2011, *I.C.J. Reports* 2011, pp. 124–125, para. 131.

[4] *M/V "Louisa" (Saint Vincent and the Grenadines v. Kingdom of Spain)*, Dissenting Opinion of Judge Wolfrum, Order of 23 December 2010, ITLOS, p. 85, para. 27.

是要促進訴訟，而是作為一個維護正義的最後途徑而存在。因此，不論在"極地曙光號案"或是南海仲裁案中，爭端雙方都應當首先嘗試通過談判來解決爭端。這是《海洋法公約》第 283 條第 1 款在爭端出現後賦予締約國的第一項義務。

第二，交換意見的本質是什麼。交換意見的義務平等地適用於爭端雙方，[1] 而且該義務並不是一個無意義的形式，不能由爭端方隨意執行。[2] 爭端雙方必須善意執行該義務。[3] 那麼怎樣才構成談判？國際法院在"格魯吉亞訴俄羅斯聯邦案"中判決，通過談判解決爭端而進行意見交換不同於僅僅進行抗議或駁斥，或只是要求提供信息。談判所包含的內容遠超對雙方之間法律觀點或利益的簡單反對、指控和對此的反駁、訴求的交換，以及對反訴求的直接反對。就其本身而言，"談判"的概念不同於"爭端"的概念，至少，"談判"要求爭端一方帶著解決爭端的意圖，真正嘗試與另一方進行討論。顯然，如此嘗試進行談判的證據，或是談判的行動的證據，並不要求在爭端方之間達成一個實際的協議。[4] 正如常設國際法院在"立陶宛

---

[1] *M/V "Louisa" (Saint Vincent and the Grenadines v. Kingdom of Spain)*, Order of 23 December 2010, ITLOS, p. 67, para. 58; *Land Reclamation in and around the Straits of Johor (Malaysia v. Singapore)*, Order of 8 October 2003, ITLOS, p. 19, para. 38.

[2] *Land Reclamation in and around the Straits of Johor (Malaysia v. Singapore)*, Separate Opinion of Judge Chandrasekhara Rao, Order of 8 October 2003, ITLOS, p. 39, para. 11; *Lake Lanoux Arbitration (France v. Spain)*, Award, 16 November 1957, 24 ILR 101, pp. 15–16.

[3] *Land Reclamation in and around the Straits of Johor (Malaysia v. Singapore)*, Separate Opinion of Judge Chandrasekhara Rao, Order of 8 October 2003, ITLOS, p. 39, para. 11; *M/V "Louisa" (Saint Vincent and the Grenadines v. Kingdom of Spain)*, Dissenting Opinion of Judge Wolfrum, Order of 23 December 2010, ITLOS, p. 85, paras. 27, 28; *Lake Lanoux Arbitration (France v. Spain)*, Award, 16 November 1957, 24 ILR 101, pp. 15–16.

[4] *Application of the International Convention on the Elimination of All Forms of Racial Discrimination (Georgia v. Russian Federation)*, Judgment on Preliminary Objections, 1 April 2011, *I.C.J. Reports* 2011, pp. 132–133, paras. 157–158.

和波蘭間鐵路交通案"中作出的諮詢意見所表明的,"談判的義務不僅指開始談判,而且還要帶著達成協議的意圖盡可能地繼續進行談判,即使談判的義務並不要求達成協議⋯⋯"❶顯然,如果沒有證據顯示存在真正進行談判的嘗試,那麼就沒有滿足談判這個條件。❷總的來說,就是要有真正進行談判的嘗試,並且善意履行談判的義務。

在"極地曙光號案"中,從荷蘭所提供的信息來看,荷蘭當局從來沒有嘗試就通過談判或其他和平方式解決爭端,與俄羅斯當局交換意見。"極地曙光號"在 2013 年 9 月 19 日被俄羅斯拘留。2013 年 9 月 23 日,作為"極地曙光號"的船旗國,荷蘭通過外交照會要求俄羅斯提供關於俄羅斯對船隻及其人員所採取措施的信息。在其 2013 年 9 月 26 日作出的外交照會中,荷蘭重申了其要求。2013 年 10 月 1 日,俄羅斯發出外交照會,提供了荷蘭要求的信息。俄羅斯表示,對"極地曙光號"及其人員的登臨、檢查和拘留是建立在《海洋法公約》關於專屬經濟區和大陸架的一般規定之上的。這些規定是指《海洋法公約》第 56 條、60 條和 80 條。荷蘭在收到此外交照會之後,於 2013 年 10 月 3 日通過外交照會通知俄羅斯,表示不認為俄羅斯所提到的條款可以被看作是對"極地曙光號"採取措施的依據。荷蘭的外交照會進一步宣佈,"因此,俄羅斯和荷蘭在俄羅斯作為一個沿海國在其專屬經濟區內享有的權利和義務上有著不同的觀點"。

---

❶ *Railway Traffic between Lithuania and Poland*, Advisory Opinion, 15 October 1931, PICJ Report Series A/B, No. 42, p. 116;see also *North Sea Continental Shelf (Federal Republic of Germany v. Netherlands)*, Judgment, 20 February 1969, *I.C.J. Reports* 1969, p. 48, para. 87; *Pulp Mills on the River Uruguay (Argentina v. Uruguay)*, Judgment, 20 April 2010, *I.C.J. Reports* 2010, p. 68, para. 150.

❷ *Application of the International Convention on the Elimination of All Forms of Racial Discrimination (Georgia v. Russian Federation)*, Judgment on Preliminary Objections, 1 April 2011, *I.C.J. Reports* 2011, pp. 132–133, para. 159.

戈利欽（Vladimir V. Golitsyn）法官在其反對意見中稱，荷蘭的外交照會並沒有表明俄羅斯和荷蘭應該通過談判或其他和平方式，立即針對爭端解決進行交換意見。在荷蘭的外交照會中根本看不出借助談判或其他和平方式，進行以解決爭端為目的的磋商的努力。恰恰相反，外交照會只是直接得出了結論，"將該爭端提交仲裁是有依據的"，"荷蘭正考慮盡快提交仲裁"。在發出此外交照會的第二天，荷蘭外交部就立即通過外交照會（2013 年 10 月 4 日），通知俄羅斯其已經將該爭端提交給《海洋法公約》附件七所規定的仲裁程序。❶

戈利欽法官認為，首先，荷蘭承認，最後一次交換意見發生在 2013 年 10 月 4 日提交仲裁之後。其次，2013 年 10 月 1 日外交部長之間的意見交換發生在俄羅斯向荷蘭表明其拘留"極地曙光號"及其人員的依據的前一天，也就是說，發生在爭端定型以及範圍確定之前。這些意見交換並不是為《海洋法公約》第 283 條第 1 款目的所進行的。因此，戈利欽法官認為，兩國之間根本沒有任何交換意見的認真的努力。❷ 從案件事實以及戈利欽法官的反對意見可知，荷蘭所做的僅僅是要求俄羅斯提供信息以及對俄羅斯提出的《海洋法公約》依據進行駁斥和反對。荷蘭並沒有真正嘗試通過談判來解決其與俄羅斯之間的爭端，也不能說荷蘭善意地履行了該義務。

同樣，在中菲南海仲裁案中，菲律賓必須證明其真正嘗試了與中國進行談判，意圖通過談判解決爭端，而不是僅僅與中國交換訴求與反訴求，

---

❶ *The "Arctic Sunrise" Case (Kingdom of the Netherlands v. Russian Federation)*, Dissenting Opinion of Judge Golitsyn, Order of 22 November 2013, ITLOS, pp. 2–5, paras. 6–14.

❷ *The "Arctic Sunrise" Case (Kingdom of the Netherlands v. Russian Federation)*, Dissenting Opinion of Judge Golitsyn, Order of 22 November 2013, ITLOS, pp. 4–5, para. 13.

或是互相抗議。在其外交照會中，菲律賓聲稱，關於南海的海域權利，菲律賓在雙邊會議和外交文書的交換中堅持一貫地向中國表達了其觀點，菲律賓有權自其群島基線起享有 200 海里的專屬經濟區和大陸架，並且獨享這些海域中的自然資源，以及在這些海域內外享有航行自由。而中國反覆表達了相反的觀點，即中國享有"九段線"包含的所有海域，享有該海域內所有的自然資源，並且享有該海域內的航行控制權。[1] 菲律賓反覆抗議中國在渚碧礁和美濟礁之上和附近的活動，中國堅持一貫地拒絕了菲律賓的抗議。[2] 菲律賓所聲稱的這些並不能表明雙方有改變各自立場的想法，[3] 菲律賓必須向仲裁庭提交證據，證明其所聲稱的不僅僅是訴求或反訴求的交換，或是相互抗議。否則，以上菲律賓所提到的不能被認為是談判。

第三，交換意見的義務是否被履行是由法庭來決定的。[4] 起訴方有義務證明其已經履行了該義務，但是需要由法庭來最終決定該義務是否被履行。[5] 因此菲律賓單方面聲稱其已經善意履行了《海洋法公約》第 283 條第 1 款並不是絕對的，[6] 因為第 283 條第 1 款並不是一個主觀性的義務。

第四，談判的主題必須與爭端的主題相關。[7] 談判的紀錄必須表明，提

---

[1] "The Notification and Statement of Claims", para. 27.

[2] "The Notification and Statement of Claims", para. 28.

[3] *North Sea Continental Shelf (Federal Republic of Germany v. Denmark)*, Judgment, 20 February 1969, *I.C.J. Reports* 1969, p. 47, para. 85.

[4] *Land Reclamation in and around the Straits of Johor (Malaysia v. Singapore)*, Separate Opinion of Judge Chandrasekhara Rao, Order of 8 October 2003, ITLOS, p. 39, para. 11.

[5] See Stefan Talmon, "The South China Sea Arbitration: Is There a Case to Answer?", in Stefan Talmon & Bing Bing Jia (eds), *The South China Sea Arbitration: A Chinese Perspective* (Hart Publishing, 2014), p.60.

[6] See "The Notification and Statement of Claims", paras. 27, 30, 33.

[7] *Application of the International Convention on the Elimination of All Forms of Racial Discrimination (Georgia v. Russian Federation)*, Judgment on Preliminary Objections, 1 April 2011, *I.C.J. Reports* 2011, p. 133, para. 161.

交到法庭的爭端的主題是談判的主題的一部分。❶ 而且，談判的主題必須與《海洋法公約》的理解和適用有關。從整體上援引《海洋法公約》的談判是不夠的。❷ 在其外交照會中，菲律賓聲稱從 1995 年開始，菲律賓和中國就在很多場合交換了意見，以解決與南海海域權利，以及在這些海域中行使航行權和資源開採的權利有關的爭端，雙方還就南沙群島和黃岩島中的海中地物的地位進行了交換意見。❸ 菲律賓這一概括性的聲稱是不夠的，菲律賓必須提交證據表明雙方舉行了關於其提交的 13 個具體請求救濟事項的有意義的談判。❹

（二）中方 2006 年聲明排除仲裁庭管轄權

中菲雙方在 2009－2011 年間的外交照會的交換可以揭示中菲之間爭端的本質。❺ 菲律賓提交給仲裁庭的爭端，並不是中菲之間的真正爭端，中菲之間的真正爭端是領土爭端以及劃界爭端。❻ 基於 2006 年中國的聲明，《海洋法公約》附件七仲裁庭沒有對於領土主權歸屬爭端以及劃界爭端的管轄權。因此，中方 2006 年所作的聲明已經排除了仲裁庭的管轄權。而根據上文對俄羅斯在 "極地曙光號案" 中所作出聲明的分析，其聲明只能涵蓋海洋科學研究以及漁業爭端這兩種爭端，而俄羅斯所採取的行動不是這兩種

---

❶ *Barbados v. Trinidad and Tobago*, Award, 11 April 2006, pp. 208–209, para. 2013.

❷ See Stefan Talmon, "The South China Sea Arbitration: Is There a Case to Answer?", p.62.

❸ "The Notification and Statement of Claims", paras. 25, 29.

❹ See Stefan Talmon, "The South China Sea Arbitration: Is There a Case to Answer?", p.62.

❺ See Michael Sheng-ti Gau, "Issues of Jurisdiction in Cases of Default of Appearance", in Stefan Talmon & Bing Bing Jia (eds.), *The South China Sea Arbitration: A Chinese Perspective* (Hart Publishing, 2014), p.98.

❻ See Michael Sheng-ti Gau, "Issues of Jurisdiction in Cases of Default of Appearance", pp.100–101.

爭端，因此法庭的管轄權不能被聲明所排除。在這一點上，南海仲裁案與"極地曙光號案"有著本質的區別。

（三）不到庭應訴

雖然法庭認為一方缺席或未能進行辯護並不妨礙訴訟程序的進行，但是其仍然認為一方不到庭可能會使法庭的工作更為困難，妨礙訴訟程序的正常進行，影響司法公正的良好管理。但是，正如前文所述，如果一方當事國認為法庭明顯沒有管轄權，其可以不出庭。在"極地曙光號案"中，俄羅斯不到庭是因為認為其所作出的聲明已經將法庭的管轄權排除，儘管這一點未能得到法庭的承認。同樣，在南海仲裁案中，中國認為其 2006 年所作的聲明也排除了法庭對於該案真正爭端的管轄權。基於此，中國不到庭應訴是合理的。而且，《海洋法公約》並沒有規定被訴的一方有出庭的一般義務。《海洋法公約》附件七第 6 條規定的"便利仲裁庭工作"並不能衍生出出庭的義務，便利仲裁庭工作的義務和出庭的義務是兩件不同的事情。不到庭應訴由《海洋法公約》附件七第 9 條明確規定，該條為不出庭規定了一個特別的程序，其目的是為了保護爭端的兩方：保護出庭的一方不受試圖妨礙仲裁程序的行為的影響，以及保護不出庭的一方免受不公正的訴訟。所以，一個國家可以採用不到庭應訴作為一個程序性戰略，來保衛自己的利益和權利，這並不意味著不尊重法庭。❶

而且，《海洋法公約》第 288 條規定，當原被告雙方對於仲裁庭是否有

---

❶　See Stefan Talmon, "The South China Sea Arbitration: Is There a Case to Answer?", p.19.

管轄權有爭端時，應當由仲裁庭裁決。也就是說，仲裁庭有義務確認其有管轄權。而根據"法庭知法"（*jura novit curia*）的原則，在仲裁庭決定法律問題時，這一原則可以減輕一方不到庭的影響。但是在事實問題的決定上，不出庭一方造成的影響可能會更大。[❶]雖然在原則上，附件七仲裁庭並不必將其考慮局限於出庭一方正式提交給其的材料，如果一方不出庭，仲裁庭還尤其需要確認它擁有所有可以得到的事實。[❷]但是，仲裁庭也不能完全依靠自己彌補一方不到庭帶來的事實上的缺失，這在實際中也不現實。[❸]所以，只要仲裁庭"用其認為合適的方法說服自己訴求有根據"即可。而且，《海洋法公約》附件七第 9 條也沒有強迫仲裁庭"檢視所有事實的細節的準確性"。[❹]在中菲南海仲裁案中，這可能對中國造成不利的影響。因為菲律賓所呈現給仲裁庭的事實並不是案件的全貌。[❺]即使中國通過信件、文件等非正式途徑讓仲裁庭知曉自己的論點及依據，但是鑒於仲裁庭在一方不出席的情況下必須在"知曉雙方觀點"和"保障雙方平等和法庭正義"之間做一個平衡，確保不出庭一方不能從不出庭的行為中獲利，從而造成對出庭一方的不公正。[❻]最後，在中國缺席的情況下，仲裁庭的法律程序仍然必須尊重中國的程序性權利，因為中國仍然是爭端的一方當事國。根據《海洋法公約》附件七第 9 條的規定，仲裁庭在作出仲裁裁決前，應確認不僅仲裁庭對爭端具有管轄權，而且訴之聲明具有事實和法律上的依據。

---

❶ See Stefan Talmon, "The South China Sea Arbitration: Is There a Case to Answer?", pp.20–21.

❷ *Nuclear Tests (Australia v. France)*, Judgment, 20 December 1974, *I.C.J. Reports* 1974, para. 31, p. 263; *Nuclear Tests (New Zealand v. France)*, Judment, 20 December 1974, *I.C.J. Reports* 1974, p. 468, para. 32.

❸ See Stefan Talmon, "The South China Sea Arbitration: Is There a Case to Answer?", p.21.

❹ *Corfu Channel Case (United Kingdom v. Albania)*, Assessment of Compensation, *I.C.J. Reports* 1949, p. 248.

❺ See Michael Sheng-ti Gau, "Issues of Jurisdiction in Cases of Default of Appearance".

❻ See Stefan Talmon, "The South China Sea Arbitration: Is There a Case to Answer?", pp.23–24.

五、結論

從"極地曙光號案"和南海仲裁案的判決可以看出,雖然法庭或仲裁庭認定一方不出庭並不妨礙審理程序的進行,並且受最終判決的制約,但是不出庭給法庭或仲裁庭以及出庭的一方造成了一些困難。法庭或仲裁庭需要採取各種措施來減少不出庭帶來的負面影響。同時,應當看到,不出庭對於選擇不出庭應訴的一方也有一些不利影響,比如不出庭一方無法系統地使法庭知曉自己的觀點。從兩案的判決可以看出,在一方不出庭的情形下,法庭或仲裁庭要格外注意保持雙方的平等,不能使任何一方遭受不公,這對法庭或仲裁庭提出了更高的要求。在審理程序方面,法庭或仲裁庭首先要確保自己有管轄權,在這方面法庭或仲裁庭的考慮並不局限於不出庭一方所提出的觀點。其次,法庭或仲裁庭要確保原告的訴求在事實和法律上有充分的依據。

作為應對,中國應堅持不參與、不接受、不執行的態度,借鑒俄羅斯在"極地曙光號案"中的做法,堅持認為附件七仲裁庭沒有管轄權。借鑒美國在"在尼加拉瓜境內及針對尼加拉瓜的軍事與准軍事活動案"中的做法,說明菲律賓提交的事實不全面,導致仲裁裁決錯誤。借鑒俄羅斯在"極地曙光號案"中的做法,在收到仲裁裁決文書後,找出其中的錯誤之處。應重點提防菲律賓以中國不遵守仲裁庭裁決為理由再次提出訴訟,而中國也可以考慮根據《海洋法公約》附件五來成立調解委員會,以解決判決執行與後續爭端。最後,從南海仲裁案來看,中國想要成為真正的世界大國,還需要加強國際法方面的研究與宣傳,以及國際法人才的培養,在其他國家對中國提起訴訟時,能夠在國際法庭上從法律和事實上為國家利益辯護,讓世界聽到中國的聲音,展示中國作為負責任大國的形象。

中國不接受和不承認南海仲裁案
終局裁決的正當性 *

一、不接受和不承認國際裁決的國家實踐先例

　　一個國家不接受和不承認一個國際法庭或仲裁庭對某項爭端作出的判決或裁決並非不常見。世界各大地理區域內的某些國家，特別是聯合國安全理事會除中國以外的其他四個常任理事國（即美國、法國、俄羅斯和英國），都曾經不接受和不承認或不執行某項國際判決或裁決。這些構成中國不接受和不承認南海仲裁案終局裁決的國家實踐基礎。

　　國家之間仲裁是歷史最為悠久的一種和平解決國際爭端的法律方法。自 1794 年產生以來，國家對這種解決方法的結果採取不接受和不承認的做法從未間斷。開創近代仲裁制度的美國和英國在 1814 年訂立結束 1812年戰爭的《根特條約》，將它們之間的東北部邊界問題提交荷蘭國王仲裁。

* 　作者：余民才，中國人民大學法學院教授、中國南海研究協同創新中心研究員。

1831 年 1 月 10 日，荷蘭國王作出不利於美國的裁決，而美國以荷蘭國王越權為由拒絕接受。●1906 年，西班牙國王根據洪都拉斯與尼加拉瓜之間 1894 年《加梅斯—波尼拉條約》，就它們之間的邊界劃分作出裁決。1912 年，尼加拉瓜宣佈裁決沒有約束力，不予執行。●1989 年 8 月，幾內亞比紹不承認它與塞內加爾之間關於海洋劃界爭端的三人仲裁庭於 1989 年 7 月 31 日所作仲裁裁決的有效性。●就《海洋法公約》附件七的強制仲裁而言，在中國之前就有不接受和不承認的先例。在 2010 年毛里求斯對英國就其在英屬印度洋領土查戈斯群島宣佈建立海洋保護區而提起附件七仲裁的案件中，仲裁庭在 2015 年裁決中認定英國在建立海洋保護區方面違反其在《海洋法公約》第 2 條第 3 款、第 56 條第 2 款和第 194 條第 4 款下的義務，但是英國仍然我行我素。●在 2013 年荷蘭就俄羅斯在其專屬經濟區內登臨和扣留懸掛荷蘭旗幟的"極地曙光號"船及其人員而提起的"極地曙光號"船附件七仲裁案中，俄羅斯拒絕參與整個仲裁程序，不接受、不承認和不執行仲裁庭於 2015 年 8 月 16 日作出的、要求它賠償荷蘭所遭受損失的裁決。

　　國家的上述做法在《聯合國憲章》時代表現更為顯著的莫過於對待國際法院的判決或命令。國際法院是聯合國的主要司法機關，也是當代國際社會中最具普遍性和權威性的司法機關。在它 1946 年成立後審理的第一個

● See *Arbitral Award Relating to the Boundaries of British and American Northeastern Territories*, Decision of 10 January 1831, *Reports of International Arbitral Awards*, Vol. XXVIII, pp. 33–44.

● See *Arbitral Award Made by the King of Spain on 23 December 1906 (Honduras v. Nicaragua)*, Judgment, *I.C.J. Reports* 1960, p. 192.

● See *Arbitral Award of 31 July 1989 (Guinea-Bissau v. Senegal)*, Judgment, *I.C.J. Reports* 1991, pp. 63, 64, 65.

● See "Transcript of PM Lee Hsien Loong's Dialogue at the Special Session of the Nikkei International Conference on the Future of Asia", 30 September 2016, https://www.mfa.gov.sg/content/mfa/media_centre/ press_room/pr/2016/201609/press_20160930_03.html (last visited 2 October 2016).

案件 —— "科孚海峽案" 中，被訴國阿爾巴尼亞不參與該案件關於損害賠償額評估的實體程序，並拒絕接受和執行法院關於賠償英國軍艦觸雷所遭受人員和財產損失的判決。自此之後，不接受和不執行法院判決的情況時有發生。這主要見於法院的強制管轄案件。如在 1973 年澳大利亞和新西蘭各自單方面提起的 "核試驗案" 中，法國不參與該案的臨時保全措施程序，並不執行法院要求它暫停核試驗的 1973 年 6 月 22 日命令，在 1973 年 7−8 月和 1974 年 6−9 月再度進行了兩次系列核試驗。法國還在 1974 年退出 1928 年《和平解決國際爭端總協定》和撤銷對國際法院強制管轄權的接受。在通過當事國之間的特別協定提請法院解決爭端的案件中，也不乏不接受和不承認判決的事例。比如，1990 年 8 月和 9 月，利比亞和乍得將它們之間關於奧祖地帶的爭端通過特別協定提交國際法院解決。1994 年 2 月，國際法院將整個奧祖地帶判歸乍得所有。利比亞公開批評判決，拒絕予以接受。

國家拒絕國際法院判決的紀錄沒有隨著 20 世紀 60−80 年代法院 "信任危機" 的結束而減少，相反呈增長趨勢。1946 年至 1987 年間，國際法院的判決沒有得到完全遵守和執行的比例佔 20%。這個數字在 1987 年至 2004 年間上升到 40%。[1] 最近的例子如哥倫比亞不接受和不遵守法院在尼加拉瓜提起的 "領土和海洋爭端案" 中於 2012 年 11 月 19 日作出的判決，並在 2012 年 11 月 27 日宣佈退出 1948 年《美洲和平解決爭端條約》（即《波哥大條約》）。[2]

---

[1] See Colter Paulson, "Compliance with Final Judgments of the International Court of Justice Since 1987", (2004) 98 *American Journal of International Law* 434, p. 460.

[2] See *Alleged Violations of Sovereign Rights and Maritime Spaces in the Caribbean Sea (Nicaragua v. Colombia)*, Judgment on Preliminary Objections, 17 March 2016, *I.C.J. Reports* 2016.

即使在根據《海洋法公約》建立的較為年輕的國際海洋法法庭，同樣存在國家拒絕接受其判決或命令的情況。在該法庭 1997 年受理的第一個案件 ——"塞加號案" 中，被訴國幾內亞不接受和不執行法庭於 1997 年 12 月 4 日作出的要求它在聖文森特及格林納丁斯提供合理的財政保證書或擔保之後，立即釋放被扣留船舶及其船員的判決。● 在 2013 年 "極地曙光號案" 附件七仲裁引起的臨時保全措施程序中，俄羅斯拒絕參與法庭程序，並拒絕接受和執行法庭於 2013 年 11 月 22 日發出的要求它在荷蘭提交 360 萬歐元擔保金後立即釋放 "極地曙光號" 及其船上人員的命令。●

在上述各類涉及不接受和不承認某項國際判決或裁決的國家實踐中，可以發現兩個重要事實：

一是美國的行為特別引入注目。在 1984 年尼加拉瓜提起的 "在尼加拉瓜境內及針對尼加拉瓜的軍事與准軍事活動案"（以下簡稱 "尼加拉瓜案"）中，美國在國際法院判決具有管轄權之後仍然不承認其管轄權，在 1985 年撤銷它接受國際法院強制管轄權的 1946 年聲明，拒絕參與該案件的實體問題程序，也拒絕接受和執行國際法院於 1986 年作出的關於立即停止違法行為和賠償尼加拉瓜所遭受損失的判決。對於要求美國立即充分遵守該判決的國際努力，美國在安全理事會中先後 6 次行使否決權否決這種決議草案，無視聯合國大會在 1986－1989 年間連續通過的這種決議。這是安全理事會的一個常任理事國首次不執行國際法院的實體判決。13 年後，美國在德國提起的 "拉格朗案" 中再次不執行國際法院 1999 年關於在該案終局判

● 參見趙理海：《國際海洋法法庭：油輪 "塞加號" 案評介》，載《中外法學》1998 年第 5 期，第 125 頁。

● See Tommy Koh, "The great powers and the rule of law", 22 July 2016, https://cil.nus.edu.sg/wp/wp-content/uploads/2010/12/Tommy-Koh-The-great-powers-and-the-rule-of-law-22July2016.pdf (last visited 23 July 2016).

決作出之前不得對德國人沃爾特和拉格朗執行死刑的命令，仍然於當年對當事人執行死刑。在 2003 年墨西哥提起的"阿韋納和其他墨西哥國民案"中，美國同樣沒有執行國際法院要求它在該案終局判決作出之前確保不對 54 名墨西哥國民執行死刑的命令。不僅如此，美國布什政府還因此退出了 1963 年《關於強制解決維也納領事關係公約之爭端的任擇議定書》。

　　二是不接受和不執行與一個國家是否參與法律程序、綜合國力大小、社會制度、價值觀念與文化傳統的異同等無關。這類國家中既有參與程序的國家，也有不參與程序的國家。前者如在 2010 年"南極捕鯨案"中，日本參與了澳大利亞提起的訴訟程序，但日本沒有遵守國際法院關於弔銷任何依據第二階段捕鯨研究計劃所頒發的許可證和不得再頒發這種許可證的 2014 年判決，在 2015 年重啟南極捕鯨活動；後者如"極地曙光號案"中的俄羅斯。既有在強制程序下不接受和不執行的國家，如泰國在 1959 年"隆端寺案"中不接受和不執行國際法院 1962 年要求它將隆端寺歸還柬埔寨的判決；也有在共同同意程序下不接受和不執行的國家，如幾內亞比紹和塞內加爾之間的仲裁是根據兩國之間的 1985 年仲裁協定進行的。既有公認的超級大國，如美國；也有小國，如"科孚海峽案"中的阿爾巴尼亞。既有部分不執行的國家，如在"陸地、島嶼和海洋邊界爭端案"中，薩爾瓦多不完全執行國際法院 1992 年的判決；也有在整個程序中完全不執行的國家，如在美國 1979 年提起的"德黑蘭人質案"中，伊朗沒有按照國際法院的命令立即恢復美國使館原狀和立即釋放被扣留的美國使館人員，沒有按照國際法院的終局判決賠償美國遭受的損失。❶

---

❶ See *United States Diplomatic and Consular Staff in Tehran (United States of America v. Iran)*, Judgment, 24 May 1980, *I.C.J. Reports* 1980, p. 45.

這類國家中，既有與起訴國存在相同社會制度、共同價值觀念和良好外交關係的國家，如在 1972 年英國和德國分別提起的"漁業管轄區案"中的冰島，該案中冰島不執行國際法院關於它不得在 12 海里漁區外對英國或德國漁船採取執法措施的命令，不接受國際法院 1973 年管轄權判決，不接受和不執行國際法院 1974 年關於冰島無權單方面禁止英國和德國漁船進入 12 海里以外捕魚的實體判決；❶ 也有與起訴國存在不同社會制度、價值觀念和敵對外交關係的國家，如由美國提起的"德黑蘭人質案"中的伊朗。既有共處於一個區域聯盟或軍事同盟內的國家，如馬來西亞曾表示不執行國際法院 2008 年關於它與東盟另一個成員國新加坡之間關於白礁、中岩礁和南礁主權爭端的判決；也有不存在這種組織關係的國家，如"極地曙光號案"中的俄羅斯與荷蘭。既有與爭端另一方存在相同歷史的國家，如在 1994 年"陸地與海洋邊界案"中，不執行國際法院 2002 年判決的尼日利亞與訴請國喀麥隆都曾是歐洲國家的殖民地；也有不存在這種關係的國家，如"漁業管轄區案"中的冰島。

二、南海仲裁案仲裁庭錯誤定性爭端的性質

一個國家不接受和不執行一項國際判決或裁決的原因很複雜，其中的重要原因是有關司法機構或仲裁庭越權管轄，以及裁決存在適用法律和認

---

❶ See *Fisheries Jurisdiction (Germany v. Iceland)*, Judgment on Merits, 25 July 1974, *I.C.J. Reports* 1974, p. 205.

定事實錯誤。這也是中國不接受和不承認終局裁決的抗辯理由。中國聲明裁決不具有拘束力的原因是："仲裁庭對菲律賓所提出的仲裁不具有管轄權；仲裁庭無視菲律賓提起仲裁事項的實質是領土主權和海洋劃界問題，錯誤解讀中菲對爭端解決方式的共同選擇，錯誤解讀 2002 年《南海各方行為宣言》中有關承諾的法律效力，惡意規避中國根據《海洋法公約》第 298 條作出的排除性聲明，有選擇性地把有關島礁從南海諸島的宏觀地理背景中剝離出來，並主觀想像地解釋和適用《海洋法公約》，在認定事實和適用法律上存在明顯錯誤。" ❶ 這裏 "不具有管轄權" 的一種情形，是仲裁庭將 "菲律賓提起仲裁事項的實質是領土主權和海洋劃界問題" 錯誤定性為有關《海洋法公約》的解釋或適用的爭端。這構成中國不接受和不承認的一個法理基礎。

中國的這項主張具有法理支持。根據《海洋法公約》第 286 條，附件七仲裁庭的管轄權僅限於有關《海洋法公約》的解釋或適用的爭端。這類爭端是《海洋法公約》締約國之間有關那些海洋權益和海洋利用的衝突主張或分歧，包括對海洋地物的島嶼、岩礁或低潮高地的地位爭端、海洋劃界爭端、歷史性所有權爭端、漁業爭端、海洋環境保護爭端或者海上執法活動爭端，因此，未定陸地邊界爭端或者島礁主權爭端不屬於有關《海洋法公約》的解釋或適用的爭端，所以仲裁庭對這類爭端沒有管轄權。不僅如此，即使一項爭端是有關《海洋法公約》的解釋或適用的爭端，也不意味著仲裁庭具有管轄權。如果一個國家根據《海洋法公約》第 298 條第 1 款聲明將包括海洋劃界或者軍事活動在內的 4 類爭端排除在強制程序之

---

❶ 《中華人民共和國外交部關於應菲律賓共和國請求建立的南海仲裁案仲裁庭所作裁決的聲明》，2016 年 7 月 12 日。

外，仲裁庭就不得行使管轄權。2006 年，中國根據第 298 條第 1 款向聯合國秘書長提交書面聲明，宣佈不接受對這 4 類爭端的任何強制司法或仲裁管轄。❶

　　南海仲裁案仲裁庭清楚意識到其管轄權的限制，因而在認定中菲雙方存在爭端後首先確定爭端的性質，也就是確定菲律賓所提仲裁事項是有關《海洋法公約》的解釋和適用的爭端，還是有關島礁主權爭端及其相關的海洋劃界爭端。菲律賓宣稱，它所提 15 項訴求涉及的是中國在南海的歷史性權利主張、南海某些爭議島礁（包括黃岩島、赤瓜礁、華陽礁、永暑礁、美濟礁和仁愛礁等）的島嶼或岩礁或低潮高地的地位以及中國相關活動的合法性，這些在本質上是屬於《海洋法公約》範圍內的海洋權利問題，不涉及島礁主權問題和海洋劃界問題。❷ 仲裁庭完全接受菲律賓的主張，將其結論主要建基於三個理由：1. 一項爭端可以包含多個方面，但是，該爭端具有其他方面並不妨礙一個國際法庭處理該爭端的一個方面，無論那些方面多麼重要；2. 菲律賓沒有請求它裁決島礁的主權問題和海洋劃界問題，它也看不出菲律賓的任何主張需要它默示決定主權問題；3. 海洋權利問題可以在不涉及海洋劃界的情況下單獨決定。❸ 然而，仲裁庭基於這些理由的推理和決定背離既定國際法理，缺乏國家實踐支持。

　　仲裁庭承認中菲雙方存在對南海某些島礁的主權爭端，也明確表示雙

---

❶　See "United Nations Convention on the Law of the Sea: Declarations made upon signature, ratification, accession or succession or anytime thereafter", http://www.un.org/depts/los/convention_agreements/convention_declarations.htm (last visited 23 July 2016).

❷　See *The South China Sea Arbitration (the Republic of the Philippines v. the People's Republic of China)*, Award on Jurisdiction and Admissibility, 29 October 2015, paras. 101, 140–147.

❸　See *The South China Sea Arbitration (the Republic of the Philippines v. the People's Republic of China)*, Award on Jurisdiction and Admissibility, 29 October 2015, paras. 152, 153, 156.

方的爭端涉及眾多事項，這實際上意味著菲律賓提起的爭端是一個關於海洋權利與島礁主權和海洋劃界的混合性爭端。《海洋法公約》第298條第1款本身也表明混合性爭端的存在，它提到，"任何爭端如果必然涉及同時審議與大陸或島嶼陸地領土的主權或其他權利有關的任何尚未解決的爭端"，當事國對這類混合性爭端無義務提交強制調解或強制仲裁。如何對混合性爭端進行定性，《海洋法公約》沒有提供進一步的指南。儘管如此，"查戈斯海洋保護區仲裁案"仲裁庭提供了這方面的法理。根據該仲裁庭的裁決，如果一個輕微的領土主權問題是一個有關《海洋法公約》的解釋或適用的問題所偶然產生的，則不影響其管轄權；但是，如果雙方爭端的真正問題是對島嶼陸地領土的主權主張，則該問題與一個有關《海洋法公約》的解釋或適用問題之間所存在的偶然聯繫，並不足以將之作為一個整體納入其管轄範圍。❶

南海仲裁案與"查戈斯海洋保護區仲裁案"具有相似性，因為後者涉及英國是否有權宣佈查戈斯群島海洋保護區，因而該案仲裁庭闡述的法理能夠適用於南海仲裁案。南海仲裁案仲裁庭因此應該像"查戈斯海洋保護區仲裁案"仲裁庭那樣，詳細探究中菲爭端的起源，分析雙方的立場與依據和《海洋法公約》第298條第1款的談判準備資料，以嚴密的邏輯推理確定爭議主要是島礁主權問題還是海洋權利問題。然而，仲裁庭沒有這樣做，它用僅僅3個段落就隨意否定了中國的反對意見。❷ 這個錯誤決定為如下事實所清楚證明：

---

❶ See *Chagos Marine Protected Area Arbitration (Mauritius v. United Kingdom)*, Award, 18 March 2015, Permanent Court of Arbitration, p. 86, para. 158.

❷ See *The South China Sea Arbitration (the Republic of the Philippines v. the People's Republic of China)*, Award, 12 July 2016, Permanent Court of Arbitration, pp. 59–60, paras. 152–154.

第一，菲律賓仲裁的真實目的是對南海某些島礁的主權。菲律賓在提起仲裁時公開表示，它期望本仲裁能夠永久解決它與中國的南海爭端。[1] 然而，對海洋權利爭端的解決不可能導致對南海某些島礁主權爭端的永久解決。在仲裁程序過程中，菲律賓在其所提交訴狀和各種場合中的言論無不充斥著對黃岩島和南沙某些島礁的主權主張。[2] 在管轄權庭審中，菲律賓前外長羅薩里奧（Albert del Rosario）在開幕致詞中指責中國採用 "切香腸" 戰略蠶食菲律賓領土；[3] 菲律賓辯護律師桑德斯（Philippe Sands）在反駁中國的島礁主權主張時大談主權問題，[4] 被仲裁員沃爾夫魯姆（Rüdiger Wolfrum）打斷，後者要求他不要陳述主權問題。[5] 特別是在終局裁決公佈後，菲律賓杜特爾特政府也持這種立場。菲律賓前外交部長亞賽（Perfecto Yasay）2016 年 9 月 15 日在美國演講時聲稱，菲中雙方解決南海領土爭端只能以南海仲裁案裁決為基礎。[6] 他在 2017 年 1 月 16 日再次重申，當菲律賓有能力並準備與中國就南海爭議領土舉行雙邊談判時，菲律賓將以裁決

[1] See "Statement by Secretary of Foreign Affairs Albert del Rosario on the UNCLOS Arbitral Proceedings against China to Achieve a Peaceful and Durable Solution to the Dispute in the WPS", 22 January 2013, http://www.dfa.gov.ph/index.php/newsroom/dfa-releases/7300-statement-by-secretary-of-foreign-affairs-albert-del-rosario-on-the-unclos-arbitral-proceedings-against-china-to-achieve-a-peaceful-and-durable-solution-to-the-dispute-in-the-wps (last visited 23 January 2013).

[2] See Memorial of the Philippines (30 March 2014), *The South China Sea Arbitration (the Republic of the Philippines v. the People's Republic of China)*, Permanent Court of Arbitration, Vol. I, pp. 23–35.

[3] See Albert F. Del Rosario, "Statement Before the Permanent Court of Arbitration: Why the Philippines Brought This Case to Arbitration and Its Importance to the Region and the World", 7 July 2015, http://www.dfa.gov.ph/newsroom/dfa-releases/6795-statement-before-the-permanent-court-of-arbitration (last visited 8 July 2015).

[4] See Hearing on Jurisdiction and Admissibility (Day 1, 7 July 2015), *The South China Sea Arbitration (the Republic of the Philippines v. the People's Republic of China)*, Permanent Court of Arbitration, pp. 61–66.

[5] See Hearing on Jurisdiction and Admissibility (Day 1, 7 July 2015), *The South China Sea Arbitration (the Republic of the Philippines v. the People's Republic of China)*, p. 67.

[6] 參見《2016 年 9 月 20 日外交部發言人陸慷主持例行記者會》，中華人民共和國外交部網站：http://www.fmprc.gov.cn/web/fyrbt_673021/t1398913.shtml，最後訪問時間：2016 年 9 月 23 日。

作為基礎向前推進。❶

第二，確定爭議島礁的主權歸屬是確定其海洋權利的前提。在 2007 年 "領土與海洋爭端案" 中，尼加拉瓜和哥倫比亞對加勒比海中數個島礁的主權存在爭端，對它們能否產生專屬經濟區和大陸架權利也存在分歧。國際法院在確定它們的法律地位之前，首先審查並對它們的主權作出了決定。❷ 國際法院強調，海洋權利來源於沿海國對陸地的主權。"正是陸地領土，才必須將它視為確定一個沿海國海洋權利的出發點。" ❸

第三，仲裁庭沒有提供法理和國家實踐支持依據。仲裁庭的錯誤結論似乎基於菲律賓辯護律師桑德斯所舉的以下這個例子：常設仲裁法院和國際法院共同擁有海牙大禮堂和講台。如果它們對誰擁有這個講台發生爭端，將這個物體定性為講台，與它為常設仲裁法院所擁有還是為國際法院所擁有毫無關係。如果為常設仲裁法院所擁有，它不會變成一棵樹；如果為國際法院所擁有，它不會變成一張桌子，它就是一個講台。陸地、低潮高地、島嶼和岩礁也是如此。❹ 這個例子顯然缺乏說服力，這一點為仲裁員所完全意識到，因而坡拉克（Stanislaw Pawlak）仲裁員給桑德斯提出一個問題，要他說明是否存在分開處理島礁的海洋權利與主權問題的任何相關法理或國家實踐。菲律賓主辯律師雷克勒（Paul S. Reichler）代替桑德斯回

❶ See Patricia Lourdes Viray, "Yasay: Note Verbale Sent to China After Intel Verification", 17 January 2017, https://www.philstar.com/headlines/2017/01/17/1663123/yasay-note-verbale-sent-china-after-intel-verification (last visited 17 January 2017).

❷ See *Territorial and Maritime Dispute (Nicaragua v. Colombia)*, Judgment, 19 November 2012, *I.C.J. Reports* 2012, pp. 645–662.

❸ See *Territorial and Maritime Dispute between Nicaragua and Honduras in the Caribbean Sea (Nicaragua v. Honduras)*, Judgment, 8 October 2007, *I.C.J. Reports* 2007, p. 699.

❹ See Hearing on Jurisdiction and Admissibility (Day 1, 7 July 2015), *The South China Sea Arbitration (the Republic of the Philippines v. the People's Republic of China)*, p. 65.

答問題，但是，除重複菲律賓的意見外，他沒有提供任何新的法理和國家實踐依據。[1]仲裁庭同樣對此置若罔聞。它清楚地知道2008年有關日本沖之鳥礁（Okinotorishima）海洋權利的爭議。在該爭議中，中國和韓國不同意日本關於沖之鳥享有200海里以外大陸架權利的主張，而對日本享有沖之鳥的主權沒有異議。仲裁庭沒有解釋在這種情形下與在本案存在主權爭議的情形下決定一個海上地物的海洋權利有什麼本質不同。

第四，終局裁決本身潛在有利於菲律賓和越南對南海某些島礁的主權立場。仲裁庭裁定，渚碧礁、南薰礁（南）和東門礁是低潮高地，它們各自位於中業島的領海、南薰礁（北）和鴻麻島的12海里與西門礁和景宏島的12海里以內。[2]由於越南控制景宏島和鴻麻島，菲律賓控制中業島，它們可以將仲裁庭的決定作為加強對渚碧礁、南薰礁（南）和東門礁主權主張的依據。

同樣，仲裁庭沒有詳細審查島礁的海洋權利與海洋劃界的關係問題，僅僅用2個段落就拒絕了中國關於爭端涉及海洋劃界的主張。[3]這種簡單做法與國際法庭一貫的謹慎態度大相徑庭。在涉及島礁海洋權利的國際判例中，有關國際法庭均將之視為海洋劃界中的一個問題而最終避免對之作出決定。在1977年"英法大陸架劃界案"中，英國和法國對埃迪斯通礁（Eddystone Rock）能否產生大陸架權利存在不同意見。仲裁庭認為，它在

---

[1] See Hearing on Jurisdiction and Admissibility (Day 3, 13 July 2015), *The South China Sea Arbitration (the Republic of the Philippines v. the People's Republic of China)*, Permanent Court of Arbitration, pp. 61–62, 74.

[2] See *The South China Sea Arbitration (the Republic of the Philippines v. the People's Republic of China)*, Award, 12 July 2016, paras. 368–372, 384.

[3] See *The South China Sea Arbitration (the Republic of the Philippines v. the People's Republic of China)*, Award, 12 July 2016, pp. 60–61, paras. 155–156.

本案中的任務是決定埃迪斯通礁在兩國之間的英吉利海峽中對劃定海域中間線的影響，因而它無需決定埃迪斯通礁的性質。[1] 在 2009 年"黑海海洋劃界案"中，羅馬尼亞和烏克蘭對蛇島（Serpent Island）能否產生專屬經濟區和大陸架權利存在分歧。國際法院裁定，它無需考慮蛇島是《海洋法公約》第 121 條中的島嶼還是岩礁，因為蛇島的存在不會產生調整臨時等距離線的效果。[2] 在尼加拉瓜訴哥倫比亞的"領土與海洋爭端案"中，國際法院再次重申以前的法理，裁定它無需對該案中那些小島的具體地位作出定論，因為它們可能產生的領海以外的海洋權利與相關島嶼所產生的大陸架和專屬經濟區權利完全重合。[3]

仲裁庭上述決定的錯誤性還為終局裁決本身和菲律賓自己的主張所證明。按照仲裁庭關於黃岩島是岩礁的結論，中國基於對黃岩島的主權仍然有權根據《海洋法公約》第 121 條第 3 款主張 12 海里領海和 12 海里毗連區。這仍然存在菲律賓專屬經濟區主張的潛在劃界問題，因為黃岩島距離菲律賓西海岸約 120 海里。菲律賓外交部長發言人 2016 年 9 月 26 日在關於杜特爾特總統訪問越南的記者招待會上說，越南是南海中一個有重疊海洋權利主張的聲索國。[4] 這意味著，菲律賓承認與越南在南海存在重疊海洋

---

[1] See *Delimitation of the Continental Shelf (UK/France)*, Decision of 30 June 1977, *Reports of International Arbitral Awards*, Vol. XVIII, 1977, pp. 8, 19, 66, 67–72.

[2] See *Maritime Delimitation in the Black Sea (Romania v. Ukraine)*, Judgment, 3 February 2009, *I.C.J. Reports 2009*, pp. 120, 121, 122–123.

[3] See *Territorial and Maritime Dispute (Nicaragua v. Colombia)*, Judgment, 19 November 2012, *I.C.J. Reports 2012*, pp. 686–692.

[4] See Kristian Javier, "Duterte May Discuss South China Sea Dispute in Vietnam Visit", 26 September 2016, http://www.philstar.com/headlines/2016/09/26/1627588/duterte-may-discuss-south-china-sea-dispute-vietnam-visit (last visited 26 September 2016).

權利。這個重疊海洋權利顯然不應該是越南大陸海岸與菲律賓群島海岸所產生的，而應該是越南控制或主張主權的南沙島礁與菲律賓群島海岸或者菲律賓控制或主張主權的南沙島礁所產生的。同樣的道理，中國與菲律賓在南海也存在重疊海洋權利主張。

三、南海仲裁案仲裁庭錯誤解釋和適用法律

仲裁庭不僅錯誤界定爭端的性質，而且錯誤解釋和適用《海洋法公約》的相關條款。這構成中國不接受和不承認的又一個法理基礎。

仲裁庭錯誤解釋《海洋法公約》的一個條款是第 281 條。❶ 根據這個條款，如果爭端雙方已經協議選擇了其他爭端解決方式，且排斥《海洋法公約》規定的強制程序，就不得訴諸這種程序。仲裁庭將這個條款中排除其他程序的 "協議" 解釋為必須是明示的和有約束力的，並據此認為 2002 年中國與包括菲律賓在內的東盟國家簽署的《南海各方行為宣言》（以下簡稱 "《宣言》"）是政治性協議而不具有法律拘束力，且並不排除其他爭端解決方式，因而不具有排除強制仲裁的效果。❷

---

❶ 《海洋法公約》第 281 條（爭端各方在爭端未得到解決時所適用的程序）："1. 作為有關本公約的解釋或適用的爭端各方的締約各國，如已協議用自行選擇的和平方法來謀求解決爭端，則只有在訴諸這種方法而仍未得到解決以及爭端各方間的協議並不排除任何其他程序的情形下，才適用本部分所規定的程序。2. 爭端各方如已就時限也達成協議，則只有在該時限屆滿時才適用第 1 款。"

❷ See *The South China Sea Arbitration (the Republic of the Philippines v. the People's Republic of China)*, Award, 12 July 2016, paras. 213–229.

仲裁庭對第 281 條的解釋不符合該條的起草歷史、條約解釋通則和國際法理。第三次聯合國海洋法會議關於第 281 條的談判準備資料表明，除 1974 年草案簡要提到第 281 條第 1 款排除其他程序的協議必須是 "明示" 的外，其他草案再也沒有使用這個詞語。《海洋法公約》第 281 條第 1 款本身沒有對協議一詞施加任何限制。根據 1969 年《維也納條約法公約》第 31 條規定對條約規則應 "依其用語……所具有之通常意義……善意解釋" 的規則，這個協議所強調的是爭端方就爭端解決的方式達成一致意見，而非它是否以明示的方式表示出來。國際上公認的《海洋法公約》權威評注在對第 281 條第 1 款的評注中沒有提到 "明示" 條件。❶ 更加重要的是，第一個《海洋法公約》附件七仲裁裁決 —— 2000 年澳大利亞和新西蘭與日本之間的 "南方藍鰭金槍魚仲裁案" 裁決在解釋第 281 條第 1 款時沒有施加 "明示" 條件的要求。它指出，1993 年《養護南方藍鰭金槍魚公約》第 16 條（爭端解決）缺乏明示排除任何程序的詞語不是決定性的。❷ 南海仲裁案仲裁庭沒有為它為什麼背離這個法理而例舉一個明示排除《海洋法公約》強制程序的條約。相反，在《海洋法公約》通過以後，所簽訂的大量有關海洋事務的國際協定 "明確要求有關爭端必須通過談判、協商、爭端當事方接受的其他方式、仲裁或者根據爭端當事方的共同協定提交國際法院這類相互同意的程序來解決"。❸ 仲裁庭將 2007 年明示排除任何其他爭端解決

---

❶ See Myron H. Nordquist (et al. eds.), *United Nations Convention on the Law of the Sea 1982: A Commentary*, Vol. V(Martinus Nijhoff Publishers, 1989), p. 23.

❷ See *Southern Bluefin Tuna Case (Australia and New Zealand v. Japan)*, Award on Jurisdiction and Admissibility, 4 August 2000, *Reports of International Arbitral Awards*, Vol. XXIII, 2006, p. 43.

❸ See *Southern Bluefin Tuna Case (Australia and New Zealand v. Japan)*, Award on Jurisdiction and Admissibility, 4 August 2000, *Reports of International Arbitral Awards*, Vol. XXIII, 2006, pp. 45–46.

方式的《歐洲聯盟行使職能條約》作為一個例證是不適當的，因為它不是一個有關海洋事務的條約，不具有可比較性。仲裁庭將 2001 年愛爾蘭與英國之間 "核廢料再處理工廠案" 附件七仲裁作為另一個例證也不適當，因為該仲裁涉及的是 1992 年《建立歐洲共同體條約》與《海洋法公約》第 282 條之間的關係，而非與第 281 條之間的關係。本案仲裁庭庭長門薩（T. A. Mensah）自己曾經承認，第 281 條沒有包含明示詞語是為了使《海洋法公約》第十五部分獲得廣泛接受所作出的必要犧牲。❶

第 281 條的談判準備資料同樣表明該條款中的 "協議" 無需是一個具有法律約束力的文件，比如條約。這通過與《海洋法公約》第 299 條第 1 款的對比顯得更加明顯。該條同樣使用了 "協議" 詞語，規定只有經爭端各方協議，才可以將爭端提交《海洋法公約》規定的強制程序。這個條款沒有對協議施加任何正式條約的限制，只是強調爭端方同意提交爭端。❷ 國際實踐和判例支持這一點。在 "南方藍鰭金槍魚案" 中，日本為了支持其關於《養護南方藍鰭金槍魚公約》排除強制仲裁的主張，列舉了 107 個有關國家之間的文件，包括條約、諒解備忘錄和聲明。❸ 2000 年，智利就養護和持續利用東南太平洋箭魚爭端對歐洲共同體（簡稱 "歐共體"，歐盟的前身）提起《海洋法公約》附件七強制仲裁，並建議將該爭端提交國際海

---

❶ See T. A. Mensah, "The Role of Peaceful Dispute Settlement in Contemporary Ocean Policy and Law", in D. Vidas and W. Ostreng (eds.), *Order for the Oceans At the Turn of the Century* (Martinus Nijhoff Publishers, 1999), pp. 81, 93–94.

❷ See Myron H. Nordquist (et al. eds.), *United Nations Convention on the Law of the Sea 1982: A Commentary*, Vol. V, p. 146.

❸ See Barbara Kwiatkowska, "The Australia and New Zealand v. Japan Southern Bluefin Tuna (Jurisdiction and Admissibility) Award of the First LOSC Annex VII Arbitral Tribunal", (2001) 16 *International Journal of Marine and Coastal Law* 239, p. 267, fn. 123.

洋法法庭的特別分庭。這為歐洲共同體所接受。特別分庭對這種提交的有效性沒有提出任何疑問。**❶** 在 2014 年加納對科特迪瓦就兩國關於大西洋海洋劃界爭端提起《海洋法公約》附件七強制仲裁中，兩國同意將該爭端提交國際海洋法法庭的特別分庭。特別分庭同樣沒有對這種同意的形式提出質疑。**❷** 國際海洋法法庭在 2003 年"柔佛海峽填海案"的臨時保全措施程序中涉及第 281 條的義務時說道，"鑒於馬來西亞和新加坡同意本次會議和其後會議不妨礙馬來西亞根據《海洋法公約》附件七進行仲裁的權利"，"因此，本法庭認為，《海洋法公約》第 281 條在本案情形下不適用。"**❸** 顯然，國際海洋法法庭強調的是爭端雙方的同意，而非這種同意的表現形式。

仲裁庭錯誤解釋《海洋法公約》第 281 條，自然將錯誤地解釋《宣言》的法律意義。《宣言》第 4 條明確要求 "由直接有關的主權國家……談判……解決它們的領土和管轄權爭議"。**❹** 這個條款無疑構成菲律賓與中國之間有關爭端解決的協議，且 "由直接有關的主權國家……解決" 詞語排除第三方強制仲裁。中國在 2014 年 12 月 7 日的《中華人民共和國政府關於菲律賓共和國所提南海仲裁案管轄權問題的立場文件》（以下簡稱 "《立

---

❶ See *Case Concerning The Conservation And Sustainable Exploitation of Swordfish Stocks in the South-Eastern Pacific Ocean (Chile/European Community)*, Order of 20 December 2000, ITLOS, paras. 2, 5.

❷ See "ITLOS/Press 222: Dispute Concerning Delimitation of the Maritime Boundary between the Republic of Ghana and the Republic of Côte d'Ivoire submitted to a Special Chamber of the Tribunal", 12 January 2015, https://www.itlos.org/fileadmin/itlos/documents/press_releases_english/PR_222_EN.pdf (last visited 31 March 2016).

❸ See *Case Concerning Land Reclamation by Singapore in and around the Straits of Johor (Malaysia v. Singapore)*, Order of 8 October 2003, ITLOS, paras. 53, 55–57.

❹ 《南海各方行為宣言》第 4 條："有關各方承諾根據公認的國際法原則，包括 1982 年《聯合國海洋法公約》，由直接有關的主權國家通過友好磋商和談判，以和平方式解決它們的領土和管轄權爭議，而不訴諸武力或以武力相威脅。"

場文件》”）中沒有主張《宣言》本身是一個有法律約束力的條約，而是主張《宣言》的第 4 條確立了雙方談判解決爭端的義務，因而《宣言》是一個政治性文件還是一個有法律約束力的條約不是仲裁庭應該回答的問題。仲裁庭錯誤解釋第 281 條和曲解《宣言》，侵犯了中國自主選擇和平解決爭端方式的自由。

仲裁庭錯誤適用《海洋法公約》條款體現在它裁決菲律賓第 4 項和第 5 項訴求上。這兩項訴求是要求仲裁庭認定美濟礁和仁愛礁為低潮高地，並構成菲律賓專屬經濟區和大陸架的一部分。仲裁庭支持了這兩項訴求。❶ 然而，仲裁庭的這個決定混淆了低潮高地與專屬經濟區和大陸架的本質區分，將 “自然形成的陸地” 與海底區域相提並論。根據《海洋法公約》第 13 條第 1 款和第 56 條與第 76 條，低潮高地是 “在低潮時四面環水並高於水面但在高潮時沒入水中的自然形成的陸地”，專屬經濟區和大陸架所包含的是領海以外海底區域的海床和底土。低潮高地不同於專屬經濟區和大陸架的海床和底土，因為低潮高地在低潮時高於水面，是自然形成的陸地，有准島嶼地物之稱；而專屬經濟區和大陸架上的高地，比如海台、海隆、海峰、暗灘和坡尖等海底高地，無論如何都不可能在海水低潮時高於水面，不能被稱為自然形成的陸地，因而低潮高地並不構成專屬經濟區和大陸架的一部分。

仲裁庭還在菲律賓第 13 項訴求上錯誤適用《海洋法公約》條款和 1972 年《國際海上避碰規則公約》（以下簡稱 “《避碰規則》”），裁決中國執法船舶在黃岩島領海內違反《海洋法公約》，對菲律賓執法船舶造成航行安

---

❶ See *The South China Sea Arbitration (the Republic of the Philippines v. the People's Republic of China)*, Award, 12 July 2016, pp. 259–260, paras. 646–647.

全危險。理由如下：第一，《避碰規則》不適用於菲律賓所指控的涉及 2012 年 4 月 28 日和 5 月 26 日中菲各自執法船舶在黃岩島領海的對峙事件。[1] 這兩起事件都發生在菲律賓提起仲裁之前，而且，菲律賓在那時並不是《避碰規則》的締約國。菲律賓在 2013 年 6 月 10 日才加入該公約。根據《維也納條約法公約》第 28 條的規定，該公約不適用於在菲律賓批准它之前所發生的行為。第二，仲裁庭沒有提供菲律賓的相關實踐，以支持其關於在菲律賓批准《避碰規則》之前，該公約仍然對它具有約束力的結論。[2]《避碰規則》構成《海洋法公約》第 94 條第 5 款中 "一般接受的國際規章、程序和慣例" 本身並不足夠，仲裁庭沒有表明菲律賓在批准這個公約之前將它視為一項 "一般接受的國際規章、程序和慣例"。第三，《避碰規則》不適用於一個國家的執法船舶的執法活動。《避碰規則》是一個有關海上航行安全的條約，不是一個有關國家執法船舶進行執法活動時航行安全的條約。當一個國家的執法船舶執行其法律規章時，它所進行的不是航行活動。中國基於對黃岩島的主權，有權操作其船舶在黃岩島領海內執行其法律規章。根據《海洋法公約》第 25 條，中國有權在黃岩島領海內採取包括攔截和碰撞在內的必要措施。第四，菲律賓第 13 項訴求限於黃岩島領海。在這個海域內，外國船舶只享有無害通過權，並根據《海洋法公約》第 21 條第 4 款應該遵守《避碰規則》。仲裁庭裁定中國在黃岩島領海內違反該公約，這實際上意味著它將中國船舶視為外國船舶，也意味著它承認菲律賓對黃岩島的 "主權"。這與仲裁庭不涉及南海島礁主權的保證自相矛盾。

---

[1] See *The South China Sea Arbitration (the Republic of the Philippines v. the People's Republic of China)*, Award, 12 July 2016, pp. 429, 430, paras. 1086, 1088.

[2] See *The South China Sea Arbitration (the Republic of the Philippines v. the People's Republic of China)*, Award, 12 July 2016, p. 428, para. 1082.

四、結論

南海仲裁案仲裁庭沒有在《海洋法公約》附件七第 9 條下克盡其 "必須不但查明對該爭端確有管轄權,而且查明所提要求在事實上和法律上均確有根據" 的義務,片面依據菲律賓的立場和主張,並背離國際法院和先前附件七仲裁庭確立的既定法理,錯誤定性菲律賓仲裁的本質,越權管轄中菲南海島礁主權爭端和海洋劃界爭端,錯誤解釋和適用《海洋法公約》相關條款,其終局裁決將潛在損害中國對南海某些島礁的主權主張,增添南海不穩定的新變數和解決南海爭端的難度。這個 "完全沒有公正性、公信力和約束力" 的裁決必須得到糾正。●

● 張業遂:《中國在南海的主權和海洋權益不會因仲裁結果受到任何影響》,2016 年 7 月 16 日,中華人民共和國外交部網站:http://www.fmprc.gov.cn/web/zyxw/t1382125.shtml,最後訪問時間:2016 年 7 月 17 日。

第二章

南海斷續線與
歷史性權利

導　讀

　　菲律賓在南海仲裁案的第 1、2 項訴求中提出：中國在南海的海洋權利不得超過《海洋法公約》所明確允許的範圍，且中國在南海斷續線內的歷史性權利因違反《海洋法公約》，而不具有法律效力。此外，在第 10 項訴求中，菲律賓請求裁決："中國一直通過阻撓菲律賓漁民在黃岩島的傳統捕魚活動，非法阻礙菲律賓漁民維持其生計。"鑒於菲律賓所主張的傳統捕魚權與歷史性權利在法理上存在密切關聯，本章將從本案歷史性權利訴求所涉的管轄權問題、歷史性權利與《海洋法公約》的關係、中國在南海斷續線內歷史性權利主張的合法性、黃岩島水域的傳統捕魚權問題等多個角度，綜合評析本案仲裁庭對歷史性權利爭議的裁決。

一、仲裁庭對"歷史性權利"訴求的管轄權問題

　　仲裁庭在審理"歷史性權利"訴求時，首先面對中國提出的管轄權質

疑。中國政府公佈的《中華人民共和國政府關於菲律賓共和國所提南海仲裁案管轄權問題的立場文件》（以下簡稱 "《立場文件》"）將菲方訴求的實質歸結為南海部分島礁的領土主權問題，而不涉及《海洋法公約》的解釋和適用。中國在南海所主張的各類海洋權利是否超出《海洋法公約》的範圍，為審理這一問題，根據 "陸地統治海洋"（*la terre domine la mer*）原則，仲裁庭必須首先確定中國的島礁主權範圍，才能進一步確定由陸地主權衍生的海洋權利及其範圍，而島礁主權問題無疑不在本案仲裁庭的管轄範圍內。

於是，仲裁庭為證明其管轄權，需回答如下具體問題：第一，中國是否在程序啟動前存在菲律賓訴求所表述的歷史性權利主張，且雙方是否對該主張存在具體的爭議？第二，即便存在一個所謂的歷史性權利爭端，《海洋法公約》中的哪些制度或條款對此事項作出了規範，從而使南海的歷史性權利主張成為一個關於《海洋法公約》解釋和適用的爭端？第三，中菲之間的歷史性權利爭端是否屬於《海洋法公約》第 298 條所規定的管轄權的例外事項，它是否屬於 "歷史性海灣或所有權爭端" 或 "海洋劃界爭端"？仲裁庭通過兩個階段的裁決，最終確立了它對第 1、2、10 項訴求的管轄權。

那麼，仲裁庭在處理上述各層次的管轄權異議時，是否盡職、公正，其裁決是否建立在充分的法理論證之上？對此，本章的《南海仲裁案歷史性權利訴求管轄權問題》一文，指出了裁決存在證據不充分、越權管轄歷史性權利的合法性問題等，並結合既有的國際司法實踐，分析仲裁庭割裂歷史性權利爭議與海洋劃界爭端的違法性。鑑於上一章對本案所涉管轄權與可受理性一般問題已作出了基礎性的研究結論，本章的餘下章節將集中評析仲裁庭處理歷史性權利訴求相關實體法律問題的非法性。

二、關於"歷史性權利"訴求實體裁決

在本案仲裁程序啟動前，中國政府並未對南海斷續線的性質及法律地位作出明確表態，只是堅持主張斷續線內的島礁主權和海洋權益，也未明確提出"歷史性權利"主張。在裁決公佈後，作為回應，中方在《中華人民共和國政府關於在南海的領土主權和海洋權益的聲明》中首次提及南海斷續線及其產生背景，並聲明中國在南海斷續線內擁有如下合法權益："（一）中國對南海諸島，包括東沙群島、西沙群島、中沙群島和南沙群島擁有主權；（二）中國南海諸島擁有內水、領海和毗連區；（三）中國南海諸島擁有專屬經濟區和大陸架；（四）中國在南海擁有歷史性權利。中國上述立場符合有關國際法和國際實踐。"中國在斷續線內擁有的這四個層次的權利，可以歸結為三種權利：領土主權、《海洋法公約》賦予締約國中國的海域權利和一般國際法中的歷史性權利。

那麼，仲裁庭 2016 年 7 月 12 日的實體裁決是否全盤否定了上述權利？其法律說理是否充分、合理？

黃瑤教授在《中國在南海斷續線內的合法權益不受裁決影響》一文中，對南海仲裁案裁決之於南海斷續線法律地位的影響作出了全面的評論。在本案中，菲律賓借助"三板斧"試圖架空南海斷續線的權利內涵。對此，該文首先梳理和說明中國在斷續線內各項合法權益的內涵與法理依據，接著結合對南海仲裁案裁決的分析，批駁菲律賓的訴求和仲裁庭的裁決結果，認為：南海斷續線是中國在南海的領土主權、海洋權益的集中表達和形象概括，其國際法依據包括習慣國際法和《海洋法公約》等；仲裁庭否

認中國在斷續線內的歷史性權利、中國南海諸島的主權和海域權利的整體性以及太平島等島礁的島嶼地位的裁決，並無國際法上的依據，屬無效裁決，其對中國南海斷續線的法律地位不產生實質性的影響。

仲裁庭在最終裁決中認定歷史性權利已被《海洋法公約》所取代，因而無效。對此，鄭志華研究員在《"歷史性權利"與海洋權利來源問題》一文中探索海洋權利的二元結構理論。他認為，歷史性權利作為海洋權利的一個重要來源，是對"陸地統治海洋"原則的重要補充；國家基於其重大經濟或安全利益、長期的歷史實踐、相關國家承認等特殊歷史事實，對某些海洋區域主張歷史性權利是國際法所允許的，並且在不少情況下被許多國家堅持甚至加強；片面地否定歷史性權利，可能會引起國際秩序的動盪與不安定。

此外，在《評南海仲裁案仲裁庭對歷史性權利相關問題的處理》一文中，張祖興副教授進一步指出仲裁庭越權處理實體問題，認為：仲裁庭忽略《海洋法公約》有關"群島水域"和"半閉海"等制度的條款，錯誤地解釋《海洋法公約》第 311 條，不顧大量判例中對歷史性權利問題的正確闡述，全盤無理接受了菲律賓所提出的觀點。因此，仲裁庭在《海洋法公約》框架下進行法律適用時難以自圓其說。

李揚副研究員在《南海仲裁案中的傳統捕魚權問題》一文中關注本案第 10 項訴求及其處理結果。該文考察了傳統捕魚權和歷史性權利之間的關係、傳統捕魚權的要素，指出傳統捕魚權兼具私人權利和國家權利雙重性質，這在個案中對法律救濟程序的選擇產生了影響。該文的重要價值在於回溯《海洋法公約》的締約歷史，承認傳統捕魚權在現代領海制度中的特殊地位，對中國維護南海島礁附近水域的漁業權益具有積極意義。

中國在南海斷續線內的
合法權益不受裁決影響 *

2016 年 7 月 12 日，南海仲裁案仲裁庭發佈了針對剩餘管轄權和實體問題的最終裁決。在最終裁決中，仲裁庭支持了菲律賓提出的絕大部分仲裁請求。關於該裁決涉及南海斷續線（又稱"九段線"或"U 形線"）問題的裁決內容，不同學者的解讀不盡相同。國內有學者認為，該裁決完全否定了中國的南海斷續線；而有的西方學者則認為，該裁決沒有否定南海斷續線本身的合法性或有效性 ❶。本文認為，最終裁決並沒有直接否定南海斷

---

* 作者：黃瑤，中山大學法學院教授、中國南海研究協同創新中心研究員、博士生導師。本文原載於《人民論壇·學術前沿》2016 年第 23 期，題目為 "中國在南海斷續線內的合法權益 —— 以南海仲裁案裁決評析為視角"，現做了更新和補充。

❶ 支持菲律賓提起南海仲裁案的新加坡國立大學國際法中心主任貝克曼（Robert Beckman）教授指出，雖然南海仲裁案仲裁庭裁決中國在南海斷續線內的歷史性權利不符合《海洋法公約》，但仲裁庭並沒有裁定南海斷續線本身是非法的或無效的；中國沒有義務正式放棄九段線。See Robert Beckman, "The South China Sea Ruling: Game Changer in the Maritime Disputes", *The Straits Times*, 14 July 2016, p. 3.

續線，不是仲裁庭不想這麼做，而是它不能這麼做，因為仲裁庭所獲授權很有限，它無權對主權歸屬問題和海洋劃界問題進行裁斷，而斷續線代表了中國在南海享有的領土主權、海洋權益以及單方面主張的海洋邊界。❶

然而，菲律賓和仲裁庭卻巧妙地通過"三板斧"，試圖架空斷續線的權利內涵，通過釜底抽薪的方式使中國在南海海域可主張的海洋權利最小化。這"三板斧"就是，其一，用《海洋法公約》來否定中國在南海主張的歷史性權利；其二，用仲裁庭塑造的新的島嶼認定法律標準，來否定南沙群島中最大的島嶼太平島的島嶼地位；其三，仲裁庭在菲律賓未提出仲裁請求的情況下，非法擴大管轄權，擅自審理中國南沙群島整體性權利主張的合法性，並作出否定裁決。實際上，仲裁庭這些裁決存在嚴重謬誤，不足以改變或影響中國在南海斷續線內享有的領土主權和海洋權益。

一、中國在南海斷續線內享有的合法權益

在正式進入主題論述之前，有必要簡單說明南海斷續線本身以及中國在這條線內所享有的合法權益。這裏，只需援引中國政府在南海仲裁案最終裁決出台後的當天（7 月 12 日），所發佈的《中華人民共和國政府關於

---

❶ 中國的南海斷續線被視為是一條未定國界線，參見 Zhiguo Gao & Bingbing Jia, "The Nine-Dash Line in the South China Sea: History, Status, and Implications", (2013) 107 *American Journal of International Law* 98, p. 108；高聖惕：《論中菲南海仲裁案的不可受理性、仲裁庭裁決的無效性及仲裁庭無管轄權的問題 —— 特別針對菲國在 2015 年 7 月 7－13 日聽證會上提出的法律主張》，第 36－38 頁。

在南海的領土主權和海洋權益的聲明》●。該聲明第一次在中國官方文件中提及南海斷續線及其產生背景，其第一項聲明的第二段說："第二次世界大戰結束後，中國收復日本在侵華戰爭期間曾非法侵佔的中國南海諸島，並恢復行使主權。中國政府為加強對南海諸島的管理，於 1947 年審核修訂了南海諸島地理名稱，編寫了《南海諸島地理志略》和繪製了標繪有南海斷續線的《南海諸島位置畧圖》，並於 1948 年 2 月正式公佈，昭告世界。"可見，南海斷續線公佈於世已逾 70 年，它長久地客觀存在著，而《海洋法公約》在斷續線誕生後的 35 年之後，即 1982 年才問世。

那麼，中國在南海斷續線內享有哪些合法權益呢？以上中國政府的聲明澄清了中國在南海享有四個層次的權利，該聲明的第三項指出："基於中國人民和中國政府的長期歷史實踐及歷屆中國政府的一貫立場，根據中國國內法以及包括《聯合國海洋法公約》在內的國際法，中國在南海的領土主權和海洋權益包括：（一）中國對南海諸島，包括東沙群島、西沙群島、中沙群島和南沙群島擁有主權；（二）中國南海諸島擁有內水、領海和毗連區；（三）中國南海諸島擁有專屬經濟區和大陸架；（四）中國在南海擁有歷史性權利。中國上述立場符合有關國際法和國際實踐。"中國在斷續線內擁有的這四個層次的權利，可以歸結為三種權利：領土主權、《海洋法公約》賦予締約國中國的海域權利和一般國際法中的歷史性權利，此乃斷續線所包含的權利內容。下文將論證中國在斷續線內擁有這三種權利的國際法依據，並批駁南海仲裁案裁決的相關謬誤。

● 《中華人民共和國政府關於在南海的領土主權和海洋權益的聲明》，2016 年 7 月 12 日，中華人民共和國外交部網站：http://www.fmprc.gov.cn/web/zyxw/t1379491.shtml，最後訪問時間：2016 年 8 月 5日。

二、中國對斷續線內所有的島、礁、灘、沙擁有主權，
其與裁決無關

南海斷續線（以下簡稱 "斷續線"），即中國地圖上南海諸島外圍海域的界線，它經過中國的長期實踐，已發展為中國的 "島礁歸屬線" 和 "歷史性權利線" 的綜合體。這一部分讓我們來看看斷續線所代表的中國在南海的領土主權主張的依據為何。

（一）斷續線是 "島礁歸屬線"

從斷續線地圖本身的內容和繪製方法、斷續線產生時的歷史背景、中國政府在南海的權利主張等諸多方面推論得知，斷續線是中國在南海的 "島礁歸屬線"。這意味著中國借助該地圖聲明斷續線內包括四組群島在內的南海諸島的主權歸屬中國。

沿用至今的斷續線地圖最早誕生於 1947 年，由中華民國政府內政部方域司繪製完成，名為《南海諸島位置畧圖》，前面已有提及。2014 年 12 月，美國國務院發佈了一份關於這個南海斷續線的研究報告，題為《海洋界限 —— 中國：在南中國海的主張》[1]（以下簡稱 "美國國務院南海報

---

[1] Bureau of Oceans and International Environmental and Scientific Affairs, U.S. Department of State, "Limits of the Seas, China: Maritime Claims in the South China Sea", 5 December 2014, p. 1, http://www.state.gov/documents/organization/234936.pdf (last visited 5 August 2016). 關於對該報告的研究與批駁，可參閱黃瑤、黃靖文：《對美國國務院報告質疑中國南海斷續線的評析與辯駁》，載《國際法研究》2015 年第 3 期；賈宇：《歷史性權利的意涵與南海斷續線 —— 對美國國務院關於南海斷續線報告的批駁》，載《法學評論》2016 年第 3 期。

告"）。該報告認為：1947 年的《南海諸島位置畧圖》用國界線的圖例標注每一條段落，虛線的繪圖方式通常被用以概括地主張線內島嶼的主權。該報告在分析斷續線地圖的性質與目的時指出："在地圖的海洋上劃線作為一種實用有效的辦法識別一群島嶼，這種做法並不罕見。"❶ 美國在報告中也認可中國意欲通過斷續線對線內的島嶼主張主權，但它不認同中國可以對線內的低潮高地和水下地物也主張主權。

另一方面，結合 1947 年斷續線地圖產生時的歷史背景加以解讀，可得出斷續線是島礁歸屬線的結論。中國的不少歷史學者和國際法學者的研究表明，斷續線產生的直接背景是中國政府在二戰勝利後接收南海諸島的領土主權。1946 年，國民政府根據《開羅宣言》等關於要求 "日本所竊取於中國之領土……歸還於中華民國" 的規定，對日本侵佔的南海諸島進行接收，將西沙和南沙群島劃歸廣東省政府管轄。❷1946 年 11 月 29 日，海軍司令部派遣指揮官林遵率太平艦、中業艦，海軍姚汝玉副指揮官率永興艦、中建艦巡弋各島、測量繪圖。1947 年 4 月 14 日，內政部同有關部門討論了 "西、南沙群島範圍及主權之確定與公佈案"，並就 "南海領土範圍最南應至曾母暗沙" 等事項作出了決定，並專門向廣東省政府發出了一封公函，商請後者 "查照辦理"。❸1947 年內政部方域司根據海軍巡弋南海後所得資料，重新審定了各島名稱並繪製《南海諸島位置畧圖》。❹ 從《南海諸島位置畧圖》這一地圖命名，以及當時中國政府完成和收復南海諸島的歷史

---

❶ U.S. Department of State, "Limits of the Seas, China: Maritime Claims in the South China Sea", p. 11.

❷ 參見賈宇：《南海 "斷續線" 的法律地位》，載《中國邊疆史地研究》2015 年第 2 期，第 112 頁。

❸ 羅婷婷：《"九段線" 法律地位探析》，載《中國海洋法學評論》2008 年第 1 輯，第 59 頁。

❹ 鄭志華：《南海地圖的法理解讀與包容性海洋秩序的建構》，上海交通大學博士學位論文，2013 年，第 63 頁。

背景，可以看出，其直接目的就是要標明中國對其享有主權的南海諸島的範圍和位置。

再者，自 1949 年以來，中華人民共和國政府多次重申並採取立法、行政設置、外交交涉等措施，不斷重申對南海諸島的領土主張。可以說，中國對南海諸島及相關海域的巡邏執法、資源開發和科學考察等活動從未中斷過。● 尤其值得一提的是 2009 年中國呈交聯合國的照會。該照會提交的背景是，當年越南和馬來西亞聯合向聯合國大陸架界限委員會（CLCS）提交南海地區的 200 海里之外大陸架劃界案申請，兩國主張的大陸架深入南海中心，覆蓋了中國在斷續線內的領土和管轄海域，對此中國向聯合國提交了照會表示抗議。此照會再次重申中國對南海諸島的領土主權，聲明道"中國對南海諸島及其附近海域擁有無可爭辯的主權……（見附圖）"，附圖便是一張南海斷續線地圖。由此，斷續線是"島礁歸屬線"的政府立場可謂十分清晰。

中國對斷續線內四組群島擁有領土主權，已是海峽兩岸的共識。中國政府在 2016 年 7 月 12 日發佈的聲明已重申中國對南海諸島擁有主權。而在南海仲裁案仲裁庭對本案的實體問題進行開庭審理結束之後，2016 年 3 月 21 日，台灣當局已發表了英文版的台灣南海政策立場文件，其前言明確指出：南沙群島、西沙群島、中沙群島和東沙群島（總稱為"南海諸島"）均為我先民發現、命名和使用，並經官方納入版圖並行使管轄權；無論從歷史、地理還是國際法角度看，南海諸島及其附近海域均屬中國固有領土

● 關於這個問題，詳見中國國務院新聞辦公室在南海仲裁案最終裁決出台後第二天（2016 年 7 月 13 日）發表的《中國堅持通過談判解決中國與菲律賓在南海的有關爭議》白皮書的第一部分第二項的闡述，此部分題為"中國始終堅定維護在南海的領土主權和海洋權益"，新華網：http://news.xinhuanet.com/2016-07/13/c_1119210479.htm，最後訪問時間：2016 年 8 月 4 日。

和海域，中國享有國際法上的權利，這毋庸置疑；任何國家無論以何種理由或方式提出主張或佔據，均屬非法，我"政府"一概不予承認。❶

此外，中國對南海諸島的主權也得到國際社會的廣泛承認。對此，中國國務院新聞辦公室在仲裁案最終裁決出台後第二天（7月13日）發表的《中國堅持通過談判解決中國與菲律賓在南海的有關爭議》白皮書的第一部分第3項中，詳細列舉了一系列事實來說明南海諸島屬中國早已成為國際社會的普遍認識。這裏只補充提及兩位學者的研究成果。一是英國國際法學者卡蒂（Anthony Carty）教授研究認為，對英法兩國的歷史檔案資料研究發現，西沙群島和南沙群島歸中國所有。例如，英國外交部在1974年的法律意見不僅承認南沙群島屬中國，而且可以將其視為對中國的歷史性權利主張的支持，對南沙群島的主權可以通過經濟活動佔有。❷二是中國歷史學者最新研究指出，包括美國官方文獻在內的大量西方文獻證實，中國對南海的主權有充分的歷史依據，美國近代官方文獻承認南海諸島是中國的領土。❸

---

❶ 參見台灣《南海政策立場文件》的繁體版：http://multilingual.mofa.gov.tw/web/web_UTF-8/South/%E4%B8%AD%E8%8F%AF%E6%B0%91%E5%9C%8B%E5%8D%97%E6%B5%B7%E6%94%BF%E7%AD%96%E8%AA%AA%E5%B8%96.pdf；該文件的簡體版譯文，請見中國國家海洋局國際合作司：《國際與地區海洋事務動態》2016年第7期。

❷ 參見中國國際法學會秘書處：《"海洋爭端解決國際法研討會"會議綜述》，2016年7月22日，http://mp.weixin.qq.com/s?__biz=MjM5MTU4MTQyOQ==&mid=2650870966&idx=1&sn=64ab74966541eeccc230f2e5cf1ab53a&scene=1&srcid=0722IzLeWZ13W5a9Nqn1agP5#rd，最後訪問時間：2016年8月4日；Anthony Carty & Fozia Nazir Lone, "Some New Haven International Law Reflections on China, India and Their Various Territorial Disputes", (2011) 19 *Asia Pacific Law Review*, pp. 96－98.

❸ 參見輝明：《從近代美國文獻看南海諸島的主權》，載《文史哲》2016年第4期，第5－22頁。

（二）中國基於群島整體性概念對斷續線內的所有島、礁、灘、沙主張主權

中國在南海斷續線內的主權主張並非只針對單個的孤立的島嶼，而是概括性地對整個斷續線水域內所有的島、礁、灘、沙等提出的主權主張。換言之，中國一貫主張對南海斷續線內的西沙群島、南沙群島、中沙群島、東沙群島的領土主權，這種主權主張無差別地覆蓋每個群島內的島嶼、岩礁、低潮高地、水下地物以及各個海洋地物之間相連的水域。這種主張得到《海洋法公約》有關群島整體性概念的支持。群島的整體性概念體現於《海洋法公約》第46條對群島的界定。該條規定：構成群島的"島嶼（islands）、相連的水域（interconnecting waters）和其他自然地物（other natural features）本質上構成一個地理、經濟和政治的實體，或者在歷史上一直被視為此種實體"。

首先，從歷史依據來看，中國在歷史上一直將南海諸島視為一個整體。中國歷史上在相當長一段時間內都將南海諸島、礁、沙洲等作為一個整體處理，只是未明確採用"整體性"這一概念。例如，中國歷史上將整個南海地區都統稱為"漲海"，將西沙群島稱之為"九乳螺洲"、"七洲"等，同時，將南沙群島稱之為"萬里石塘"、"萬里長沙"等。❶ 從命名來看，在很長的歷史時期裏，對南海島嶼的稱謂採用的多是群島名，未涉及對每一個島嶼的具體命名，這也從一個側面反映了南海諸島的整體性。❷

❶ 《中國對南沙群島擁有主權的歷史依據》，中華人民共和國外交部網站：http://www.fmprc.gov.cn/mfa_chn/ziliao_611306/tytj_611312/zcwj_611316/t10648.shtml，最後訪問時間：2016年8月4日。

❷ 史地學家司徒尚紀教授認為，歷史上，不僅整個南海諸島被當作一個整體看待，而且組成它的四大群島也同樣以其整體性出現在各種公私文獻、輿圖、海防和生產活動中。參見司徒尚紀、許桂靈：《南海斷續線內南海諸島整體性的歷史地理認識》，載《中國海洋大學學報（社科版）》2015年第4期，第38頁。

其次，從地理依據觀察，南海諸島是一個自然地理整體。目前已經有一些海洋地質和地球物理實測的研究表明，南海斷續線總體上也是南海與其東部、南部和西部陸區以及島區的巨型地質邊界線，南沙島礁原屬中國華南大陸南緣，後因南海的形成裂離至現今的位置。[1]換言之，這些科學研究的結論證明了南海的海洋地形滿足了《海洋法公約》第46條中"地理實體"的要求。

再次，從行政管理角度來看，斷續線內的南海諸島構成《海洋法公約》第46條指稱的"經濟和政治實體"。中國人民最早發現、命名、開發經營和行政管轄南海諸島，其中的行政管轄行為具有突出的法理意義。在這方面，司徒尚紀教授根據歷史文獻、考古和科學考察成果，從中國政府歷來設置隸屬於嶺南的行政區劃、實施對南海島礁和海域行政管理，並設置巡海水軍和相應海防設施等作為一種軍事存在及其有效運作等方面，論證南海諸島是一個完整的政治實體。此外，司徒教授的研究表明，中國人世代以南海諸島為平台，開展諸如捕撈、航海、採礦等各種經濟活動，足跡遍及南海各島礁和海域，反映了南海諸島是一個經濟整體。[2]1949年以來，南海諸島礁在行政區劃上總體經歷了從西沙群島、南沙群島、中沙群島辦事處（1959年）到三沙市（2012年）的變化，諸多事實依據支撐此項整體性要求的驗證。因此，中國通過整體性概念對南海諸島及其他地理構造概括性地主張並取得主權並不缺乏《海洋法公約》和歷史事實的支持。

---

❶　參見夏戡原、夏綜萬、趙明輝和孫珍：《我國南海歷史性水域線的地質特徵》，載《海洋學報》2014年第5期，第85－88頁；謝文彥、王濤和張一偉：《南沙群島海域斷裂體系構造特徵及其形成機制》，載《熱帶海洋學報》2007年第6期，第30－31頁；司徒尚紀、許桂靈：《南海斷續線內南海諸島整體性的歷史地理認識》，第40－41頁。

❷　參見司徒尚紀、許桂靈：《南海斷續線內南海諸島整體性的歷史地理認識》，第41－45頁。

群島的組成成分包括島嶼、岩礁、低潮高地和群島內的水下地物。根據《海洋法公約》第 46 條，群島的構成包含以下組成部分：島嶼、相連的水域和其他自然地物。這些組成部分的含義應結合《海洋法公約》相關條款的上下文進行解讀。依據《海洋法公約》第 121 條，"島嶼" 既包括了可以依據該條第 2 款產生完整海洋權利的普通島嶼，還包括了依據該條第 3 款不能產生專屬經濟區和大陸架的特殊島嶼 —— 岩礁。[1] 第 46 條提及的 "其他自然地物" 的範圍應包括《海洋法公約》涉及的除島嶼之外的海洋地物，即第 13 條定義的低潮高地。由於內水和領海的範圍包括上覆水體、海床和底土，據此類推，"相連的水域" 不僅包括上覆水體，還包括海床和底土，而那些永久沒入水中的地物也當然地被包含在 "相連的水域" 範疇。由此推知，無論是島嶼、岩礁、低潮高地還是相連水域，只要這些地形構成地理、經濟和政治上的整體，都是屬於群島的一部分，國家對群島的主權及於群島內每一處海洋地物。[2]

最後，中國可以依據《海洋法公約》第 7 條，通過選取合適的基點連成直線基線的方式，對整個群島主張領海、毗連區、專屬經濟區和大陸架的完整海域權利。中國在《中華人民共和國政府關於菲律賓共和國所提南海仲裁案管轄權問題的立場文件》（以下簡稱 "《立場文件》"）中聲明："按照《海洋法公約》確定中國南沙群島的海洋權利，必須考慮該群島中的所有島礁。"[3] 目前中國將直線基線制度作為法定的唯一領海基線制度。1958

---

[1] 參見金永明：《島嶼與岩礁的法律要件論析 —— 以沖之鳥問題為研究視角》，載《政治與法律》2010 年第 12 期，第 100 頁；黃瑤、卜凌嘉：《〈海洋法公約〉島嶼制度中的岩礁》，載《中山大學學報（社會科學版）》2013 年第 4 期，第 176－177 頁。

[2] 參見黃靖文：《南海仲裁案所涉低潮高地訴求的管轄權問題 —— 評析本案管轄權和可受理性裁決》，載《國際法研究》2016 年第 3 期，第 46 頁。

[3] 中華人民共和國外部網站：《中華人民共和國政府關於菲律賓共和國所提南海仲裁案管轄權問題的立場文件》，2014 年 12 月 7 日，第 21 段。

年 9 月 4 日《中華人民共和國政府關於領海的聲明》宣佈採用直線基線劃定領海基線，但沒有宣佈具體經緯度。1992 年 2 月 25 日中國全國人大常委會通過《中華人民共和國領海及毗連區法》，其中第 3 條規定，中華人民共和國領海基線採用直線基線法劃定，由各相鄰基點之間的直線連線組成。1996 年 5 月 15 日，中國首次向世界公佈了從山東高角至海南島西部峻壁角 3200 多公里長的大陸領海基點（49 個）和西沙群島領海基點（28 個）。2012 年 9 月 10 日，中國政府公佈了釣魚諸島領海基線基點。目前，中國雖未公佈南沙群島和中沙群島的領海基線方案，但可以預見的是，中國有可能在這兩個區域適用直線基線。中國在 2011 年 4 月 14 日遞交聯合國秘書長的照會中稱："中國南沙群島擁有領海、專屬經濟區和大陸架"〔China's Nansha Islands *is* fully entitled to Territorial Sea, Exclusive Economic Zone (EEZ) and Continental Shelf〕，❶ 這句話使用英文 "is" 而非 "are"，表明中國無意就南沙群島內每一個單獨的島礁主張海洋權利。❷

基於以上理由，中國對南海諸島整體享有領土主權，南海諸島作為一個整體，擁有內水、領海、毗連區、專屬經濟區和大陸架。

最後需要指出一點，中國並未對南海斷續線之外的南海島嶼主張主權。中國外交部發言人洪磊曾表示：印尼對中國的南沙群島沒有提出領土要求；納土納群島主權屬印尼，中方也沒有表示異議。❸

---

❶ Communication dated 14 April 2011 by China, http://www.un.org/depts/los/clcs_new/submissions_files/vnm37_09/chn_2011_re_phl_e.pdf (last visited 6 August 2016).

❷ 高聖惕：《論中菲南海仲裁案的不可受理性、仲裁庭裁決的無效性及仲裁庭無管轄權的問題 ── 特別針對菲國在 2015 年 7 月 7-13 日聽證會上提出的法律主張》，第 33 頁。

❸ 《外交部：納土納群島主權屬印尼，中方沒有表示異議》，2015 年 11 月 12 日，人民網：http://world.people.com.cn/n/2015/1112/c1002-27809190.html，最後訪問時間：2016 年 8 月 2 日。

（三）中國對南海諸島的主權與仲裁裁決無關

以上基於《海洋法公約》的群島整體性概念來論證中國對南海斷續線內島礁整體性的主權主張，其意義在於防止南海其他周邊國家以切割的方式挑戰中國對南海諸島的主權，並合理地解釋中國當前對南海島礁的實際佔領和管理狀態。然而，南海仲裁案仲裁庭卻偏偏在中國對南沙島礁的整體性地位的立場上做起文章來。

根據《海洋法公約》第 287 條和附件七組成的南海仲裁案仲裁庭，對於領土主權爭端沒有管轄權。依據《海洋法公約》第 288 條第 1 款，仲裁庭的管轄範圍限於涉及《海洋法公約》解釋或適用的爭端，而《海洋法公約》並不調整陸地領土的主權問題。由此，仲裁庭無權就任何關涉島礁的主權歸屬爭端作出裁定。然而，仲裁庭審理了兩個在性質上明顯屬南沙群島領土主權的爭議問題：第一，關於南沙群島中那些被菲律賓所界定為低潮高地的海洋地物能否被佔有（appropriate）的爭端；第二，關於中國能否依據群島整體性原則主張海域權利的問題。

1. 仲裁庭錯誤地否定低潮高地的陸地領土屬性

在本次仲裁案第 4 項訴求中，菲律賓請求仲裁庭裁定美濟礁、仁愛礁和渚碧礁只是低潮高地，這些海洋地物不得藉由佔領或其他行為而被佔有。《布萊克法律詞典》將 "佔有"（appropriation）的含義解釋為："對財產實施控制，據為己有的行為"。❶《海洋法公約》關於國際海底區域（以下

---

❶　Bryan A. Garner (ed.), *Black's Law Dictionary* (West Group, 8th edn., 2004), p. 315.

簡稱"區域")制度的第 137 條第 1 款也使用了"佔有"這一術語,規定:"任何國家或自然人或法人,也不應將'區域'或其資源的任何部分據為己有。"此處"據為己有"是與《海洋法公約》第 137 條第 1 款的英文約文中"appropriation"相對應的中文約文。不難看出,結合《海洋法公約》上下文進行解釋,菲律賓在訴求中所指的"不能被佔有"的含義是不得被國家主張為領土。因此,低潮高地能否被佔有指的是當事國能否通過實施佔領、控制的手段取得低潮高地的領土主權,而佔領、控制的行為主要發生在陸地領土的取得過程中,附屬於領陸的領海是根據"陸地統治海洋"(*la terre domine la mer*)原則而取得的。所以,低潮高地能否被佔有問題的實質便是低潮高地是否為陸地領土的問題,這本質上無疑是一個領土主權爭端。❶

在 2016 年的實體階段裁決中,仲裁庭在沒有解釋和適用任何《海洋法公約》規定的情況下,只引用國際法院 2012 年"尼加拉瓜訴哥倫比亞案"的一句判詞,就認定低潮高地不構成法律意義上的陸地領土,而是水下陸塊的一部分,應視位置的不同可能受領海或大陸架制度調整,並裁決低潮高地不能被佔有。❷ 實際上,國際法院在低潮高地能否被佔有問題上的判決意見也不乏爭議。"尼加拉瓜訴哥倫比亞案"在該問題上只有結論而無具

---

❶ 參見中華人民共和國外交部:《中華人民共和國政府關於菲律賓共和國所提南海仲裁案管轄權問題的立場文件》,2014 年 12 月 7 日,第 25 段;中國國際法學會:《菲律賓所提南海仲裁案仲裁庭的裁決沒有法律效力》,載《中國國際法年刊 —— 南海仲裁案管轄權問題專刊》,2016 年 7 月,第 13–14 頁;包毅楠:《南海仲裁案中有關低潮高地問題的評析》,載《國際法研究》2016 年第 3 期,第 31–33 頁;黃靖文:《南海仲裁案所涉低潮高地訴求的管轄權問題 —— 評析本案管轄權和可受理性裁決》,第 49 頁。

❷ *The South China Sea Arbitration (the Republic of the Philippines v. the People's Republic of China)*, Award, 12 July 2016, Permanent Court of Arbitration, p. 132, para. 309.

體的法律論證，且該案結論的依據也完全依賴於另一個國際法院案件──2001年"卡塔爾訴巴林案"。❶在"卡塔爾訴巴林案"中，國際法院首先承認既有的條約和習慣國際法規則在低潮高地是否為陸地領土的問題上存在空白，但指出，低潮高地不是島嶼意義上的陸地領土，在其他法律規則和原則缺失的情況下，低潮高地在主權取得方面不能完全等同於島嶼或其他陸地領土。❷然而，與"卡塔爾訴巴林案"相反，在更早的國際司法實踐中，國際法院和仲裁庭在處理領土主權問題時並未區分島嶼和低潮高地，均適用相同的陸地領土取得規則來判決主權的歸屬問題。例如，在1953年"敏基埃和艾克利荷斯群島（Minquiers and Ecrehos）案"中，國際法院將群島整體主權都判給了英國，這組群島由多個小島、岩石和礁石組成。❸又如，在1998年"厄立特里亞與也門仲裁案"中，存在主權爭議的四組群島均由若干島嶼、岩礁和低潮高地構成，國際仲裁庭將這幾組群島的主權分別判歸也門和厄立特里亞所有。❹可見，在國際司法實踐尚未穩定、且缺乏明確的條約規則的情況下，南海仲裁案的仲裁庭僅憑一個存在爭議的案例就輕率地否定低潮高地作為陸地領土的法律屬性，這是缺乏說服力的。

---

❶ *Territorial and Maritime Dispute (Nicaragua v. Colombia),* Judgment, 19 November 2012, *I.C.J. Reports* 2012, p. 641, para. 26.

❷ *Case Concerning Maritime Delimitation and Territorial Questions Between Qatar and Bahrain (Qatar v. Bahrain)*, Merits, Judgment,16 March 2001, *I.C.J. Reports* 2001, pp. 101–102, 109, paras. 205, 206, 220.

❸ *The Minquiers and Ecrehos Case (France/United Kingdom)*, Judgment of 17 November 1953, *I.C.J. Reports* 1953, p. 72.

❹ *Eritrea/Yemen*, Award of the Arbitral Tribunal in the First Stage (Territorial Sovereignty and Scope of the Dispute), 9 October 1998, Permanent Court of Arbitration, paras. 508, 524.

2. 仲裁庭錯誤地否定大陸國家遠洋群島的整體海域權利

仲裁庭在 2016 年 7 月 12 日裁決書的第六部分第 C 章就南海多處海洋地物在性質上是否為島嶼、岩礁和低潮高地的問題作出裁決，其中第 571－576 段裁決內容十分突兀。在這 7 個段落中，仲裁庭在超越管轄權的情況下，就南沙群島的整體性問題發表意見。仲裁庭認為可以對中國在《立場文件》中的"整體性"抗辯作出兩種理解：第一，中國可能主張島礁維持人類居住和本身經濟生活的標準應該結合一群相互聯繫的島礁一併分析；第二，中國可能主張南沙群島應作為一個整體劃定群島基線或直線基線，在此基礎上主張海域權利。繼而，仲裁庭表示，第一種理解實際"授權"仲裁庭審理太平島等島礁的性質問題，但並未指出第二種理解與本案管轄權和實體爭議之間的任何聯繫。●

如前文所述，從中國既有的立場加以推論，仲裁庭對中國"整體性"抗辯的第二種理解似乎合理。然而，結合菲律賓的訴求以及中國《立場文件》的上下文，中國之所以提出南沙群島的"整體性"特徵，是希望揭露菲律賓通過挑選被中國大陸實際控制的島礁作為訴求對象，證明這一訴訟行為的真實動機是否定中國對南沙群島所有島、礁、灘、沙的領土主權主張，最終證明菲律賓第 3－7 項有關南海個別島礁性質和海洋權利的訴求在本質上反映了兩國之間的領土主權爭端。● 在中國尚未公佈南沙群島領海

● *The South China Sea Arbitration (the Republic of the Philippines v. the People's Republic of China)*, Award, 12 July 2016, pp. 235–236, paras. 570–573.

● 中國在《立場文件》中指出："在南沙群島中，菲律賓僅僅挑出少數幾個島礁，要求仲裁庭就其海洋權利作出裁定，實質上是否定中國對南沙群島的領土主權。" 見《中華人民共和國政府關於菲律賓共和國所提南海仲裁案管轄權問題的立場文件》，2014 年 12 月 7 日，第 19、20 段。

基線的情況下，中國不可能提出在南沙群島劃定直線基線的"立場"來對抗非律賓的訴求。可見，前述仲裁庭的第二種理解即便合理，也與本案所涉案情無關。退一步而言，即便認為中國確實向仲裁庭表達了在南沙群島適用群島基線或直線基線制度的立場，這與仲裁庭審理太平島、中業島等南沙島礁的性質的實體問題亦不存在任何實質聯繫，島礁在性質上是否為《海洋法公約》第 121 條第 3 款所定義的岩礁，只取決於特定島礁本身或與該島礁相關聯的其他島礁的自然、社會和經濟屬性，不取決於國家在群島適用的基線制度。❶ 因此，仲裁庭對大陸國家能否在其遠洋群島（如南沙群島、西沙群島等）適用群島基線或直線基線所發表的任何法律意見均與本案無關，對當事國不產生拘束力。

遺憾的是，仲裁庭不僅"畫蛇添足"地就大陸國家能否在其遠洋群島的基線問題發表法律意見，而且徹底否認了大陸國家在遠洋群島適用直線基線的合法性。❷《海洋法公約》第 47 條第 1 款規定，群島國可以在群島劃定群島基線，而群島國是指全部由一個或多個群島構成的國家，中國則是典型的大陸國家而非群島國。❸ 雖然《海洋法公約》下的群島國制度排除了大陸國家適用群島基線的資格，但並不禁止大陸國家在其遠洋群島適用直線

---

❶ 《海洋法公約》第 121 條第 3 款規定："不能維持人類居住或本身經濟生活的岩礁，不應有專屬經濟區或大陸架。" 該條款約文並未提及島礁的領海基線對判定島礁是否為岩礁存在任何影響，對島礁性質問題的分析詳見本文第三節。

❷ *The South China Sea Arbitration (the Republic of the Philippines v. the People's Republic of China)*, Award, 12 July 2016, p. 237, paras. 575–576.

❸ 《海洋法公約》第 46 條規定："（a）'群島國'是指全部由一個或多個群島構成的國家，並可包括其他島嶼……"；第 47 條第 1 款規定："群島國可劃定連接群島最外緣各島和各乾礁的最外緣各點的直線群島基線，但這種基線應包括主要的島嶼和一個區域，在該區域內，水域面積和包括環礁在內的陸地面積的比例應在一比一至九比一之間。"

基線。對第三次聯合國海洋法會議的研究表明，由於政治和外交因素的影響，與會國在討論群島國制度時迴避了大陸國家遠洋群島能否適用群島制度的問題。[1] 依據《海洋法公約》第 7 條第 1 款，沿海國可以在海岸線極為曲折的地方，或者如果緊接海岸有一系列島嶼的情況下，採用連接各適當點的直線基線法來劃定測算領海寬度的基線。考察國家實踐可以發現，多個大陸國家已對其遠洋群島劃定了直線基線，包括丹麥、葡萄牙、厄瓜多爾、挪威、法國和英國等。從國際社會對上述國家實踐的態度來看，除了美國一個國家對丹麥、厄瓜多爾、葡萄牙等有關實踐提出過反對意見外，國際上並未對上述國家實踐提出異議。有鑒於此，中國對南沙群島適用直線基線原則上並不違反國際法，且有較多國家實踐的支持，[2] 因此，仲裁庭的法律意見缺乏說服力。

從以上對仲裁裁決的分析可知，仲裁庭在兩個與南沙群島整體領土主權明顯相關的問題上不僅缺乏管轄權，其所發表的實體法律意見更是缺乏國際法上的依據，故此中國在斷續線內對南海諸島的領土主權主張不受南海仲裁案裁決的影響。

---

[1] 參見李任遠：《評中菲南海仲裁案仲裁庭否定南沙群島整體性之謬誤》，《中希時報》，2016 年 7 月 19 日，希中網：https://www.cgw.gr/news/16071917422112.html，最後訪問時間：2016 年 8 月 20 日；卜凌嘉、黃靖文：《大陸國家在其遠洋群島適用直線基線問題》，載《中山大學法律評論》2013 年第 2 期，第 105－106 頁。

[2] See Sophia Kopela, *Dependent Achipelagos in the Law of the Sea* (Martinus Nijhoff Publishers, 2013), pp. 112–139；洪農、李建偉、陳平平：《群島國概念和南（中國）海 ——〈聯合國海洋法公約〉、國家實踐及其啟示》，載《中國海洋法學評論》2013 年第 1 期，第 189－207 頁；黃靖文：《南海仲裁案所涉低潮高地訴求的管轄權問題 —— 評析本案管轄權和可受理性裁決》，第 46－47 頁。

三、中國在斷續線內享有《海洋法公約》賦予締約國的
海域權利，不受裁決影響

（一）中國在斷續線內主張的海域權利範圍

依託對斷續線內南海諸島的領土主權，以及根據《海洋法公約》有關締約國海域權利的規定，中國可依法主張在南海諸島周圍 12 海里的領海主權（《海洋法公約》第 2 條），在南海諸島領海外 12 海里的毗連區內享有防止和懲治違反海關、財政、移民或衛生的法律規章的管轄權（第 32 條），並可主張南海諸島周圍 200 海里專屬經濟區和大陸架內的主權權利和管轄權（第56 條、第 57 條、第 76 條、第 77 條）。當中國的上述海域權利主張與菲律賓、越南等南海沿岸國的海域權利發生重疊時，可以通過海洋劃界來確定各國在南海的海域權利的具體範圍。然而，受"陸地統治海洋"原則的支配，中國能否在斷續線內合法地享有上述海洋權利和海域權利，以及相關權利範圍的大小，還取決於斷續線內的領土在《海洋法公約》下的性質。

《海洋法公約》第 121 條在肯定了島嶼可以擁有領海、毗連區、專屬經濟區和大陸架的完整海域權利的同時，還在該條第 3 款對一類特殊島嶼的海域權利範圍作出規定，衍生出了"岩礁"這一概念，規定："不能維持人類居住或本身經濟生活的岩礁，不應有專屬經濟區或大陸架"。❶ 因該條規定

---

❶ 《海洋法公約》第 121 條："1. 島嶼是四面環水並在高潮時高於水面的自然形成的陸地區域。2. 除第3 款另有規定外，島嶼的領海、毗連區、專屬經濟區和大陸架應按照本公約適用於其他陸地領土的規定加以確定。3. 不能維持人類居住或其本身的經濟生活的岩礁，不應有專屬經濟區或大陸架。"

充滿了不確定性和模糊性，從而為各國在實踐中解釋和適用該條款預留了空間。島嶼和特殊的島嶼 —— 岩礁，都是四面環水並在高潮時高於水面的自然形成的陸地區域，故也被本次仲裁庭統稱為 "高潮地物"（high-tide features）。[1] 而低潮高地則是低潮時四面環水並高於水面但在高潮時沒入水中的自然形成的陸地，這一地理性質上的區分導致《海洋法公約》規定低潮高地原則上不得擁有領海和毗連區，更無法主張專屬經濟區和大陸架海域權利。[2] 界定低潮高地的關鍵因素是沿海國所採取的潮汐基準，迄今國際上缺乏統一適用的潮汐基準導致低潮高地的界定亦充滿爭議。[3]

正是著眼於《海洋法公約》下各類海洋地物概念的模糊性，菲律賓欲通過本次仲裁案全面否定中國在斷續線內的海域權利，以達到繞開南海諸島主權爭議、規避南海海洋劃界並直接將斷續線內大面積海域歸入菲律賓管轄範圍之內的目的。菲律賓在第 3 項、第 7 項訴求中，請求仲裁庭裁決黃岩島、華陽礁、永暑礁、赤瓜礁為第 121 條第 3 款所定義的岩礁；在第 4 項、第 6 項訴求中，請求仲裁庭裁決美濟礁、仁愛礁、渚碧礁、南薰礁和西門礁（含東門礁）是低潮高地。在菲律賓的訴狀中，太平島、中業島等南沙島嶼亦被菲律賓定性為第 121 條第 3 款下岩礁。[4] 在排除了中國的海域權利後，菲律賓進一步請求仲裁庭裁決美濟礁和仁愛礁在菲律賓的專屬

---

[1] See *The South China Sea Arbitration (the Republic of the Philippines v. the People's Republic of China)*, Award, 12 July 2016, p. 119, para. 280.

[2] 《海洋法公約》第 13 條："1. 低潮高地是在低潮時四面環水並高於水面但在高潮時沒入水中的自然形成的陸地。如果低潮高地全部或一部分與大陸或島嶼的距離不超過領海的寬度，該高地的低潮線可作為測算領海寬度的基線。2. 如果低潮高地全部與大陸或島嶼的距離超過領海的寬度，則該高地沒有其自己的領海。"

[3] 參見包毅楠：《南海仲裁案中有關低潮高地問題的評析》，第 25－26 頁。

[4] See Memorial of the Philippines (30 March 2014), *The South China Sea Arbitration (the Republic of the Philippines v. the People's Republic of China)*, Permanent Court of Arbitration, p. 150, para. 5.114.

經濟區和大陸架上（第 5 項訴求），並指控中國違法干涉菲律賓在其專屬經濟區和大陸架行使開發生物和非生物資源的主權權利（第 8 項訴求）、未能阻止中國漁民在菲律賓的專屬經濟區內從事捕撈活動（第 9 項訴求）。

　　中國在斷續線內的海域權利主張是一貫清晰而明確的，符合包括《海洋法公約》在內的國際法，也不會因為本次仲裁裁決結果而有所改變。❶ 在簽署《海洋法公約》後，中國陸續公佈遵照《海洋法公約》規定而制定的國內立法。1992 年《中華人民共和國領海和毗連區法》規定，鄰接東沙群島、西沙群島、中沙群島、南沙群島等中國陸地領土和內水之外的海域是中國的領海，並採取直線基線法劃定領海基線。❷ 1998 年《中華人民共和國專屬經濟區和大陸架法》第 2 條宣佈中國在鄰接領海的區域主張專屬經濟區和大陸架。❸ 2009 年，越南、馬來西亞聯合向聯合國大陸架界限委員會提交南海南部 200 海里以外大陸架劃界案申請，對此，中國向聯合國秘書長

---

❶ 2016 年 7 月 12 日，在南海仲裁案最終裁決公佈後，中國外交部聲明：〝關於應菲律賓共和國單方面請求建立的南海仲裁案仲裁庭於 2016 年 7 月 12 日作出的裁決，中華人民共和國外交部鄭重聲明，該裁決是無效的、沒有拘束力，中國不接受、不承認。〞 見《中華人民共和國外交部關於應菲律賓共和國請求建立的南海仲裁案仲裁庭所作裁決的聲明》，2016 年 7 月 12 日，中華人民共和國外交部網站：http://www.fmprc.gov.cn/web/ziliao_674904/1179_674909/t1379490.shtml，最後訪問時間：2016 年 7 月 15 日。

❷ 《中華人民共和國領海和毗連區法》第 2 條：〝中華人民共和國領海為鄰接中華人民共和國陸地領土和內水的一帶海域。中華人民共和國的陸地領土包括中華人民共和國大陸及其沿海島嶼、台灣及其包括釣魚島在內的附屬各島、澎湖列島、東沙群島、西沙群島、中沙群島、南沙群島以及其他一切屬中華人民共和國的島嶼。中華人民共和國領海基線向陸地一側的水域為中華人民共和國的內水。〞 該法第 3 條：〝中華人民共和國領海基線採用直線基線法劃定，由各相鄰基點之間的直線連線組成。〞

❸ 《中華人民共和國專屬經濟區和大陸架法》第 2 條：〝中華人民共和國的專屬經濟區，為中華人民共和國領海以外並鄰接領海的區域，從測算領海寬度的基線量起延至二百海里。中華人民共和國的大陸架，為中華人民共和國領海以外依本國陸地領土的全部自然延伸，擴展到大陸邊外緣的海底區域的海床和底土；如果從測算領海寬度的基線量起至大陸邊外緣的距離不足二百海里，則擴展至二百海里⋯⋯〞

提交了兩封照會，進一步重申了對斷續線內南海諸島主張完整的海域權利的立場。中國在 2009 年 5 月 7 日呈交的照會中聲明："中國對南海諸島及其附近海域擁有無可爭辯的主權，並對相關海域及其海床和底土享有主權權利和管轄權（見附圖）。"中國在該照會內容中附上了斷續線地圖。在 2011 年 4 月 14 日呈交的照會中進一步具體指出："中國對南沙群島擁有領海、專屬經濟區和大陸架。"❶

可見，中國堅持南海諸島中存在可以主張完整海域權利的島嶼，雖未特別區分各個島礁的性質，但可以認為，至少作為海南省三沙市政府所在地的永興島、由中國台灣地區控制的南沙群島最大島嶼太平島，以及被菲律賓政府和越南政府佔領的中業島、馬歡島、南威島等多個南海主要島嶼具有維持人類居住或本身經濟生活的能力，從而成為可以擁有完整海域權利的嚴格意義上的島嶼。

以太平島為例，台灣地區前領導人馬英九特意安排在 2016 年 3 月 23 日率領一批專家登上太平島，向仲裁庭親證太平島是一個"有淡水、可生產農作物、可飼養雞羊、可維持人類居住和經濟生活的島嶼"。❷中國大陸方面亦在最終裁決公佈後發佈白皮書，與台灣方面的立場相呼應，指出："自 20 世紀 50 年代以來，中國台灣當局一直駐守在南沙群島太平島，設有

---

❶ Communication dated 7 May 2009 by China, http://www.un.org/depts/los/clcs_new/submissions_files/vnm37_09/chn_2009re_vnm.pdf (last visited 6 August 2016); Communication dated 14 April 2011 by China, http://www.un.org/depts/los/clcs_new/submissions_files/vnm37_09/chn_2011_re_phl_e.pdf (last visited 6 August 2016).

❷ 張嘉文：《馬英九談太平島全文：為了眼見為憑》，2016 年 3 月 24 日，中國評論通訊社網站：http://bj.crntt.com/doc/1041/7/1/4/104171458_5.html?coluid=93&kindid=15870&docid=104171458&mdate=0324091411，最後訪問時間：2016 年 8 月 10 日。

民事服務管理機構，並對島上自然資源進行開發利用。"❶ 不少國際法學者認同南海諸島中存在可以主張專屬經濟區和大陸架的島嶼。荷蘭烏特勒支大學海洋法教授的歐德·艾菲任克（Alex G. Oude Elferink）認為，東沙島以及西沙群島、南沙群島中那些較大的島嶼（包括但不限於太平島、南威島、中業島、永興島和東島），鑒於其大小和其他方面的特徵，不構成岩礁。❷ 新加坡國立大學貝克曼教授與澳大利亞伍倫貢大學斯科菲爾德（Clive Schofield）教授撰文指出，中國可以對南沙群島的海域權利主張作出限制，只對其中 12 個較大的島嶼或覆蓋植被的島嶼主張專屬經濟區。❸ 這兩位教授認為："可以善意地主張這些島嶼在原則上是可以依據 1982 年《海洋法公約》擁有其自身的專屬經濟區和大陸架權利的'島嶼'，而不是只能擁有 12 海里領海的'不能維持人類居住或本身經濟生活的岩礁'。"❹ 在國內學者方面，台灣地區"中華民國國際法學會"組織了一批資深海洋法學者撰寫法庭之友報告並提交給本次仲裁庭，力證太平島不是岩礁，用事實證明太平島現在以及過去都有人類居住，且有能力維持人類居住或本身的經濟生活，❺ 是嚴格意義上的島嶼。

---

❶ 中華人民共和國國務院新聞辦公室：《中國堅持通過談判解決中國與菲律賓在南海的有關爭議》，北京：人民出版社，2016 年 7 月，第 12 頁，第 44 段。

❷ Alex G. Oude Elferink, "The Islands in the South China Sea: How Dose Their Presence Limit the Extent of the High Seas and the Area and the Maritime Zones of the Mainland Coasts?" (2001) 32 *Ocean Development and International Law* 169, p. 178 .

❸ Robert Beckman & Clive Schofield, "Defining EEZ Claims from Islands: A Potential South China Sea Change", (2014) 29 *International Journal of Marine & Coastal Law* 193, p. 210.

❹ Robert Beckman & Clive Schofield, "The South China Sea Disputes: Formula for a Paradigm Shift?", *RSIS Commentaries*, No. 035, 2014, p. 2.

❺ See *Amicus Curiae* Submission by the Chinese (Taiwan) Society of International Law, 23 March 2016, pp. 8–22，Chinese (Taiwan) Society of International Law, http://csil.org.tw/home/wp-content/uploads/2016/03/SCSTF-Amicus-Curiae-Brief-final.pdf (last visited 20 August 2016).

（二）仲裁庭錯誤地將太平島界定為岩礁

在 2016 年仲裁裁決中，仲裁庭認定包括太平島在內的所有南沙群島的"高潮地物"，在自然狀態下，都不能維持人類居住或本身的經濟生活，符合《海洋法公約》第 121 條第 3 款的岩礁定義，南沙群島的"高潮高地"無一能產生專屬經濟區和大陸架權利。❶ 這與不少國際法學者的觀點截然相反。同時，這一裁決結果也必然意味著，中國不能合法地以南沙群島作為一個整體來主張專屬經濟區和大陸架權利。

作為南沙群島中面積最大、自然條件最優的島礁，太平島在性質上是否為岩礁的問題最受關注。一旦太平島被認定不是岩礁，而是可以擁有專屬經濟區和大陸架的島嶼，則菲律賓不能再否認中菲之間存在海洋劃界爭端，中國抗辯菲律賓所提仲裁請求在本質上是中菲海洋劃界爭端不可分割的一部分的立場亦得以強化。太平島對於中菲南海爭端的重要性不言而喻。然而，仲裁庭的裁決結果不僅在管轄權問題上存在重大瑕疵，在實體問題上所得結論亦無法經受國際法和國家實踐的考驗。

1. 仲裁庭在太平島性質問題上不具有管轄權

仲裁庭基於三方面的理由審理太平島等島礁的性質問題：其一，為明確仲裁庭是否對菲律賓第 5 項訴求擁有管轄權，仲裁庭有必要對美濟礁、仁愛礁周圍 200 海里內所有海洋地物的性質作出認定；其二，為明確仲裁庭是否對菲律賓第 8、9 項訴求擁有管轄權，仲裁庭有必要首先解決中菲之

---

❶ *The South China Sea Arbitration (the Republic of the Philippines v. the People's Republic of China)*, Award, 12 July 2016, p. 474, para. 1203.B.(7)b.

間是否存在重疊的海域權利主張這一前置問題；其三，在實體問題上，為回應中國在《立場文件》中關於南沙群島的"整體性"抗辯，仲裁庭認為，在適用第 121 條第 3 款判斷島礁性質時，有必要考慮一群島礁共同維持人類居住和本身經濟生活的特殊情況，故仲裁庭請菲律賓就南沙群島主要的"高潮地物"的情況提供信息。❶

中國在《立場文件》中指出："關於菲律賓提出的第二類仲裁事項，中國認為，南海部分島礁的性質和海洋權利問題與主權問題不可分割"，"不難看出，菲律賓提出的各項仲裁事項，包括海洋權利主張、島礁性質和海洋權利範圍……這些問題屬海域劃界不可分割的組成部分"。❷ 由於本案仲裁庭對主權爭端和海域劃界爭端均不具有管轄權，故仲裁庭無權審理包括太平島在內的任何斷續線內島礁的性質爭端，中國的這一立場得到國際法學者的支持。❸

即便仲裁庭認定對島礁的性質問題擁有管轄權，這一管轄權的範圍也應受到菲律賓訴求內容的限制。菲律賓在第 3、4、6、7 項訴求中指明請求仲裁庭認定黃岩島、美濟礁、華陽礁等 9 個島礁在性質上是否為低潮高地或岩礁，而太平島等其他島礁不在其列。誠然，菲律賓在訴狀中以太平島、中業島和西月島在性質上同屬岩礁作為證據，希望仲裁庭以這幾個南沙較大島礁為參照標準來裁決華陽礁等面積更小的南沙島礁也是岩礁，但

---

❶ See *The South China Sea Arbitration (the Republic of the Philippines v. the People's Republic of China)*, Award, 12 July 2016, pp. 177–178, 236, paras. 393–396, 572.

❷ 《中華人民共和國政府關於菲律賓共和國所提南海仲裁案管轄權問題的立場文件》，2014 年 12 月 7 日，第 15、66 段。

❸ 參見中國國際法學會：《菲律賓所提南海仲裁案仲裁庭的裁決沒有法律效力》，第 9－11、17－19 頁；Stefan Talmon, "The South China Sea Arbitration: Is There a Case to Answer ?", in Stefan Talmon & Bing Bing Jia (eds.), *The South China Sea Arbitration: A Chinese Perspective* (Hart Publishing, 2014), pp. 36–37.

菲律賓無意將太平島等島礁的性質問題作為訴求的內容提交仲裁庭審理，否則菲律賓可以將它們一併放入 15 項訴求中，或列入"通知和補充主張聲明"之中。❶ 菲律賓在訴狀中坦誠："菲律賓在'補充主張聲明'中沒有提及這些島礁（即南沙群島中較大的島礁，筆者注），原因是它們不受中華人民共和國的佔領和控制。"❷

然而，仲裁庭對菲律賓第 5 項、第 8 項和第 9 項訴求進行擴大解讀，認為這些訴求實際上請求仲裁庭認定仁愛礁、美濟礁等海域不存在中菲重疊的海洋區域主張，故仲裁庭應首先就南沙群島是否存在可以擁有專屬經濟區和大陸架的島礁作出認定，以便明確中菲之間是否存在海域劃界爭端，從而排除仲裁庭的管轄權。❸ 太平島的性質問題似乎構成了這幾項訴求管轄權問題的附帶問題。在"查戈斯群島仲裁案"中，國際仲裁庭就何為可以與主要問題一併解決的附帶問題作出解釋。該案仲裁庭也是一個依據《海洋法公約》附件七成立的仲裁庭，只對"有關本公約解釋和適用的爭端"擁有管轄權。該仲裁庭指出："仲裁庭或法庭依據第 288 條第 1 款所擁有的管轄權可以擴大至那些對於解決爭端所必需的事實認定或附帶的法律決定。"❹ 也就是說，僅當仲裁庭確有權利管轄當事方所提交的爭端時，才能在實體

---

❶ See *The South China Sea Arbitration (the Republic of the Philippines v. the People's Republic of China)*, Award on Jurisdiction and Admissibility, 29 October 2015, Permanent Court of Arbitration, pp. 33–34, para. 99.

❷ Memorial of the Philippines (30 March 2014), p. 142, para. 6.96.

❸ *The South China Sea Arbitration (the Republic of the Philippines v. the People's Republic of China)*, Award, 12 July 2016, pp. 177–178, paras. 393, 395；菲律賓第 5 項訴求："美濟礁及仁愛礁屬菲律賓的專屬經濟區和大陸架的一部分。"第 8 項訴求："中國違法干擾了菲律賓在其專屬經濟區和大陸架中針對生物及非生物的天然資源享受及行使主權權利。"第 9 項訴求："中國未能阻止其國民及所屬漁船在菲國的 EEZ 內對生物資源進行開發捕撈之行為，違反國際法。"

❹ *Chagos Marine Protected Area Arbitration (Mauritius v. United Kingdom)*, Award, 18 March 2015, Permanent Court of Arbitration, p. 90, para. 220.

階段就那些對解決主要爭端所"必需"的附帶問題作出裁決。在南海仲裁案中，仲裁庭以明確對第 5、8、9 項訴求的管轄權為由，來裁決太平島等島礁的性質，這不構成一種解決附帶問題的合理情況。至於在實體階段，仲裁庭在裁決菲律賓第 3、7 項訴求所涉的黃岩島、華陽礁、赤瓜礁、永暑礁在性質上是否為岩礁時，並未一併考慮太平島等島礁的情況。● 實際上，所謂的一群島礁共同維持人類居住和本身經濟生活的特殊情況，並不影響本次仲裁庭對黃岩島等島礁的性質界定。因此，太平島等島礁的性質問題也不構成第 3、7 項訴求的附帶問題。

既然菲律賓無意在訴求中請求仲裁庭裁定太平島等島礁的性質問題，該問題也不構成一類附帶問題，那麼仲裁庭對太平島等島礁的裁決結論因超越管轄權而無效。

2. 仲裁庭對《海洋法公約》第 121 條第 3 款的解釋和適用不符合該條款的基本含義

仲裁庭首先對第 121 條第 3 款所包含的幾個因素的通常含義進行解釋，同時，仲裁庭也指出，"人類居住"和"本身經濟生活"等概念不能從第 121 條第 3 款條約文中獲得明確的指引，須依據《維也納條約法公約》第 31 條的要求，結合第 121 條第 3 款的上下文以及《海洋法公約》的目的和宗旨予以解釋。❷

最終，仲裁庭對第 121 條第 3 款所涉的各項因素作出了頗為詳盡的解

---

❶ *The South China Sea Arbitration (the Republic of the Philippines v. the People's Republic of China)*, Award, 12 July 2016, pp. 232–235, paras. 554–570.

❷ *The South China Sea Arbitration (the Republic of the Philippines v. the People's Republic of China)*, Award, 12 July 2016, p. 213, paras. 505–506.《維也納條約法公約》第 31 條第 1 款規定："條約應依其用語按其上下文並參照條約之目的及宗旨所具有之通常意義，善意解釋之。"

釋，採取了十分嚴格的解釋標準，具體表現為：其一，"人類居住"在內涵上是指一個穩定的社群在島礁上居住，並將島礁視為家園；其二，"本身的經濟生活"通常是指在一個或一群島礁上居住人口的生活和生計，且該經濟生活必須產生自島礁本身而不能僅僅存在於周圍領海的水域或海床；其三，島礁維持人類居住和本身經濟生活的能力應基於個案進行評估，但一些重要的事實有助於對這一能力作出判斷，如島礁上有充足的水源、食物和遮蔽物、主要的氣候狀況、島礁鄰近其他有人類居住的地區等事實；其四，在證據方面，對於那些不能被簡單歸類的島礁，歷史證據是判斷其能力的最可靠證據，在專屬經濟區制度出現前的歷史證據更優於反映當下情況的證據。❶

不難看出，仲裁庭的結論與國際法學界中一批嚴格解釋派的學者的觀點基本一致。美國夏威夷大學的范戴克（Jon M. Van Dyke）教授是嚴格解釋派的代表人物，認為島礁必須有一定數量以上的人類居住這一事實，才能主張專屬經濟區和大陸架，反對國家通過島礁任意擴大管轄範圍以侵蝕公海和國際海底區域。而以美國范德堡大學的查尼（Jonathan I. Charney）教授的觀點為代表的寬泛解釋派學者則更強調島礁的"潛能"，這種能力在某種程度上取決於環境的變化（包括科技水平的發展和經濟發展的需要）。寬泛解釋派認為在現代社會中，以傳統的農業社會的社會經濟屬性要求衡量一塊陸地是否屬島嶼是不合適的。如果島礁及其領海內的資源在現在或在不遠的將來具有經濟開發價值，而這種價值能在一定時期內支撐

---

❶ *The South China Sea Arbitration (the Republic of the Philippines v. the People's Republic of China)*, Award, 12 July 2016, pp. 227–231, paras. 542, 543, 546, 549, 550.

所投入的成本，則該島礁就不是岩礁。❶ 這兩派觀點各有理由，仲裁庭的觀點傾向於嚴格解釋派，本文在此不作評價。

但是，無論持哪一派觀點，在對第 121 條第 3 款條進行解釋時不能明顯地背離約文的基本含義。使用 "不能" 一詞，表明該條強調島礁維持人類居住和本身經濟生活的能力而非事實。然而，仲裁庭的多條解釋標準實際上偷換概念，用 "實然" 取代了 "應然"。仲裁庭認為，在沒有戰爭、污染、環境危害等外力因素的干預下，歷史上無人居住的事實可以合理地被解釋為島礁本身能力不足以維持一個穩定社群的人口居住。❷ 仲裁庭直言："引入專屬經濟區制度的目的，不是為了賦予那些歷史上對人類定居的貢獻如此微小的小島礁以廣闊的海洋權利。" ❸ 歷史上曾有人居住的事實可以在一定程度上證明島礁的能力，同理，島礁上有政府機構人員、科考人員或軍人駐留的事實也應受到關注，仲裁庭也不應簡單地將帶有官方背景的人員駐留情況都視為依賴於外部支持而排除在證據範圍之外。❹ 對於那些位置偏遠、面積有限的島礁而言，導致歷史上無人居住的主、客觀原因十分多樣，而且難以識別，這與島礁本身的條件無必然聯繫。島礁是否存在人類居住和經濟活動的歷史證據只具有參考價值，島礁的自然條件與環境才是決定性因素。

---

❶　參見黃瑤、卜凌嘉：《〈海洋法公約〉島嶼制度中的岩礁》，第 178－179 頁。

❷　*The South China Sea Arbitration (the Republic of the Philippines v. the People's Republic of China)*, Award, 12 July 2016, pp. 228, 230, paras. 543, 544, 549.

❸　*The South China Sea Arbitration (the Republic of the Philippines v. the People's Republic of China)*, Award, 12 July 2016, p. 253, para. 621.

❹　See *The South China Sea Arbitration (the Republic of the Philippines v. the People's Republic of China)*, Award, 12 July 2016, pp. 230–231, para. 550.

此外，第 121 條第 3 款用 "或" 這一連詞來處理 "人類居住" 和 "本身經濟活動" 兩者間的邏輯關係，應被解釋為，只要島礁符合在能力上可以維持人類居住或本身經濟生活的其中一項，就可以擁有專屬經濟區和大陸架權利。因此，仲裁庭不應對 "人類居住" 和 "本身經濟活動" 進行不合理的捆綁解釋。然而，仲裁庭卻認為，若島礁上只能存在服務於島外人口利益而不能惠及當地人口的資源開採活動，則不構成島礁 "本身" 的經濟生活。● 可見，仲裁庭更傾向於認定那些不能維持人類居住的島礁也不能維持本身的經濟生活。儘管客觀事實證明，人類居住的同時往往伴隨著一定的經濟生活，經濟生活構成島上居民生活所必要的物質基礎。但與此相反，不應認為，在無人居住或無能力維持人類居住的情況下，島礁也無法維持本身的經濟生活，否則，第 121 條第 3 款便不會存在 "本身經濟生活" 這一因素，或乾脆使用 "和" 代替 "或" 表示邏輯關係便可。

當仲裁庭將第 121 條第 3 款適用於太平島上時，利用 "實然" 取代 "應然" 以及將 "人類居住" 和 "本身經濟活動" 進行捆綁的現象更加明顯。例如，雖然仲裁庭經調查後認定太平島上有優質的淡水資源、豐富的植被和可供農業耕種的土壤，但受到太平島曾經只有少數來自海南的漁民依靠海貨交易和間歇性補給維生這一歷史的影響，仲裁庭認為太平島維持人類居住的能力並不顯著。● 又如，仲裁庭認為歷史紀錄中的太平島上的漁民 "來自海南" 而不是被稱之為 "太平島的" 漁民，日本商人在進行商業開

● *The South China Sea Arbitration (the Republic of the Philippines v. the People's Republic of China)*, Award, 12 July 2016, p. 228, para. 543.

● *The South China Sea Arbitration (the Republic of the Philippines v. the People's Republic of China)*, Award, 12 July 2016, pp. 246, 251, paras. 601, 615, 616.

發時只是臨時停留而不是定居島上，至於島上駐留了政府或軍事人員的事實，則被仲裁庭以嚴重依賴外部支持、具有維護主權主張的動機為由直接排除在考慮範圍外，仲裁庭最終憑藉事實而非能力來認為太平島不能維持人類居住。❶再如，太平島維持本身的經濟生活的能力被仲裁庭否定，原因是島上只有資源開採業，在缺乏穩定的當地居民的情況下，這些經濟活動必然無法構成島礁本身的經濟生活。❷

3. 太平島可以擁有專屬經濟區和大陸架權利

實際上，憑藉台灣當局實際控制太平島長達 60 餘年的優勢，由台灣地區 "中華民國國際法學會" 向本案仲裁庭提交的法庭之友報告，對太平島的自然、社會與經濟情況的歷史與現狀有著更為詳實的描述。目前，島上共有 "海巡署" 人員和軍民約 200 人，住宿、電力、交通、醫療、通信、宗教等設施完備，島上僅第五號井本身就能為 1000 至 1500 人供應優質飲用水，島上原生土壤自產的瓜果蔬菜可以供應數百人食用，這些自然和社會條件足以證明其維持人類居住的能力，無需過分依賴外界的補給。在經濟生活方面，日本企業在 20 世紀 20 年代開始在太平島上開採鳥糞，採礦業在中華民國政府控制太平島後繼續發展。此外，太平島豐富的海洋和漁業資源就足以維持其本身的經濟生活，太平島的生物多樣性自然環境還具有開發生態旅游的巨大潛力。❸太平島維持人類居住和本身經濟生活的能力

---

❶ *The South China Sea Arbitration (the Republic of the Philippines v. the People's Republic of China)*, Award, 12 July 2016, pp. 252–253, paras. 618–622.

❷ *The South China Sea Arbitration (the Republic of the Philippines v. the People's Republic of China)*, Award, 12 July 2016, pp. 253–254, paras. 623–625.

❸ See *Amicus Curiae* Submission by the Chinese (Taiwan) Society of International Law, 23 March 2016, pp. 8–22.

不僅來自大自然的饋贈，這種能力也隨著人類技術水平提升而得到發展，外界間歇性的必要補給（如石油等能源、營養補充）不僅對維持島上現代居民生活品質必不可少，更不能藉此以偏概全地否認太平島自身的能力。正如台灣地區前領導人、國際法教授馬英九先生在考察太平島後所言："為了更好的生活品質，也避免過度耗用島上天然資源，維持外來補給有其優點。這和我們打造太平島作為‘低碳島、生態島’的永續環保理念是一致的。" ❶

　　仲裁庭所偏重的早期歷史紀錄難以準確預判太平島的發展潛能，相反，台灣當局積極提供的資料更能反映太平島的真實情況。正是由於仲裁庭選擇性地忽視和偏見，以及缺乏國家實踐的支持，❷ 關於太平島只是岩礁的結論引起學者們的廣泛批評。《海洋法公約評注》（弗吉尼亞大學出版）的主編諾德奎斯特（Myron H. Nordquist）教授認為，仲裁庭關於第 121 條第 3 款的裁決結果注定受到批評。❸ 而在裁決公佈之前，耶魯大學法學院教授葛維寶（Paul Gewirtz）評論道："要想得出‘太平島並非島嶼’這一有悖直覺的法律結論，唯一的辦法便是尋求更多已有法律判例的支持，而這些

---

❶　張嘉文：《馬英九談太平島全文：為了眼見為憑》。

❷　仲裁庭認為，《維也納條約法公約》第 31 條第 3 款雖允許 "嗣後在條約適用方面確定各當事國對條約解釋之協定之任何慣例" 應作為條約上下文被一併考慮，但國際司法實踐表明第 31 條第 3 款的適用門檻較高。在缺乏任何論證的情況下，仲裁庭認為沒有證據顯示存在與仲裁庭解釋標準相反的適用《海洋法公約》第 121 條第 3 款的嗣後慣例。See *The South China Sea Arbitration (the Republic of the Philippines v. the People's Republic of China)*, Award, 12 July 2016, pp. 231–232, paras. 552–553.

❸　該觀點由諾德奎斯特教授於 2016 年 7 月 15 日在香港舉行的 "海洋爭端解決國際法研討會" 上發表，參見中國國際法學會秘書處：《"海洋爭端解決國際法研討會" 會議綜述》，2016 年 7 月 22 日，中國國際法學會網站：http://www.csil.cn/News/Detail.aspx?AId=215，最後訪問時間：2016 年 8 月 7 日。

判例也必須確切地支持一種有悖普通人和常識對太平島所持判斷的法律解釋。然而，此類先例並不存在……更好的結論是，太平島並非一座'岩礁'而是'島嶼'，並理應擁有相應的領海與專屬經濟區。"❶ 目前，得到學者和多個國家承認的典型岩礁是英國的羅卡爾礁（Rockall）和日本的沖之鳥礁（Okinotorishima），除此之外，法國、巴西、美國等國的多個面積狹小、遠離大陸的無人島礁在自然、社會和經濟條件上與太平島相當，其主張專屬經濟區和大陸架權利的行為並未招致其他國家的反對。❷

綜上，仲裁庭在缺乏管轄權的情況下，對第 121 條第 3 款進行了有違《海洋法公約》規定基本含義的解釋和適用，錯誤地將自然條件相對優越的太平島認定為岩礁，欲導致中國不能根據南沙群島整體主張專屬經濟區和大陸架權利的裁決結果。對此，中國可以主張裁決因缺乏管轄權和存在嚴重的法律適用錯誤而無效，太平島作為擁有完整海域權利的島嶼的地位不受南海仲裁案裁決的影響。

---

❶ Paul Gewirtz, "Limits of Law in the South China Sea", *East Asia Policy Paper of the Center for East Asia Policy Studies*, 8 May 2016, p. 9, https://www.brookings.edu/wp-content/uploads/2016/07/Limits-of-Law-in-the-South-China-Sea-3.pdf (last visited 20 August 2016).

❷ See Yann-huei Song, "The Application of Article 121 of the Law of the Sea Convention to the Selected Geographical Features Situated in the Pacific Ocean", (2010) 9 *Chinese Journal of International Law* 663, pp. 663–698; Jon M. Van Dyke, Joseph R. Morgan & Jonathan Gurish, "The Exclusive Economic Zone of the Northwestern Hawaiian Islands: When do Uninhabited Islands Generate an EEZ?", (1998) 25 *San Diego Law Review* 425, pp. 425–494；張海文：《關於島嶼擁有海域的權利問題研究》，載《海洋開發與管理》1999 年第 2 期，第 43－46 頁；金永明：《島嶼與岩礁的法律要件論析 —— 以沖之鳥問題為研究視角》，第 99－106 頁；黃瑤、黃靖文：《無人居住島嶼主張專屬經濟區和大陸架的新近國家實踐 —— 兼論對我國主張南沙島礁海域權利的啟示》，載《武大國際法評論》第 17 卷第 2 期，2015 年 6 月，第 45－68 頁。

四、中國在斷續線內擁有的歷史性權利與

《海洋法公約》下的權利並行不悖

（一）中國在斷續線內的歷史性權利

在南海仲裁案最終仲裁公佈後，中國政府正式聲明中國在南海斷續線內水域享有歷史性權利，但尚未在官方層面澄清中國歷史性權利主張的性質和內涵。

與歷史性主張相關的概念包括歷史性所有權（historic titles）、歷史性水域（historic waters）和歷史性權利（historic rights），這些概念之間存在一定的聯繫與區別。意大利學者吉歐雅（Andrea Gioia）在闡釋歷史性所有權時，認為歷史性所有權是國家經過歷史性強化的過程取得陸地或海洋領土的淵源和證據。[1] 理論界普遍認可歷史性水域是歷史性所有權在海洋取得上的體現，國家在其歷史性水域中享有主權，歷史性海灣是典型的歷史性水域。[2] 而歷史性權利是指國家對某些海域在歷史上一直享有的權利，這些權利已經被習慣國際法規則所確認，得到國際條約的承認和尊重。[3] 歷史性權

---

[1] Andrea Gioia, "Historic Titles", *Max Plank Encyclopedia of Public International Law (online edition)*, http://opil.ouplaw.com/view/10.1093/law:epil/9780199231690/law-9780199231690-e705?rskey=7gh5sm&result=1&prd=EPIL (last visited 5 August 2016).

[2] See Clive R. Symmons, *Historic Waters in the Law of the Sea: A Modern Re-Appraisal* (Martinus Nijhoff Publishers, 2008), Chapter 2.

[3] 王軍敏：《國際法中的歷史性權利》，北京：中共中央黨校出版社，2009 年，"內容提要" 第 1 頁。

利在不同的場景下有不同的內涵，有時與歷史性所有權是同一概念，有時僅指國家在一定範圍海域內長期而穩定地從事的資源開發活動等實踐所產生的權利，後者是一種尚未達到領土主權高度的權利，包括歷史性捕魚權和歷史性航行權等。

1.　中國在南海歷史性權利的具體內涵和性質

在分析中國歷史性權利的具體內涵和性質前，應首先澄清中國在南海的歷史性權利並非一項歷史性水域權利。早期部分學者認為斷續線是一條"歷史性水域線"，即中國對斷續線內所有海域擁有主權。顯然，這種對斷續線的解讀有悖於中國的一貫立場而難以成立。自 1948 年斷續線地圖公佈以來，中國政府並未限制外國船隻在南海非主權水域的自由航行和外國航空器在非主權水域上空飛越。近年來，中國政府反覆聲明南海的航行自由不受影響，沒有任何國家包括中國對整個南海提出主權聲索。❶中國在南海的歷史性權利不具有主權性，這一事實也得到本案仲裁庭的認可。❷

歷史性權利是一項古老的權利，源於沿海國在歷史演進過程中對海域的開發與利用。這些行為長期而穩定存在的事實本身便反映了沿海國的歷史性主張，歷史性主張的性質和內容由沿海國在相關海域的具體實踐所決定，中國也不例外，中國在南海的歷史性權利是在長期的歷史過程中形

---

❶ 2012 年 2 月 29 日中國外交部新聞發言人洪磊在例行記者會上指出："南海爭議的核心是部分南沙島礁領土主權爭議和南海部分海域的劃界爭議。需要指出的是，沒有任何國家包括中國對整個南海提出主權聲索……事實證明，南海的航行自由和安全從來不是問題，沒有因為南海爭議受到任何影響。"《2012 年 2 月 29 日外交部發言人洪磊舉行例行記者會》，中華人民共和國外交部網站：http://www.fmprc.gov.cn/mfa_chn/wjdt_611265/fyrbt_611275/t909551.shtml，最後訪問時間：2016 年 8 月 10 日。

❷ See *The South China Sea Arbitration (the Republic of the Philippines v. the People's Republic of China)*, Award, 12 July 2016, p. 97, para. 229.

成的。● 回顧中國自古以來在南海海域的開發、利用和管理實踐，豐富的史料表明，中國在南海的活動包括：巡航、捕魚、通航、打擊海盜、海難救助，以及科學測量與調查等。● 歷史上，中國在南海的管理活動還得到南海周邊國家的支持和協助。● 自 1948 年斷續線地圖公佈以來，中國在南海的歷史性主張通過實踐得到延續和強化，在斷續線內積極開展資源開發、執法維權、測量調查、科學考察、定期巡航等活動。中國所主張的歷史性權利是通過各個歷史階段累積而成的。結合中國的各項實踐，中國在南海斷續線內所主張並享有的歷史性權利具體內容至少可以包括典型的歷史性捕魚權、歷史性航行權，以及為行使前述權利所必要的對相關海域的管轄權，這些權利在性質上並不具有排他性。

應注意的是，歷史性航行權在以《海洋法公約》為代表的現代國際海洋法中已失去實際意義，《海洋法公約》對不同海域內沿海國和非沿海國的航行權利作出詳細的規定，在相當程度上保障了各國在絕大部分海域的航行自由。中國在南海的中國領海、專屬經濟區和大陸架內的航行權利也受到保障，而在這些海域之外、斷續線之內的水域的航行自由也不受他國重疊性主張的影響，因為即便這些水域最終經過劃界成為他國的專屬經濟區和大陸架，中國依然可以依據《海洋法公約》享有航行自由。

高之國法官和賈兵兵教授認為，中國在南海斷續線內所主張並享有的

● 《中國外長王毅就所謂南海仲裁庭裁決結果發表談話》，2016 年 7 月 14 日，中華人民共和國駐多倫多總領館網站：http://www.fmprc.gov.cn/ce/cgtrt/chn/xw/t1381310.htm，最後訪問時間：2016 年 8 月 10 日。

● 參見袁古潔、李任遠：《歷史性權利對海洋權利的影響 —— 兼及中國南海權利主張》，載《中山大學法律評論》，2014 年第 3 期，第 181−183 頁。

● 參見傅崑成：《南（中國）海法律地位之研究》，台北：123 資訊有限公司，1995 年，第 62−85 頁。

歷史性權利具體內容包括對礦藏等資源勘探、開發的權利。❶ 筆者認為，若中國主張對斷續線內海域的礦藏資源的歷史性權利，將缺乏充分的國際法理上的依據和來自其他國家的實踐參照。鑒於對非生物資源的開採技術，特別是海底石油、天然氣、煤炭等資源的勘探和開發技術直至 20 世紀才得以逐漸成熟，國家依據長期的歷史性實踐對這些大陸架資源主張歷史性權利的可能性因客觀條件被削弱。中國在南海開採油氣資源的時間則更晚，並伴隨著對中國在南海開發油氣資源的抗議。因此，中國對南海油氣資源的開發在時間上難以形成一項歷史性權利，且中國難以證明其他國家對中國油氣資源開發的行為表示了默認或容忍。實際上，對海床和底土中的非生物資源的歷史性權利目前尚未有確切的國家實踐。因此，中國可以依據習慣國際法和《海洋法公約》有關大陸架的規定，來主張對島礁 200 海里範圍內大陸架的非生物資源的主權權利，並在地理條件允許的範圍內，主張 200 海里外大陸架的權利。

2. 中國在南海的歷史性權利與《海洋法公約》下的權利並不矛盾

首先，《海洋法公約》並未規範所有海洋法事項，正如《海洋法公約》序言所述，"本公約未予規定的事項，應繼續以一般國際法的規則和原則為準據"。《海洋法公約》第 10 條、第 15 條、第 51 條、第 62 條、第 298 條等規定體現了《海洋法公約》對歷史性權利的吸收和轉化，然而這種吸收

---

❶ 中國學者高之國和賈兵兵認為："'九段線'在經歷 60 餘年演變後，已經成為對歷來屬中國的南海諸島主權的宣示，並包括對在這些島嶼及其周圍海域中從事漁業、航行，以及包括礦藏等資源勘探開發等其他海洋活動的歷史性權利。" Zhiguo Gao & Bingbing Jia, "The Nine-Dash Line in the South China Sea: History, Status, and Implications", p. 108.

和轉化並不完全，未能就歷史性海灣、歷史性水域、歷史性所有權的定義、性質、要件等作出明確和具體的規定。❶《海洋法公約》在海洋秩序方面的規制範圍及效果有限，並未取代習慣國際法中的歷史性權利的法律制度。❷ 美國學者吉普塔（Sourabh Gupta）指出，中國能在非排他和非專屬的基礎上（on a non-exclusive and non-exclusionary basis）在斷續線內海域主張傳統捕魚權，因為《海洋法公約》第 62 條關於沿海國主張專屬經濟區時尊重他國傳統捕魚活動的規定和第 123 條關於半閉海漁業合作規定均認可這一類歷史性權利。❸ 此外，《海洋法公約》第 51 條第 1 款要求群島國尊重鄰國在群島水域內的傳統捕魚權。❹ 只是，該學者的觀點仍然過於保守，因為絕大部分的歷史性權利，特別是《海洋法公約》未加以詳細規定的非主權性質的歷史性權利，雖然存在條約法上的空白，卻不缺乏習慣國際法上的根據。1982 年國際法院在 "突尼斯與利比亞大陸架劃界案" 中，談及突尼

---

❶ 參見賈宇：《中國在南海的歷史性權利》，載《中國法學》2015 年第 3 期，第 182 頁。

❷ 參見談中正：《"歷史性權源" 在〈聯合國海洋法公約〉中的法律地位：兼論南海仲裁案中菲律賓的主張》，載《國際法研究》2016 年第 3 期，第 7－9 頁。

❸ Sourabh Gupta, "Testing China's - and the State Department's - nine-dash line claim", PacNet, No. 88, Pacific Forum CSIS, 15 December 2014, http://csis.org/files/publication/141215_Pac1488.pdf (last visited 15 August 2016) .《海洋法公約》第 62 條第 3 款："沿海國在根據本條准許其他國家進入其專屬經濟區時，應考慮到所有有關因素，除其他外，包括：該區域的生物資源對有關沿海國的經濟和其他國家利益的重要性，第六十九和第七十條的規定，該分區域或區域內的發展中國家捕撈一部分剩餘量的要求，以及盡量減輕其國民慣常在專屬經濟區捕魚或曾對研究和測定種群做過大量工作的國家經濟失調現象的需要。"《海洋法公約》第 123 條："閉海或半閉海沿岸國在行使和履行本公約所規定的權利和義務時，應互相合作。為此目的，這些國家應盡力直接或通過適當區域組織：(a) 協調海洋生物資源的管理、養護、勘探和開發……"

❹ 《海洋法公約》第 51 條第 1 款："在不妨害第四十九條的情形下，群島國應尊重與其他國家間的現有協定，並應承認直接相鄰國家在群島水域範圍內的某些區域內的傳統捕魚權利和其他合法活動。行使這種權利和進行這種活動的條款和條件，包括這種權利和活動的性質、範圍和適用的區域，經任何有關國家要求，應由有關國家之間的雙邊協定予以規定。這種權利不應轉讓給第三國或其國民，或與第三國或其國民分享。"

斯主張的歷史性捕魚權時指出："一般國際法沒有為歷史性水域或歷史性海灣規定單獨的制度,只是為每一個具體的、公認的歷史性水域或歷史性海灣的情形作了特殊規定。實際情況顯然是,歷史性權利或歷史性水域概念與大陸架概念是由習慣國際法中的不同法律制度所支配。"❶ 雖然該判決是在《海洋法公約》正式通過前作出的,但國際法院充分考慮到了海洋法的最新發展,因此,國際法院就歷史性權利在國際法中的地位發表的意見與解釋和適用《海洋法公約》條款直接相關。❷ 這表明,歷史性權利的有關概念繼續受到《海洋法公約》以外的一般國際法規則的支配。

其次,《海洋法公約》的任何條款均未排斥沿海國疊加地主張歷史性權利和《海洋法公約》下的海洋區域權利。部分《海洋法公約》規定對歷史性權利的概念予以承認,如歷史性海灣和歷史性捕魚權,直接表明有關歷史性權利可以在《海洋法公約》的制度框架內得到保障和實現。在本案中,儘管歷史性權利與《海洋法公約》專屬經濟區和大陸架制度之間的關係存在爭議,但《海洋法公約》的海域權利制度並不當然排斥歷史性權利。菲律賓在訴狀中試圖依據《海洋法公約》的第 56 條、第 57 條、第 76 條和第 77 條來論證《海洋法公約》僅規定了沿海國可以在領海外主張專屬經濟區和大陸架,而不能主張任何其他海洋權利。❸ 這些條款規定了專屬經濟區和大陸架的定義,以及沿海國在這兩類海域內的權利、管轄權和義務。同時,這些條款也為其他國家設立了義務,即其他國家應當尊重沿海國合法主張的專屬經濟區和大陸架權利。但是,在海洋劃界爭端尚未解決的情況

---

❶ *Case Concerning the Continental Shelf (Tunisia v. Lybian Arab Jamahiliya)*, Judgment, 24 February 1982, *I.C.J. Reports* 1982, para. 100.

❷ 王軍敏:《國際法中的歷史性權利》,第 32 頁。

❸ See Memorial of the Philippines (30 March 2014), p. 69, para. 4.2.

下，在重疊主張的海域範圍內，中國並無義務承認菲律賓可以合法地擁有《海洋法公約》所規定的專屬經濟區和大陸架權利，同理，菲律賓和仲裁庭也無權利依據《海洋法公約》否定中國依據習慣國際法主張的歷史性權利。

基於以上分析理由，中國在南海的歷史性權利與《海洋法公約》所規定的各項權利並不矛盾，中國在斷續線內可以疊加地主張領海、專屬經濟區、大陸架與歷史性權利。

（二）仲裁裁決不影響中國在斷續線內的歷史性權利

菲律賓提起的第 1 項和第 2 項仲裁訴求，直指中國的南海斷續線，它們成為菲律賓提起的 15 項訴求中最為重要的請求。菲律賓的這兩項訴求，請求仲裁庭裁定：中國在南海的海洋權利，如菲律賓的一樣，不能超過《海洋法公約》明文允許的範圍；中國主張的對 "九段線" 範圍內的南海海域的主權權利和管轄權以及 "歷史性權利"，同《海洋法公約》規定相違背，這些主張在超過《海洋法公約》明文允許的中國海洋權利的地理和實質限制的範圍，不具有法律效力。仲裁庭在最終裁決中支持了菲律賓的這兩項訴求。❶ 下文將論證，仲裁庭的裁決結果只是否定了中國在南海主張排他性歷史性權利的合法性，而不論仲裁庭是否對第 1、2 項訴求所反映的歷史性權利爭端擁有管轄權，也不論實體裁決結果是否確有國際法上依據，本案裁決並不影響中國在斷續線內繼續主張非排他性的歷史性權利。

---

❶ See *The South China Sea Arbitration (the Republic of the Philippines v. the People's Republic of China)*, Award, 12 July 2016, p. 473, para. 1203. B.

1. 仲裁庭對中國歷史性權利的性質作出誤判

仲裁庭在 2016 年裁決中就中國在斷續線內歷史性權利主張的性質進行分析，主要依靠 3 項證據認定中國主張對斷續線內生物和非生物資源的非主權性歷史性權利。❶ 儘管仲裁庭並未分析中國的歷史性權利主張是否具有排他性，即在中國不對線內海域主張歷史性水域的情況下，中國是否仍主張中國的歷史性權利主張排斥其他國家在斷續線內勘探和開發生物和非生物資源，但是，從菲律賓所呈交的、仲裁庭所接受的 3 項證據來看，仲裁庭已經將中國的歷史性權利主張界定為一項具有排他性的歷史性權利主張。

仲裁庭所依賴的 3 項證據分別是，第一，中國海洋石油總公司在 2012 年公佈南海地區 9 個開放招標區塊；第二，2011 年 6 月 30 日，為抗議菲律賓在斷續線內公佈石油開發區塊，中國駐馬尼拉大使館照會菲律賓外交部提出抗議；第三，2012 年 5 月，中國政府發佈《農業部南海區漁政局關於 2012 年南海海域伏季休漁的公告》，規定："在北緯 12 度至'閩粵海域交界線'的中華人民共和國管轄的南海海域（含北部灣）"實施休漁。❷ 這些證據似乎指向一個事實：中國拒絕包括菲律賓在內的其他國家在斷續線內開發和利用油氣資源和生物資源。菲律賓在 2015 年 11 月 24 日的聽證會上也指出，中國在南海主張的歷史性權利不是對海洋的主權主張，而是對斷續線內所有水體和海床的生物和非生物資源的排他性權利。❸

---

❶ *The South China Sea Arbitration (the Republic of the Philippines v. the People's Republic of China)*, Award, 12 July 2016, pp. 91–92, para. 214.

❷ See *The South China Sea Arbitration (the Republic of the Philippines v. the People's Republic of China)*, Award, 12 July 2016, pp. 86–91, paras. 207–213.

❸ Hearing on the Merits and Remaining Issues of Jurisdiction and Admissibility (Day 1, 24 November 2015), *The South China Sea Arbitration (the Republic of the Philippines v. the People's Republic of China)*, Permanent Court of Arbitration, p. 27.

仲裁裁決最終接納了菲律賓的觀點，在分析歷史性權利與《海洋法公約》所規定的專屬經濟區之間的關係時，指出："對生物和非生物資源的主權權利這一表述，在一般情況下與其他國家對相同資源的歷史性權利相互矛盾，特別是當該歷史性權利被認為是排他的，正如像中國所主張的歷史性權利所看上去的那樣。"❶

如前文所述，中國在斷續線內的歷史性權利在性質上不具有排他性，在簽署《海洋法公約》和宣佈中國的專屬經濟區權利以前，中國在歷史上從未限制或禁止他國漁民在斷續線內從事資源開採活動。菲律賓所呈交的3項證據與歷史性權利主張的聯繫亦不明顯，這3項證據的內容完全可以被合理地解釋為中國在斷續線內依據《海洋法公約》規定來主張和行使專屬經濟區和大陸架權利的行為，而並不反映中國歷史性權利主張的性質。

因此，仲裁庭對中國歷史性權利性質的認定缺乏合理的事實基礎，這種誤判將直接導致如下後果：仲裁庭在實體階段就所謂的中國排他性歷史性權利的合法性問題所作裁決與本案的實際情況無關，中國在斷續線內的非排他性歷史性權利不受裁決的影響。

2. 非排他性的歷史性權利為公海自由原則所包容

仲裁庭在 2016 年最終裁決的實體部分對菲律賓第 1、2 項訴求作出裁決，不僅在《海洋法公約》規則層面裁定中國在斷續線內的歷史性權利與《海洋法公約》專屬經濟區和大陸架制度不符，更進一步對中國在《海洋法

---

❶ *The South China Sea Arbitration (the Republic of the Philippines v. the People's Republic of China)*, Award, 12 July 2016, p. 102, para. 243.

公約》生效之前的歷史性權利是否合法成立問題作出裁定，❶後者顯然不是一項關於《海洋法公約》解釋和適用的爭端，而是一項關涉習慣國際法下的歷史性權利的合法性問題。依據《海洋法公約》第 288 條第 1 款，本案仲裁庭只對有關《海洋法公約》解釋和適用的爭端擁有管轄權，因此，仲裁庭就《海洋法公約》生效前中國歷史性權利的合法性問題所作的任何裁決結果均超越仲裁庭的管轄權，對當事方無效。

然而，仲裁庭在這一部分的裁決意見涉及歷史性權利與公海自由原則之間的關係問題，可能在法理上對中國在斷續線內主張非排他性歷史性權利不利。因此，為釐清中國歷史性權利的合法性問題，本文有必要對仲裁庭相關的法律觀點進行分析和回應。

仲裁庭提出了歷史性權利的法理前提，它認為歷史性權利在本質上是一項 "例外權利"，指的是那些國家本不應享有，卻在歷史過程中形成並得到其他國家的默認後方能享有的那類權利。故而國家行使國際法所賦予的自由的情況是不會產生一項歷史性權利的，因為其他國家不會對一項合法權利表達所謂的默認。將此理論推及至南海，仲裁庭認為，在《海洋法公約》所代表的現代國際海洋法制度形成前，幾乎南海所有海域都是公海的一部分，受公海自由原則支配，故在相當長的歷史過程中，中國在南海所從事的航行、貿易和捕魚等活動不過是在行使公海自由下的權利。因此，中國在南海的歷史實踐不會產生歷史性權利。❷

首先，仲裁庭對歷史性權利法理基礎的分析，實際上不適用於仲裁庭

---

❶ See *The South China Sea Arbitration (the Republic of the Philippines v. the People's Republic of China)*, Award, 12 July 2016, pp. 112–115, paras. 263–272.

❷ *The South China Sea Arbitration (the Republic of the Philippines v. the People's Republic of China)*, Award, 12 July 2016, pp. 113–114, paras. 268–270.

所認定的中國的"排他性歷史性權利"。公海自由原則允許沿海國在公海行使航行、飛越、捕魚等權利，該權利同時為所有沿海國所享有。但是，若沿海國的歷史實踐反映了該國對某片公海海域內的資源或空間的排他性控制或壟斷，則該實踐已經超出了公海自由的範疇。正如仲裁庭指出的，若要論證中國在南海存在歷史性權利，則須證明中國所從事的活動偏離了公海自由原則，須證明中國在歷史實踐中禁止或限制他國在南海開發資源，可是仲裁庭找不到支持這一事實的證據。❶既然如此，仲裁庭對歷史性權利法理基礎的分析，與論證所謂中國排他性歷史性權利是否合法並無關聯。同時，仲裁庭承認中國在歷史上並未對南海資源形成控制和壟斷的事實，也從側面反映了仲裁庭的自相矛盾：雖認為中國主張了排他性的歷史性權利，卻無法從歷史中獲得事實依據以證明這項主張的存在。

其次，仲裁庭關於歷史性權利與公海自由原則之間關係的論述亦不符合國際法的理論和實踐。

英國國際法學家菲茨莫里斯（Sir Gerald Fitzmaurice）是這樣看待非排他性的歷史性權利與公海自由原則之間的關係的：一方面，菲茨莫里斯認為，當一項歷史性權利主張不具有排他性時，無需其他國家的明示承認或者默認，歷史上長期行使這項權利的事實本身便足以證明歷史性權利主張的成立。其背後的法理依據依舊是公海自由原則。以歷史性捕魚權為例，既然所有國家都有權在公海捕魚，也就沒有必要去證明其他國家對一國捕魚行為的同意或默認，而只需證明存在捕魚的事實。另一方面，菲茨莫里斯認為，遠洋捕魚國家不僅僅是在行使公海自由，這些國家的漁船自遠古

---

❶ *The South China Sea Arbitration (the Republic of the Philippines v. the People's Republic of China)*, Award, 12 July 2016, p. 114, para. 270.

以來在某些海域長期從事捕魚活動的習慣使得這些國家取得了一種既得利益，即便該海域成為他國的領海，這種既得的捕魚權也應繼續得到尊重。❶中國國際法學者王軍敏教授亦指出，在公海自由的背景下，實踐中可能出現一國國民長期在特定海域從事捕魚活動並形成某種程度的壟斷，該壟斷得到其他國家的漁民的尊重，可以說該國通過其國民對所涉海域的漁業資源取得了非專屬意義上的歷史性權利，應得到其他國家的尊重。❷應當認為，非排他性的歷史性捕魚權產生於國家行使公海自由的歷史實踐，當該歷史實踐形成沿海國的一項既得利益或達到某種程度的"壟斷"，則該國的捕魚權利已經超越公海自由的範疇，足以形成一項歷史性權利。

仲裁庭以國際法院分庭在 1984 年"緬因灣劃界案"的判決意見作為依據，論證中國行使公海自由的行為不能形成一項歷史性權利。仲裁庭指出："'緬因灣案'的法庭承認美國在喬治淺灘（Georges Bank）的歷史性捕魚活動只不過是行使國際法所允許的公海自由。"仲裁庭實際上曲解了國際法院在該案的法律觀點。20 世紀 50 年代後，美國和加拿大及當時的蘇聯等國家都在緬因灣口之外的喬治淺灘大規模地捕捉扇貝類和鱈魚類資源。國際法院分庭確認為緬因灣封口線之外的水域原是公海的一部分，對美國和其他國家開放，而其他國家事實上也在相關海域進行捕魚。❸然而，國際法院分庭為了該海域專屬經濟區劃界的目的，決定不認可美國過去的捕魚活動可以決定性地影響該海域劃界的走向，理由是，隨著 1977 年美國

---

❶ G. Fitzmaurice, "The Law and Procedure of the International Court of Justice ,1951–54: General Principles and Source of Law", (1953) 30 *British Year Book of International Law* 1, pp. 30, 51.

❷ 王軍敏：《國際法中的歷史性權利》，第 248 頁。

❸ *Case Concerning Delimitation of the Maritime Boundary in the Gulf of Maine Area (Canada/United States of America)*, Judgment, 12 October 1984, *I.C.J. Reports* 1984, pp. 341–342, para. 235.

宣佈 200 海里的專屬漁區，美國在某一歷史階段內在該海域的漁業優勢已經轉化為專屬漁區而取得法律上的壟斷，故不能再依賴曾經的漁業優勢地位來影響海洋劃界。[1]事實上，國際法院分庭從未以公海自由原則為依據對美國在喬治淺灘是否存在歷史性權利作出評價，該劃界案的判決意見對於本次仲裁庭的觀點並無參考價值。"緬因灣劃界案"的情況與南海的情況不具有可比性。[2]在本次仲裁案中，菲律賓通過第 3－7 項訴求否定中國在所謂"西菲律賓海域"主張專屬經濟區的合法性並得到仲裁庭的認同，相當於仲裁庭認為中國無法借助《海洋法公約》的專屬經濟區制度，來轉化和實現既得的傳統捕魚利益，這與美國的情況截然相反。即便仲裁庭不否認中國在有關海域的專屬經濟區權利，在仲裁庭無權審理中菲海洋劃界爭端的情況下，"緬因灣劃界案"有關傳統捕魚利益不能影響海洋劃界的判決意見也與本次仲裁無關。

抛開"緬因灣劃界案"，1974 年英國與冰島、德國與冰島之間的"漁業管轄權案"對於闡釋歷史性權利與公海自由原則之間的關係更具有直觀的啟示意義。1971 年，冰島宣佈將專屬漁區從原來的 12 海里擴大到 50 海里，並不顧英國和德國的反對，於 1972 年 7 月制定法規，禁止外國船隻在專屬漁區內開展漁業活動。英、德兩國在 1972 年先後就冰島單方面擴大專屬漁區的行為向國際法院提起訴訟，英國強調本國在爭議水域長期進行大規模的漁業捕撈活動，這對本國的漁業和相關產業具有不可替代的意義。[3]

---

[1] *Case Concerning Delimitation of the Maritime Boundary in the Gulf of Maine Area (Canada/United States of America)*, Judgment, 12 October 1984, *I.C.J. Reports* 1984, pp. 341–342, para. 235.

[2] 中國國際法學會在《南海仲裁案裁決之批判》一書中亦指出了"緬因灣劃界案"與南海仲裁案歷史性權利爭議之間的差異，但認為兩者的差異在於美國主張的佔優勢的漁業活動類似於"慣常捕魚"活動，在性質上不是歷史性權利。(中國國際法學會：《南海仲裁案裁決之批判》，第 201 頁。)

[3] *Fishery Jurisdiction Case (United Kingdom v. Iceland)*, Merits, Judgment, 25 July 1974, *I.C.J. Reports* 1974, p. 28, paras. 63–64.

德國也舉證證明了和英國相似的情況。^❶ 國際法院判定英、德兩國在爭議水域均擁有歷史性捕魚權，該權利是一種既得權利。^❷ 國際法院還將歷史性捕魚權與沿海國的漁業優先權進行類比分析，認為兩者都考慮了沿岸居民對漁業的依賴性，並涉及有效開發和養護魚群資源等其他利益。^❸ 國際法院認為，國家長期以來對公海漁業資源主張並實際享有的特殊和重大利益，是歷史性捕魚權和沿海國漁業優先權在法理上的共性，並決定了兩者在同一水域可以共存，兩種漁業權都不是絕對的，均以對方的特殊利益為限度。^❹ 可以認為，在公海自由原則下形成的重大漁業利益，是國際法院認定英、德兩國歷史性捕魚權成立的主要及首要依據。正如學者所指出的，國家的重大漁業利益也可以構成歷史性權利的法理基礎，^❺ 該法理基礎源自公海自由原則，並為公海自由原則所包容。

　　綜合上述法理和國際司法實踐的分析，非排他性的歷史性權利在本質上並不是所謂的"例外權利"，該權利不是對公海自由的違背和偏離，而是公海自由原則所允許的一類既得權利。當仲裁庭在適用公海自由原則

---

❶ *Fishery Jurisdiction Case (Federal Republic of Germany v. Iceland)*, Merits, 25 July 1974, Judgment, *I.C.J. Reports* 1974, p. 197, para. 55.

❷ *Fishery Jurisdiction Case (United Kingdom v. Iceland)*, Merits, 25 July 1974, Judgment, *I.C.J. Reports* 1974, p. 30, para. 69; *Fishery Jurisdiction Case (Federal Republic of Germany v. Iceland)*, Merits, 25 July 1974, Judgment, *I.C.J. Reports 1974*, pp. 198–199, para. 61.

❸ *Fishery Jurisdiction Case (United Kingdom v. Iceland)*, Merits, 25 July 1974, Judgment, *I.C.J. Reports* 1974, p. 29, para. 66; *Fishery Jurisdiction Case (Federal Republic of Germany v. Iceland)*, Merits, 25 July 1974, Judgment, *I.C.J. Reports* 1974, pp. 197–198, para. 58.

❹ *Fishery Jurisdiction Case (United Kingdom v. Iceland)*, Merits, 25 July 1974, Judgment, *I.C.J. Reports* 1974, pp. 30–31, para. 71; *Fishery Jurisdiction Case (Federal Republic of Germany v. Iceland)*, Merits, 25 July 1974, Judgment, *I.C.J. Reports* 1974, p. 200, para. 63.

❺ 李任遠：《歷史性權利法理基礎研究 —— 以海洋中歷史性權利的產生與發展為視角》，載《太平洋學報》2015 年第 10 期，第 10 – 11 頁。

時，不應將其與歷史性權利二元對立。因此，就本案而言，中國在南海的非排他性歷史性權利並不受仲裁庭的裁決意見所影響。

五、結語

南海斷續線是中國政府對南海的領土主權、海洋權益的集中表達和形象概括，也是對二戰後南海秩序的恢復與鞏固。斷續線對於聲明和維護中國的如下權益具有重要意義：第一，中國在斷續線內對南海諸島，包括其中的島、礁、灘、沙可以基於群島整體性原則擁有領土主權；第二，中國可以依據《海洋法公約》主張南海諸島的各類海域權利；第三，中國在斷續線內海域擁有非排他性的歷史性權利；第四，斷續線是中國單方面提出的海洋權益邊界線，具有將來輔助和促成海域劃界的重要功能。這四層權益內涵具有雙重的國際法依據，包括習慣國際法關於領土取得和歷史性權利的規則，以及《海洋法公約》有關海域權利的制度。

在南海仲裁案中，菲律賓憑藉訴訟技巧，通過設計和包裝訴求的方式，將南海斷續線所代表的海洋權益提交仲裁庭審理，利用"三板斧"試圖架空斷續線的權利內涵。但是，菲律賓試圖否定斷續線在南海海域的國際法效力已被法律和事實證實為徒勞之舉。

實際上，斷續線作為一條"島礁歸屬線"和"歷史性權利線"的法律地位不受《海洋法公約》的調整。《海洋法公約》並未涵蓋所有的海洋法律規則，對於斷續線所代表的在漫長歷史中形成的領土主權和歷史性權利，更是鞭長莫及。根據《海洋法公約》附件七成立的臨時仲裁庭的管轄權範圍僅限於解釋和適用《海洋法公約》所產生的爭端，故對菲律賓所提的關於低潮高地的佔有問題和歷史性權利的合法性問題等爭議事項並無管轄權。因此，仲裁庭突破管轄權限制所得的裁決結果並不具有法律拘束力。需指出的是，仲裁庭是基於對中國歷史性權利主張內涵和性質的錯誤認識來否認中國主張的合法性的，故而無論裁決在管轄權和實體問題上是否有依據，有關裁決結果都不能限制中國繼續在斷續線內主張非排他性的歷史性權利。

可以認為，無論是《海洋法公約》規定本身，還是現有的國家實踐，都支持中國對斷續線內南海諸島的整體主張，即包括領海、專屬經濟區和大陸架在內的海域權利。關於中國在南海諸島能否適用直線基線的問題，不僅不在菲律賓所提交的爭端的範圍內，而且屬於《海洋法公約》的遺留問題，仲裁庭藉此次機會所發表的有關法律意見也不具有法律拘束力。此外，仲裁庭對《海洋法公約》第 121 條第 3 款的解釋已明顯超越了該條款的基本含義，仲裁庭依據其創設的關於認定島嶼的嚴苛標準來否定太平島等南沙島礁的島嶼地位和海域權利的裁決，與《海洋法公約》的規定和精神背道而馳。

雖然仲裁裁決在表面上似乎證實菲律賓的訴求具有國際法依據，但裁決本身具有的種種謬誤和漏洞，實際上嚴重削弱了裁決的公正性與合法性，因此裁決無法動搖南海斷續線及其所代表的權益。究其根本，《海洋法公約》及其爭端解決機制在南海斷續線的合法性問題上並無可適用性。

總之，南海仲裁案對南海斷續線的法律地位不產生任何實質影響。中國政府在“不接受、不參加、不承認、不執行”本次仲裁的立場下，可以在國際法所允許的範疇內，繼續堅定地維護南海斷續線及其所代表的中國在南海所享有的領土主權和海洋權益。

南海仲裁案歷史性權利訴求管轄權問題 *

　　2016 年 7 月 12 日，由菲律賓單方面依據《海洋法公約》附件七提起的南海仲裁案最終裁決公佈，仲裁庭認定對菲律賓所提的與中國南海歷史性權利相關的訴求擁有管轄權，並在實體階段裁決中國的歷史性權利違反包括《海洋法公約》在內的國際法規則。❶

　　菲律賓在第 1、2 項訴求中請求仲裁庭裁決：中國在南海的海洋權利不得超越《海洋法公約》所明確允許的範圍，且中國在南海斷續線內歷史性權利因違反公約而不具有法律效力。❷ 仲裁庭經歷了管轄權和可受理性問題階段和針對剩餘管轄權和實體問題階段的兩個階段審理和裁決，最終認定

*　　作者：黃靖文，中山大學法學院博士研究生；黃瑤，中山大學法學院教授、中國南海研究協同創新中心研究員、博士生導師。本文原載於《太平洋學報》2017 年第 1 期。

❶　*The South China Sea Arbitration (the Republic of the Philippines v. the People's Republic of China)*, Award, 12 July 2016, Permanent Court of Arbitration, pp. 471, 473, para. 1203.

❷　*The South China Sea Arbitration (the Republic of the Philippines v. the People's Republic of China)*, Award on Jurisdiction and Admissibility, 29 October 2015, Permanent Court of Arbitration, p. 34, para. 101.

對本案歷史性權利訴求擁有管轄權。在 2015 年 10 月 29 日公佈的管轄權階段裁決中，仲裁庭認定第 1、2 項訴求涉及一個真實存在的爭端，且該爭端在性質上是 "南海海洋權利來源和《海洋法公約》地位的爭端"，是關於《海洋法公約》解釋和適用的爭端，並駁回了中國認為有關爭端在實質上構成領土主權和海洋劃界爭端的一部分的立場。❶ 考慮到仲裁庭是否擁有管轄權的問題，還取決於中國的歷史性權利主張在性質上是否屬《海洋法公約》第 298 條所指的 "歷史性海灣或所有權"，從而被排除在管轄事項範圍之外這一因素，故仲裁庭在 2016 年公佈的最終裁決中，首先就中國歷史性權利主張的性質作出認定，並最終裁定中國不能依據第 298 條排除仲裁庭對第 1、2 項訴求的管轄權。❷

本文將結合國際法規則和國際司法實踐的慣常實踐，在系統研讀仲裁庭的 2015 年管轄權裁決和 2016 年最終裁決基礎上，從三個視角分析本案歷史性權利訴求的管轄權問題。先從證據視角解讀仲裁庭關於中菲之間存在歷史性權利爭端的結論是否擁有客觀事實上的依據。接著，退一步來說，假設此爭端存在，那麼基於《海洋法公約》第 288 條和第 298 條的條文規定和精神，分析所謂的歷史性權利爭端的性質，據此質疑仲裁庭能否合法地對菲律賓所提的第 1、2 項訴求確立管轄權。

---

❶ *The Republic of the Philippines v. the People's Republic of China*, Award on Jurisdiction and Admissibility (29 October 2015), pp. 140–141, para. 398.

❷ 《海洋法公約》第 298 條第 1 款第（a）(i) 項允許締約國作出書面聲明，將 "關於劃定海洋邊界的第十五、第七十四、第八十三條在解釋或適用上的爭端"，以及 "涉及歷史性海灣或所有權的爭端" 等一類或一類以上的爭端排除強制爭端解決程序的管轄。中國於 2006 年 8 月 25 日作出了此類聲明，對關於海洋劃界、涉及歷史性海灣或所有權等幾類爭端不接受強制程序的管轄。

一、從證據角度看歷史性權利爭端是否真實存在

為確立本案仲裁庭對菲律賓第 1、2 項訴求的管轄權，仲裁庭應首先說明中菲之間存在一個真實的歷史性權利爭端。然而，縱觀 2015 年和 2016 年裁決所援引的證據，仲裁庭的論證缺乏充分的客觀事實依據。在展開具體論述之前，先簡要闡述判斷歷史性權利爭端存在與否的界定標準。

（一）歷史性權利爭端存在與否的界定標準

國際法理論和實踐對爭端存在與否的界定標準提出較高的要求。[1] 英國學者梅里爾斯（J. G. Merrills）指出，爭端是關於事實、法律或政策上的具體分歧，存在一方的主張或論斷以及另一方的拒絕、反主張或否認。[2] 換言之，一方面，爭端的內容需具體化，即存在一個或幾個得到合理、充分界定的主題事項。[3] 另一方面，爭端需具有明顯的對抗性，一方對另一方的觀點或主張提出了積極的反對。本案仲裁庭在證明存在有關歷史性權利的爭端時，需從客觀事實中尋求支持，而不能僅從菲律賓一方的觀點得出推

---

[1] 仲裁庭總結了爭端是否存在的幾個界定標準，這些觀點來自國際法院及其前身常設國際法院在多個判決和諮詢意見案中的觀點。*The South China Sea Arbitration (the Republic of the Philippines v. the People's Republic of China)*, Award on Jurisdiction and Admissibility, 29 October 2015, pp. 57–58, 63–64, paras. 149, 161–163.

[2] J. G. Merrills, *International Dispute Settlement* (Cambridge University Press, 5th edn., 2011), p. 1.

[3] Richard B. Bilder, "Overview of International Dispute Settlement", (1986) 1 *Emory Journal of International Dispute Resolution* 1, p. 4；〔英〕馬爾科姆‧N‧肖著、白桂梅等譯：《國際法》（第六版），北京大學出版社，2011 年，第 844 頁。

論。國際法院在 1998 年 "漁業管轄權案" 中指出,法院將基於當事方的申請和最終訴求、外交上的意見交換、公開聲明和其他相關證據來決定是否存在一項真實的爭端。[●] 可見,為滿足客觀性的要求,本案仲裁庭所依賴的證據還需盡可能充分而全面。

此外,一項關於歷史性權利的爭端是否真實存在,還應結合歷史性權利的特殊性加以考慮。歷史性權利是一項在歷史中形成的權利,源於沿海國在歷史演進過程中對海洋的開發與利用,是習慣國際法規則所承認的一類海洋權益。[●] 因此,為證明一項歷史性權利主張的存在,仲裁庭有必要回顧中國歷史上在南海是否存在行使某一類海洋權利的行為,或中國是否在一些聲明、立法和行動中將開發、利用海洋的漫長歷史作為海洋權利主張的法理依據。

值得注意的是,歷史性權利作為受到習慣國際法所規範的一類權利,可能與《海洋法公約》規定的海洋權利在內容上發生重疊。例如,歷史性捕魚權和專屬經濟區都可能為國家主張漁業資源權提供國際法上的依據。故而國家行使權利的一些行為,既可以被解讀為行使歷史性權利的行為,

---

[●]　*Fisheries Jurisdiction (Spain vs. Canada)*, Judgment on Jurisdiction of the Court, 4 December 1998, *I. C. J. Reports* 1998, p. 449, para. 31.

[●]　通過考察國際司法、仲裁實踐,從有關國家、法庭和仲裁庭的表述可以看出,歷史性權利在內涵上應作廣義和狹義的區分。廣義的歷史性權利,英語通常表述為 "historic rights",一般是指國家基於長期、持續的歷史實踐,在得到國際社會承認、默認或容忍的情況下,取得對特定陸地、水域、水域中的資源或從事相關活動的權利,這種權利既可以是主權,例如歷史性海灣,也可以是尚未達到主權高度的勘探、開發資源的權利、管轄權等權利。狹義的歷史性權利,英文的表述也是 "historic rights",僅指那些尚未達到主權高度的歷史性權利,例如歷史性捕魚權(又被稱為 "傳統捕魚權")。對於非主權性質的歷史性權利,依據沿海國是否反對或禁止其他國家行使同樣的權利,可以在性質上進一步區分為排他性和非排他性的歷史性權利。與歷史性權利相關的概念包括歷史性所有權(historic titles)、歷史性水域(historic waters)、歷史性海灣(historic bays)、歷史性捕魚權(historic fishing rights)、傳統捕魚權(traditional fishing rights)等。

也可以被視為行使《海洋法公約》所規定的海洋區域權利的行為。此時，必須根據相關語境對有關行為予以合理的解釋，謹慎地將行使歷史性權利的證據和行使《海洋法公約》下權利的證據區分開來，不可混為一談。

綜合國際爭端存在與否的一般標準和歷史性權利爭端的特殊性，本案仲裁庭在認定中菲之間是否真實地存在歷史性權利爭端時，應充分地援引證據證明：第一，中國通過歷史實踐或公開聲明在南海提出了歷史性權利主張；第二，菲律賓明確反對中國的歷史性權利主張；第三，有關證據只能被合理地解釋為中國主張和行使歷史性權利的證據，而非中國依據《海洋法公約》主張和行使專屬經濟區和大陸架海域權利的證據。

（二）本案證據不足以證明歷史性權利爭端的存在

1. 2009 年和 2011 年中菲兩國的外交照會不足以證明爭端存在

在 2015 年的管轄權階段裁決中，仲裁庭已認定菲律賓所提的第 1、2 項訴求反映了一項存在於中菲之間的關於 "南海海洋權利來源以及中國所主張的 '歷史性權利' 與《海洋法公約》條款之間的關係的爭端"。❶ 仲裁庭所依據的事實僅來自菲律賓提交的三封照會。

2009 年，越南、馬來西亞向聯合國大陸架界限委員會提交南海南部 200 海里以外大陸架劃界案申請。對此，中菲在隨後分別向聯合國秘書長

---

❶ *The South China Sea Arbitration (the Republic of the Philippines v. the People's Republic of China)*, Award on Jurisdiction and Admissibility, 29 October 2015, p. 64, para. 164.

呈交了兩封照會。[●] 2009 年 5 月 7 日的中國照會重申："中國對南海諸島及其附近海域擁有無可爭辯的主權"。2009 年 8 月 4 日，菲律賓提交照會表示："包含北婆羅洲在內地區的一些島嶼的領土主張存在爭議。"2011 年 4 月 5 日，菲律賓在另一封照會中，針對中國 2009 年 5 月 7 日的照會提出了相反的主張，聲明道："卡拉延群島構成菲律賓不可或缺的一部分。" 2011 年 4 月 14 日，中國再發照會回應菲律賓，指出："菲律賓所稱的'卡拉延群島'完全是中國南沙群島的一部分。"

從以上內容可以看出，這三封照會所涉主題並非中菲之間的歷史性權利爭端，而是兩國在南海的領土主權爭端。事實上，維護島礁的領土主權是中菲兩國遞交照會的主要動因。越南和馬來西亞提交的外大陸架劃界案將南沙群島置於馬來西亞和越南的管轄海域範圍內，而依據《大陸架界限委員會議事規則》附件一第 5 條，如果存在陸地或海洋爭端，除非爭端所有當事國事前表示同意，委員會不應當審議有關的劃界案。據此，菲律賓和中國須及時提交反對意見，聲明反對委員會審議相關外大陸架劃界案。

不可否認的是，中菲在上述照會中也分別提出了部分重疊的海洋主權權利和管轄權主張，形成海洋劃界爭端，但並非如仲裁庭所言，是一個關於南海海洋權利來源和歷史性權利與《海洋法公約》之間關係的爭端。中國在 2009 年 5 月 7 日照會中附上了南海斷續線地圖，並聲明中國"對相關海域及其海床和底土享有主權權利和管轄權"。中國在 2011 年 4 月 14 日

● 這四封照會分別是："Communication dated 7 May 2009 by China"，"Communication dated 5 April 2011 by China"，"Communication dated 4 August 2009 by Philippines"，"Communication dated 5 April 2011 by Philippines"，聯合國網站：http://www.un.org/depts/los/clcs_new/submissions_files/submission_vnm_37_2009.htm，最後訪問時間：2016 年 11 月 1 日。

的照會中更具體地指出："中國南沙群島擁有領海、專屬經濟區和大陸架。"菲律賓在 2011 年 4 月 5 日的照會中聲明，有關區域的水域、海床和底土在性質上是《海洋法公約》規定的領海、專屬經濟區和大陸架。❶ 由此可見，中菲在南海存在重疊的海洋權利主張，且主張的權利內容都被表述為"主權"、"主權權利"和"管轄權"。

需指出的是，"主權權利"一般專指沿海國在大陸架和專屬經濟區享有的權利，是現代國際海洋法發展過程中形成的概念。美國國務院在 2014 年 12 月發佈的研究報告也指出，中國照會中的"主權權利和管轄權"可以被理解為對專屬經濟區和大陸架的權利。❷ 中菲的上述照會均以《海洋法公約》作為本國海洋權利主張的法律依據，從未明確地將"主權權利和管轄權"與歷史性權利相聯繫。

然而，仲裁庭從上述照會中得出了不同的推論。仲裁庭認為中國在 2009 年照會中所附的斷續線地圖"描繪了一項似乎具有擴張性的海洋權利主張"。❸ 然而，中國事實上並未聲明該"擴張性"的權利主張是一項歷史性權利主張，抑或是《海洋法公約》框架下的專屬經濟區和大陸架權利主張。仲裁庭在 2016 年裁決中也指出："大部分'九段線'所包圍的區域也落入了根據南沙群島幾處海洋地物所提出的專屬經濟區或大陸架權利主張

---

❶ 菲律賓在 2011 年 4 月 5 日的照會中聲明："關於這些區域，其水域、海床和底土的主權和管轄權或主權權利屬作為沿海國或群島國的菲律賓，這些水域、海床和底土在性質上是由《海洋法公約》第 3、4、55、57、76 條所規定的領海、200 海里專屬經濟區或大陸架。"

❷ U.S. Department of State, "Limits of the Seas No. 143, China: Maritime Claims in the South China Sea", 5 December 2015, pp. 11–12, http://www.state.gov/documents/organization/234936.pdf (last visited 1 November 2016).

❸ *The South China Sea Arbitration (the Republic of the Philippines v. the People's Republic of China)*, Award on Jurisdiction and Admissibility, 29 October 2015, p. 65, para. 167.

範圍內。"❶ 在本案中，斷續線地圖與歷史性權利主張之間的聯繫亦缺乏其他證據的支持。此外，仲裁庭還注意到，中國在前述 2011 年的照會中提到"充分的歷史和法律根據"。❷ 實際上，照會中這句話的完整表述是"中國在南海的主權及相關權利和管轄權有著充分的歷史和法律根據"。"歷史根據"可能僅指支持島礁主權的證據，而與歷史性權利無關。

當對同一證據的解釋存在不同結論時，仲裁庭應選擇其中更為客觀、審慎的結論。顯然，在缺乏其他補充證據的情況下，前述照會既不能證明中國提出了歷史性權利主張，也不能證明菲律賓在本仲裁案程序啟動前對中國的歷史性權利主張表示過積極的反對。因此，在缺乏具體性和對抗性的情況下，沒有充分的證據顯示中菲之間存在關於南海歷史性權利合法性問題的爭端。

2. 2016 年裁決的"新"證據亦不足以證明爭端存在

既然仲裁庭認為"爭端是否存在"的問題已通過 2015 年裁決塵埃落定，2016 年最終裁決涉及管轄權的部分就不應對該問題作補充論證，否則只會削弱 2015 年管轄權裁決的合法性。然而，為界定中菲之間的歷史性權利爭端在性質上是否屬《海洋法公約》第 298 條所規定的"涉及歷史性海灣或所有權的爭端"，仲裁庭依據 3 項證據對中菲歷史性權利爭端的性質作出裁決。這 3 項證據分別是，第一，中國海洋石油總公司在 2012 年公佈南海地區 9 個開放招標區塊，其中至少有一個區塊（"畢生 16"）距

---

❶ *The South China Sea Arbitration (the Republic of the Philippines v. the People's Republic of China)*, Award, 12 July 2016, pp. 86–87, para. 207.

❷ *The South China Sea Arbitration (the Republic of the Philippines v. the People's Republic of China)*, Award on Jurisdiction and Admissibility, 29 October 2015, p. 65, para. 167.

離中國在南海主張的任何海洋地物均超出了 200 海里；第二，2011 年 6 月 30 日，為抗議菲律賓在斷續線內公佈石油勘探和開發區塊，中國駐馬尼拉大使館照會菲律賓外交部，稱第 3 號、第 4 號區塊位於中國擁有 "historic titles" 的水域內；第三，2012 年 5 月，中國政府發佈《農業部南海區漁政局關於 2012 年南海海域伏季休漁的公告》，規定 "在北緯 12 度至 '閩粵海域交界線' 的中華人民共和國管轄的南海海域（含北部灣）"實施休漁。❶

在法理上，一項可以證明歷史性權利主張 "性質" 的證據，必然首先是一項可以證明歷史性權利主張 "存在" 的證據。上述 3 項證據最早由菲律賓在 2014 年的訴狀中提出，但仲裁庭在 2015 年管轄權裁決中並未加以援引，在該意義上，這 3 項證據可以稱之為 "新證據"。❷

對於以上第一項 "新" 證據，仲裁庭基於 "畢生 16" 區塊與永暑礁之間的距離大於 200 海里的事實，認定中國主張《海洋法公約》之外的海洋權利。❸ 但仲裁庭並未解釋如下問題：為何選取永暑礁作為參照點？除永暑礁外，是否存在距離 "畢生 16" 區塊更近的南海島礁？此外，不排除一些距離 "畢生 16" 更近的低潮高地也可能成為測距的參照點，畢竟低潮高地

---

❶ *The South China Sea Arbitration (the Republic of the Philippines v. the People's Republic of China)*, Award, 12 July 2016, pp. 86–91, paras. 207–213.

❷ 實際上，仲裁庭似乎意識到上一階段裁決存在證據不足的問題，在最終裁決中，特別指出這三項證據表明中國在《海洋法公約》允許的海洋權利最大的範圍之外主張了超越《海洋法公約》的權利，亦即這三項 "新" 證據可以補充證明中國在南海存在歷史性權利主張。See *The South China Sea Arbitration (the Republic of the Philippines v. the People's Republic of China)*, Award, 12 July 2016, pp. 86–87, para. 207.

❸ *The South China Sea Arbitration (the Republic of the Philippines v. the People's Republic of China)*, Award, 12 July 2016, p. 87, para. 208；《中海油公佈南海地區 9 個開放招標區塊地理坐標》，2012 年 6 月 27 日，中國新聞網：http://finance.chinanews.com/ny/2012/06-27/3989795.shtml，最後訪問時間：2016 年 11 月 1 日。

在一定條件下可以成為直線基線的基點，其低潮線也可能構成附近島礁正常基線的一部分，與島礁共同衍生 200 海里專屬經濟區和大陸架。❶

　　至於上述第二項、第三項證據，仲裁庭認為受到中國抗議的第 3 號、第 4 號區塊，以及中國伏季休漁的執行海域均基本位於《海洋法公約》允許中國主張的專屬經濟區和大陸架最大範圍內，但中國 2011 年 6 月 30 日外交照會的措辭強烈地表明，中國以歷史性權利為根據，來主張斷續線內的油氣資源。❷

　　可以認為，在兩階段的裁決書中，中國 2011 年 6 月 30 日外交照會是唯一一份可能明確在南海海域主張歷史性權利的證據。即便如此，僅憑這封外交照會也無法充分證明中菲在本案仲裁程序啟動之前存在歷史性權利爭端，理由是，菲律賓公佈石油探勘和開發區塊是以行使其專屬經濟區和大陸架權利為目的，而不是表達對中國歷史性權利主張的反對，而在中國 2011 年 6 月 30 日外交照會之後，也沒有其他證據表明菲律賓曾向中國的歷史性權利主張提出抗議。因此，即便 2016 年裁決就歷史性權利爭端是否存在的問題補充了 "新" 證據，這些證據也無法表明在菲律賓提起仲裁程序前，中菲之間存在一個關於歷史性權利合法性問題的爭端。

---

❶ 《海洋法公約》第 7 條："除在低潮高地上築有永久高於海平面的燈塔或類似設施，或以這種高地作為劃定基線的起訖點已獲得國際一般承認者外，直線基線的劃定不應以低潮高地為起訖點。"《海洋法公約》第 13 條第 1 款："低潮高地是在低潮時四面環水並高於水面但在高潮時沒入水中的自然形成的陸地。如果低潮高地全部或一部與大陸或島嶼的距離不超過領海的寬度，該高地的低潮線可作為測算領海寬度的基線。"

❷ 2011 年 6 月 30 日中國照會的相關英文表述是："Among the aforesaid blocks, AREA 3 and AREA 4 are situated in the waters of which China has historic titles including sovereign rights and jurisdiction." 仲裁庭認為中國採用 "historic titles" 而非 "historic rights"，有可能是翻譯錯誤，不代表中國在南海主張對南海的歷史性所有權。See *The South China Sea Arbitration (the Republic of the Philippines v. the People's Republic of China)*, Award, 12 July 2016, pp. 87–88, 96–97, paras. 209, 227.

二、從《海洋法公約》第 288 條看歷史性權利

相關訴求所涉爭端的性質

　　《海洋法公約》第 288 條第 1 款規定公約的爭端解決機制所解決的是
"有關本公約的解釋或適用的爭端"。據此，本案仲裁庭不僅必須客觀認定
爭端真實存在，還必須就爭端在性質上是否為關於《海洋法公約》解釋和
適用的爭端予以合法判斷。在 2015 年的管轄權裁決中，仲裁庭不加解釋
地認為，菲律賓第 1、2 項訴求所涉事項存在 "關於公約解釋和適用的爭
端"，❶ 這讓人不禁要問：假設中菲之間存在一個關於歷史性權利的爭端，
該爭端涉及《海洋法公約》哪些條款的解釋與適用？《海洋法公約》能否為
解決該爭端提供國際法上的依據？

（一）"有關本公約的解釋或適用的爭端" 之界定標準

　　圍繞《海洋法公約》第 288 條第 1 款所指爭端的範圍，學界存在兩種
觀點。一種觀點認為第 288 條第 1 款規定公約的爭端解決機制適用於幾乎
所有海洋法爭端。由迪皮伊（René Jean Dupuy）和維格尼（Daniel Vignes）
主編的《新海洋法公約手冊》指出："第 293 條不排除適用那些與《海洋法
公約》不相抵觸的國際法規則，這意味著關於解釋和適用條約的概念必須

---

❶ *The South China Sea Arbitration (the Republic of the Philippines v. the People's Republic of China)*, Award on Jurisdiction and Admissibility, 29 October 2015, p. 66, para. 168.

從最廣義的角度加以理解，包括了任何與海洋法相關的爭端。"❶ 國際海事法學院參與編撰的《國際海事法律指南第一卷：海洋法》也支持該觀點，並以 1999 年國際海洋法法庭 "塞加號案" 判決為佐證，該案在實體階段適用了國際人道主義法規則作為判案依據。❷

另一種觀點則認為，《海洋法公約》的爭端解決機制不能用來解決有關其他條約或一般國際法的爭端。高健軍教授認為："雖然公約所涉內容十分廣泛，但不能由此認為 '有關本公約的解釋和適用的爭端' 這一用語包括了任何與海洋法有關的爭端。" ❸

《海洋法公約》序言指出："本公約未予規定的事項，應繼續以一般國際法的規則和原則為準據。" 可見《海洋法公約》儘管體系繁雜，但也未能對所有海洋法問題進行規範。在此背景下理解第 288 條第 1 款，"有關本公約的解釋或適用的爭端" 不應涵蓋那些《海洋法公約》規則所無法解決的爭端。第 293 條雖然允許仲裁庭適用與《海洋法公約》不相抵觸的其他國際法規則解決有關爭端，但 "適用的法律" 只是確立管轄權後的另一個程序性問題，不應構成影響爭端定性的一項因素。因此，用 "塞加號案" 的判決說明第 293 條可以影響對第 288 條第 1 款的解釋並不合理，因為在該案中，雙方在管轄權問題上不存在爭議。❹

---

❶ René Jean Dupuy, Daniel Vignes eds., *A Handbook of the New Law of the Sea Convention: Vol. II* (Martinus Nijhoff Publishers, 1991), p. 1341;《海洋法公約》第 293 條第 1 款："根據本節具有管轄權的法院或法庭應適用本公約和其他與本公約不相抵觸的國際法規則。"

❷ See David Attard (ed.), *The IMLI Manual on International Maritime Law Volume I: The Law of the Sea* (Oxford University Press, 2014), p. 547.

❸ 高健軍：《〈聯合國海洋法公約〉爭端解決機制研究》（2014 年版），第 16 頁。

❹ *The M/V "Saiga" (No.2) Case (Saint Vincent and The Grenadines v. Guinea)*, Judgment, 1 July 1999, ITLOS, para. 40.

事實上，國際司法實踐更傾向於對第 288 條第 1 款及相似條款作嚴格解釋，並形成了一套較為穩定的界定爭端性質的標準。例如，在 1996 年國際法院的"石油平台案"初步反對階段判決中，關於美伊之間是否存在一個關於 1955 年《友好、經濟關係和領事權利條約》解釋和適用的爭端，國際法院指出："必須查明，伊朗所主張的對 1955 年條約的違反行為是否落入條約規定的範圍之內。"❶ 伊朗控訴美國的行為違反了 1955 年條約第 1 條、第 4 條第 1 款和第 10 條第 1 款。對此，法院採取逐條審查的方式得出結論，認為只有第 10 條第 1 款可適用於本案，美伊之間存在一個關於該條款解釋和適用的爭端，法院因此對本案擁有管轄權。❷

又如，2013 年的"路易莎號案"中，原告指控被告違反了《海洋法公約》第 73 條等 8 條具體規定，國際海洋法法庭也採取逐條審查的方式，認為當事方之間不存在一個有關《海洋法公約》解釋和適用的爭端。❸ 國際海洋法法庭在該案援引了"石油平台案"的判決，並指出："為決定仲裁庭是否具有管轄權，必須在原告所提事實和原告所援引的《海洋法公約》規定之間建立聯繫，並證明這些規定可以支持原告的主張。"❹

"石油平台案"和"路易莎號案"均表明一個關於條約解釋和適用的爭端應是一個關於條約具體條款解釋和適用的爭端，且有關條款可以在一定

---

❶ *Oil Platforms (Islamic Republic of Iran v. United States of America)*, Judgment on Preliminary Objection, 12 December 1996, *I. C. J. Reports* 1996, pp. 809–810, para. 16.

❷ *Oil Platforms (Islamic Republic of Iran v. United States of America)*, Judgment on Preliminary Objection, 12 December 1996, *I.C.J. Reports* 1996, pp. 812, 815–816, 820, paras. 22, 31, 36, 51–53.

❸ *The M/V "Louisa" (No.18) Case (Saint Vincent and The Grenadines v. Kingdom of Spain)*, Judgment, 28 May 2013, ITLOS, p. 44, para. 151.

❹ *The M/V "Louisa" (No.18) Case (Saint Vincent and The Grenadines v. Kingdom of Spain)*, Judgment, 28 May 2013, ITLOS, p. 32, para. 99.

程度上支持當事方的訴求。至於如何進一步界定爭端內容與具體條款之間存在關聯，在 2000 年 "麥氏金槍魚案" 中，該案仲裁庭作出了更具體的說明。仲裁庭指出："為支持其管轄權，主張必須合理地與條約的法律標準相關聯，或能夠在聯繫條約法律標準的基礎上對主張進行評價……在本案中，仲裁庭應決定當事方之間的 '真實爭端' 是否與其主張被違反的條約所規定的義務之間存在合理的聯繫（而不只是間接的聯繫）。" ❶

從這些穩定發展的國際司法實踐可見，第 293 條並不會擴大《海洋法公約》爭端解決機制的管轄事項範圍，相反，國際法庭或仲裁庭傾向於通過逐條審查的方式嚴格解釋第 288 條第 1 款。概言之，為確立管轄權，應證明存在為有關爭端規定法律權利或義務的《海洋法公約》具體條款，且這些條款應與爭端存在直接和緊密的聯繫，可用於解決該爭端。

（二）本案不存在關於《海洋法公約》具體規定的解釋和適用之爭端

在本案中，菲律賓作為申請方，應就中國的歷史性權利主張是否違背《海洋法公約》來援引公約具體規定作為法律依據，並證明有關條款與爭端存在直接和緊密的聯繫。菲律賓在訴狀中試圖依據《海洋法公約》的第 56 條、第 57 條、第 76 條和第 77 條來論證《海洋法公約》僅規定了沿海國可以在領海外主張專屬經濟區和大陸架，而不能主張任何其他海洋權利。❷ 第

---

❶ *Southern Bluefin Tuna (New Zealand v. Japan, Australia v. Japan)*, Award, 4 August 2000, pp. 38–39, para. 48.

❷ Memorial of the Philippines (30 March 2014), *The South China Sea Arbitration (the Republic of the Philippines v. the People's Republic of China)*, Permanent Court of Arbitration, pp. 132, 134, 135, paras. 5.60, 5.66, 5.67.

56 條規定沿海國在專屬經濟區內的權利、管轄權和義務，第 57 條規定了專屬經濟區的寬度，第 76 條對大陸架作出定義，第 77 條規定了沿海國對大陸架的權利。同時，這些條款也為其他國家設立了義務，即其他國家應當尊重沿海國合法主張的專屬經濟區和大陸架權利。但是，在海洋劃界爭端尚未解決的情況下，在重疊主張的海域範圍內，中國並無義務承認菲律賓可以合法地擁有 200 海里寬度的專屬經濟區和大陸架權利。在達成劃界協議前，《海洋法公約》第 74 條第 3 款和第 83 條第 3 款只是對爭端當事方設立了如下義務：沿海國應"基於諒解和合作精神，盡一切努力作出實際性的臨時安排"。

仔細分析《海洋法公約》有關條款的文本，可以發現，不僅沒有一條規定直接或間接地否定歷史性權利的合法性，也沒有任何一條具體規定表明締約國只能主張公約規定的海洋權利。《海洋法公約》的一些具體條款更是部分地承認和轉化了習慣國際法中的歷史性權利。例如，《海洋法公約》在第 10 條、第 15 條對歷史性海灣和歷史性所有權予以承認。又如，《海洋法公約》一些條款體現了對歷史性捕魚權的承認和保護。《海洋法公約》第 51 條第 1 款規定群島國有義務承認直接相鄰國家在群島水域範圍內的某些區域內的傳統捕魚權利。❶《海洋法公約》第 62 條第 3 款規定，沿海國在未完成可捕撈量的情況下，應允許其國民慣常在專屬經濟區內捕魚的國家分享剩

---

❶ 《海洋法公約》第 51 條第 1 款："在不妨害第四十九條的情形下，群島國應尊重與其他國家間的現有協定，並應承認直接相鄰國家在群島水域範圍內的某些區域內的傳統捕魚權利和其他合法活動。行使這種權利和進行這種活動的條款和條件，包括這種權利和活動的性質、範圍和適用的區域，經任何有關國家要求，應由有關國家之間的雙邊協定予以規定。這種權利不應轉讓給第三國或其國民，或與第三國或其國民分享。"

餘可捕撈量。[1] 這裏的 "慣常" 捕魚行為應理解為行使歷史性捕魚權的行為。

顯然，菲律賓所援引的支持其第 1、2 項訴求的《海洋法公約》具體條款，只能為菲律賓的專屬經濟區和大陸架主張提供依據，而不能為中國能否主張公約之外的歷史性權利提供法律依據。

實際上，仲裁庭清楚菲律賓不能證明《海洋法公約》的哪一條具體規定禁止締約國主張公約規定範圍外的其他海洋權利。在 2015 年 11 月 24 日的聽證會上，沃爾夫魯姆（Rüdiger Wolfrum）法官就中國歷史性權利主張的合法性問題向菲律賓代理律師奧斯曼教授（Bernard H. Oxman）提問，他詢問菲律賓能否找出一條禁止締約國主張《海洋法公約》之外海洋權利的具體規則，並表示自己找不到這類規則。[2] 令人遺憾的是，在南海仲裁案中，仲裁庭並未遵循上文所總結的國際司法實踐的一般思路，而是認為本案第 1、2 項訴求反映了一項 "關於《海洋法公約》與其他法律文本或法律體系相互關係的爭端，包括由其他法律體系所產生的那些權利是否得到《海洋法公約》保護的問題"，並不加解釋地認為 "這毫無疑問是一項有關公約解釋和適用的爭端"。[3]

---

[1] 《海洋法公約》第 62 條第 3 款："沿海國在根據本條准許其他國家進入其專屬經濟區時，應考慮到所有有關因素，除其他外，包括：該區域的生物資源對有關沿海國的經濟和其他國家利益的重要性，第六十九和第七十條的規定，該分區域或區域內的發展中國家捕撈一部分剩餘量的要求，以及盡量減輕其國民慣常在專屬經濟區捕魚或曾對研究和測定種群做過大量工作的國家經濟失調現象的需要。"

[2] Hearing on the Merits and Remaining Issues of Jurisdiction and Admissibility (Day 1, 24 November 2015), *The South China Sea Arbitration (the Republic of the Philippines v. the People's Republic of China)*, Permanent Court of Arbitration, pp. 75–76.

[3] *The South China Sea Arbitration (the Republic of the Philippines v. the People's Republic of China)*, Award on Jurisdiction and Admissibility, 29 October 2015, p. 66, para. 168；中山大學的張祖興教授認為："《海洋法公約》與其他法律體系的關係問題，顯然不是《海洋法公約》的解釋和適用問題，而是一般國際法的解釋和使用問題。"（張祖興：《南海仲裁案中 "歷史性權利主張" 的不可裁決性》，載《外交評論》2016 年第 2 期，第 47 頁。）

（三）中國歷史性權利是否成立問題超出仲裁庭的管轄權

　　仲裁庭在 2016 年最終裁決的實體部分對菲律賓第 1、2 項訴求作出裁決，不僅在《海洋法公約》規則層面裁決中國在斷續線內的歷史性權利與專屬經濟區和大陸架制度不符，更進一步對中國在《海洋法公約》生效之前的歷史性權利是否合法成立問題作出裁決，而這顯然不是一項關於《海洋法公約》解釋和適用的爭端。

　　歷史性權利的國際法淵源是習慣國際法，而非《海洋法公約》本身，屬《海洋法公約》序言所稱 "公約未予規定的事項"。[1] 判斷中國的歷史性權利在《海洋法公約》生效前是否成立，要求仲裁庭適用《海洋法公約》之外的習慣國際法規則。1962 年，聯合國秘書處發佈《包括歷史性海灣在內的歷史性水域法律制度》的報告，對國際法理論和實踐進行歸納，總結出了歷史性水域的三項要素：國家對主張的水域實際有效地行使權力（authority）；權力的行使具有持續性；其他國家的承認或默認。[2] 可以認為，這些要素得到了國家實踐的支持，並在一定程度上反映了習慣國際法規則，[3] 其適用的領域主要限於對歷史性水域主張是否成立的判斷，但對非主權性歷史性權利也具有重要的參考價值。

---

[1] 這一結論也得到西方學者的認同，參見 Clive R. Symmons, "Rights and Jurisdiction over Resources and Obligations of the Coastal States: Validity of Historic Rights Claims", in Tran Truong Thuy & Le Thuy Trang (eds.), *Power, Law and Maritime Order in the South China Sea* (Lexington Books, 2015), p. 145.

[2] The UN Secretariat, "Juridical Regime of Historic Waters, Including Historic Bays", Doc. A/CN. 4/143, *Yearbook of International Law Commission,* Vol. 2, 1962, pp. 13–19, paras. 80–133.

[3] Clive. R. Symmons, *Historic Waters in the Law of the Sea: A Modern Re-Appraisal* (Martinus Nijhoff Publishers, 2008), p. 111.

在本案的實體階段裁決中，仲裁庭承認了上述各項歷史性水域要素是對國際法規則的總結，可適用於本案。[1] 實際上，該規則並未在《海洋法公約》中得到任何體現，屬習慣國際法的範疇。仲裁庭依據該習慣國際法規則指出，歷史性權利的範圍由歷史上行使該權利的行為所決定，並以中菲關於歷史性權利的證據只涉及島嶼主權，而與中國的海洋歷史性權利無關為由排除了有關證據的可採性。[2] 不僅如此，仲裁庭還從公海自由的角度論證中國歷史上在南海的活動是行使公海自由的體現，無需其他國家的默認便可享有在公海開發資源的權利，故不構成一項歷史性權利。[3] 仲裁庭作出該部分裁決的依據完全來自於《海洋法公約》之外的習慣國際法規則，這已經超越了其管轄權。

仲裁庭在 2016 年的實體裁決中否認中國在《海洋法公約》前存在南海斷續線內的歷史性權利，這麼做看似完整而全面地回應了菲律賓的訴求，實則"畫蛇添足"。即便如仲裁庭在實體階段的論述所言，通過確立專屬經濟區和大陸架制度，《海洋法公約》排斥了所有在專屬經濟區和大陸架內的歷史性權利，但歷史上已經形成的各種權利，依然可能成為沿海國劃界談判過程中影響海洋劃界的因素，或成為兩國劃界後進行特殊漁業安排的依據，其法律效力完全取決於國家間的意願。例如，印度和斯里蘭卡在 1974 年簽訂了《印度與斯里蘭卡歷史性水域邊界與相關事項協議》，就兩國之

---

[1] *The South China Sea Arbitration (the Republic of the Philippines v. the People's Republic of China)*, Award, 12 July 2016, p. 113, para. 265.

[2] *The South China Sea Arbitration (the Republic of the Philippines v. the People's Republic of China)*, Award, 12 July 2016, p. 113, para. 266.

[3] *The South China Sea Arbitration (the Republic of the Philippines v. the People's Republic of China)*, Award, 12 July 2016, p. 113, para. 268.

間的保克灣水域進行劃界，保留了兩國漁民在邊界兩側的傳統捕魚權。❶

　　仲裁庭超越管轄權而否定中國的歷史性權利，不僅直接影響中菲兩國未來的海洋區域劃界談判，還可能阻礙兩國根據歷史事實在互利共贏的基礎上達成漁業共同開發與合作安排，這與仲裁庭通過仲裁促進南海秩序穩定的初衷背道而馳。

三、從《海洋法公約》第 298 條看歷史性權利

相關訴求所涉爭端的性質

　　仲裁庭在 2015 年管轄權裁決中並未確立對菲律賓第 1、2 項訴求所涉爭端的管轄權，但已經在相當程度上駁回了中國政府在 2014 年 12 月發表的《中華人民共和國政府關於菲律賓共和國所提南海仲裁案管轄權問題的立場文件》（以下簡稱 "《立場文件》"）中提出的管轄權異議。仲裁庭未經充分的論證，便認為菲律賓所提訴求均不涉及中菲的領土主權爭端，在性質上也不是海洋劃界爭端。❷ 故而菲律賓僅需證明中國的歷史性權利主張在性質上不是《海洋法公約》第 298 條所指的 "歷史性海灣或所有權"，仲裁庭便可排除所有法律障礙，確認對南海歷史性權利有關爭端的管轄權。然而，本文認為，假設中菲之間存在一個關於歷史性權利的爭端，該

---

❶ U.S. Department of State, "Limits in the Sea No. 66: Historic Waters Boundary: India-Sri Lanka", 12 December 1975, p. 1, http://www.state.gov/documents/organization/61460.pdf (last visited 12 November 2016).

❷ *The South China Sea Arbitration (the Republic of the Philippines v. the People's Republic of China)*, Award on Jurisdiction and Admissibility, 29 October 2015, pp. 59–61, paras. 152, 153, 155.

爭端在性質上是一個關於海洋劃界的爭端，仍然應依據第 298 條以及中國 2006 年依據該條款所作聲明，排除本案仲裁庭的管轄。

（一）"歷史性海灣或所有權" 爭端作為排除管轄事項的啟示

在 2016 年最終裁決中，仲裁庭認為，菲律賓單方提交的證據足以證明中國在南海主張的歷史性權利在性質上不是《海洋法公約》第 298 條所指的 "歷史性海灣或所有權" 主張，而只是對斷續線內生物和非生物資源的非主權性歷史性權利主張，並據此確立對第 1、2 項訴求所涉爭端的管轄權。[1] 退一步說，即使仲裁庭對中國歷史性權利主張的性質認定與客觀事實相符，仲裁庭對《海洋法公約》第 298 條的理解也違背了該條款的基本精神。

《海洋法公約》在第 10 條第 6 款中對歷史性海灣予以承認，規定 "歷史性海灣" 在定義和封口線劃定問題上不適用第 10 條關於 "海灣" 的其他規定。[2] 此外，《海洋法公約》在第 15 條 "海岸相向或相鄰國家間領海界限的劃定" 規則中規定，歷史性所有權可以對領海海洋劃界產生影響。[3] 然而，《海洋法公約》並未對歷史性海灣和歷史性所有權的定義和其他具體問題作出規定，這使得締約國和爭端解決機構無法通過解釋和適用《海洋法

---

[1] *The South China Sea Arbitration (the Republic of the Philippines v. the People's Republic of China)*, Award, 12 July 2016, pp. 91–92, para. 214.

[2] 《海洋法公約》第 10 條第 6 款："上述規定不適用於所謂 '歷史性' 海灣，也不適用於採用第七條所規定的直線基線法的任何情形。"

[3] 《海洋法公約》第 15 條："如果兩國海岸彼此相向或相鄰，兩國中任何一國在彼此沒有相反協議的情形下，均無權將其領海伸延至一條其每一點都同測算兩國中每一國領海寬度的基線上最近各點距離相等的中間線以外。但如因歷史性所有權或其他特殊情況而有必要按照與上述規定不同的方法劃定兩國領海的界限，則不適用上述規定。"

公約》來解決各類"涉及歷史性海灣或所有權的爭端"。可以合理地認為，有關具體規則的缺失，在相當程度上解釋了為何《海洋法公約》在第 298 條將"涉及歷史性海灣或所有權的爭端"列入締約國可以聲明不接受爭端解決程序管轄的事項範圍。"歷史性海灣或所有權"爭端的管轄權尚且可以被排除，相比之下，除去歷史性海灣、歷史性所有權，《海洋法公約》對其他類型的歷史性權利更是缺乏明確的規定。由於這些歷史性權利既未被《海洋法公約》否定，也未在公約中得到具體的規範，公約的爭端解決機制自然無法用於解決與這類歷史性權利主張有關的爭端，中菲之間所謂的歷史性權利爭端便在此列。

（二）本案歷史性權利爭端是關於海洋劃界的爭端

《海洋法公約》第 298 條允許締約國作出聲明，排除將"關於劃定海洋邊界的第 15 條、第 74 條和第 83 條在解釋或適用上的爭端"提交《海洋法公約》爭端解決程序。即使中菲之間存在關於中國南海歷史性權利合法性的爭端，這一爭端也並非如仲裁庭所認定的，是一類可以獨立於海洋劃界的爭端。

中國在《立場文件》中主張："即使菲律賓提出的仲裁事項涉及有關《海洋法公約》解釋或適用的問題，也構成中菲兩國海域劃界不可分割的組成部分"；"仲裁庭對菲律賓提出的任何仲裁請求作出判定……都將不可避免地產生實際上海域劃界的效果。"❶

---

❶ 《中華人民共和國政府關於菲律賓共和國所提南海仲裁案管轄權問題的立場文件》，2014 年 12 月 7 日，第 3 段、第 29 段。

仲裁庭首先認同中國關於"海洋劃界是一項整體、系統工程"的觀點，為實現公平劃界，劃界過程中會廣泛地考慮一系列因素。❶ 但仲裁庭在 2016 年最終裁決中卻指出："不能僅僅因為存在相互重疊的海洋權利是劃界的必要條件，就認為有關海洋權利的來源和存在與否的爭端就是'關於'海洋劃界的爭端。儘管所有的海洋劃界都涉及權利，但不是所有的海洋權利爭端都涉及劃界。正如在本案中，一方當事國否定了海洋權利的存在，那麼可能的結果便是不存在任何海域重疊或海洋劃界。第 298 條第 1 款第（a）（i）項適用的範圍並不是如此之廣泛以至於涵蓋那些可能或不可能最終需要劃界的海洋權利爭端。"❷

換言之，仲裁庭認為，海洋劃界爭端是否存在，取決於當事方海洋權利主張的有效性，只要一方的海洋權利主張被另一方質疑或否定，那麼海洋劃界爭端就有不存在的可能。這是仲裁庭對爭端存在與否的標準進行了曲解，可取的觀點應該是，只要雙方立場發生客觀對立，爭端即真實存在。正如仲裁庭在管轄權和可受理性問題裁決中援引 1962 年"西南非洲案"初步反對階段判決所指出的："爭端的界定應依據客觀事實，不取決於當事方的主觀認識，必須看到一方的主張得到另一方積極的反對，當事方單純地承認或否認爭端的存在並無意義。"❸ 在本案中，菲律賓認為所謂"西菲律賓海"沒有中國可以合法主張的海洋權利，中菲不存在劃界問題；

---

❶ 《中華人民共和國政府關於菲律賓共和國所提南海仲裁案管轄權問題的立場文件》，2014 年 12 月 7 日，第 67 段；*The South China Sea Arbitration (the Republic of the Philippines v. the People's Republic of China)*, Award on Jurisdiction and Admissibility, 29 October 2015, pp. 60–61, para. 155.

❷ *The South China Sea Arbitration (the Republic of the Philippines v. the People's Republic of China)*, Award, 12 July 2016, p. 85, para. 204.

❸ *The South China Sea Arbitration (the Republic of the Philippines v. the People's Republic of China)*, Award on Jurisdiction and Admissibility, 29 October 2015, pp. 57–58, para. 149.

而中國認為在該海域雙方有著重疊的海洋權利主張，存在海洋劃界爭端。雙方立場的對抗明顯表現為一個關於是否需要進行海洋劃界的爭議。實際上，在解決海洋劃界問題前，一方往往否定另一方的海洋權利主張的有效性。如果依照仲裁庭的邏輯，那麼很多公認的海洋劃界爭端就不存在了，這顯然與國家實踐和國際司法實踐不符。

那麼，存在海洋劃界爭端，是否必然意味著本案的歷史性權利爭端在性質上是第 298 條第 1 款第（a）（i）項所指的 "關於劃定海洋邊界的第 15 條、第 74 條、第 83 條在解釋或適用上的爭端"？既有的國際司法實踐或許可以給本案提供有益的參照。1982 年 "突尼斯與利比亞大陸架劃界案"、1984 年 "緬因灣劃界案"、1993 年 "揚馬延島海域劃界案"、1998 年 "厄立特里亞與也門仲裁案"、2001 年 "卡塔爾訴巴林案" 和 2006 年 "巴巴多斯與特立尼達和多巴哥仲裁案" 等案均涉及歷史性捕魚權問題。在這些案件中，國際法院或仲裁庭在處理海洋劃界爭端過程中考慮了歷史性捕魚權，並就歷史性捕魚權是否構成影響海域劃界的一項因素作出裁判。可見，關於歷史性權利是否有效的爭端往往是爭議雙方在解決海洋劃界爭端的過程中被提出來的，因為歷史性權利有可能構成《海洋法公約》第 74 條、第 83 條有關專屬經濟區和大陸架公平劃界所要考慮的一項因素。

在本案中，若中國的歷史性權利主張在性質上如菲律賓所言，是對斷續線內海域的生物和非生物資源的排他性權利，且妨礙菲律賓在有關海域行使其專屬經濟區和大陸架制度下對漁業和油氣資源的專屬權利，則該歷史性權利主張的有效與否有可能對中菲海洋劃界爭端產生影響。仲裁庭在處理菲律賓所提訴求在性質上是否為 "涉及"（relate to）或 "關於"（concerning）領土主權的爭端時認為，只要本案訴求的實際目的是提升當

事方在領土主權爭端中的地位，則可以認定相關訴求涉及領土主權爭端。❶
沿著這一思路，為了實現邏輯的自洽，仲裁庭也似乎認同，只要第 1、2
項訴求的實際目的是提升菲律賓在海洋劃界爭端中的地位，就可以認定所
謂的歷史性權利爭端在性質上就是關於海洋劃界的爭端。倘若菲律賓的第
1、2 項訴求獲得仲裁庭的認可，勢必導致菲律賓在與中國處理海洋劃界爭
端時獲得一定的優勢，這難道不是菲律賓提起有關訴求的真實目的嗎？

　　總之，即便仲裁庭有關中菲之間存在歷史性權利爭端的裁決結論成
立，仲裁庭也不能合理地否定本案歷史性權利爭端在性質上是一項關於海
洋劃界的爭端，因此，中國可以依據《海洋法公約》第 298 條及有關聲明，
拒絕仲裁庭對第 1、2 項訴求的管轄。

四、結語

　　概而言之，仲裁庭在 2015 年和 2016 年的兩份裁決書中所援引的證據
資料，無法客觀地證明中菲之間存在一個有關歷史性權利的爭端。

　　假使菲律賓所提的第 1、2 項訴求反映了一項真實存在的歷史性權利爭
端，該爭端的性質也不能被合理地解讀為《海洋法公約》第 288 條所規定
的 “關於本公約解釋和適用的爭端”。既有的國際司法實踐表明，受《海

---

❶　在該段裁決意見中，仲裁庭並未區分 “涉及”（relate to）和 “關於”（concerning）在語義上的區別：
The South China Sea Arbitration (the Republic of the Philippines v. the People's Republic of China), Award
on Jurisdiction and Admissibility, 29 October 2015, pp. 59–60, para. 153.

洋法公約》爭端解決程序管轄的主題事項範圍，僅限於關於公約具體規則的解釋和適用的爭端。鑒於菲律賓所援引的具體規則與所謂的"南海海洋權利來源以及中國所主張的'歷史性權利'與《海洋法公約》條款之間的關係的爭端"之間不存在緊密而直接的聯繫，本案的歷史性權利爭端超越了仲裁庭的管轄範圍。此外，中國在《海洋法公約》生效之前的歷史性權利是否合法成立，這顯然不是一項關於《海洋法公約》解釋和適用的爭端，仲裁庭無權管轄。

最後，《海洋法公約》第 298 條表明，涉及只是在公約中被提及相關概念但缺乏具體規則的歷史性所有權和歷史性海灣的爭端，尚且可以被締約國聲明排除強制管轄，那麼涉及其他《海洋法公約》未加以規範的歷史性權利的爭端就更不能成為《海洋法公約》爭端解決機制可以強制管轄的事項。同時，仲裁庭認為歷史性權利爭端不是關於海洋劃界的爭端，在邏輯上也無法自圓其說，缺乏已有的國際司法實踐的支持。

總之，不論是 2015 年的管轄權階段裁決，還是 2016 年的最終裁決，仲裁庭認定對菲律賓第 1、2 項訴求擁有管轄權的裁決結果，存在較為明顯的事實缺陷和法律適用錯誤，南海仲裁案所涉歷史性權利訴求的管轄權無法確立，仲裁庭就有關歷史性權利的實體問題作出的裁決亦可能因缺乏管轄權而無效。

"歷史性權利" 與海洋權利來源問題 *

　　菲律賓南海仲裁案中涉及的關鍵問題之一，是中國南海斷續線的合法性及其與《海洋法公約》的關係。菲律賓方面認為，依據 "陸地統治海洋"（*la terre domine la mer*）原則，海洋權利均來自直接毗連的陸地，但中國依據歷史實踐以及歷史證據，主張南中國海大部分海域的海洋權利，就此兩國之間存在爭議。[1] 菲律賓方面還認為，即便中國不澄清這種歷史性主張的性質，糾紛依舊存在。菲方認為，中國主張的歷史性權利與《海洋法公約》不能兼容，這種權利既不能獨立於《海洋法公約》存在，也無法在《海洋法公約》體系內找到相應的依據。菲律賓還主張，《海洋法公約》是關於海洋的憲章，是一個海洋問題全方面的規定，即便之前客觀存在的歷史性權利也已經被《海洋法公約》相關制度所取代。[2]

---

* 　作者：鄭志華，華東政法大學絲路法律研究所副所長、海商法與海洋法史研究所所長。

[1] 　Hearing on the Merits and Remaining Issues of Jurisdiction and Admissibility (Day 1, 24 November 2015), *The South China Sea Arbitration (the Republic of the Philippines v. the People's Republic of China)*, Permanent Court of Arbitration, pp. 12–15.

[2] 　Hearing on the Merits and Remaining Issues of Jurisdiction and Admissibility (Day 1, 24 November 2015), pp. 53–55.

在 2016 年 7 月 12 日的最終裁決中，該案仲裁庭支持了菲律賓的主張，並且認為："《海洋法公約》對海洋區域的權利作了全面的分配，考慮了對資源的既存權利的保護，但並未將其納入條約。因此，仲裁庭得出結論，即使中國曾在某種程度上對南中國海水域的資源享有歷史性權利，這些權利也已經在與《海洋法公約》關於專屬經濟區的規定不一致的範圍內歸於消滅。仲裁庭同時指出，儘管歷史上中國以及其他國家的航海者和漁民利用了南海的島嶼，但並無證據顯示歷史上中國對該水域或其資源擁有排他性的控制權。仲裁庭認為，中國對九段線內海洋區域的資源主張歷史性權利沒有法律依據。" ❶

這一結論看似對於海洋權利來源問題作了澄清，使得海洋權利來源明晰化，但在事實上存在巨大的法理瑕疵。裁決忽視了國家可能基於其自身長期的歷史實踐以及相關國家承認或默認等特殊歷史事由，對某些海洋區域主張歷史性權利的合法性，也無視歷史性權利包括排他性與非排他性權利兩種情形，對於中國主張的性質進行曲解。這種片面和不當地否定歷史性權利的做法，可能會引起國際秩序的動盪與不安。

由於《海洋法公約》中僅僅對於歷史性海灣、歷史性所有權、傳統捕魚權、鋪設海底電纜管道以及既得航行權利等方面作出了規定，而沒有對歷史性水域或歷史性權利作出一般性的界定。這一立法狀況造成人們對於現行《海洋法公約》能否與歷史性水域或歷史性權利兼容存在比較嚴重的分歧，並且法律上的這種結構性漏洞與空缺直接影響到中國對於南中國海的主張與權利。相當一部分學者認為，歷史性的實踐不能產生一般意義上

---

❶ *The South China Sea Arbitration (the Republic of the Philippines v. the People's Republic of China)*, Award, 12 July 2016, Permanent Court of Arbitration, para. 1203 B(1)(2).

的歷史性權利或歷史性水域。比如，布魯姆（Yehuda Blum）認為："歷史性權利係指國家對於某塊土地或者某片海域擁有權利，但這種權利不是根據國際法通常獲取權利方式取得，而是根據長期、連續的歷史過程與歷史事實，包括相關國家的承認或默認，作為或不作為，以及相關的國家實踐與行為方式的累積所產生的效果，由此產生的結果被認為是一種歷史性權利，從而依據國際法也被視作有效。"[1] 摩爾（John N. Moore）則指出："現代國際海洋法下，歷史性權利或者歷史性水域等概念已無價值，除非有關國家已在 1957 年聯合國秘書處發佈的《歷史性海灣備忘錄》中進行備案、列舉的那些歷史性海灣還具有合法性。"[2] 他還進一步指出："其他主張，包括所謂歷史性權利，都為不合法且已過時，因為《海洋法公約》已經通過新的專屬經濟區與大陸架制度，對於各國原本存在的不同類型的歷史性或非歷史性權利訴求進行了相應的一般性制度安排，此外的權利主張則無法律基礎。"[3] 但是也有不少學者，特別是中國學者，持相反觀點。比如趙建文教授認為，新的海洋法公約並不否定有關國家的歷史性權利主張。[4] 曲波

---

[1] Yehuda Z. Blum, "Historic Rights", in Rudolf Bernhardt (ed.), *Encyclopaedia of Public International Law*, Installment 7 (North-Holland Publishing Co., 1984), p. 120.

[2] 列出擁有歷史性水域國家的文件是 1957 年聯合國秘書處為了日內瓦海洋公約製作的清單，其中並未包含南海。

[3] Clive R. Symmons, *Historic Waters in the Law of the Sea: A Modern Re-appraisal* (Martinus Nijhoff Publishers, 2008).

[4] 趙建文認為，承認和保護各國既得的合法權利的國際法原則，體現在海洋法中，就是承認和保護各國既得的海洋權利。《海洋法公約》作為一個綜合性的海洋法典，在規定新的海洋法律秩序的同時，自始至終體現著承認和保護各國既得權利的原則。既得權利（vested rights）的取得以該權利產生時的法律為依據，不應以新法或後法推翻，除非既得權的產生和存在與一般國際法強行規範相抵觸……只看到《海洋法公約》為各國創設新的海洋權利而忽視《海洋法公約》對各國既得的海洋權利的承認和保護，就是片面理解或曲解《海洋法公約》的結果。參見趙建文：《聯合國海洋法公約與中國在南海的既得權利》，載《法學研究》2003 年第 2 期。

教授指出，歷史性權利應具有一般國際法或習慣國際法地位。**❶** 總體而言，這派觀點主張，《海洋法公約》在創設新的海洋秩序以及新的法律制度時，自始至終體現了對於各國既得海洋權利的尊重，特別從《海洋法公約》有關歷史性所有權、歷史性海灣、傳統捕魚權等方面的規定可以看出。

那麼，國家對於海洋所作的歷史性權利主張同《海洋法公約》項下的各類海洋區域之間是何種關係？《海洋法公約》當中到底有沒有相應的條款支持中國的歷史性權利主張？有關歷史性權利的主張是不是《海洋法公約》解釋和適用的問題？**❷** 在管轄權與可受理性問題庭審中，菲律賓律師也提出，現在國際社會有這麼一種觀點，由於《海洋法公約》沒有處理歷史性權利問題，是否意味著需要在一般的國際法中尋找它的相關依據？是否表明歷史性權利就不是《海洋法公約》解釋和適用的問題？仲裁庭是否對該兩項訴求就沒有管轄權？但是菲方律師進一步指出，1982 年《海洋法公約》

---

❶ 參見曲波、于天一：《歷史性權利的習慣國際法地位思考》，載《大連海事大學學報（社會科學版）》，2012 年第 2 期。

❷ 仲裁庭在 2015 年 10 月 29 日的《管轄權和可受理性問題裁決》中指出，菲律賓第 1 項仲裁訴求反映的是南中國海海洋權利來源的糾紛以及《海洋法公約》的作用。這並不是一個關於主權或者海域劃界問題的糾紛，《海洋法公約》第十五部分第一節的任何規定（要求）都不構成仲裁庭進行審議（考慮）的障礙。但是，仲裁庭的確應當考慮菲律賓第 1 項訴求所提有關中國歷史性權利對南中國海海洋權利主張的效力，以及這種權利與《海洋法公約》條文的相互關係。這是一個關於《海洋法公約》的解釋和適用的問題。然而，仲裁庭就此問題的管轄權將有賴於對該種歷史性權利的定性，以及是否被第 298 條有關歷史性海灣或所有權管轄權任擇性例外所排除。中國主張的任何歷史性權利之性質以及效力應當通過實體問題審理來決定。因此，對於第 1 項仲裁訴求可能提出的管轄權抗辯，並不具備初步排他性質。與此相應，仲裁庭保留對第 1 項訴求管轄權問題的決定，直到對該項訴求的實體問題作出審議。See *The South China Sea Arbitration (the Republic of the Philippines v. the People's Republic of China),* Award on Jurisdiction and Admissibility, 29 October 2015, Permanent Court of Arbitration, paras. 398–399. 相關分析可參見陳喜峰：《爭端的構成和本質：南海仲裁案第 1 項訴求及其管轄權裁決評析》，載《國際法研究》2016 年第 2 期。

是一個全面的關於海洋的"憲章"，並引用第三次聯合國海洋法會議主席、新加坡海商法專家許通美的觀點，認為《海洋法公約》是一個綜合性的"海洋憲章"，不存在所謂的歷史性權利主張在《海洋法公約》之外。❶ 那麼，歷史性權利等概念在海洋法中是否已經不合時宜？抑或仍有其生命力？歷史性權利與《海洋法公約》規定的各項制度是否相關？海洋權利的來源究竟是什麼？何種主張、哪個解釋更具說服力？ 本文對此進行初步的辨析，以期拋磚引玉。

一、相關概念的辨析

南海仲裁案實體審理中，菲律賓反對中國的"歷史性權利"的論證包含了如下五個層次：第一，認為中國在斷續線內非法主張所謂的"歷史性權利"。第二，認為中國該主張的實質是超越公約對其海洋權利的限制，對於生物資源和非生物資源主張排他性權利。第三，菲方指出，中國主張的歷史性權利並非"歷史性所有權"，因此不受《海洋法公約》第 298 條第 1 款（a）（i）項任擇性排他條款的影響。第四，認為中國主張的歷史性權利在現行的海洋法公約下不存在（並未存續下來）。第五，主張即便在《海洋法公約》出台後主張歷史性權利還能存在，中國的這種主張也不符合

❶ Hearing on the Merits and Remaining Issues of Jurisdiction and Admissibility (Day 1, 24 November 2015), p. 57.

一般國際法有關歷史性權利的三項要件。[1]

　　國際法學界通常認為，歷史性海灣是指沿海國長期主張並實踐中行使管轄，而且別國又承認為該國的海灣，[2]不管是否符合國際法上作為內水的海灣條件，而被視為該沿海國的內水（海灣）。[3]歷史性水域則指沿海國公開、連續、明確行使主權，並且得到國際社會容忍或承認的水域，從而使得沿海國對於該水域獲得等同於內水或領海的法律權利。[4]可見，歷史性水域是比歷史性海灣更大的一個概念，歷史性海灣只是歷史性水域的一種。這點從聯合國秘書處 1957 年編寫的《歷史性海灣》[5]以及 1962 年草擬的《歷史性水域：包括歷史性海灣的法律制度》[6]二份法律文件可以看出。聯合國秘書處指出，歷史性水域是根據這樣的歷史事實，即國家歷史以來宣稱和保留對這些水域的主權，認為這些水域是至關重要的，而並不很關心對一般國際法所作的有關領海的規定及其變化。[7]

---

[1] Hearing on the Merits and Remaining Issues of Jurisdiction and Admissibility (Day 1, 24 November 2015), pp. 7–10.

[2] 如 1958 年《領海及毗連區公約》第 7 條第 6 款規定，"前列規定不適用於所謂 '歷史性' 海灣或採用第四條所載直線基線辦法之任何情形"。也就是說，關於海灣的法律要件以及封口線長度等，不適用於所謂歷史性海灣，也不適用於採用直線基線的任何情形。1982 年《海洋法公約》第 10 條第 2 款基本沿用了該項規定。

[3] 參見曲波、于天一：《歷史性權利的習慣國際法地位思考》。

[4] 參見高聖惕：《論中菲南海仲裁案的不可受理性、仲裁庭裁決的無效性及仲裁庭無管轄權的問題 —— 特別針對菲國在 2015 年 7 月 7－12 日聽證會上提出的法律主張》。

[5] "Historic Bays", Memorandum by the Secretariat of the United Nations, 30 September 1957, U.N. Doc. A/CONF.13/1。Mitchell P. Strohl 認為，為什麼有些海灣是歷史性的，因為這些海灣的沿岸國是通過長期、不間斷、和平地佔有而取得的權利。這些基於一些相對古老的具有象徵性的主張，而這些主張從來沒有受到挑戰。See Mitchell P. Strohl, *The International Law of Bays* (Martinus Nijhoff Publishers, 1963), p. 252.

[6] The UN Secretariat, "Juridical Regime of Historic Waters, Including Historic Bays", Doc. A/CN. 4/143, *Yearbook of International Law Commission,* Vol. 2, 1962.

[7] "Juridical Regime of Historic Waters, including Historic Bays", p. 7, para. 38.

《海洋法公約》當中雖出現了“歷史性所有權”這個概念，但是並沒有對它下定義。《海洋法公約》第 15 條規定：“如果兩國海岸彼此相向或相鄰，兩國中任何一國在彼此沒有相反協議的情形下，均無權將其領海伸延至一條其每一點都同測算兩國中每一國領海寬度的基線上最近各點距離相等的中間線以外。但如因歷史性所有權或其他特殊情況而有必要按照與上述規定不同的方法劃定兩國領海的界限，則不適用上述規定。”可見，“歷史性所有權”是一般劃界原則（等距中線原則）的例外。《海洋法公約》第 298 條有關強制管轄的任擇性例外也指出：“關於劃定海洋邊界的第 15 條、第 74 條和第 83 條在解釋或適用上的爭端，或涉及歷史性海灣或所有權的爭端，締約國可以書面聲明對於該類爭端不接受第二節規定的一種或一種以上的程序。” 相比歷史性權利，“歷史性所有權”這個概念的範圍比較窄。在國際法上，歷史性所有權實際就是指歷史性主權，而歷史性權利可包括具體的各種功能性管轄權、主權權利，也可以包括所有權。[1] 有學者認為，國家取得歷史性權利是通過一國或多國積極有效地行使這些權利，並且獲得有關國家的默認。後者幾乎等同於歷史性水域的概念，所以也有學者認為，“歷史性權利”是一個框架性的概念，它是從“歷史性水域”、“歷史性海灣”概念發展出來的。[2] 特別是在中文的語義背景下，“權利”是個集合概念，包括了所有權、用益權、收益權、抵押權等各種類型的權利，菲律賓將中國南海權利的性質片面定性為對於生物與非生物資源的排他性主

---

[1]　See Zou Keyuan, "Historic Rights in International Law and in China's Practice", (2001) 32 *Ocean Development & International Law* 149, pp. 149–168. See also D.P. O'Connell, *The International Law of the Sea*, Vol. 2 (Clarendon Press, 1982), p. 713.

[2]　Clive R. Symmons, *Historic Waters in the Law of the Sea: A Modern Re-appraisal*, p. 298.

權權利，試圖與中國依《海洋法公約》第 298 條規定提交排除性聲明作出切割，顯然是為仲裁庭的管轄以及最終裁決製造陷阱。

另外有觀點認為，《海洋法公約》第 298 條所提及的 "historic titles" 不同於《海洋法公約》第 15 條的 "historic title"，前者是複數，義同歷史性權利（historic rights），"title" 僅在第 15 條才有 "歷史性所有權" 的涵義。● 的確，"title" 一詞在多數場合之下是和 "rights" 可以互換使用的。陳梁教授認為，"title" 在英美法上是一組權利（a package of rights）或者是指 "利益之程度"（degree of interests），"title" 包括了所有權而不等於所有權，所以 "title" 相當於是 "rights" 的另一種說法而已。●《海洋法公約》的中文文本把第 298 條中的 "titles" 也翻譯成 "所有權"，在邏輯上的確存在矛盾之處，顯然在一塊地方不可能存在多個所有權或多個主權，但卻可能存在多項權利，特別是一些能夠相互兼容的權利。仲裁庭在最終裁決中將 "historic titles" 狹隘地定性為 "歷史性所有權" 或 "歷史性主權"，目的就是要繞開 2006 年中國政府所作的排除性聲明，達到其擴大管轄的目的。

● 參見張新軍：《關於菲律賓南海斷續線仲裁請求的管轄權問題 ——〈聯合國海洋法公約〉第 298 條 1（a）（i）項下的排除和海洋權利之爭》，載《國際法研究》2016 年第 2 期，第 9－10 頁。

● 這係復旦大學法學院陳梁教授在 2016 年 5 月華東政法大學國際航運法律學院舉辦的南海仲裁問題研討會上發表的一個觀點。

二、歷史性權利的性質及其構成

一般而言，歷史性權利是與普遍性的制度安排相悖的訴求，是一種例外情形。比如根據一般國際法，特定海域本屬公海，但是國家主張事實上屬其歷史性水域。由於公海是人類共同財產而非無主物，不可經由先佔而獲得所有權，但是如果沿海國對於該海域明確、有效、持續地經過較長一段時期行使主權權力，並得到相鄰國家的默認，就能取得與一般國際法相反的效力。可見，歷史性權利是一種"逆向取得"，有點類似於"時效取得"。換言之，沿海國經由一個過程，取代了原來合法的權利人（如國際社會），獲得了對於該特定水域的權利。❶因此，"歷史性權利"的有效並非僅僅是因為時間的流逝，而必須獲得原合法權利人的認許，以補正其不足。❷國際法上對於歷史性權利的構成要素、舉證責任、歷史性水域的法律地位以及糾紛解決等問題存在較大的爭議，這或許與歷史性權利與不同國家的不同實踐緊密相聯有關，它必然依賴於不同的實踐而難有劃一的標準。❸

對於歷史性權利的構成有"二要件說"、"三要件說"、"四要件說"、"五要件說"以及"六要件說"等不同的學說。❹主張"二要件說"的學者認為，歷史性權利基本上建立在下列兩個條件之上：一是國家長期而有效

---

❶ Zou Keyuan, "Historic Rights in International Law and in China's Practice", p. 152.

❷ See Zou Keyuan, "Historic Rights in International Law and in China's Practice", pp. 149–168. See also Leo J. Bouchez, *The Regime of Bays in International Law* (A.W. Sythoff, 1964), p. 199.

❸ See "Juridical Regime of Historic Waters, including Historic Bays".

❹ 參見曲波：《海洋法中歷史性權利構成要件探究》，載《當代法學》2012 年第 4 期，第 4—5 頁。

地對於海域行使權利，二是國際社會或有關國家對前項行為與事實的默示同意。● 主張 "三要件說" 的學者認為，第一，沿海國對於特定的海域事實上行使管轄權；第二，這種權力在相當長時間內連續行使；第三，得到相鄰國家以及國際社會的默認。❷ 主張 "四要件說" 的學者認為，除了上述的三要件，還需加上第四個要件，即主張歷史性權利的國家應負擔舉證責任。❸ "五要件說" 是指國家長時期對有關水域行使排他性權利，國家對此具備重大利益，其他國家對其形成默認，基於時效的理由須維護權利之穩定，主張國承擔舉證責任。❹ 主張 "六要件說" 的學者認為，歷史性權利應具備以下條件：第一，沿海國對於有關水域擁有安全、經濟等重大利益；第二，長期以來該國對有關水域有效控制並行使權力；第三，沿海國通過國內立法、行政和管轄行為來行使權力，並且連續而不中斷；第四，有效執行國內法令並限制他國船舶進入有關水域從事活動；第五，前述權利之行使已為第三國或鄰近國家所明示承認或默許，且沒有他國之抗議或相反權利之主張；第六，基於時效之理由而對水域享有歷史性權利。❺ 從上述不

● 黃異：《國際海洋法》，台北：台灣渤海堂文化事業有限公司，2002 年，第 25 頁，轉引自曲波：《海洋法中歷史性權利構成要件探究》，第 4 頁。

❷ Leo J. Bouchez, *The Regime of Bays in International Law*, p. 8. 另參見沈固朝：《關於北部灣的 "歷史性水域"》，第 54 頁。

❸ John M. Spinnato, "Historic and Vital Bays: An Analysis of Libya's Claim to the Gulf of Sidra", (1983) 13 *Ocean Development and International Law* 65, pp. 65–85；另外參見劉江萍、郭培清：《加拿大對西北航道主權控制的法律依據分析》，載《青島行政學院學報》2010 年第 2 期，第 102 頁。

❹ See Yehuda Z. Blum, "Current Development: The Gulf of Sidra Incident", (1986) 80 *American Journal of International Law*, pp. 669–677; Faraj Abdullah Ahnish, *The International Law of Maritime Boundaries and the Practice of States in the Mediterranean Sea* (Clarendon Press, 1993), pp. 194–251. 另參見劉惠榮、劉秀：《北極群島水域法律地位的歷史性分析》，載《中國海洋大學學報（社會科學版）》2010 年第 2 期，第 3 頁。

❺ 趙國材：《從國際法觀點分析我國南海歷史性水域之法律制度》，載《問題與研究》1993 年第 8 期，第 13 頁。

同的學說也可以發現，國際社會對於歷史性權利以及歷史性水域問題存在較大的分歧。

綜合而言，多數意見認為歷史性權利應當具備以下三個要素：沿海國在其主張水域公開且有效的行使權利；這種權利的行使必須是持續較長一段時期，從而構成習慣（usage），但具體需要多長時間，學說上並無定論；外國對沿海國行使權利的態度必須構成默認。❶

三、歷史性權利作為海洋權利來源的法理依據

如果歷史性權利構成一種例外的制度安排，其合理性何在？是否有相關的國際法基礎？對於其他國家是否公平？從上述有關歷史性權利構成要件的理論可以看出，承認歷史性權利主要是出於維護國際秩序安定的考量，是利益權衡的結果，防止破壞已經存在較長時期並被普遍接受的秩序，從而避免出現動蕩與不穩定。歷史性權利作為海洋權利的一個重要來源，是對"陸地統治海洋"原則的重要補充，是國家基於重大經濟或安全利益、相關國家實踐提出的權利主張，而又得到有關國家歷史承認，這些因素的疊加是國際法承認歷史性權利的法理依據。事實上，即便到了今天，歷史性權利仍被許多國家堅持甚至加強。但是歷史性權利是否還有更加確切的規範依據？這需要結合條約法的解釋、國際司法判例以及相關的

❶ 林碧炤：《我國南海歷史性水域之法律制度 —— 學術座談會紀要》，載《問題與研究》1993 年第 8 期，第 1－12 頁。

國家實踐才能作出進一步的判斷。❶

　　菲律賓否定中國在南海享有一般性的歷史性權利的主要理由如下：首先，《海洋法公約》只規定了歷史性海灣、領海劃界中的歷史性所有權以及群島水域中的傳統捕魚權等特殊的歷史性權利，沒有規定一般性的歷史性權利。一般性的歷史性權利在《海洋法公約》中沒有依據。其次，《海洋法公約》通過對於領海的基線劃法、領海寬度、海灣封口線的長度、群島制度、各種航行制度、大陸架以及專屬經濟區等新規定，基本上已經滿足了各種歷史性權利的主張以及既得權利要求。最後，由於歷史性權利是一種"逆向的權利取得"，是普遍性權利的一種例外，只有《海洋法公約》明確規定了這種例外（比如歷史性海灣）才具有正當性，才是有效的。否則任意主張《海洋法公約》之外的歷史性權利主張，會衝擊《海洋法公約》所確立的一般性制度，影響《海洋法公約》的普遍有效性，不利於建立公正、合理、穩定與可預期的海洋秩序。所以，菲律賓認為《海洋法公約》明確規定之外的歷史性權利主張不具合理性，也無法律基礎。

　　而中國學者支持存在一般性歷史性權利的主要依據在於：第一，儘管《海洋法公約》沒有規定歷史性權利，但是也沒有否定歷史性權利，而且從《海洋法公約》的整體結構、上下文關係以及制定《海洋法公約》的目的來看，《海洋法公約》在創設新制度、新秩序的同時，自始至終都體現了對於各國既得的海洋權利與歷史性權利的尊重。第二，由於歷史性權利與各個國家獨特的歷史與生存環境緊密相關，必然是一個地方性的概念，因各個

---

❶　鄭志華：《南海地圖的法理解讀與包容性海洋秩序的建構》，上海交通大學博士學位論文，2013 年，第 71 頁。

國家對其周邊海域利用、管理的情況不同，歷史性權利範圍、內涵不可能一致。比如加拿大基於地理與歷史對北極群島水域的主張與中國在南海的主張就不同，這些差異很難在普適性的國際公約中加以統一規定。不能簡單的認定，《海洋法公約》沒有明確定義歷史性權利的內涵與外延，就等同於否定歷史性權利。解釋公約時更不能把各個條文割裂來看，而是要從《海洋法公約》的目的、體系與上下條文的關係理解《海洋法公約》的實質內涵。第三，《海洋法公約》在序言中明確指出："本公約締約各國，確認本公約未予規定的事項，應繼續以一般國際法的規則和原則為準據。"

毫無疑問，何謂一般國際法，則又必須考察是否存在有關的國際習慣法、國際司法判例以及有關國家實踐等。不少學者認為，一般國際法是承認海灣以外的歷史性水域的，也是承認歷史性所有權在領海劃界以外的海域劃界中的作用的，[1]而且從國際司法判例以及國家實踐來看，歷史性水域仍然有一定的生命力和存在的價值。比如，1951 年 "英挪漁業案" 曾經對歷史性權利作出解釋。法院認為，歷史性水域通常是被視為內水的水域，但若無歷史性權利的存在，則無內水的特徵。在該案中，挪威的領海制度並無改變，而且沒有阻礙地運用了 60 年之久。這一實踐未被其他國家所反對，相反卻為他國所容忍。基於這些事實，法院最後裁定挪威的制度並不違背國際法，進而維護了挪威歷史性權利主張的有效性。[2]在 1982 年 "突尼斯與利比亞大陸架劃界案" 中，儘管國際法院迴避了突尼斯的歷史性權利是否與其大陸架劃界有關，但法院指出，歷史性權利必須得到尊重，並像

❶ Clive R. Symmons, *Historic Waters in the Law of the Sea: A Modern Re-appraisal*, p. 296.

❷ *Fisheries Case (U.K. v. Norway)*, Judgment, 18 December 1951, *I.C.J. Reports* 1951, p. 132.

它們一直通過長期使用而存在著那樣給予保留。[1] 在 1998 年的"厄立特里亞與也門仲裁案"中，儘管仲裁庭沒有實質性地考慮歷史性權利的因素，但仲裁庭還是承認："毫無疑問，歷史性權利的概念對於在當今世界裏可以存在的情勢具有特殊的影響。"[2] 不過也應當客觀地指出，國際司法機構在對待"歷史性權利"的態度上都十分審慎，特別是在上述"突尼斯與利比亞大陸架劃界案"以及"厄立特里亞與也門仲裁案"中，儘管法庭在判決中指出應當尊重"歷史性權利"，但在最後的判決中均未實質性地考慮"歷史性權利"的因素。

在國家實踐方面，比如湯加王國在南太平洋公海上主張一塊長方形的水域，湯加稱自 1887 年以來該水域就是湯加的"歷史性水域"。由此可以看出，歷史性水域的性質不只是局限於內水。[3] 1957 年，當時的蘇聯宣佈大彼得灣為其歷史性海灣，該海灣的封閉線長度為 108 海里，但受到了英國、法國、日本、德國、瑞典及美國的抗議。[4] 或許由於當時特定的國際環境，蘇聯的這個主張得到了中國的支持。1974 年，利比亞對錫德拉灣（Gulf of Sidra）所提出的歷史性權利主張，其封口線長達 296 海里，這一主張受到美國、英國、蘇聯和其他國家的抗議。[5] 再如，突尼斯為其在領海之

---

[1] 法院認為，歷史性權利或歷史性水域的概念與大陸架的概念在習慣國際法上屬不同的法律制度。前者基於佔領和主張；而後者則基於固有的權利存在，無需主張也無需佔有。所以"歷史性權利"也許與突尼斯的專屬經濟區劃界有關，而與其大陸架的劃界目的無關。*Continental Shelf (Tunisia v. Libyan Arab Jamahiriya)*, Judgment, 24 February 1982, *I. C. J. Reports* 1982, p. 73.

[2] Eritrea-Yemen Arbitration Award, Phase I: Territorial Sovereignty and Scope of Dispute, 9 October 1998, para. 2, http://www.pca-cpa.org/ER-YEAwardTOC.htm (last visited 15 March 2017).

[3] Hanns J. Buchholz, *Law of the Sea Zones in the Pacific Ocean* (Singapore: Institute of Southeast Asian Studies, 1987), p. 85.

[4] Clive R. Symmons, *Historic Waters in the Law of the Sea: A Modern Re-appraisal*, p. 32.

[5] John M. Spinnato, "Historic and Vital Bays: An Analysis of Libya's Claim to the Gulf of Sidra", pp. 65–85.

外的海綿開採行為主張歷史性漁業權以及專屬管轄權。對此，與突尼斯有海域爭端的利比亞也承認："對突尼斯在保護和控制其所主張的定居種魚類方面的所有權和附屬權的普遍承認的證據沒有問題。事實表明這些權利是存在的。"❶ 此外，加拿大將北極群島水域視為歷史性水域，1964 年加拿大的領海及毗連區法規定，加拿大的內水包括加拿大的領海基線向陸地一側的任何水域，由此北極群島水域以地理上或歷史上的理由，或二者兼而有之的基礎而被視為內水。❷

由此可見，歷史性水域或歷史性權利並非一般規則，而是作為一般規則的例外而存在。國家基於某些海洋區域的特殊歷史、地理因素，突破一般規則的範圍擴展其管轄領域，很大程度上仍為國際法所允許，也為其他國家所接受。儘管《海洋法公約》創設許多新制度，如專屬經濟區和大陸架制度，這使得歷史性權利這一概念的緊迫性和重要性有所減弱，但是基於歷史性權利的主張還會在許多方面存在，甚至被許多國家堅持甚至加強。❸

事實上，《海洋法公約》本身即是一個二元結構，海洋權利也是一個二元體系（具體參下圖）。一方面，《海洋法公約》作出一個一般性的制度安排，規定國家對於不同的海洋區域享有不同的權利，包括航行、捕魚、資源開發、海洋科學研究、環境保護等等；另一方面，國家又可以基於其長期的歷史性實踐取得相關權利，譬如公海的有關漁業捕撈配額的分配制

---

❶ Andrea Gioia, "Tunisia's Claims over Adjacent Seas and the Doctrine of 'Historic Rights'", (1984) 11 *Syracuse Journal of International Law and Commerce* 327, p. 362.

❷ 劉惠榮、劉秀：《北極群島水域法律地位的歷史性分析》，第 2 頁。

❸ See Clive R. Symmons, *Historic Waters in the Law of the Sea: A Modern Re-appraisal*；參見鄭志華：《中國南海 U 形線地圖的可採性與證明力》，載《外交評論》2013 年第 4 期。

度，漁業大國之所以可以獲得比較高的配額，恰恰正是因為其歷史上的捕撈量，而不是因為所謂的捕魚自由。歷史性權利可以分為兩類，一種是絕對排他的歷史性權利，另外一種非絕對排他，但是享有優先權。絕對排他性的歷史性權利相當於歷史性水域；非排他性的歷史性權利在國際法上更不明確，也沒有固定國家實踐，不同國家基於其不同的歷史發展，有不同的權利主張。❶

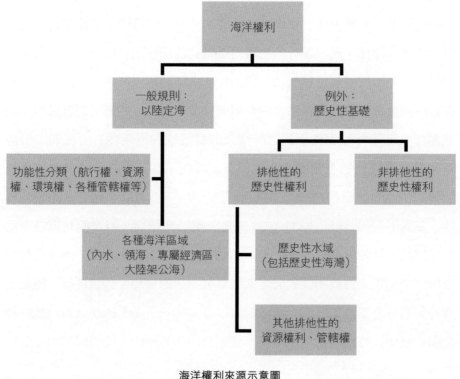

海洋權利來源示意圖

---

❶　鄭志華：《南海地圖的法理解讀與包容性海洋秩序的建構》，第 79 頁。

四、海峽兩岸相關實踐對南海海洋權利定性的影響

　　1993 年 4 月 13 日，台灣當局制定了《南海政策綱領》，並依此作為其南海政策體系的指導原則。該綱領的前言明確指出："南沙群島、西沙群島、中沙群島及東沙群島，無論就歷史、地理、國際法及事實，向為我國固有領土之一部分，其主權屬我國。南海歷史性水域界線內之海域為我國管轄之海域，我國擁有一切權益。我國政府願在和平理性的基礎上，及維護我國主權原則下，開發此一海域，並願依國際法及《聯合國憲章》和平解決爭端。" ❶

　　從這段聲明可以看出，當時台灣地區的政策是將島嶼和海域問題分開處理的。首先明確島嶼歸屬主權，並指出這一主張具有"歷史、地理、國際法及事實"依據。其次，將南海斷續線視為中國歷史性水域的外部界限，線內水域則屬歷史性水域，但是並未指明主張歷史性水域的具體依據，是否等同於島嶼主權的依據，不無疑問。並且第二句中稱中國擁有南海歷史性水域界線內水域一切權益，是否即等同於主權？如果等同擁有主權，那麼屬內水性質的主權還是領海性質的主權？如果將線內水域視同領海，則外國船舶尚享有無害通過權；如果等同於內水，則外國船舶連無

---

❶ 台灣地區"行政院"：《南海政策綱領》，1993 年 4 月 13 日，http://www.cga.gov.tw/GipOpen/wSite/public/Attachment/f1259488571867.pdf，最後訪問時間：2016 年 11 月 15 日。

害通過的權利也沒有。[1] 可見該聲明對於線內水域的性質也並未表達清楚。但是無論是主張內水性質的歷史性水域抑或領海性質的歷史性水域，都比較難以自圓其說。因為，很難滿足前文所述歷史性水域之條件，無論從是否有效的行使管轄權，是否能夠構成持續不斷且不受爭議，能否有效的排除其他國家對於南海的利用（捕魚、航行等等），都存在比較大的問題。

不少台灣學者也認為這一立場存在問題，比如宋燕輝教授認為，如果把南海斷續線內的水域稱為 "歷史性水域"，那麼是否有 "內水" 的法律地位？一方面，"中華民國政府" 從未把斷續線內的水域稱為 "內水"，而且自 1948 年繪有斷續線的《南海諸島位置署圖》（1947 年繪成）公佈以來，外國船隻（包括軍艦）均能不斷地、自由地航行在線內水域；另一方面，"中華民國" 從未對通過線內水域的外國船隻提出過抗議。[2] 俞寬賜教授也認為，中華民國政府頒佈《南海諸島位置署圖》時，並未宣稱斷續線內水域為 "歷史性水域"，其後亦無行使權力的事實。唯一行使權力的事實只有當外國飛機或船舶飛越或侵入中國有效管轄下的島礁上空或其周圍領海

---

[1] 台灣地區的《領海及鄰接區法》草案中第 6 條曾經規定："中華民國之歷史性水域及其範圍，由行政院公告之。" 該條的說明文字記載，"歷史性水域係指經由歷史證據顯示，為我國最早發現與命名、最早開發與經營、最早管轄與行使主權之固有水域，例如我國南海，茲為確保我國南海諸島及四周海域主權權利，爰將歷史性水域及其範圍，明定由行政院公告之"。後來在 1998 年 1 月 2 日台灣 "立法院" 通過該法案時，這條規定被刪除了。不少學者據此認為，台灣放棄了 "歷史性水域" 主張。但是傅崑成教授認為：這種誤解其實是台獨主張者故意放出來的信息，以期形成台灣與中國大陸歷史權利分隔的印象。但是實際上台灣並未放棄中國大陸在南海歷史性水域的主張，只不過因為 "歷史性水域" 訂定在領海法中會造成誤會，外國人會誤以為我們將歷史性水域視為領海或鄰接區，所以寧可捨去。因此去除 "歷史性水域" 的字眼，可避免許多不必要的紛擾。"委員會紀錄"，台灣地區《"立法院" 公報》第 85 卷第 37 期，第 277－278 頁。

[2] Yann-huei Song & Peter Kien-hong Yu, "China's 'Historic Waters' in the South China Sea: An Analysis from Taiwan, R.O.C." (1994) 12 *The American Asian Review* 83, pp. 86–88.

時，才提出警告或強行驅離。● 傅崑成教授則認為，斷續線內水域是一種特殊的 "歷史性水域"。他認為，雖然國際社會上所稱之 "歷史性水域"，多半是指 "歷史性海灣"，並且將之當作 "內水" 看待。但是這並非沒有例外。擁有諸多舊時代藩屬國的中國，其在南海之 "歷史性水域" 也應該是一個非 "內水" 之特殊水域。● 儘管他沒有放棄 "歷史性水域" 這一說法，但是他所說的 "歷史性水域" 與一般認為的 "歷史性水域" 含義上顯然有所不同。繼續使用 "歷史性水域" 這一概念雖然有簡潔明了的好處，因為 "歷史性水域" 在國際法上畢竟有約定俗成的含義，稱斷續線內水域為 "歷史性水域" 容易遭致誤解，也極易被周邊國家或一些別有用心的人所利用，藉機曲解中國的主張，指責中國主張過於膨脹，醜化中國。與其名不符實，不如考慮使用更加恰當的說法。

事實上，後來台灣當局的措辭悄然發生變化，比如台 "外交部門" 在 2009 年 5 月 12 日的聲明中稱："無論就歷史、地理及國際法而言，南沙群島、西沙群島、中沙群島、東沙群島及其周遭水域俱屬我國固有領土及水域，主權屬 '中華民國'，不容置疑。我國對該四群島及其水域享有一切應有權益，任何國家無論以任何理由或方式予以主張或佔據，俱屬非法，我政府一概不予承認。"● 此處將對於島礁的領土主張與對水域的主張並列，不再如前加以區分；而且使用了一個模糊的概念 "周遭水域"，與大

● 俞寬賜：《我國南海 U 形線及線內水域之法律性質和地位》，載海南南海研究中心編：《海南暨南海學術研討會論文集》，2001 年，第 427 頁。

● 傅崑成：《南（中國）海法律地位之研究》，第 43 頁。

● 台 "外交主管部門" 歷年來就南海問題的聲明：http://www.mofa.gov.tw/official/Home/Detail/990ccdcb-57f5-438a-8b57-b6eec58d7536?arfid=8f8092a6-b477-4f92-bf94-031da11665cd&opno=0ab69338-b476-449c-8554-2c7d26534828，最後訪問時間：2016 年 11 月 17 日。

陸的說法"附近水域"、"相關水域"有異曲同工之妙。尚不清楚這裏的"周遭水域"具體範圍有多大,能否等同於斷續線內水域?抑或僅指島礁所享有的 12 海里領海?不過從聲明的具體內容來看,其中所反映的是現代國際海洋法中"以陸定海"的原則,即先有陸地之主權,然後才能對鄰接陸地的一定範圍內的水域享有權利,不過該聲明稱對"周遭水域"也享有"主權",極有可能這裏的"周遭水域"僅 12 海里領海。這樣的話,我們可以認為,中國台灣當局現在立場比之前的《南海政策綱領》中的立場大大退縮了。不過有趣的是,在台"外交部門"的網站上所放置的仍是 1947 年內政部繪製的"南海諸島位置畧圖",斷續線也仍然還在,這無疑加重了這一聲明的模糊性,也增添了新的解釋空間。

中國在 2009 年 5 月 7 日向聯合國秘書長提交照會,對於越南、馬來西亞"外大陸架聯合劃界申請案"以及越南的"單獨劃界申請案"提出抗議,指出"中國對南海諸島及其附近海域擁有無可爭辯的主權,對相關海域的海床和底土擁有主權權利和管轄權(見附圖)。中國政府的這一一貫立場為國際社會所周知"。❶照會中的附圖是一張南海斷續線的地圖。據稱這是中國官方第一次向國際機構提交此種地圖,並使用斷續線為自身的南海主張辯護。既然中國使用斷續線地圖反對其他國家的外大陸架主張,某種意義上表明中國試圖說明自己享有斷續線內相關部分的大陸架權利。並且,中國通過將斷續線併入提交給聯合國的正式文件中,且使之成為文件不可

❶ People's Republic of China, "Letter to the Secretary-General of the United Nations—CML/17/2009", 7 May 2009, http://www.un.org/Depts/los/clcs_new/submissions_files/mysvnm33_09/chn_2009re_mys_vnm_e.pdf; People's Republic of China, "Letter to the Secretary-General of the United Nations—CML/18/2009", 7 May 2009, http://www.un.org/Depts/los/clcs_new/submissions_files/vnm37_09/chn_2009re_vnm.pdf (last visited 15 March 2017).

或缺的一部分，無疑強化了斷續線的法律意義。

這個照會引發了國際社會比較大的關注。越南在 2009 年 5 月 9 日提交照會予以回應，主張中國對於南海諸島及海域所作的主張 "毫無法律上、歷史上或事實上之根據，因此不生效力"。[1]2010 年 7 月 8 日，印度尼西亞向聯合國秘書長提交照會認為：首先，斷續線的海洋主張不合國際法；其次，南沙群島的島礁不能主張專屬經濟區與大陸架。然而，印度尼西亞照會的真正目的，是通過上述兩點意見得出印度尼西亞與中國不存在海洋劃界情勢的結論。[2]菲律賓於 2011 年 4 月 5 日就中國以 "九段線" 對南海 "提出主權要求"，向聯合國提交照會稱中國此舉違反了國際海洋法、侵犯了菲律賓主權。菲律賓政府提出的 "理由" 有三：第一，"卡拉延群島"（菲對南沙群島部分島礁的稱呼）已成為菲律賓的組成部分，在菲的主權管轄之下；第二，菲律賓在國際法原則下，對 "卡拉延群島" 周圍海域及鄰近地區履行主權和管轄權；第三，中國對 "卡拉延群島" 海域、海床和底土提出要求是沒有依據的，因為管轄權屬於菲律賓。[3]

針對菲律賓在該照會中的反對意見，中國在 2011 年 4 月 14 日提交的照會中進一步表示："中國對南海諸島及其附近海域擁有無可爭辯的主權，並對相關海域及其海床和底土享有主權權利和管轄權。中國對南海的主權及相關權利和管轄權有著充分的歷史和法理依據，對於菲律賓 000228 號照

---

[1] Vietnam, "Letter to the Secretary-General of the United Nations 86/HC-2009", 8 May 2009, http://www.un.org/Depts/los/clcs_new/submissions_files/vnm37_09/vnm_re_chn_2009re_vnm.pdf (last visited 15 March 2017).

[2] "Indonesia's Note No. 480/POL-703/VII/10 of 8 July 2010", http://www.un.org/Depts/los/clcs_new/submissions_files/mysvnm33_09/idn_2010re_mys_vnm_e.pdf (last visited 15 March 2017).

[3] Republic of the Philippines, "Letter to the Secretary-General of the United Nations—No. 000228", 5 April 2011, http://www.un.org/Depts/los/clcs_new/submissions_files/mysvnm33_09/phl_re_chn_2011.pdf (last visited 15 March 2017).

會所述的內容，中國政府不能接受。"❶ 中國在照會文件中稱，在 1970 年以前，菲律賓從未在確定領土界限的一系列國際會議上提出對南沙群島及其附屬島嶼的主權要求，菲律賓國內法律中也未提及，但"自 20 世紀 70 年代以來，菲律賓共和國開始入侵並佔據中國南沙群島的一些島礁，並就此提出相關領土要求，均遭中方強烈反對"，"菲律賓佔領中國南沙群島一些島礁及其相關行為構成了對中國領土主權的侵犯"。照會還稱，菲律賓所謂的"卡拉延群島"是中國南沙群島的一部分，中國政府自 20 世紀 30 年代以來多次公佈南沙群島的地理範圍及其組成部分，中國南沙群島的範圍是明確的。

無疑，中國政府不僅通過南海斷續線來界定南沙群島的範圍，而且中國 2011 年 4 月 14 日照會強調："按照《聯合國海洋法公約》、1992 年《中華人民共和國領海及毗連區法》和 1998 年《中華人民共和國專屬經濟區和大陸架法》的有關規定，中國南沙群島擁有領海、專屬經濟區和大陸架。"但值得注意的是，照會中沒有再次援用斷續線地圖，是否可以就此認為中國立場發生改變，即所有海洋權利應該來自陸地，而不是來源於歷史性的基礎或界限？答案並不那麼簡單，因為該份照會中一開始就重申了"中國對相關海域及其海床和底土享有主權權利和管轄權"。如果"相關海域"僅等同於專屬經濟區和大陸架，則直接使用相關表述即可，不必再用費解的"相關海域"這樣的概念。所以，在某種程度上，中國政府還是主張海洋權利來源是一個二元的結構。

---

❶ 2011 年 4 月 14 日，中國針對菲律賓 000228 號照會向聯合國秘書長提交的 CML/8/2011 反制照會。People's Republic of China, "Letter to the Secretary-General of the United Nations—CML/8/2011", 14 April 2011, http://www.un.org/Depts/los/clcs_new/submissions_files/mysvnm33_09/chn_2011_re_phl_e.pdf (last visited 15 March 2017).

五、結語

菲律賓方面混淆視聽，認為中國直到 2009 年 5 月 7 日才正式提出所謂的歷史性權利主張，試圖將中國之前在南海的國家實踐一筆勾銷。對此，我們應當明確指出，中國在南海的歷史性權利主張並非在《海洋法公約》出台（1982 年）或生效（1994 年）之後才提出。中國政府在 1947 年 12 月 1 日重新命名包括南沙群島在內的南海諸島後，接著在次年 2 月又發佈了由內政部方域司繪製的南海地圖，明確了南海斷續線的範圍。事實上，在此後的很長一段時間內，周邊國家和國際社會都沒有對此提出反對，有的還明確地表示贊成與認同。根據"時際法"（inter-temporal law）原則，"法律事實應根據與其同時代的法律來評斷，而不應根據與該事實有關的爭議產生或提交解決時有效法律來進行評斷；如果一個特定案件牽涉不同時期存在的不同法律制度，在確定應當適用哪一法律制度時，必須在權利的創設和權利的存在之間加以區別，創設權利的行為須服從權利產生時有效的法律，權利的存在，亦即權利的繼續表現，應當遵循法律的演變所要求的條件。"❶ 可見，《海洋法公約》不是判斷中國南海歷史性權利主張的適當的國際法依據，而且公約也沒有對南海斷續線內水域這類特殊的歷史性權利水域作出規定。依據《海洋法公約》序言的精神，"對於公約未予規定的事項，應繼續以一般國際法的規則和原則為準據"。

---

❶ 該法理由胡伯（Max Huber）在 "帕爾瑪斯島仲裁案" 中得到闡釋。See *Island of Palmas Case (Netherlands/United States of America)*, Award of 4 April 1928, UNRIAA, Vol. II, pp. 845–846.

總之，歷史性權利是一個非常複雜的國際法問題，不能因為《海洋法公約》沒有明確規定，就簡單的斷言中國的主張沒有國際法依據。中國對於南海斷續線水域的歷史性權利早在《海洋法公約》出台前就已經長期存在，仲裁庭對《海洋法公約》的解釋不能斷章取義，而是要結合公約的結構、體系、目的和具體語境等才能作出合理與令人信服的解釋。本案仲裁庭為了達到其非法管轄的目的，曲解中國的國家實踐和海洋權利主張，對於國際社會尚未達成共識的歷史性權利以及海洋權利來源問題，進行過度狹義而且是違反法理邏輯的解釋，這樣的裁定明顯違背了《海洋法公約》附件七第 9 條的要求，即仲裁庭必須“查明對該爭端確有管轄權，而且查明所提要求在事實上和法律上均確有根據”。因此，這樣的裁決必然是非法的，也是無效的。

評南海仲裁案仲裁庭
對歷史性權利相關問題的處理 *

　　菲律賓於 2013 年 1 月 22 日就有關南海爭端對中國提起強制仲裁案，中國拒絕參與此案。受理該案的仲裁庭於 2015 年 10 月 29 日發表了《管轄權裁決》❶，就初步問題作出了部分裁決。仲裁庭於 2016 年 7 月 12 日發表了《最終裁決》。

　　在 2014 年 3 月菲律賓向仲裁庭提交的訴狀中，菲律賓提出了 15 項訴訟請求，其中，第 1、2 項訴求涉及所謂的歷史性權利問題。菲律賓的第 1 項訴訟請求是："中國在南海的海洋權利，如同菲律賓的海洋權利，不可超過《聯合國海洋法公約》允許的範圍。" 第 2 項訴訟請求是："中國對所謂 '九段線' 內南海區域的主權權利和管轄權以及 '歷史性權利'（historic rights）的主張，在這些主張超過《海洋法公約》規定的中國海洋權利的地

* 　作者：張祖興，中山大學國際關係學院副教授。本文原載於《東南亞研究》2016 年第 6 期，原題目為 "評南海仲裁案仲裁庭對歷史性權利相關問題的處理"，本書主編對該文的部分表述做了必要的調整。

❶ 　*The South China Sea Arbitration (the Republic of the Philippines v. the People's Republic of China),* Award on Jurisdiction and Admissibility, 29 October 2015, Permanent Court of Arbitration, para. 413, p. 149.

理和實質限制的範圍內，是違反《海洋法公約》並且不具有法律效力的。"❶
這兩項訴求被菲律賓概括為一類訴求，即：在所謂的"九段線"範圍內的
區域，中國沒有權利對於《海洋法公約》規定的權利限制之外的水域、
海床和底土行使"歷史性權利"。❷ 仲裁庭認為，"菲律賓的第 1、2 項訴求
是相互聯繫的，這兩項訴求體現一個涉及南海海洋權利和權屬爭端的兩個
方面。"❸

　　經過兩個階段裁決，仲裁庭認定自己對菲律賓所提第 1、2 項訴求所涉
及的爭端具有管轄權並對實體問題作出了裁決，裁決接受了菲律賓的錯誤
觀點。

　　在仲裁庭發表《管轄權和可受理性問題裁決》（以下簡稱"《管轄權裁
決》"）之前，德國學者塔爾蒙（Stefan Talmon）在仔細研究菲律賓的《通
知及權利主張說明》（Notification and Statement of Claim）的基礎上認為，
菲律賓尋求的 13 項救濟中，沒有一項屬涉及《海洋法公約》的解釋或適用
的爭端；處理這些救濟請求，必然地需要仲裁庭處理仲裁庭無權管轄的事
項。❹ 中國學者易顯河在詳細研究有關材料後也得出同樣的結論："仲裁庭對

---

❶　Memorial of the Philippines (30 March 2014), *The South China Sea Arbitration (the Republic of the Philippines v. the People's Republic of China)*, Permanent Court of Arbitration, p. 271.

❷　Memorial of the Philippines (30 March 2014), p. 2.

❸　*The South China Sea Arbitration (the Republic of the Philippines v. the People's Republic of China)*, Award, 12 July 2016, Permanent Court of Arbitration, p. 116, para. 276. 原文：The Philippines' Submissions No. 1 and 2 are linked and represent two aspects of one dispute concerning the source of maritime rights and entitlements in the South China Sea. 筆者按：在本文中，英文單詞 "rights" 譯成 " 權利 "，"entitlements" 譯成 " 權屬 " 或 " 權利 "。"entitlement" 在中文中沒有確定的對應詞，有 " 賦權 " 的意思，即某類地物依法被賦予某種海洋權利；也有 " 權屬 " 的意思，指國家可行使特定權利的海洋區域的類別，如領海、專屬經濟區等；在涉及海洋劃界的語境下，該詞可譯成 " 權利 "。

❹　Stefan Talmon, "The South China Sea Arbitration: Is There a Case to Answer?", in Stefan Talmon & Bing Bing Jia (eds.), *The South China Sea Arbitration: A Chinese Perspective* (Hart Publishing, 2014), p. 78.

該爭端或菲律賓的主張沒有管轄權。"❶

　　但是，仲裁庭在 2015 年 10 月 29 日發表的裁決中，對學術界的合理意見完全沒有重視，對案件所涉爭端的性質作出了錯誤的認定，確定對菲律賓部分訴求擁有管轄權。

　　對於仲裁庭在第一階段作出的錯誤處理，國際學術界很多著名學者提出了嚴厲的批評。諾德奎斯特認為："如果仲裁庭真正信守法治，仲裁庭根本不能說這個案件不涉及島嶼主權或海洋劃界或歷史性所有權，只要涉及其中之一 —— 實際上同時涉及三個 —— 仲裁庭就不能處理這個涉及中國的案件。"❷塔爾蒙對仲裁庭第一階段的裁決也作出了嚴厲的批評。他認為，菲律賓提出的訴訟請求中，有些根本不構成爭端，有些訴求涉及的是領土主權問題，有些是不可受理的新主張，菲律賓的所有訴求不是不能管轄的，就是不可受理的。❸"基於推論、假設和錯誤的表述，仲裁庭不僅未履行對缺席當事方的義務，也背離了國際法治。"❹仲裁庭顯然未接受這些批評。

---

❶　Sienho Yee, "The South China Sea Arbitration (The Philippines v. China): Potential Jurisdictional Obstacles or Objections", (2014) 13 *Chinese Journal of International Law*, p. 736.

❷　"China is not Getting a Fair Shake, Expert Says", http://www.chinadaily.com.cn/kindle/2016-05/27/content_25495941.htm (last visited 1 July 2016).

❸　Stefan Talmon, "The South China Sea Arbitration: Observations on the Award on Jurisdiction and Admissibility", (2016) 15 *Chinese Journal of International Law*, paras.174–176.

❹　Stefan Talmon, "The South China Sea Arbitration: Observations on the Award on Jurisdiction and Admissibility", para. 177. 關於仲裁庭《管轄權裁決》的缺點和錯誤的全面評論，參見中國國際法學會：《菲律賓所提南海仲裁案仲裁庭的裁決沒有法律效力》，2016 年 6 月 10 日，http://www.csil.cn/News/Detail.aspx?AId=202，最後訪問時間：2016 年 8 月 15 日。此外，還有很多學者針對裁決的不同方面提出了各種批評，參見 Chris Whomersley, "The South China Sea: The Award of the Tribunal in the Case Brought by Philippines against China—A Critique", (2016) 15 *Chinese Journal of International Law*; Sreenivasa Rao Pemmaraju, "The South China Sea Arbitration (The Philippines v. China): Assessment of the Award on Jurisdiction and Admissibility", (2016) 15 *Chinese Journal of International Law*；張祖興：《南海仲裁案中"歷史性權利主張"的不可裁決性》，載《外交評論》2016 年第 2 期。

本文擬對仲裁庭對有關歷史性權利相關問題的處理作出評論。大體上說，仲裁庭需要處理的與歷史性權利相關的問題有兩個。第一，仲裁庭對菲律賓的第 1、2 項訴求能不能行使管轄權；第二，如果仲裁庭有權處理這兩個訴求，仲裁庭應如何回答。從仲裁庭發表的裁決來看，仲裁庭認定自己有權處理這兩個訴求，問題是，仲裁庭的認定是否有充足的事實和法律依據。本文第一部分和第二部分將討論這個問題。如果仲裁庭對這兩項訴求不能行使管轄權，那麼，仲裁庭就不能繼續處理與這兩項訴求相關的實體問題。同理，如果仲裁庭對這兩項訴求的管轄權問題進行了錯誤的處理，那麼，仲裁庭對相關實體問題的處理就不具有任何法律效力。本文認為，仲裁庭對管轄權問題的處理是完全錯誤的，仲裁庭根本沒有權力處理相關實體問題。但是，假定本文推理有誤而仲裁庭的認定是正確的，那麼，仲裁庭對實體問題的處理結果是否正確？這是本文第三部分將討論的問題。最後給出全文的結論。

一、關於爭端的構成和適用於爭端解決的法律規則

根據《海洋法公約》附件七第 9 條："如爭端一方不出庭或對案件不進行辯護，他方可請求仲裁法庭繼續進行程序並作出裁決。爭端一方缺席或不對案件進行辯護，應不妨礙程序的進行。仲裁法庭在作出裁決前，必須不但查明對該爭端確有管轄權，而且查明所提要求在事實上和法律上均確有根據。"

中國不參與仲裁案不阻止訴訟程序的進行，但仲裁庭有義務更嚴格地確定事實、適用法律來確定管轄權。

在本案中，在中國堅持認為仲裁庭不具有管轄權的情況下，仲裁庭應嚴格按照《海洋法公約》的相關條款來裁決管轄權問題。正如仲裁庭發佈的新聞稿中所言："在《海洋法公約》中，根據附件七組成的法庭的管轄權限於締約國之間關於《海洋法公約》解釋和適用所產生的爭端。但公約排除了法庭關於特定種類爭端的管轄權，並且規定了任何仲裁庭在行使管轄權之前必須滿足的先決條件。"❶ 因此，如果由一方提出的爭端並不涉及《海洋法公約》的"解釋或適用"，或被《海洋法公約》所排除，亦或當事方已同意採取另一和平方式解決爭端，又或是當事國間未以談判或其他和平方式就爭端的解決交換意見時，這樣的爭端便不能被按《海洋法公約》附件七所建立的仲裁庭所管轄。

然而，在對這些事項作出判斷前，仲裁庭必須先對爭端作出正確的概括和清晰的表述。根據《海洋法公約》第 288 條，根據公約附件七建立的仲裁庭的管轄權範圍限於"有關本公約的解釋或適用的任何爭端"。仲裁庭自己也認為，該條款構成該案中"仲裁庭行使管轄權的門檻性要求"❷，仲裁庭有義務判定，"首先，在當事方間是否存在菲律賓訴求中所提出的爭端；其次，這樣的爭端是否涉及《海洋法公約》的解釋或適用"。❸ 仲裁

❶ *The South China Sea Arbitration (the Republic of the Philippines v. the People's Republic of China)*, Sixth Press Release, 13 July 2015.

❷ *The South China Sea Arbitration (the Republic of the Philippines v. the People's Republic of China)*, Award on Jurisdiction and Admissibility, 29 October 2015, para. 148.

❸ *The South China Sea Arbitration (the Republic of the Philippines v. the People's Republic of China)*, Award on Jurisdiction and Admissibility, 29 October 2015, para. 131.

庭只有在確信這兩個基本要求滿足後才能進一步考察其他管轄權要求。可見，如何準確地概括爭端是確定管轄權過程中一個關鍵性的問題。甚至有觀點認為，管轄權的確立與否是取決於爭端是如何被表述的。正如博伊爾（Alan Boyle）所指出的："⋯⋯在實踐中，一切都取決於爭端表述的方式，而非案子的內容。一個錯誤的表述會讓某個案件不在強制管轄的範圍之內，換一種方式表述，同一案件就在強制管轄的範圍內。" ❶

因此，仲裁庭首先需要處理的基本問題是，確定是否存在爭端；確定是否存在適用於爭端解決的法律規則。

對於這兩個問題的認定在仲裁庭的職權範圍內，但仲裁庭行使這種職權需符合法律標準。權威的學說和判例確立了這方面的標準。

最常被引用的關於"爭端"的定義是常設國際法院在一個案件的初步審理階段中所給出的："爭端是指雙方之間法律或事實認識的不同，或是法律觀點或利益的衝突。" ❷ 如英國學者詹寧斯（Robert Jennings）所理解的，"在技術和實踐意義上，一個'法律爭端'就是被加工、還原為一個適合法院判決的形式，即一系列特定的待決定的問題。" ❸

在決定爭端是否存在的時候，"法院或仲裁庭應'不僅'考慮主張及最後訴求的陳述，還應考慮'外交換文、公開聲明及其他相關證據'，以及訴訟啟動前後當事國的行為"。❹ 在"查戈斯海洋保護區仲裁案"中，仲裁庭

---

❶ Alan E. Boyle, "Dispute Settlement and the Law of the Sea Convention: Problems of Fragmentation and Jurisdiction", (1997) 46 *International and Comparative Law Quarterly* , pp. 44–45.

❷ *The Mavrommatis Palestine Concessions (Greece v. U.K.)*, Judgment, 30 August 1924, (1924) *Publications of the PCIJ*, Series A-No. 2, p. 11.

❸ Robert Jennings, "Reflections on the term 'dispute'", in *Collected Writings of Sir Robert Jennings*, Vol. 2 (Kluwer Law International, 1998), p. 584.

❹ Memorial of the Philippines (30 March 2014), p. 221.

重申了適用於概括當事方間爭端的法律規則："最終，是由仲裁庭自身'在對原告方所作出的爭端表述給予特別關注的同時，綜合考察雙方的立場，客觀地確定導致當事方之間對立的爭端'，並'從中分離出爭端的真正分歧並判斷出主張的目的'。"❶ 由此可見，概括一個爭端需要三個步驟。第一步為"對原告方所給爭端的表述給予特別的關注"，第二步為考慮回應方的立場，第三步則是將爭端以一系列特定問題的形式表述出來，且當事雙方在這些問題上均須持與對方相反的立場。這一過程在其中一方沒有清晰表述其主張或拒絕參加訴訟的情況下，可能是高度技術性且微妙的。此時便需要由法院或仲裁庭自身"從案子中分離出爭端的真正分歧並判斷出主張的目的"，且"客觀地確定導致當事方之間相互對立的爭端"。

在南海仲裁案中，當其中一方沒有清晰地表達其對實體事項的立場時，仲裁庭決定根據以下兩個原則裁判："首先，當一方拒絕明確地反對一項主張，或拒絕對提交給強制仲裁的事項採取立場的時候，仲裁庭有權考慮當事各方的行為 —— 或者，在需要作出回應的情況下保持沉默的事實 —— 並作出合理的推斷。其次，必須客觀地評估爭端是否存在。仲裁庭有義務不允許對當事方間的通信或當事國立場表述的刻意含糊作出過於技術性的評估，以免其妨害仲裁中真正爭端的解決。"❷ 至於當事方的行為，仲裁庭所依靠的是記錄在案的"當事方間"的外交通信及當事國的公開聲明。❸

---

❶ *Chargos Marine Protection Area Arbitration (Mauritius v. United Kingdom)*, Award, 18 March 2015, Permanent Court of Arbitration, p. 87, para. 208.

❷ *The South China Sea Arbitration (the Republic of the Philippines v. the People's Republic of China)*, Award on Jurisdiction and Admissibility, 29 October 2015, para. 163.

❸ *The South China Sea Arbitration (the Republic of the Philippines v. the People's Republic of China)*, Award on Jurisdiction and Admissibility, 29 October 2015, para. 158.

這一標準在原則上並非是不合理的，但仲裁庭不能扭曲當事方的立場或從當事國的行為中作出不適當的推斷。

　　這裏應該注意到非常重要的一點：在評估回應方的立場時，被援引為存在相反主張的證據的陳述及行為，必須是以作為回應方的主權國家為主體，即這些主張及行為都必須是主權行為。而且，如果國際司法機構從國家的行為來確定國家可能持有的主張，所援引的行為必須是唯一地以待認定的主張為基礎的。如果某行為可能以其他主張為基礎，那麼，就不能以這個行為來推定某個主張的存在。如國際法院在"白礁島、中岩礁和南礁的主權歸屬案"中所指出的："在新加坡看來，它依其商船航運條例進行調查的唯一根據是船隻事故發生的地點'在或者接近（新加坡的）海岸'，而據船隻擱淺地點與新加坡主島的距離來看，這所指的就是新加坡本島。"● 因而新加坡所執行的調查被認為是主權行為的唯一原因是，新加坡按其國家法律進行調查的根據只建立在船隻失事的地點"在或接近（新加坡的）海岸"。又如國際法院在"敏基埃和艾克利荷斯群島案"中所講："就所呈現的證據來看，法院認為，澤西島的法院在面對與此類似的刑事案件時，是無權管轄發生於澤西行政區外的刑事犯罪的，即使犯案的是居住在澤西島的英國籍公民也不行；因而澤西的權威機構在這類案件中採取行動，是因為艾克利荷斯被認為屬澤西島的轄區範圍。"● 也就是說，鑒於澤西當局刑事管轄權的行使是完全建立在屬地管轄的原則上的，國際法院判定這一類型的行為屬主權行為。

● *Sovereignty over Pedra Branca/Pulau Batu Puteh, Middle Rocks and South Ledge (Malaysia/Singapore)*, Judgment, 23 May 2008, *I.C.J. Reports* 2008, p. 75, para. 233.

● *Minquiers and Ecrehos Case (France/United Kingdom)*, Judgment, 17 November 1953, *I.C.J. Reports* 1953, p. 65.

因此，在本案中，仲裁庭要證明中國某種主張的存在，所引用的中方的行為及聲明，必須是以主權者身份行事的中國政府作出的，相關的行為唯一地以待證明的主張為基礎。

　　在《管轄權裁決》中，仲裁庭對菲律賓第 1、2 項訴求所涉及的爭端作出了這樣的認定："菲律賓的第 1 項訴求反映的是涉及南海海洋權利淵源和《海洋法公約》角色的爭端。這不是一個涉及主權或海洋劃界的爭端；第十五部分第一節的要求也不阻止仲裁庭考慮這個爭端。然而，菲律賓的第 1 項訴求確實需要仲裁庭考慮中國對南海海洋權利所主張的任何歷史性權利的效力以及此類權利與《海洋法公約》條款的相互影響。這是一個涉及《海洋法公約》的解釋和適用的爭端。但是，仲裁庭對此問題的管轄權取決於任何此類歷史性權利的性質，以及此類權利是否屬《海洋法公約》第 298 條中'歷史性海灣和所有權'，因而被排除出管轄範圍。中國主張的任何歷史性權利的性質和合法性是一個實體確定，對於涉及支撐第 1 項訴求的爭端的可能的管轄權抗辯因而不具有完全的初步特徵。因此，關於對菲律賓第 1 項訴求是否擁有管轄權，仲裁庭將此問題保留至與菲律賓的實體主張一併考慮後確定。"❶

　　根據已確立的法律標準來考察仲裁庭的認定，仲裁庭作出的裁決存在明顯的缺陷。最明顯的錯誤是，如《管轄權裁決》第 398 段、第 399 段所說，中國主張的任何歷史性權利的性質和合法性問題，是一個有待實體審理階段確認的問題。這樣就產生一個問題：在尚未確定中國可能的歷史性權利主張的性質之前，仲裁庭就作出了一個初步判決：在中菲之間存在一

---

❶　*The South China Sea Arbitration (the Republic of the Philippines v. the People's Republic of China),* Award on Jurisdiction and Admissibility, 29 October 2015, p. 141, para. 398.

個涉及《海洋法公約》的解釋和適用的爭端。既然中國主張的性質尚未確定，如何知道雙方之間存在著爭端、而且是涉及《海洋法公約》的解釋和適用的爭端？顯然，在確定中國主張的性質之前，根本就不能確定在中菲之間存在爭端。

在《最終裁決》中，仲裁庭認定中國提出了歷史性權利主張，並考察了中國歷史性權利主張的性質。在《最終裁決》的第 208－211 段，仲裁庭列舉了 3 項證據來證明中國主張了一種超過《海洋法公約》的歷史性權利。其中，第 1 項證據是 2012 年 "中國海洋石油公司" 發佈的勘探招標區塊的附圖。但這項證據是非法的，因所涉爭端海域並非中菲南海爭端發生的海域，仲裁庭對此事項根本無權過問。仲裁庭把這個證據擺出來完全是在湊篇幅。第 2 項證據是中國反對菲律賓批准的在禮樂灘附近勘探石油活動。但仲裁庭自己承認，"中國反對的事實並不必然地顯示中國所主張的權利的淵源"，存在著中國根據《海洋法公約》主張相關權利的可能性。[1] 第 3 項證據是中國在 2012 年在南海部分海域實施休漁制度。仲裁庭自己也承認，中國所主張的權利淵源 "不完全清晰"，[2] 中國所主張的權利可能完全是以《海洋法公約》為基礎的。[3]

---

[1] *The South China Sea Arbitration (the Republic of the Philippines v. the People's Republic of China)*, Award, 12 July 2016, p. 87, para. 209.

[2] *The South China Sea Arbitration (the Republic of the Philippines v. the People's Republic of China)*, Award, 12 July 2016, p. 88, para. 210.

[3] *The South China Sea Arbitration (the Republic of the Philippines v. the People's Republic of China)*, Award, 12 July 2016, p. 89, para. 211.

如前所述，仲裁庭如果要想從中國的行為推斷出中國的主張，該行為必須是唯一地清晰地以該主張為基礎，才能證明這個主張的存在。這幾項證據都不符合這個標準。

仔細考察仲裁庭援引的這 3 項證據，我們可以確定，仲裁庭的認定是錯誤的。首先，中國最核心的主張是南海群島的主權，仲裁庭在《管轄權裁決》中對此視而不見；其次，仲裁庭未能明確證實中國提出了不符合或超出《海洋法公約》規定的海洋權利，至少從仲裁庭引用的證據來看，中國完全可能是按照《海洋法公約》的規定來主張南海海洋權利的；再次，仲裁庭在《管轄權裁決》中有意忽略了中國的群島權利主張，在一些地方乾脆扭曲中國的群島權利主張，這是武斷且不公平的。在《最終裁決》中，仲裁庭乾脆否定群島水域的存在，實際上是在錯誤的道路上走得更遠了。本文第三部分將簡要指出仲裁庭在這方面的錯誤。

即使在中菲之間存在所謂“南海海洋權利淵源和《海洋法公約》角色的爭端”，仲裁庭打算適用什麼樣的法律規則來解決這個爭端？如果不能指出這類規則，仲裁庭認定這個爭端屬《海洋法公約》的解釋和適用的爭端，就是錯誤的。

在《管轄權裁決》中，仲裁庭並未指出這類規則。在《最終裁決》中，仲裁庭援引《海洋法公約》第 311 條來解決所謂的“南海海洋權利淵源和《海洋法公約》角色的爭端”。但是，從仲裁庭的論證來看，援引這條規則來解決所謂的爭端是失敗的。

第一，該條款的名稱是“同其他公約和國際協定的關係”，這裏的“其他公約和國際協定”顯然指的是書面協定，如該條明確列出的“1958 年 4 月 29 日日內瓦海洋法公約”，而中國可能主張的歷史性權利很可能是基於中國長期的歷史實踐形成的權利，因此，《海洋法公約》第 311 條沒有處理這個問題。第二，即使以該條為據，仲裁庭顯然是基於一個大膽的假設進行推理，這個假設是，凡《海洋法公約》未明文許可的權利即被禁止。實際情況是，《海洋法公約》第 311 條第 2 款規定："本公約應不改變各締約國根據與本公約相符合的其他條約而產生的權利和義務，但以不影響其他締約國根據本公約享有其權利或履行其義務為限。"如果在中國與南海沿岸國間由於長期歷史實踐形成了一些區域性的習慣，而這些習慣不影響其他締約國的權利，那這些習慣完全有理由受到《海洋法公約》的尊重。第三，仲裁庭在推理過程中明顯在變換概念，減少論證責任。如《最終裁決》第 236 段所表述的，回答《海洋法公約》是否允許保留公約生效之前、與公約不相符合的權利，"需要考察《海洋法公約》和其他可能的根據國際法的權利淵源的關係"，這裏所說的其他"權利淵源"必然包括無書面協定的習慣性權利，但在仲裁庭的論述中，仲裁庭不斷強調的是書面國際協定所確立的關係。

由上所述可知，仲裁庭未能指出解決所謂爭端的可適用的《海洋法公約》條款。

綜合考察仲裁庭兩個階段的處理，我們可以認為，仲裁庭並未清晰證明，在中國和菲律賓之間，存在著一個涉及歷史性權利主張的爭端。仲裁庭試圖適用《海洋法公約》第 311 條來解決其認定的爭端，但該條不是可適用的法律規則，因此，並不存在一個涉及歷史性權利主張的關於《海洋法公約》的解釋和適用的爭端。仲裁庭對菲律賓所提第 1、2 項訴求行使管轄權的門檻性條件不能滿足，應依法作出拒絕行使管轄權的裁決。

二、關於“歷史性所有權”的解釋

　　即使認為在中菲之間存在一個關於《海洋法公約》解釋和適用的爭端，《海洋法公約》第 298 條第 1 款的適用也阻止仲裁庭對歷史性權利相關問題行使管轄權。

　　《海洋法公約》第 298 條規定：“1. 一國在簽署、批准或加入本公約時，或在其後任何時間，在不妨害根據第一節所產生的義務的情形下，可以書面聲明對於下列各類爭端的一類或一類以上，不接受第二節規定的一種或一種以上的程序：（a）（1）關於劃定海洋邊界的第 15、74、83 條在解釋或適用上的爭端，或涉及歷史性海灣或所有權的爭端，但如這種爭端發生於本公約生效之後，經爭端各方談判仍未能在合理期間內達成協議，則作此聲明的國家，經爭端任何一方請求，應同意將該事項提交附件五第二節所規定的調解；此外，任何爭端如果必然涉及同時審議與大陸或島嶼陸地領土的主權或其他權利有關的任何尚未解決的爭端，則不應提交這一程序。”

　　由於中國政府根據該條作出了聲明，如果菲律賓訴求涉及的爭端屬“關於劃定海洋邊界的第 15、74、83 條在解釋或適用上的爭端，或涉及歷史性海灣或所有權的爭端”，中國有權不接受《海洋法公約》規定的所謂強制程序，根據《海洋法公約》附件七建立的仲裁庭自然對此類爭端無管轄權。仲裁庭因此有必要對該條中所提“涉及歷史性海灣或所有權的爭端”作出解釋，其中，核心問題是如何解釋“歷史性所有權”。

　　雖然本文無意評價仲裁庭關於本案所有爭端都不是海洋劃界爭端這個結論，但仲裁庭在解釋《海洋法公約》第 298 條第 1 款有關“歷史性所有權"概念時再次重複了這個在《管轄權裁決》時討論過的問題,而這個觀點與"歷史性所有權"一詞有相關性。仲裁庭說:"涉及海洋權利淵源的爭端不'涉及'海洋劃界,因為,重疊權利的存在是劃界的必要條件。雖然所有劃界會涉及權利,但不是所有關於權利的爭端都涉及劃界。在本案中,當一方否認權利的存在,可能的結果是沒有任何重疊和劃界的可能性。《海洋法公約》第 298 條第 1 款(a)(1)項並不排除關於權利存在的爭端——這個爭端最終可能需要也可能不需要劃界。"●

簡單說明一下。仲裁庭意在強調,《海洋法公約》第 298 條規定並不阻止仲裁庭對海洋地物的地位和可產生的海洋權利問題行使管轄權。仲裁庭的理由是,根據該條,對於海洋劃界的爭端,仲裁庭不能行使管轄權,但是,海洋劃界的前提是當事方有權主張的海洋區域發生重疊,而仲裁庭對海洋地物的地位作出判斷的權限不受第 298 條的影響,雖然這種判斷作出後,如果當事方根據該判斷來主張海洋權利,當事方主張的海洋區域可能發生重疊也可能不發生重疊。這是一個奇怪的邏輯。仲裁庭對海洋地物的地位和可能產生的海洋權利作出判斷,就直接影響當事方之間重疊海洋區域的範圍,甚至影響重疊海洋區域的存在與否,仲裁庭卻說作出這個判斷不涉及海洋劃界,這個邏輯令人無法信服。

《最終裁決》第 225 段陳述了仲裁庭對"歷史性所有權"一詞的解釋結果:"'歷史性權利'(historic rights)這個術語具有一般性,可用來描述國家擁有的任何權利——如果沒有特殊的歷史情況,根據一般國際法規則,國家通常不擁有這種權利。歷史性權利(historic rights)可以包括主權,

---

● *The South China Sea Arbitration (the Republic of the Philippines v. the People's Republic of China)*, Award, 12 July 2016, p. 85, para. 204.

但也同樣包括沒有提出主權主張的諸如漁權和准入權等更有限的權利。相對的，'歷史性所有權'（historic titles），特別用於指稱對陸地和海洋區域的歷史性主權。'歷史性水域'（historic waters）是一個對海洋區域歷史性權利的術語，或者是作為對內水的主張，或者是作為對領海的主張行使，儘管'一般國際法並未規定單一的歷史性水域或歷史性海灣制度，而只在具體的、得到承認的情況下對歷史性水域或歷史性海灣規定了具體的制度'。"❶

在討論仲裁庭如何得出這個結論之前，有必要對這段話作一些解釋。首先，仲裁庭很武斷地把'歷史性所有權'（historic titles）這個術語解釋為"特別用於指稱對陸地和海洋區域的歷史性主權"。這樣，歷史性所有權中的"所有權"就被解釋為"主權"。但無論從中文還是英文版本看，這個解釋都是錯誤的。在中文中，所有權主要是一個私法的概念，與主權概念的含義相距甚遠。其次，英文中，'歷史性所有權'一詞的原文是以複數形式出現的（historic titles），仲裁庭沒有注意這個問題。仲裁庭給出了他們對單數形式出現的"historic title"的解釋，然後不加說明地把這個解釋的結果適用於"historic titles"。這顯然是不負責任的草率的處理。再次，仲裁庭認為"歷史性權利"（historic rights）一詞可以包括主權，而"歷史性所有權"（historic title）一詞不包括非主權的其他權利，但是仲裁庭對這個結論沒有作出任何論證，顯然是一個武斷的結論。最後，仲裁庭在這段話中引用了國際法院在"突尼斯和利比亞大陸架案"中的一段判詞，表面上看似公允全面，實際上對這段判詞的精神視而不見。這段判詞的意思實際

---

❶ *The South China Sea Arbitration (the Republic of the Philippines v. the People's Republic of China)*, Award, 12 July 2016, p. 96, para. 225.

上很清楚。國際法院確認，在不同的地區、不同的歷史環境下，存在著規制不同的歷史性水域或歷史性海灣的具體的制度，這些制度是得到國際法承認的，這些不同的制度包括主權之外的其他制度。

仔細閱讀仲裁庭對"歷史性所有權"（historic title）一詞的解釋，我們可以確認，仲裁庭的論證是失敗的。仲裁庭援引了兩個方面的證據，一個是判例中對該術語的使用，一個是聯合國秘書處在幾份研究報告中對術語的使用。需要指出的一點是，這些都只是這個術語被使用的證據，而不是判例或國際組織對第 298 條中這個術語的解釋證據。

仲裁庭援引國際法院在"英挪漁業案"和"卡塔爾和巴林之間海洋劃界和領土問題案"中的判詞，試圖證明：這個術語僅僅用於指稱對陸地和海洋區域的歷史性主權。這種引述毫無價值。在"漁業案"中，案件涉及的爭端是挪威的直線基線制度和基線內水域的內水地位，完全是一個涉及主權的問題，在這種環境下使用這個術語當然是與主權相關的。這只能證明"歷史性所有權"這個術語可以用於指稱主權，但不能證明這個術語只能用於指稱主權。"卡塔爾和巴林之間海洋劃界和領土問題案"中的判詞只能說明國際法院認為漁業權利不等於主權，這完全是常識，不能說明任何問題。

仲裁庭在第 220 段引用了聯合國秘書處 1957 年一項研究報告中的一段話，這段話後來在幾個地方被引用，如《包括歷史性海灣在內的歷史性水域的法律制度》❶。仲裁庭引用的這段文字是："歷史性權利（historic rights）主張不僅針對海灣，還針對不構成海灣的海洋區域，如群島水域、位於一

---

❶ The UN Secretariat, "Juridical Regime of Historic Waters, Including Historic Bays", Doc. A/CN. 4/143, *Yearbook of International Law Commission,* Vol. 2, 1962, p. 25, para. 182.

個群島和相鄰大陸之間的水域；對於海峽、河口和其他類似水域也存在歷史性權利主張。把這些區域描述為‘歷史性水域’而不是‘歷史性海灣’的趨勢在增長。"❶ 很明顯，"歷史性水域"是一個複雜的概念，所指的水域包括可提出不同權利主張的各類水域。例如，"位於一個群島和相鄰大陸之間的水域"，顯然為既不是國家主權下的水域也不是公海的一類水域。另外，這裏提到的"群島水域"在 1982 年《海洋法公約》規定的"群島水域"制度形成之前，顯然不是一定可以提出主權主張的水域，但是，對於這類水域卻存在著"歷史性權利"主張；"位於一個群島和相鄰大陸之間的水域"也顯然不是一定可以主張主權的海域。但是，存在著針對這類水域的"歷史性權利"主張。之所以存在針對各種水域的"歷史性權利"主張，顯然是由於各種歷史事實的存在，由於這些特殊的、具體的歷史事實，相關國家對於相關水域根據習慣國際法擁有了某些特殊的權利。

因此，菲律賓在訴狀中認為，"歷史性所有權"（historic titles）"僅適合於可以主張主權的近岸海域"，❷ 是錯誤的。仲裁庭認為，"歷史性所有權"（historic title），特別用於指稱對陸地和海洋區域的歷史性主權。這個結論也是錯誤的。

通常情況下，歷史性所有權與"原始主權"、"遠古佔有"幾個詞具有同樣的含義。例如，在"白礁島、中岩礁和南礁的主權歸屬案"中，馬來西亞主張，"馬來西亞對白礁擁有歷史悠久的原始權利，白礁是 —— 而且一直以來都是 —— 馬來西亞柔佛州的一部分。"❸ 這裏的"原始權利"

---

❶ The UN Secretariat, "Juridical Regime of Historic Waters, Including Historic Bays", p. 5, para. 29.

❷ Memorial of the Philippines (30 March 2014), p. 260, para. 7.130.

❸ *Sovereignty over Pedra Branca/Pulau Batu Puteh, Middle Rocks and South Ledge (Malaysia/Singapore)*, Judgment, 23 May 2008, *I.C.J. Reports* 2008, p. 29, para. 37.

（original title）一詞，從上下文可知，就是"原始主權"，是歷史悠久的主權，從來沒有放棄或喪失的主權。但是，"title"的含義並不僅限於主權。在不同的語境下，"title"這個術語具有諸如權利、主權、權利根據等不同的含義。詹寧斯認為，"title"的基本含義是"法律承認其創設權利的既成事實"，[1] 國際法院分庭在"邊界爭端案"中指出，"title"這一術語"同時包含兩方面的意思：確立權利存在的任何證據；該項權利的實際淵源"。[2] 布朗利（Ian Brownlie）認為，"title"是指"構成一項權利的原因或基礎的所有事實、行為或情勢"，在國際法上，其實質是"對抗其他國家的領土主權主張的有效性"。[3] 所以，"title"這個術語的主要含義用中文表達就是"權利根據"。很多英文文獻也用"roots of title"，[4] 來明確表達"權利根據"的意思。總之，在不同的語境下，"title"這個術語包含主權、權利、事實、行為、情勢等意思。

因此，"historic title"一詞，在很多情況下，指的是一些在歷史上有效創設某種權利（包括主權）的歷史事實，這些事實的作用是證明歷史上某種權利的存在，除非能證明這種歷史上形成的權利被取代或廢除，這種歷史上形成的權利應被認為繼續存在。

用這種觀點來解釋《海洋法公約》第 298 條中的複數術語"historic titles"，我們能得到滿意的結果。由於各種各樣的歷史環境和歷史實踐，在世界海洋的不同地區形成了不同的海洋法律制度，這些制度都得到一般

---

[1] Sir Robert Jennings, "The Acquisition of Territory in International Law", in *Collected Writings of Sir Robert Jennings*, Vol. 2 (Kluwer Law International, 1998), p. 936.

[2] *Frontier Dispute (Burkina Faso /Republic of Mali)*, Judgment, 22 December 1986, *I.C.J. Reports*1986, p. 564.

[3] Ian Brownlie, *Principles of Public International Law* (Oxford University Press, 6th edn., 2003), p. 119.

[4] Ian Brownlie, *Principles of Public International Law*, p. 128.

國際法的尊重。由於這些制度受一般國際法調整，而且在不同地區又存在不同的制度，《海洋法公約》無法對這些制度作出統一的規定。因此，凡是涉及這類事實或法律制度的爭端，不存在可以適用的《海洋法公約》條款，原則上不能適用強制爭端解決程序，國家有權通過聲明將這類爭端排除出強制程序適用的範圍。這才是對這一術語的正確解釋。

三、《海洋法公約》與歷史性權利的存廢問題

　　根據以上論述，本文認為，仲裁庭對菲律賓所提第 1、2 項訴求不能行使管轄權，仲裁庭作出了錯誤的判斷。儘管如此，為論證完整，本文將繼續考察，如果仲裁庭對這兩項訴求有管轄權，仲裁庭對實體問題的處理是否正確。

　　仲裁庭完全接受了菲律賓的觀點。[●] 關於第 1 項訴求，仲裁庭認為："在菲律賓與中國之間，《海洋法公約》界定了南海海洋權利的範圍，這個範圍不能超過《海洋法公約》施加的限制。"關於第 2 項訴求，仲裁庭認為："在菲律賓與中國之間，關於被 '九段線' 相關部分包圍的南海海域，中國主張的歷史性權利或其他主權權利或管轄權，在這些主張超過中國根據《海洋法公約》可以主張的海洋權利的地理和實質限制的情況下，是違反《海洋法公約》並且不具有法律效力的。"仲裁庭的結論是，《海洋法公約》廢

---

❶　*The South China Sea Arbitration (the Republic of the Philippines v. the People's Republic of China)*, Award, 12 July 2016, p. 116, para. 277.

除了超過該公約規定界限的任何歷史性權利或其他主權權利。

在上述結論中，仲裁庭認為，《海洋法公約》規定了各類海洋權利的地理和實質界限，也就是說，《海洋法公約》規定了國家可以主張的各類海域、每類海域有明確的地理範圍、國家對每類海域的海洋權利有明確的界定。但是，仲裁庭在列舉國家有權主張的各類海域時，卻有意忽略了《海洋法公約》明確規定的"群島水域"和"閉海或半閉海"。在《最終裁決》第 231 段，仲裁庭列舉了《海洋法公約》第 2－32 條規定的領海、第 55－75 條所規定的專屬經濟區、第 76－85 條所規定的大陸架、第 86－120 條所規定的公海以及第 133－191 條所規定的"區域"，沒有提及"群島水域"和"閉海或半閉海"。仲裁庭或許可以辯稱，《海洋法公約》第四部分的名稱是"群島國"，群島水域指的是僅適用於群島國的水域。但這個觀點很難成立。《海洋法公約》第 46 條明確提到了"群島國"和"群島"兩個概念。也就是說，除了"群島國"的"群島水域"，還有群島的"群島水域"，只是《海洋法公約》對此類水域的法律地位未作規定而已。按公約規定，"本公約未予規定的事項，應繼續以一般國際法的規則和原則為準據"。所以，仲裁庭忽略"群島水域"的存在是一個嚴重的錯誤。仲裁庭忽略《海洋法公約》第九部分關於"閉海或半閉海"的規定，是一個更為嚴重的錯誤。這類海域具有一種特殊的地位，由於歷史和地理的原因，閉海或半閉海的沿岸國相互之間形成了一種特殊的關係。無論如何，這種海域具有一些與領海、公海不同的特徵，不能簡單地套用"領海之外即公海"的說法，需要考察複雜的歷史和地理事實才能釐清這類海域的特殊法律地位。仲裁庭公然忽略這些《海洋法公約》明確規定的海域，是不能原諒的。

在忽略《海洋法公約》規定的"群島水域"和"閉海或半閉海"的基

礎上，仲裁庭解釋了第 311 條，得出了《海洋法公約》廢除任何歷史性權利主張的結論。仲裁庭似乎認識到自己的推論有缺陷，試圖尋找判例的支持，但即使就仲裁援引的判例來說，仲裁庭的結論也得不到任何判例的支持。

仲裁庭唯一援引的案例是國際法院分庭 1984 年判決的 "緬因灣劃界案"。根據該案的判詞，仲裁庭意圖證明，一個國家不能以傳統漁業活動為理由，將屬別國的專屬經濟區納入到自己的專屬經濟區範圍內。仔細分析可以看出，這個案子的判詞不能支持仲裁庭在本案中作出的結論。首先，國際法院分庭的判詞是在劃界背景下說的。國際法院在 "緬因灣劃界案" 中主要處理的是劃界問題，自然必須對相關海域的法律地位作出明確的判斷。而在南海仲裁案中，仲裁庭明確認定仲裁庭無權處理劃界問題。其次，在 "緬因灣劃界案" 中，國際法院分庭明確地認定，美國主張的傳統漁業區域是公海；而在本案中，南海是一個半閉海，雖然其中某些部分可能具有公海的地位，但在確定到底哪些部分屬公海之前，仲裁庭無權把所有區域視作公海。再次，仲裁庭把國際法院分庭的判詞看成是對習慣國際法的陳述，這顯然是沒有根據的。

仲裁庭意識到，大量的判例否定其結論，仲裁庭試圖論證這些判例的不適用性，但其論證並不成功。例如，在 "厄立特里亞與也門仲裁案" 中，由詹寧斯等權威國際法學者組成的仲裁庭明確認定，傳統的漁業制度並不僅僅局限於特定島嶼的領水，還延伸到厄立特里亞和也門的專屬經濟區。也就是說，在任何國家的專屬經濟區，傳統的漁業權利繼續存在，歷史性權利與《海洋法公約》所確定的專屬經濟區權利並存。但南海仲裁案仲裁庭卻認為，由於審理 "厄立特里亞與也門仲裁案" 的法庭擁有更大的授權

（可以處理領土主權問題）和需要考慮更多的因素（包括考慮《海洋法公約》之外的其他適當因素），因而其判詞不能適用。這又是一個令人無法理解的奇怪邏輯。擁有更大的授權、考慮包括《海洋法公約》在內其他國際法作出的判斷，當然是更合理的，具有更廣泛的適應性。根據《海洋法公約》附件七建立的、只能適用《海洋法公約》條款的臨時仲裁庭理應參考、尊重"厄立特里亞與也門仲裁案"裁決的意見，仲裁庭卻認為不能適用。我們只能認為，仲裁庭是有意片面利用《海洋法公約》的個別條款、背離一般國際法原則和規則，刻意作出自己想要的結論。

總之，仲裁庭認為，《海洋法公約》消滅了公約規定的海洋區域界限之外的任何歷史性權利，這個判斷是錯誤的。仲裁庭試圖從《海洋法公約》的目的和宗旨角度推論，片面地解釋第 311 條，武斷地認為只能根據陸地領土、個別島礁和距離原則來主張海洋權利，忽視群島水域的存在和南海的特殊地理情勢，錯誤地作出了判斷。事實是，歷史上因長期使用等原因而確立的海洋權利，並不因《海洋法公約》出現而消滅。仲裁庭沒有給出明確的《海洋法公約》條款來證明公約消滅了歷史性權利。如果《海洋法公約》有這樣的規定，中國加入公約的行為應被解釋為同意了公約的條款，但《海洋法公約》沒有這樣的規定。相反，《海洋法公約》強調，對於公約沒有規定的事項應適用一般國際法，這體現了尊重國家主權的原則。仲裁庭師心自用，武斷地解釋《海洋法公約》的目的和宗旨，完全背離尊重國家主權的原則，把締約國沒有同意的條款強加給締約國，這是對國家主權的侵犯，當然也是完全背離法治原則的。

仲裁庭還進一步認定中國在南海並未確立歷史性權利，這個判定是一個明顯的越權行為。仲裁庭是根據《海洋法公約》的相關條款組成的，其職權範圍限於解釋和適用《海洋法公約》的條款。在《海洋法公約》生效之前，中國對南海相關水域享有或不享有什麼樣的海洋權利，這個問題明顯不是《海洋法公約》解釋和適用的問題，而是需要適用《海洋法公約》之前的相關國際法才能加以解決的問題。仲裁庭作出這個認定，依賴的是聯合國秘書處在 1962 年作出的一份關於歷史性水域的研究報告。❶ 無論這個報告陳述的規則是否合理，這個報告顯然不具有國際法淵源的地位，最多只是一種學說。除此之外，仲裁庭沒有給出任何國際法淵源。關於是否存在判斷歷史性權利存在的國際法規則，有學者指出："假定的國際法規則，無論如何，是模糊的，在實踐中很難適用，因為證明歷史性水域權利的基本要求來自習慣國際法。" ❷ 仲裁庭處理這個問題明顯是濫用權利、違反司法職能。正確的理解是，在《海洋法公約》對中國產生拘束力之前，中國在南海確立的歷史性權利在《海洋法公約》對中國產生拘束力之後繼續存在；如果這些權利與其他國家依《海洋法公約》享有的權利發生衝突的話，相關國家應通過談判協商尋求公平解決。

　　仲裁庭忽略了《海洋法公約》中有關群島水域和半閉海的條款，不是在適用公約的條款，而是在適用自己認為合適、於公約無據且無關公約的判斷標準，完全採信了菲方提供的證據和意見，作出了完全錯誤的判斷。

　　在《最終裁決》第 571－576 段中，仲裁庭認為，南沙群島不能作為一個整體享有海洋權利，這個判斷也是完全錯誤的。菲律賓的訴求並未涉及

---

❶　*The South China Sea Arbitration (the Republic of the Philippines v. the People's Republic of China)*, Award, 12 July 2016, p. 113, para. 265.

❷　Clive R. Symmons, *Historic Waters in the Law of the Sea: A Modern Re-Appraisal* (Martinus Nijhoff Publishers, 2008), p. 286.

群島的整體性問題，仲裁庭主動處理這個問題是明顯的越權行為。仲裁庭認為，《海洋法公約》只規定群島國家可以主張群島水域，而中國不是群島國家，因而不能享有群島權利。事實是，《海洋法公約》並未規定非群島國家如何主張洋中群島的權利。也就是說，非群島國家對其洋中群島可以主張什麼樣的權利，《海洋法公約》沒有規定。仲裁庭對一個《海洋法公約》沒有規定的問題武斷地提出這樣的判斷，不僅是於法無據的，也是非法的。仲裁庭自己也認識到，許多國家在實踐中使用直線基線圍繞離岸群島來對群島整體主張權利，[1] 但仲裁庭認為，這些實踐並未形成習慣國際法規則。[2] 仲裁庭明顯是師心自用，不僅在本案中越權管轄，還試圖否定其他國家的實踐。仲裁庭自認為自己的理解是正確的，實際情況是，其理解並沒有道理。仲裁庭以《海洋法公約》第 7 條為據，認為直線基線只能在海岸線極為曲折的地方或緊接海岸有一系列島嶼的地方使用，在其他任何地方都不能使用。[3] 但是，第 7 條只是規定了大陸陸地領土使用直線基線的情況，並未規定其他可以使用或不可以使用直線基線的情況。仲裁庭似乎抱著這樣的想法：凡是《海洋法公約》沒有規定的事情，我想怎麼說都可以。這是把自己凌駕於主權國家之上、超越司法職能、把一個臨時仲裁庭看成國際立法機構的想法。

---

[1] *The South China Sea Arbitration (the Republic of the Philippines v. the People's Republic of China)*, Award, 12 July 2016, p. 237, para. 575.

[2] *The South China Sea Arbitration (the Republic of the Philippines v. the People's Republic of China)*, Award, 12 July 2016, p. 237, para. 576.

[3] *The South China Sea Arbitration (the Republic of the Philippines v. the People's Republic of China)*, Award, 12 July 2016, p. 237, para. 575.

四、結論

針對菲律賓訴狀中第 1、2 項訴求，在《管轄權裁決》中，仲裁庭對中國可能提出的歷史性權利主張的性質未作分析，亦未指出《海洋法公約》規定的適用於爭端解決的法律規則，便認定在中國和菲律賓之間存在著一個涉及歷史性權利問題的關於《海洋法公約》的解釋和適用的爭端，這是完全錯誤的。仲裁庭確定管轄權的基本條件不具備。

在《最終裁決》中，仲裁庭分析了中國可能提出的歷史性權利主張的性質，但這並不是要彌補第一階段的缺陷——當然，分析的結果實際上會進一步暴露出《管轄權裁決》的缺陷——而是考察《海洋法公約》第298條有關"歷史性所有權"的規定是否阻止仲裁庭對這兩項訴求行使管轄權。仲裁庭認為，中國主張的是一種非主權的歷史性權利，而《海洋法公約》提到的"歷史性所有權"，指涉陸地和海域的主權。這兩方面的認定都缺乏法律和事實依據，在此基礎上作出的仲裁庭有管轄權的判斷也是非法和無效的。

仲裁庭理應拒絕處理有關歷史性權利的實體問題。在越權處理實體問題的過程中，仲裁庭忽略《海洋法公約》有關"群島水域"和"半閉海"等制度的條款，錯誤地解釋第311條，不顧大量判例中對歷史性權利問題的正確闡述，全盤無理接受了菲律賓所提出的觀點。這些認定都是非法和無效的。

仲裁庭對菲律賓所提第 1、2 項訴求的管轄權和實體問題的裁決完全沒有事實和法律依據，是非法和無效的。中國有權拒絕接受這種錯誤百出的裁決，任何國家都不應以此裁決為據與中國交涉。

仲裁庭為什麼會作出這種越權、武斷、偏袒的裁決，這樣的裁決對中國的海洋權益和國際海洋法的發展有什麼樣的影響，這些問題都值得進一步思考。這裏簡要指出兩點。第一，仲裁庭的錯誤裁決，從根本上講，是《海洋法公約》爭端解決機制固有的缺陷造成的。《海洋法公約》規定了強制仲裁程序，卻對爭端解決機構可能的越權、濫權行為沒有提供有效的約束和糾正機制。但同時也應看到，仲裁庭的錯誤裁決是在中國未參與訴訟進程的情況下作出的。中國有權不參與程序，仲裁庭在中國不參與程序的情況下理應謹慎地適用法律和認定事實，仲裁庭顯然未盡到應盡的義務。但中國的不參與為組成一個偏袒菲律賓利益的仲裁庭和這個仲裁庭作出錯誤判決留下了操作餘地。第二，本文斷定仲裁庭對實體問題處理錯誤，主要根據是仲裁庭對此問題不具有管轄權。僅就實體問題而言，假如仲裁庭的結論將來得到更多學說、國家實踐或國際判例的支持，其效力恐不能輕易否定，因此對於仲裁庭有關實體問題的推理和結論仍應予以適當研究。

南海仲裁案中的傳統捕魚權問題 *

　　2014 年 3 月 30 日，菲律賓向南海仲裁案的仲裁庭（以下簡稱 "仲裁庭"）提交訴狀，正式提出 15 項具體訴求。其中，菲律賓第 10 項訴求請求仲裁庭裁定："中國一直通過阻撓菲律賓漁民在黃岩島的傳統捕魚活動（traditional fishing activities），非法阻礙菲律賓漁民維持其生計。" ❶ 經過 2015 年 7 月的管轄權和可受理性庭審，仲裁庭裁定菲律賓第 10 項訴求反映的爭端並非一個關於主權或海域劃界的爭端，而是 "涉及被指控阻礙菲律賓漁民在黃岩島的傳統捕魚活動的中國行為"。❷ 仲裁庭認為，根據《海洋法公約》第十五部分關於其管轄權的限制和例外的相關規定，其對菲律賓第 10 項訴求反映的爭端具有管轄權。經過 2015 年 11 月的實體庭審，仲

---

*　作者：李揚，中山大學法學院副研究員。

❶　第 10 項訴求的原文為：China has unlawfully prevented Philippine fishermen from pursuing their livelihoods by interfering with traditional fishing activities at Scarborough Shoal. See Memorial of the Philippines (30 March 2014), *The South China Sea Arbitration (the Republic of the Philippines v. the People's Republic of China)*, Permanent Court of Arbitration, p. 272, para. 7.157.

❷　See *The South China Sea Arbitration (the Republic of the Philippines v. the People's Republic of China)*, Award on Jurisdiction and Admissibility, 29 October 2015, Permanent Court of Arbitration, p.145, para. 407.

裁庭裁定，黃岩島一直是許多國家國民捕魚的傳統漁場，中國自 2012 年起通過操作公務船舶非法阻礙了菲律賓漁民在黃岩島從事傳統捕魚活動。❶

　　從識別真實爭端的角度，菲律賓第 10 項訴求反映的是中菲之間的黃岩島領土主權爭端，而並非涉及在領海中傳統捕魚權的爭端。實際上，對於第 10 項訴求，仲裁庭並未切實遵循其所提出的客觀識別爭端的一般方法。就仲裁庭可獲得的證據而言，中菲雙方外交往來的各項文件都表明：在強制仲裁程序提起之前，中菲雙方主張對黃岩島及其附近水域享有主權，對各自的活動主張合法性，而未提出行為合法性的其他法律基礎。❷ 因此，仲裁庭並未正確識別出菲律賓第 10 項訴求所反映的真實爭端。

　　但是，本文的重點並不在於從程序角度討論與菲律賓第 10 項訴求的爭

---

❶　裁決主文的原文為：Scarborough Shoal has been a traditional fishing ground for fishermen of many nationalities and DECLARES that China has, through the operation of its official vessels at Scarborough Shoal from May 2012 onwards, unlawfully prevented fishermen from the Philippines from engaging in traditional fishing at Scarborough Shoal. See South China Sea Arbitration. *The South China Sea Arbitration (the Republic of the Philippines v. the People's Republic of China)*, Award on Jurisdiction and Admissibility, 29 October 2015, p. 475.

❷　由於中國對強制仲裁程序採取 "不接受" 和 "不參與" 的政策，仲裁庭主要依賴菲律賓提交的證據作出裁決。在訴狀中，菲律賓用於證明中菲之間存在有關各自捕魚權爭端的證據，全部是內部的政府備忘錄，甚至有一些文件還標有 "秘密" 或 "機密" 字樣，參見 Memorial of the Philippines (30 March 2014), pp. 52–53, para. 3.41, fn. 211。菲律賓進一步用多份中菲外交往來照會，證明中國阻礙其漁民在黃岩島捕魚，參見 Memorial of the Philippines (30 March 2014), pp. 57–59, paras. 3.51–3.54, fn. 226–234。從國際法庭的實踐看，菲律賓單方面提交的政府備忘錄實際上只是證明力有缺陷的政府內部報告，不應作為相關事實的證據採信。關於政府內部報告作為證據的問題，參見 *Armed Activities on the Territory of the Congo (Democratic Republic of the Congo v. Uganda)*, Judgment, 19 December 2005, *I.C.J. Reports* 2005, pp. 48–51, paras. 122–125, 127–128, 134; Anna Riddell & Brendan Plant, *Evidence before the International Court of Justice* (British Institute of International and Comparative Law, 2009), p. 254. 至於菲律賓提交的中菲雙方在 2012 年 4 月至 6 月就黃岩島問題進行外交交涉的往來文件，都沒有提及菲律賓漁民在黃岩島及其附近水域的傳統捕魚權問題，而只提到黃岩島及其附近水域的領土主權歸屬問題。

端識別和管轄權的關係問題，而是在接受仲裁庭所識別的爭端基礎之上，討論由此引發的與傳統捕魚權有關程序和實體問題。本文將首先梳理菲律賓在仲裁程序中對第 10 項訴求的修改以及仲裁庭對該項訴求之實體問題的裁決推理。在此基礎上，本文將進一步討論由第 10 項訴求的實體裁決所引起的關於傳統捕魚權的概念和構成，以及在《海洋法公約》框架下傳統捕魚權在領海存在的可能性等問題。

一、仲裁程序中的菲律賓第 10 項訴求

（一）菲律賓對第 10 項訴求的修改

從訴求本身的表述上看，第 10 項訴求對菲律賓指控的中國在南海的行為所侵害的權利是最模糊的，從中無法直觀地了解菲律賓通過強制仲裁請求救濟的是《海洋法公約》項下的何種權利。但是，從書面訴狀到管轄權和可受理性庭審以及實體庭審，可見第 10 項訴求項下提請宣告中國對菲律賓漁民在黃岩島及其附近水域捕魚的阻礙行為違法的法律基礎發生了明顯改變。

在書面訴狀中，菲律賓主要援引《海洋法公約》第 279 條，要求各締約國按照《聯合國憲章》第 2 條第 3 項，以和平方法解決它們之間有關公約解釋或適用的任何爭端。菲律賓認為，《聯合國憲章》第 2 條第 3 項要求

各會員國以和平方法解決其國際爭端，避免危及國際和平、安全及正義，而中國的行為構成了《聯合國憲章》意義上的"危及正義"。[1] 具體而言，自中國 1958 年宣告包括中沙群島（黃岩島構成其一部分）在內的領土所擁有的 12 海里領海以來，從未干擾過菲律賓漁民在黃岩島及其附近水域的捕魚活動，這種長達 50 多年的實踐創造了一項義務，即不能突然改變當地手工捕魚所依賴的現狀而危及正義。[2] 另外，中國阻礙菲律賓漁民在黃岩島及其附近水域的捕魚活動，加劇了中菲在黃岩島附近的海洋權利爭端，同樣違背《海洋法公約》第 279 條要求締約國和平解決爭端的義務。[3]

在管轄權和可受理性庭審中，菲律賓指控中國行為所援引的《海洋法公約》條款從第 279 條更改為第 2 條第 3 款。《海洋法公約》第 2 條第 3 款規定，沿海國對於領海主權的行使受《海洋法公約》和其他國際法規則的限制。菲律賓根據該條款指出，中國應該尊重菲律賓漁民在黃岩島領海中的傳統捕魚權（traditional fishing rights of Filipino fishermen at Scarborough Shoal）。[4] 對於所指控的中國行為是否違反《海洋法公約》第 279 條項下的法律義務，菲律賓卻幾乎不再提及。在實體庭審中，菲律賓基本維持對第 10 項訴求的法律基礎所作的修改。

可見，菲律賓在仲裁過程中才逐漸確定第 10 項訴求救濟的是其漁民在黃岩島領海的傳統捕魚權。

---

[1] See Memorial of the Philippines (30 March 2014), pp. 172–173, para. 6.43.

[2] See Memorial of the Philippines (30 March 2014), p. 173, para. 6.44.

[3] See Memorial of the Philippines (30 March 2014), pp. 173–174, paras. 6.45–6.46.

[4] Hearing on Issues of Jurisdiction and Admissibility (Day 2, 8 July 2015), *The South China Sea Arbitration (the Republic of the Philippines v. the People's Republic of China)*, pp. 141–142; Hearing on Issues of Jurisdiction and Admissibility (Day 3, 12 July 2015), *The South China Sea Arbitration (the Republic of the Philippines v. the People's Republic of China)*, p. 15.

（二）仲裁庭對第 10 項訴求的裁決説理

在 2015 年 10 月 29 日公佈的管轄權和可受理性裁決中，仲裁庭認為第 10 項訴求反映的爭端涉及被指控干涉了菲律賓國民在黃岩島的傳統捕魚活動（traditional fishing activities）。仲裁庭進一步援引"厄立特里亞和也門仲裁案"提出，傳統捕魚權即使在其他國家的領海內也能存在，因此第 10 項訴求涉及的爭端解決不依賴於對黃岩島領土主權的先行判定，所以其對第 10 項訴求有管轄權。[1]

在 2016 年 7 月 12 日公佈的最終裁決中，仲裁庭首先討論了一般國際法上如何對待傳統捕魚權。仲裁庭提及聯合國糧食及農業組織（The Food and Agriculture Organization of the United Nation，簡稱 FAO）、世界貿易組織（World Trade Organization，簡稱 WTO）、國際勞工組織（International Labour Office，簡稱 ILO）以及聯合國環境署（United Nation Environment Programme，簡稱 UNEP）對手工捕魚的討論，並特別考慮了"厄立特里亞和也門仲裁案"對傳統捕魚權的界定。[2] 仲裁庭認為，傳統捕魚權相當於手工捕魚權，是通過特定群體長期手工捕魚實踐維繫下來的，而不是完全同傳統實踐背離的工業化的捕魚，保護手工捕魚的法律基礎是既得權觀念。這就意味著，傳統捕魚權是同慣常在某一區域捕魚的個人和群體有關的權利，是私人權利而非作為國家權利的歷史性權利。[3] 就私人權利而言，國際

---

[1] See *The South China Sea Arbitration (the Republic of the Philippines v. the People's Republic of China)*, Award on Jurisdiction and Admissibility, 29 October 2015, p. 145, para. 407.

[2] See *The South China Sea Arbitration (the Republic of the Philippines v. the People's Republic of China)*, Award on Jurisdiction and Admissibility, 29 October 2015, pp. 311–312, paras. 795–797.

[3] See *The South China Sea Arbitration (the Republic of the Philippines v. the People's Republic of China)*, Award on Jurisdiction and Admissibility, 29 October 2015, p. 312, para. 798.

法長期以來承認在國際邊界和領土主權概念方面的發展應該避免改變私人權利的存續狀態，諸多國際司法和仲裁判例都顯示了這一點。❶

對於傳統捕魚權在《海洋法公約》框架下的法律地位，由於在《海洋法公約》的領海法律制度中缺乏就其他國家傳統捕魚權作出實質規定的條款，仲裁庭面臨的是其在第 1 項和第 2 項與歷史性權利相關的訴求中也遇到的問題：當事國主張的權利在《海洋法公約》中沒有實體規則作出明確規定，而這種權利的存續將影響《海洋法公約》實體規則賦予締約國的海洋權利，那麼在《海洋法公約》的體系之下如何判斷此種權利的有效性？

在處理第 1 項和第 2 項訴求時，仲裁庭確立了解決前述問題的準則：❷

第一，《海洋法公約》明文許可或保留其他國際協議，各協議將繼續得到保留；

第二，當《海洋法公約》沒有明確允許或保留一個先前的協議、規則、習慣法規則或歷史性權利時，如果它們的運行與公約條款沒有產生衝突，或對公約的解釋表明公約有意使先前的協議、規則或權利繼續運行，則先前的規則和公約並不抵觸；

第三，當獨立於《海洋法公約》而產生的權利與義務和公約條款並不抵觸時，這些權利與義務則不受影響；

最後，當於《海洋法公約》生效前產生並獨立於公約的權利與義務同公約條款相抵觸時，則公約將優先於先前產生的並且與之相抵觸的權利或義務。

---

❶ See *The South China Sea Arbitration (the Republic of the Philippines v. the People's Republic of China)*, Award on Jurisdiction and Admissibility, 29 October 2015, pp. 312–313, para. 799.

❷ See *The South China Sea Arbitration (the Republic of the Philippines v. the People's Republic of China)*, Award, 12 July 2016, Permanent Court of Arbitration, p. 100, para. 238.

從邏輯一致性的角度，這些準則同樣適用於衡量菲律賓第 10 項訴求涉及的實體問題。仲裁庭在審查傳統捕魚權能否在其他國家領海中存在時，指出《海洋法公約》在不同的國家管轄海域對待傳統捕魚權的態度是不同的。在《海洋法公約》的領海法律制度缺乏相關條款規定時，仲裁庭僅是籠統指出，公約基本保持了既有的法律制度不變，只是創設了 12 海里的領海寬度，但是並沒有發展領海法律制度的內容。❶ 因此，《海洋法公約》的通過並不意圖改變在領海中已經取得的權利，這一點不同於專屬經濟區制度對待傳統捕魚權的態度。❷ 然而，仲裁庭並沒有論證既有的領海法律制度如何，只是指出《海洋法公約》保持了既有制度不變，但這不能證明傳統捕魚權可以在其他國家領海中存在。

仲裁庭進一步考察了相關證據資料，提出黃岩島是菲律賓和中國漁民傳統捕魚的漁場，沒有必要審查菲律賓漁民捕魚方法的細節。❸ 傳統捕魚權作為一項既得權利，而國際法上對待外國國民既得權利的規則屬《海洋法公約》第 2 條第 3 款有關沿海國領海主權限制的 "其他國際法規則"。❹ 中國政府阻礙菲律賓漁民在黃岩島領海的傳統捕魚活動，違反了《海洋法公約》項下的法律義務。

至於菲律賓在訴狀中提出的中國違反《海洋法公約》第 279 條關於和

---

❶ See *The South China Sea Arbitration (the Republic of the Philippines v. the People's Republic of China)*, Award, 12 July 2016, p. 314, para. 804.

❷ See *The South China Sea Arbitration (the Republic of the Philippines v. the People's Republic of China)*, Award, 12 July 2016, pp. 314–315, para. 804.

❸ See *The South China Sea Arbitration (the Republic of the Philippines v. the People's Republic of China)*, Award, 12 July 2016, p. 315, paras. 805–807.

❹ See *The South China Sea Arbitration (the Republic of the Philippines v. the People's Republic of China)*, Award, 12 July 2016, p. 316, para. 808.

平解決爭端的義務，仲裁庭認為沒有必要再討論。

最後，仲裁庭提出對菲律賓第 10 項訴求的根本考慮：如果黃岩島及其領海的主權歸屬菲律賓，中國阻礙菲律賓漁民在黃岩島及其附近水域捕魚顯然非法；如果黃岩島及其領海的主權歸屬中國，中國阻礙菲律賓漁民在黃岩島領海捕魚是不尊重菲律賓漁民在中國領海中的傳統捕魚權，該行為也是非法的。[1]

仲裁庭對傳統捕魚權與歷史性權利所作的概念區分，對傳統捕魚權構成的簡單考察，以及對傳統捕魚權在《海洋法公約》領海法律制度下存在的論斷，毫無疑問會引起對這些問題的思考。

二、傳統捕魚權概念之辨

正如前文所述，仲裁庭所界定的傳統捕魚權，其核心在於：因對捕魚方法有特殊要求並同特定群體相關，此種權利作為一種私人權利而區別於作為國家權利的歷史性權利。由此引出的問題是，傳統捕魚權和歷史性權利的關係，以及傳統捕魚權的概念界定對法律救濟程序所產生的程序影響。

---

[1] See *The South China Sea Arbitration (the Republic of the Philippines v. the People's Republic of China)*, Award, 12 July 2016, pp. 316–317, para. 811.

（一）《海洋法公約》對傳統捕魚權的界定

早在《海洋法公約》產生之前，其他國家在沿海國主張的管轄水域（特別是領海之外的海域）內享有傳統捕魚權就已經得到沿海國國內立法以及沿海國與其他國家的雙邊或多邊條約承認。[1] 因此，隨著沿海國對海洋區域控制範圍的不斷拓展，其他國家在沿海國擴張的管轄海域範圍內所主張的捕魚利益應如何得到平衡，是《海洋法公約》締約過程中一個被關注的重要問題。《海洋法公約》對這種利益的平衡並沒有使用完全相同的法律概念或術語。

《海洋法公約》中明確使用"傳統捕魚權"的條款只有第 51 條第 1 款。該款規定：在不妨害群島國對群島水域及其上空、海床和底土以及其中所包含的資源行使主權的情形下，群島國應尊重與其他國家間的現有協定，並應承認其直接相鄰國家在群島水域範圍內的某些區域內的傳統捕魚權利和其他合法活動。[2] 不過，《海洋法公約》並沒有任何條款明確對傳統捕魚權

---

[1] See Huan-Sheng Tseng & Ching-Hsiewn Ou, "The Evolution and Trend of the Traditional Fishing Rights", (2010) 53 *Ocean & Coastal Management*, pp. 271–272; Polite Dyspriani, "Traditional Fishing Rights: Analysis of State Practice", The United Nations-Nippon Foundation Fellowship Programme 2010–2011, Division for Ocean Affairs and the Law of the Sea, U.N., 2011, p. 2, http://www.un.org/depts/los/nippon/unnff_programme_home/fellows_pages/fellows_papers/dyspriani_1011_indonesia.pdf (last visited 17 April 2017). 波利特（Polite Dyspriani）認為，在《海洋法公約》產生之前，傳統捕魚權已經成為國家實踐，並逐漸為國際社會接受為習慣國際法的一部分。

[2] 該條款的英文原文為：Without prejudice to article 49, an archipelagic State shall respect existing agreements with other States and shall recognize traditional fishing rights and other legitimate activities of the immediately adjacent neighbouring States in certain areas falling within archipelagic waters. The terms and conditions for the exercise of such rights and activities, including the nature, the extent and the areas to which they apply, shall, at the request of any of the States concerned, be regulated by bilateral agreements between them. Such rights shall not be transferred to or shared with third States or their nationals. 該條款中提及的第 49 條是有關群島國對群島水域及其海床、底土和上空以及其中所包含資源的主權的規定。

作出任何定義。

從《海洋法公約》的締約歷史來看，傳統捕魚權是在專屬經濟區制度而非群島國制度下被締約國所關注的。[1]締約國幾乎都是將傳統捕魚權作為一項國家權利進行討論，而且並不明確區分傳統捕魚權和歷史性捕魚權。[2]印度尼西亞作為群島國明確提出直接鄰近國家在群島水域中享有傳統捕魚權的可能性，並在提議的同時，印度尼西亞開始同其鄰近國家進行雙邊漁業談判，這些國家包括泰國。[3]後來，新加坡對印度尼西亞提出的問題有所回應，主張增加有關其他國家在群島水域中的傳統捕魚權的條款。[4]

在 1974 年，泰國提出的關於群島的條款草案要求：如果將過去是公海的海域包括在群島水域中，群島國應該在行使其對群島水域的主權時，特別考慮其鄰國在群島水域對生物資源開發的利益和需要。[5]在第二委員會

---

[1] 在負責《海洋法公約》起草工作的第二委員會第 22 次、第 23 次、第 24 次、第 26 次、第 28 次、第 29 次和第 30 次會議上，不同的締約國都對其他國家在沿海國經濟區（economic zone）中的傳統捕魚權問題發表意見。See Summary records of meetings of the Second Committee 22nd meeting, A/CONF.62/C.2/SR.22, pp. 171–181; Summary records of meetings of the Second Committee 23rd meeting, A/CONF.62/C.2/SR.23, pp. 182–186; Summary records of meetings of the Second Committee 24th meeting, A/CONF.62/C.2/SR.24, pp. 187–194; Summary records of meetings of the Second Committee 26th meeting, A/CONF.62/C.2/SR.26, pp. 202–210; Summary records of meetings of the Second Committee 28th meeting, A/CONF.62/C.2/SR.28, pp. 217–223; Summary records of meetings of the Second Committee 29th meeting, A/CONF.62/C.2/SR.29, pp. 224–226; Summary records of meetings of the Second Committee 30th meeting, A/CONF.62/C.2/SR.30, pp. 226–231, in *Official Records of the Third United Nations Conference on the Law of the Sea*, Vol. II.

[2] See A/CONF.62/C.2/SR.30, p. 229.

[3] See Summary records of meetings of the Second Committee 36th meeting, A/CONF.62/C.2/SR.36, *Official Records of the Third United Nations Conference on the Law of the Sea*, Vol. II, p. 260.

[4] See Summary records of meetings of the Second Committee 37th meeting, A/CONF.62/C.2/SR.37, *Official Records of the Third United Nations Conference on the Law of the Sea*, Vol. II, p. 267.

[5] See Thailand: draft articles on archipelagos, A/CONF.62/C.2/L.63, 15 August 1974, *Official Records of the Third United Nations Conference on the Law of the Sea*, Vol. III, p. 233.

關於主要趨勢的工作文件中，第五部分專屬經濟區項下有一個 "基於傳統捕魚或經濟依賴性的權利"（rights based on traditional fishing or economic dependence）條款。該條款要求鄰近的發展中沿海國允許雙方國民在長期共同承認的慣例（long and mutually recognized usage）和對特定區域資源開發的經濟依賴性的基礎上，享有在特定區域的捕魚權，而這種權利行使的方式則由相關國家通過協議確定。同時，第十部分群島國項下關於群島水域的條款基本上吸納了泰國條款草案中的規定。❶ 在 1975 年的《非正式單一協商案文》專屬經濟區制度項下，沿海國對資源的專屬權利被明確規定，其他國家國民的慣常捕魚僅是影響沿海國分享可捕量的因素之一；而該案文的群島國制度則明確規定沿海國應承認直接鄰近國家在群島水域中的傳統捕魚權。❷

《海洋法公約》的締約歷史表明，傳統捕魚權體現了一種長期持續存在並獲得承認的捕魚慣例，但是並不明確其與歷史性捕魚權的區別。❸ 不過，之所以使用 "傳統" 而非 "歷史性"，或許是要凸顯對捕魚方式或方法的特殊要求 —— 遵守傳統方法捕魚。另外，涉及其他國家在沿海國管轄海域內傳統捕魚權的相關討論，幾乎都將該項權利作為一項國家權利展開，而《海洋法公約》第 51 條也明顯將該項權利視為群島國的直接鄰近國家而非其國民視為該項權利的主體。

---

❶ See Statement of activities of the Conference during its first and second sessions, A/CONF.62/L.8/Rev.1, *Official Records of the Third United Nations Conference on the Law of the Sea*, Vol. III, pp. 123, 137.

❷ See Informal single negotiating text, part II, A/CONF.62/WP.8/Part II, *Official Records of the Third United Nations Conference on the Law of the Sea*, Vol. IV, pp. 160, 169.

❸ See Polite Dyspriani, "Traditional Fishing Rights: Analysis of State Practice", pp. 3–4.

（二）國際法學者對傳統捕魚權的理解

　　儘管有關傳統捕魚權的國家實踐在《海洋法公約》之前已非常豐富，且在《海洋法公約》締結之後仍然存在，國際法學者卻始終很少對傳統捕魚權進行專門討論。在為數不多的研究中，傳統捕魚權往往同歷史性捕魚權不相區分，都是長期實踐累積形成的一類漁業權利。❶

　　在這些研究中，波利特對傳統捕魚權概念的關注視野相對開闊，也比較深入。除了《海洋法公約》的相關規定，波利特還注意到聯合國糧農組織對小規模和手工捕魚活動進行討論後產生的文件。❷ 他提出了《海洋法公約》在國內層面和國際層面上產生的雙重影響：在國內層面，《海洋法公約》要求締約國在國內政策的層面以可持續的方式養護和管理生物資源；在國際層面，《海洋法公約》要求沿海國在管轄海域擴張的情況下，考慮其他國家在那些曾經是公海但如今處於國家管轄範圍以內的水域的慣常捕魚。❸ 就前者而言，締約國的國內政策可能會影響特定區域的國內捕魚群體對傳統捕魚的經濟和文化依賴；就後者而言，締約國的主張可能會影響其

---

❶ See Huan-Sheng Tseng & Ching-Hsiewn Ou, "The Evolution and Trend of the Traditional Fishing Rights", pp. 270–278; Leonardo Bernard, "The Effect of Historic Fishing Rights In Maritime Boundaries Delimitation", Papers from the Law of the Sea Institute, UC Berkeley-Korea Institute of Ocean Science and Technology Conference, held in Seoul, Korea, May 2012, p. 2, http://www.law.berkeley.edu/files/Bernard-final.pdf (last visited 17 April 2017).

❷ 世界貿易組織比較早就開始討論小規模手工捕魚問題。對手工捕魚的定義大多數時候都強調其包含使用傳統方法這一要素，因此傳統捕魚這一概念同手工捕魚相聯繫，也就同工業化的捕魚有所區別，參見 World Trade Organization, *Definitions Related to Artisanal, Small-Scale and Subsistence Fisheries*, TN/RL/W/197, 24 November 2005；此後聯合國糧農組織也開始討論該問題，最新的進展是後者制定的《確保可持續的小規模漁業的自願行動指南》，參見 Food and Agriculture Organization of the United Nations, *Voluntary Guidelines for Securing Sustainable Small-Scale Fisheries*, 2015.

❸ See Polite Dyspriani, "Traditional Fishing Rights: Analysis of State Practice", p. 3.

他國家的國民對傳統捕魚的經濟依賴。波利特就此提出兩種不同層面上的傳統捕魚權：第一種是土著人群在一國管轄範圍內的傳統捕魚權，也被稱為慣常捕魚權（customary fishing rights），比如西澳大利亞的土著人群因為文化和宗教的理由從事上千年的捕魚活動而享有的捕魚權；第二種是一國給予另一國在其管轄範圍內海域的傳統捕魚權。❶ 對這兩種不同的傳統捕魚權的承認方式也是不同的，前者是在純粹國內法的層面上對土著居民權利的承認，後者是在國際層面上考慮到《海洋法公約》相關條款的含義作出的承認。❷

對於土著人群的傳統捕魚權，聯合國糧農組織正在持續推動對該權利的保護和發展的支持。2015 年形成的《確保可持續的小規模漁業的自願行動指南》（以下簡稱 "《指南》"）明確表示，確保國家管轄範圍內可持續的小規模手工捕魚是對國際人權的堅持和發展，而《指南》本身也採取以人權為基礎的路徑。❸ 對於沿海國因其他國家國民的長期捕魚活動而給予該國的傳統捕魚權，則主要依賴於《海洋法公約》或雙邊條約的規定。

波利特提出的兩種傳統捕魚權是不應該混同的。就土著居民的傳統捕魚權而言，它毫無疑問是一種私人權利，與國家權利相對應。就其他國家在沿海國管轄海域中的傳統捕魚權而言，雖然這種權利的實際行使者是其他國家的國民，但並不能當然說這種權利也是一種私人權利。

在 "厄立特里亞和也門仲裁案" 中，仲裁庭在裁決第 101 段提出："不應該將西方的法律擬制植入紅海地區，在這種法律擬制中所有的法律權利

---

❶ See Polite Dyspriani, "Traditional Fishing Rights: Analysis of State Practice", p. 3.

❷ See Polite Dyspriani, "Traditional Fishing Rights: Analysis of State Practice", p. 29.

❸ See Food and Agriculture Organization of the United Nations, *Voluntary Guidelines for Securing Sustainable Small-Scale Fisheries*, p. ix.

即便事實上是個人行使，也被視為國家的權利。"南海仲裁案的仲裁庭援引這句話，證明在其他國家管轄海域中存在的傳統捕魚權是一種私人權利。但是，如果繼續閱讀該案裁決的後續段落就會發現，該案中所稱的漁民的傳統捕魚權，實際上是當事國雙方在互惠的基礎上允許對方國家漁民在自己的管轄水域維持長久以來從事的捕魚活動，[1]而且當事國雙方共同對這種傳統捕魚制度進行調整。[2]從這個意義上看，很難僅憑該案裁決第101段就證明傳統捕魚權是一種不同於歷史性權利的私人權利。

（三）傳統捕魚權概念界定的程序影響

作為外國漁民在沿海國管轄水域內捕魚的合法基礎的傳統捕魚權是否為一項私人權利，雖然該問題對權利的實際行使效果來說沒有太大影響，但是，當該項權利受損並需要救濟時，該問題有著法律程序上的意義。

根據《海洋法公約》第295條，締約國間有關本公約的解釋或適用的任何爭端，僅在依照國際法的要求用盡當地補救辦法後，才可提交本節規定的程序。在《海洋法公約》締約過程中，在訴諸第十五部分的爭端解決程序之前，是否需要用盡當地救濟是一個非常棘手的問題。[3]最後形成的第295條是一個簡化的條款，這意味著不論國際法上有關用盡當地救濟的規

---

[1] See *Eritrea-Yemen Arbitration*, Award of the Arbitral Tribunal in the Second Stage of the Proceedings (Maritime Delimitation), 9 March 1999, p. 360, paras. 109, 110.

[2] See *Eritrea-Yemen Arbitration*, Award of the Arbitral Tribunal in the Second Stage of the Proceedings (Maritime Delimitation), 9 March 1999, p. 360, para. 108.

[3] Myron H. Nordquist (et al. eds.), *United Nations Convention on the Law of the Sea 1982: Commentary*, Vol.V (Martinus Nijihoff Publishers, 1989), p. 79.

則如何，這些規則都將適用於海洋法的爭端。第 295 條的規定既沒有限制也沒有擴大關於用盡當地救濟的國際法規則。❶

就用盡當地救濟的國際法規則而言，必須提到的是《關於外交保護的條款草案》（以下簡稱"《草案》"）。❷《草案》第 14 條試圖編纂要求用盡當地救濟作為行使外交保護的先決條件的習慣國際法規則。❸《草案》第 14 條第 3 款規定：在主要基於一國國民或《草案》第 8 條所指的其他人所受損害而提出國際主張或請求作出與該主張有關的宣告性判決時，應當用盡當地救濟。❹ 該款中之所以採用"主要基於"（brought preponderantly on），是考慮到實際情況中存在一項國際主張可能同時包含對國家的損害和對該國國民的損害。畢竟，幾乎每一個國際主張在最初始的層面上都是由需要保護的個人利益作為驅動的事實因素。❺ 所以，對於混合型的主張是否要用盡當地救濟，該款提出"優勢測驗"（preponderance test），即當一項主張的提出主要基於對國民的損害，或者該主張若非為該國民就不可能提出。

---

❶ Myron H. Nordquist (et al. eds.), *United Nations Convention on the Law of the Sea 1982: Commentary*, Vol.V, p. 81.

❷ 1966 年，外交保護被國際法委員會確定為適於編纂和發展的專題。經過長達 40 年的時間，國際法委員會終於在 2006 年二讀通過了《關於外交保護的條款草案》。

❸ 在國際工商業投資公司案中，國際法院承認用盡當地救濟是一項公認的習慣國際法規則，參見 *Interhandel case (Switzerland v. United States of America)*, Judgement on Preliminary Objections, 21 March 1959, *I.C.J. Reports* 1959, p. 27。在考慮國家責任問題時，國際法委員會指出，用盡當地救濟是一項經國家實踐、國際司法實踐以及公法學家確認的國際法一般原則，參見 Commentary to Article 44 on Second Reading, Official Records of the General Assembly, Fifty-sixth Session, Supplement No. 10 (A/56/10), pp. 304–307.

❹ 該款英文原文為：Local remedies shall be exhausted where an international claim, or request for a declaratory judgment related to the claim, is brought preponderantly on the basis of an injury to a national or other person referred to in draft article 8.

❺ Theodor Meron, "The Incidence of the Rule of Exhaustion of Local Remedies", (1959) 35 *British Yearbook of International Law* 83, p. 86.

在國際司法實踐中，往往採取"宣稱被侵犯的權利"作為"優勢測驗"的具體標準。在審理的第 2 號案件中，國際海洋法法庭認為，聖文森特和格林納達主張受幾內亞侵犯的權利全部屬其在《海洋法公約》或國際法上享有的權利，幾內亞的行為無法被描述為違反了有關外國人待遇的法律義務，所以受直接侵害的是聖文森特和格林納達的權利而非其國民的權利。[1]在第 19 號案件中，國際海洋法法庭也採取了與第 2 號案件相同的判斷標準。[2]它指出，巴拿馬主要主張對方侵犯的是沿海國在專屬經濟區內的航行自由和與之相關的其他合法用途，以及根據第 73 條享有的權利，這些權利都是屬巴拿馬在《海洋法公約》項下享有的權利，侵犯這些權利相當於對巴拿馬的直接損害。[3]

據此，就菲律賓第 10 項訴求而言，如果傳統捕魚權是一項私人權利，那麼菲律賓實際上是在對其國民進行外交保護。按照仲裁庭將不同的訴求都認定為一個爭端的路徑，仲裁庭有義務審查菲律賓的第 10 項訴求所反映的爭端在提交到強制仲裁程序之前，是否滿足《海洋法公約》第 295 條規定的用盡當地救濟的程序要求。倘若用盡當地救濟的程序要求未能得到滿足，仲裁庭不應該裁定第 10 項訴求具有可受理性。

---

[1] See *M/V "SAIGA" Case (Saint Vincent and Grenadines v. Guinea)*, Judgment, 1 July 1999, *ITLOS Reports* 1999, p. 45, paras. 97–98.

[2] See *M/V "Virginia G" Case (Panama v. Guinea-Bissau)*, Judgment, 14 April 2014, *ITLOS Reports* 2014, p. 49, paras. 154–155.

[3] See *M/V "Virginia G" Case (Panama v. Guinea-Bissau)*, Judgment, 14 April 2014, *ITLOS Reports* 2014, p. 50, paras. 157–158.

三、傳統捕魚權的構成

對於如何判斷一項傳統捕魚權合法成立，目前在海洋法領域缺乏明確的法律標準。雖然在國際仲裁實踐中，"厄立特里亞和也門仲裁案"以及"巴巴多斯與特立尼達和多巴哥仲裁案"都明確涉及傳統捕魚權問題，但都沒有明確提及傳統捕魚權構成的要素。直到最近，海洋法領域的一些研究才開始更多關注這個問題。

正如前文所述，提出兩種不同層面上傳統捕魚權的波利特更多借鑒了國際法上關於原住民權利的理解，從文化角度討論傳統捕魚權的構成。[1] 傳統捕魚權的構成：首先，有時間維度的因素，強調是一種世代相傳或者已經存在了相當長時間的顯著歷史；其次，是只為特定群體，特別是原住民在特定區域的捕魚活動；[2] 再次，是對捕魚的方法有特定的要求，但是在群體內部捕魚的方法是可以有變化的；最後，是小規模的，不同於商業捕魚或工業化捕魚的大規模。

相比之下，同樣關注國家實踐和國際司法實踐發展的魯斯法（Luthfy Ramiz）更明確地提出傳統捕魚權包含捕魚群體、捕魚場所、捕魚方法、漁

---

[1]　Polite Dyspriani, "Traditional Fishing Rights: Analysis of State Practice", pp. 33–36.

[2]　也有一些學者提出，這種捕魚的土著群體要很特殊以至於近來已經成為國際關注的群體，參見 W. Michael Reisman & Mahnoush H. Arsanjani, "Some Reflections on the Effect of Artisanal Fishery on Maritime Boundary Delimitation", in Tafsir Malick Ndiaye & Rüdiger Wolfrum (eds.), *Law of the Sea, Environmental Law and Settlement of Disputes: Liber Amicorum Judge Thomas A. Mensah* (Martinus Nijhoff Publishers, 2007), p. 631.

船、捕魚種類以及捕魚目的這幾項要素。[1] 捕魚群體應該是一直以來依賴傳統漁場的土著群體。捕魚場所應該是長期捕魚持續不斷的海域。[2] 捕魚方法可以被簡單認為是使用傳統的工具和方式。漁船是長期以來使用的非機動化的船隻。捕魚種類被魯斯法認為對傳統捕魚權的構成來說相當重要。[3] 捕魚目的通常是為了食用或與傳統活動相關，但是為經濟或貿易目的也並非不可。[4]

相關研究通過對國家實踐和國際司法與仲裁實踐的觀察得出關於傳統捕魚權構成的一些要素，但是具體的標準仍然是比較模糊的。

---

[1] Luthfy Ramiz, "Traditional Nature of Traditional Fishing Right Recognition on the Timor Sea Based on International Law of the Sea", p. 5, http://www.academia.edu/17028957/TRADITIONAL_NATURE_OF_TRADITIONAL_FISHING_RIGHT_RECOGNITION_ON_THE_TIMOR_SEA_BASED_ON_INTERNATIONAL_LAW_OF_THE_SEA (last visited 17 April 2017).

[2] 國際法院在審理漁業管轄權案中，就考慮了漁場作為判斷傳統的捕魚權權利存在的要素，參見 *Fisheries Jurisdiction (United Kingdom v. Iceland)*, Judgment on Merits, 25 July 1974, *I.C.J. Reports* 1974, p. 27, para. 61.

[3] 魯斯法這一結論來源於對巴巴多斯與特立尼達和多巴哥仲裁案的觀察，參見 Luthfy Ramiz, "Traditional Nature of Traditional Fishing Right Recognition on the Timor Sea Based on International Law of the Sea", p. 9。在"巴巴多斯與特立尼達和多巴哥仲裁案"中，捕撈飛魚的確是當事國主張傳統捕魚權的重要構成要素，參見 *Barbados v. Trinidad and Tobago*, Award of the Arbitral Tribunal, 11 April 2006, Permanent Court of Arbitration, pp. 82–86, paras. 264–289。

[4] 國際法院在漁業管轄權案中考慮的是當事國的漁民對捕魚的經濟依賴性，參見 *Fisheries Jurisdiction (United Kingdom v. Iceland)*, Judgment on Merits, 25 July 1974, *I.C.J. Reports* 1974, p. 27, para. 61。

四、《海洋法公約》框架下傳統捕魚權在領海存在之可能性

（一）領海的法律地位與傳統捕魚權存在的可能性

在《海洋法公約》領海法律制度中，沒有任何條款規定其他國家或其國民的傳統捕魚權能夠在沿海國的領海中存在。從另外一個角度，運用仲裁庭在考察獨立於《海洋法公約》產生的權利能否在《海洋法公約》框架下存續得出的四個準則，來審視傳統捕魚權的存續是否與《海洋法公約》的領海法律制度（特別是領海的法律地位）不一致，也會得出相同的結論。

1. 第一次海洋法會議的相關討論

在海洋法秩序發展之初，沿海國的國民從事捕魚活動恰恰促使沿海國將沿岸漁業控制在自己手中。長久以來，沿海國有權利僅允許其國民在近岸海域從事捕魚而限制其他國家的漁民在該片水域活動。[1]1609 年，格勞修斯提出"海洋自由"論，被接受為海洋法律秩序的基石。同時，沿海國對沿岸相對狹窄的一片水域的控制權也是被接受的，由此形成了領海和公海的二分。在向現代海洋法轉變的過程中，沿海國主張的領海寬度經歷了從 3 海里向 12 海里擴張的變化，使得曾經是公海的一部分海域成為領海，由此引發如何平衡其他國家在該部分海域的長期捕魚活動產生的利益的問題。

---

[1] Huan-Sheng Tseng & Ching-Hsiewn Ou, "The Evolution and Trend of the Traditional Fishing Rights", (2010) 53 *Ocean & Coastal Management*, p. 270.

在第一次海洋法會議期間，締約國對這個問題有著激烈的討論。1957年，聯合國秘書處收到各締約國對《關於海洋法的條款草案》作出的評論。其中，加拿大指出，領海寬度普遍擴張會對海洋航行自由產生重要影響，因此相比普遍採取 12 海里的領海寬度，可接受的替代方案是按照國際法委員會的建議設立 12 海里的毗連區，在該區域中授予沿海國對漁業的權利應和沿海國在領海中的權利完全一樣。[1] 古巴提出，沿海國對領海的主權只受一項根本限制：外國船舶的無害通過，不過領海寬度超越傳統限制向外擴張時，應適當顧及給予其他國家的歷史性捕魚權。[2] 此後，在領海寬度擴張以及相關利益平衡的處理上，以加拿大為代表的國家要求給予沿海國 6 海里領海和 12 海里毗連漁區的權利，並且沿海國在毗連漁區中對漁業和生物資源開發享有的權利等同領海。[3] 美國的提案與加拿大相似，但限制了沿海國在毗連漁區中的權利，即從領海外部界限量起 6 海里的區域內，任何國家漁船在該區域的慣常捕魚繼續維持。美國以及支持其提案的國家幾乎都不贊成沿海國在領海之外海域仍然主張專屬性捕魚權（exclusive fishing rights），而加拿大、冰島、墨西哥以及支持加拿大提案的國家則支持沿海國在領海外擴的海域範圍內仍有專屬性漁業權。[4]

最後，領海寬度問題沒有在締約國之間達成一致，1958 年的《領海及

---

[1] Comments by Governments on the Draft Articles Concerning the Law of the Sea Adopted by the International Law Commission at its Eighth Session, U.N. Doc. A/CONF.13/5 and Add. 1 to 4, *United Nations Conference on the Law of the Sea: Official Records*, Vol. I, Preparatory Documents, p. 76.

[2] U.N. Doc. A/CONF.13/5 and Add. 1 to 4, p. 79.

[3] Report of the First Committee, U.N. Doc. A/CONF.13/L.28/Rev. l, *United Nations Conference on the Law of the Sea: Official Records*, Vol. II, pp. 115–125.

[4] *United Nations Conference on the Law of the Sea: Official Records*, Vol. III: First Committee (Territorial Sea and Contiguous Zone), pp. 27–185.

毗連區公約》中沒有關於領海寬度的規定，那麼領海擴張引發其他國家或其國民的傳統捕魚利益平衡問題也就沒有被該公約所規定。但是，締約國對於傳統上被稱為 "領海" 的海域中沿海國所享有的權利，特別是對生物資源的專屬權利，都是承認的。

2. 第二次海洋法會議的相關討論

領海寬度一直沒有在國家之間形成統一意見，所以該問題在第三次海洋法會議上仍舊爭論激烈，核心仍然是領海擴張後應如何平衡沿海國和其他國家的利益。締約國對此提出了關於領海法律制度的不同設計。在第二次會議上，負責起草國家管轄海域問題的第二委員會總結關於領海的性質和特點的各種設計呈現三個主要趨勢：一是領海的傳統概念，即沿海國在領海中行使完全主權，僅受無害通過領海權的限制；二是國家海洋空間的概念，即沿海國對該空間享有管轄權；三是沒有統一設計的領海概念，即建議每個沿海國可以自由決定其領海寬度，並對 200 海里的範圍行使主權，但是沿海國在該範圍內可以建立各種制度，甚至可以決定不行使完全主權。[1] 對此，第二委員會的主席建議，採取第一次海洋法會議上通過的傳統領海概念的代表和採取多元化領海制度的代表，應分別提出統一的建議文本。[2]

領海擴張引發了對國家管轄海域進一步分化的趨勢，但是對於通常被稱為 "領海" 的海域，締約國還是主張不改變傳統的領海主權性質，確保

---

[1] See Summary records of meetings of the Second Committee 2nd meeting, U.N. DOC. A/CONF.62/C.2/SR.2, *United Nations Conference on the Law of the Sea: Official Records*, Vol. II, para. 2.

[2] See U.N. DOC. A/CONF.62/C.2/SR.2, para. 23.

領海及其資源處在沿海國主權之下，而領海主權只受其他國家船舶無害通過權的一般限制。● 《海洋法公約》最後形成的案文確定領海寬度為 12 海里，也沒有採取多元化的領海制度，只是在領海之外確定了毗連區和專屬經濟區。《海洋法公約》仍然按照傳統的領海概念建構領海法律制度，僅以相關條款規定無害通過構成對領海主權的一般限制。

從海洋法編纂的歷程來看，國家對於一直保持傳統概念沒有發生變化的領海認識是一致的。《領海及毗連區公約》以及《海洋法公約》的締約國始終無意於在 "領海" 中對沿海國的主權施加無害通過之外的一般限制。

（二）《海洋法公約》第 2 條第 3 款的潛在影響

除了從《海洋法公約》項下的領海法律地位出發探討傳統捕魚權問題之外，《海洋法公約》第 2 條第 3 款為領海法律制度帶來的彈性也值得注意。

《海洋法公約》第 2 條第 3 款規定：對於領海的主權的行使受本公約和其他國際法規則的限制。● 這種簡單且具有相當模糊性的條款表述在《海洋法公約》中並不少見，其存在恰恰允許解釋者在相關問題上考慮習慣法中的法律規則，也允許解釋者 "考慮國際法一般原則以及國際法庭和知名學者在這些規則的理解方面所做的貢獻"。●

● See Summary records of meetings of the Second Committee 4th meeting, U.N. DOC. A/CONF.62/C.2/SR.4, *United Nations Conference on the Law of the Sea: Official Records*, Vol. II, paras. 15–30.

● 該款的英文原文為：The sovereignty over the territorial sea is exercised subject to this Convention and to other rules of international law.

● 在 "巴巴多斯與特立尼達和多巴哥仲裁案" 中，該案仲裁庭對這類表述明確簡單且並不十分精確的《海洋法公約》條款存在的意義作出闡釋，參見 *Barbados v. Trinidad and Tobago*, Award of the Arbitral Tribunal, 11 April 2006, Permanent Court of Arbitration, p. 68, para. 222.

在"查戈斯海洋保護區案"中，由於第 2 條第 3 款中使用的是"is"，當事國對其是否在實質意義上對沿海國領海主權的行使施加了義務存在爭議。該案的仲裁庭考慮了該款的其他作準文本的表述指出，"非英文的作準文本顯示出更明顯的義務意味"，考慮到《海洋法公約》的目的和宗旨並平衡各個作準文本之間的差異，該款的確施加了實質義務。❶

既然如此，需要進一步考慮的是，第 2 條第 3 款對領海主權的行使所施加的是何種義務。

第 2 條第 3 款的締約歷史對於釐清該問題很有幫助。《海洋法公約》的領海法律制度很大程度吸納了《領海及毗連區公約》的規定，第 2 條第 3 款起源於該公約第 1 條。在第一次海洋法會議中，締約國幾乎沒有對這一條進行過實質討論，最後通過的案文仍然保持 1956 年國際法委員會準備的《海洋法條款草案》所提議的案文，沒有任何修改。所以，只有國際法委員會在準備《海洋法條款草案》時對此所作的評論，能夠幫助理解該條款的真實含義。1956 年《海洋法條款草案》的相關評論是，由於特殊的地理或其他關係，在兩個國家之間可能發生的是，一個國家在領海的權利被授予另一個國家，超出其在本《草案》所承認的權利範圍。委員會不欲以任何方式限制國家根據慣例或條約享有任何更廣泛的通過權或其他權利。❷ 可

---

❶ See *The Chagos Marine Protected Area Arbitration (Mauritius v. United Kingdom)*, Award of 18 March 2015, Premanent Court of Arbitration, pp. 196–197, paras. 500–502.

❷ 原文為：It may happen that, by reason of some special relationship, geographical or other, between two States, rights in the territorial sea of one of them are granted to the other in excess of the rights recognized in the present draft. It is not the Commission's intention to limit in any way any more extensive right of passage or other right enjoyed by States by custom or treaty. See International Law Commission, "Articles concerning the Law of the Sea with Commentaries", Report of the International Law Commission on the Work of its Eighth Session, 23 April to 4 July 1956, *Official Records of the General Assembly, Eleventh Session*, Supplement No. 9, U.N. Doc. A/3159, p. 265.

見，這一條款的目的在於，考慮到特定海域的特定情況，尊重和保存特定國家之間通過雙邊協議達成對領海主權的特殊限制。所以，第 2 條第 3 款並不是對沿海國的領海主權施加一般限制，而是在《海洋法公約》規定的一般限制（即無害通過）之外允許例外的限制。

因此，根據第 2 條第 3 款，如果相關國家通過雙邊協議或其他國際法規則規定一國國民可以在另一國的領海中進行慣常的捕魚活動，那麼前者的傳統捕魚權當然構成對後者領海主權的限制。

五、結論

通過梳理南海仲裁案有關菲律賓第 10 項訴求涉及的實體問題，我們會發現，其他國家或其國民在沿海國管轄海域中的傳統捕魚權雖然是早在《海洋法公約》產生之前已經有廣泛的國家實踐，同時國際司法和仲裁實踐中也有一些案例對此有所涉及。在《海洋法公約》締約歷程中，該問題也被締約國激烈討論過。

從概念界定上說，傳統捕魚權和歷史性捕魚權通常並沒有嚴格的區分，兩者都是指一種長期存在的捕魚實踐得到相關國家承認而形成的權利。傳統捕魚權並不因為是漁民實際行使而當然構成私人權利，至少在承認群島水域存在傳統捕魚權的《海洋法公約》第 51 條就把傳統捕魚權定義為國家的權利。此外，究竟是何種性質的權利，這一問題將對《海洋法公約》項下強制爭端解決程序的運行產生影響。如果傳統捕魚權是一種私人權利，那麼有關爭端在提交《海洋法公約》項下的強制爭端解決程序之前，應滿足《海洋法公約》第 295 條要求的用盡當地救濟的程序義務。

至於傳統捕魚權的構成，學者們試圖從國家實踐以及國際司法和仲裁實踐中歸納出一些具體的要素，但這種努力目前仍然是不成熟的。也就是說，雖然實踐中判斷傳統捕魚權存在時會考慮捕魚時間、漁場和方式等因素，但是仍然沒有相對明確的判斷標準。

最後，其他國家或國民的傳統捕魚權的確能在沿海國領海存在，但這並不是源於《海洋法公約》對沿海國領海主權施加的一般限制。從《海洋法公約》締約歷程來看，沿海國領海主權只受到外國船舶無害通過權的一般限制。不過，《海洋法公約》第 2 條第 3 款使得傳統捕魚權有可能通過國家間的雙邊協議成為對特定沿海國某一海域領海主權的特殊限制。

第三章

————

南海島礁的法律地位

導　讀

2014 年中國外交部的《中華人民共和國政府關於菲律賓共和國所提南海仲裁案管轄權問題的立場文件》（以下簡稱 "《立場文件》"）將菲律賓的 15 項訴求分為三類，其中第 3－7 項訴求屬第二類，即 "中國依據南海若干岩礁、低潮高地和水下地物提出的 200 海里甚至更多權利主張與《海洋法公約》不符"。[1] 這 5 項訴求的表述如下：

　　3. 黃岩島不得產生專屬經濟區和大陸架權利；

　　4. 美濟礁、仁愛礁及渚碧礁為低潮高地，不得產生領海、專屬經濟區和大陸架，這些海洋地物不得藉由佔領或其他行為而被佔有；

　　5. 美濟礁及仁愛礁屬菲律賓的專屬經濟區和大陸架的一部分；

　　6. 南薰礁及西門礁（包括東門礁）屬低潮高地，不得產生領海、專屬經濟區和大陸架，但其低潮線可作為決定鴻麻島與景宏島的領海基線；

　　7. 赤瓜礁、華陽礁及永暑礁不得產生專屬經濟區和大陸架。

---

❶ 《中華人民共和國政府關於菲律賓共和國所提南海仲裁案管轄權問題的立場文件》，2014 年 12 月 7 日，第 8 段。

這 5 項訴求可以歸納為如下基本問題：對於中國主張的多個面積較小的島礁，根據《海洋法公約》有關規則，其性質是島嶼、岩礁，抑或低潮高地？中國或菲律賓可以對它們主張哪些權利？本章聚焦南海島礁法律地位爭議中的兩大理論難點，即南海仲裁案島礁問題與領土主權、海洋劃界爭端的關聯，以及本案所涉的南沙群島整體性問題，簡要分述如下。

一、領土主權和海洋劃界爭端對本案的影響

菲方試圖繞開中國、菲律賓、越南、馬來西亞等國長期存在的島礁主權爭議，將此爭議包裝為一個島礁在海洋法下的性質界定爭議，這對於南海爭端的長遠解決而言無疑是本末倒置。基於此，根據《海洋法公約》第 288 條，仲裁庭識別此類島礁爭端是否為有關《海洋法公約》解釋和適用的爭端，就不得不首先面對南沙群島和黃岩島領土主權存在爭議這一現實。正如《立場文件》所言，"國家的領土主權是海洋權利的基礎，這是國際法的一般原則"，"脫離了國家主權，島礁本身不擁有任何海洋權利"。基於領土主權與海洋權利兩者的不可分割性，很難將菲律賓第 3－7 項訴求簡單地界定為一項 "關於公約解釋和適用的爭端"，因為《海洋法公約》不僅不以調整陸地領土問題為己任，更是在其序言中聲明："認識到有需要通過本公約，在妥為顧及所有國家主權的情形下，為海洋建立一種法律秩序。"

領土主權和海洋劃界爭端對本案的具體影響體現在下列命題中：

第一，中菲之間在處理有關領土主權爭端過程中，是否就黃岩島、美濟礁等數個島礁的法律性質交換過意見並形成爭端？

第二，在領土主權歸屬和海洋邊界不明的背景下，判斷低潮高地的高程基準從何而來？判斷岩礁的“不能維持人類居住或本身經濟生活”的標準該如何解釋？

第三，關於低潮高地能否被佔有的問題，這在本質上涉及低潮高地的領土屬性問題，這是否為領土主權爭端的一部分？

最後，海洋劃界作為一個整體、系統的工程，領土主權歸屬、島礁性質界定和海上劃界是三個無法割裂的階段。界定島礁的性質直接影響其所能主張的海洋權利範圍，進而改變海洋劃界的前提。那麼，菲律賓的訴求是否因涉及海洋劃界而應被排除在仲裁庭管轄範圍之外？

在《南海仲裁案中島礁屬性爭端之不可仲裁性》一文中，王勇教授指出，本案“島礁屬性爭端”既根本無法反映爭端方的對立觀點，又根本無法反映出中菲之間存在法律權利上的利害關係，還與中菲之間的領土主權爭端、海洋劃界爭端密不可分，且根本無法作為一個獨立的法律爭端。即使“島礁屬性爭端”屬國際仲裁能夠解決的爭端範圍，但是判斷島礁屬性的複雜性與困難性，使得仲裁庭也不應該行使此種管轄權。

在《南海仲裁案所涉低潮高地海洋權利和領土屬性問題》一文中，黃靖文認為，證據表明中菲兩國從未就美濟礁等島礁的屬性問題、能否被佔有問題表明各自立場，菲律賓所表述的爭端並不實際存在；低潮高地的界定以兩國領土主權和海洋劃界爭端為先決問題；針對低潮高地的佔有問題，國際司法實踐將此類爭端納入領土主權爭端的範疇。這些因素導致本案仲裁庭管轄權裁決存在重大錯誤。此外，仲裁庭在實體裁決中認定低潮高地不構成陸地領土，這一處理結果明顯缺乏論證，且與習慣國際法有關領土主權的規則難以兼容。

二、群島整體性問題

　　菲律賓的訴求巧妙地將中菲兩國有關南沙群島整體領土主權和海洋劃界的爭議，置換為個別島礁在《海洋法公約》下的地位問題，以期尋求南海島礁爭端的"逐一擊破"。實際上，中國政府從未依據單個島礁、領土主權提出權利主張，亦從未以單個海洋地物主張海洋權利，而是一貫以南沙群島的整體來主張其領海、專屬經濟區和大陸架等海洋權利。本案仲裁庭在管轄權和可受理性問題裁決（第 169 段）中也指出："雙方似乎未就個別特定島礁的地位交換意見"；"中國就整個南沙群島的地位聲明過立場，認為'中國的南沙群島擁有領海、專屬經濟區和大陸架'"。

　　仲裁庭有義務識別菲律賓的爭端，並透過現象看本質。然而，在管轄權裁決中，仲裁庭忽視中國的群島整體性主張與菲律賓訴求之間的內在矛盾，認定對黃岩島、美濟礁等島礁相關訴求擁有管轄權。在實體階段裁決中，仲裁庭擅自擴大其審理範圍，認定中國不是群島國，不能在南沙群島適用群島基線，且南沙群島也不符合劃定直線基線的條件，從而在領海界線制度層面否認了群島整體性主張。

　　在《南海仲裁案仲裁庭對陸地權源的非法處理》一文中，羅歡欣研究員認為，就島礁地位而言，作為群島一部分的島礁與單獨的島礁，在法律地位上明顯不同。然而，在南海仲裁案裁決中，仲裁庭割裂中國群島主張的整體性而歸納出"某些島礁地位與海洋權源問題"的爭議，這一爭議焦點的歸納本身就是對中國基於群島整體的領土主張進行事先預設，其本質是濫用海洋法處理中國以群島為基礎的陸地權源問題。中華人民共和國歷年來的立法以及對外表態的內容是一致和清晰的，那就是，就陸地層面而言，中國所主張的東沙群島、中沙群島、西沙群島和南沙群島的主權權利源自陸地權源，包含先佔、條約、領土的回歸等；就海洋權利而言，中國所主張的南海海洋權益是以"群島"的整體地位而不是以"單個島礁"的個體地位為基礎的。

實際上，群島整體性問題可以一分為二來看待。首先，中國主張南沙群島整體的領土主權，其權利覆蓋其中的每一處島、礁、灘、沙。長期研究領土爭端國際司法判例的張衛彬教授在《國際法上島礁的"佔有"與南沙群島問題》一文中越出本案的局限，探討國際法上有無領土"佔有"的理論及其實踐。他指出，如果存在領土"佔有"理論和實踐，那麼會有哪些因素構成佔有的主體和客體，以及島嶼、岩礁、低潮高地、暗礁能否被佔有等問題。經由理論分析和實踐歸納，該文重點論證了中國對南沙群島整體進行佔有的合法性。

其次，包括南沙群島在內，中國主張大陸國家的遠洋群島和群島國一樣可以主張所有島礁作為一個有機整體劃定領海基線，並在此基礎上主張《海洋法公約》下的領海、專屬經濟區和大陸架等權利，無需以單個島礁及其特定性質為基礎主張碎片化的海洋權利。李任遠博士後在《南海仲裁案仲裁庭裁決南沙群島整體性海洋權利問題之非法性》一文中，詳細考證《海洋法公約》群島國制度與大陸國家遠洋群島之間的關係，提供大量締約會議紀錄，認為《海洋法公約》並未否定中國在南沙群島主張整體海洋權利的合法性，公約第 7 條直線基線制度和歷史性權利均為中國的有關實踐提供了依據。

南海仲裁案中島礁屬性爭端之不可仲裁性 *

在南海仲裁案的審理過程中，菲律賓共提出了 15 項仲裁訴求，其中有 4 項是專門針對南中國海的黃岩島、美濟礁、仁愛礁、渚碧礁、南薰礁、西門礁（包括東門礁）、赤瓜礁、華陽礁、永暑礁在《海洋法公約》下的海洋權利屬性問題。具體來說：1. 菲律賓請求仲裁庭認定黃岩島是不能產生專屬經濟區或者大陸架的 "岩礁"，而非島嶼；2. 美濟礁、仁愛礁和渚碧礁為低潮高地；3. 南薰礁和西門礁（包括東門礁）為低潮高地；4. 赤瓜礁、華陽礁和永暑礁是不能產生專屬經濟區或者大陸架的 "岩礁"，而非島嶼。

2015 年 10 月 29 日，仲裁庭作出《管轄權和可受理性問題裁決》，認為對於菲律賓所提出的 15 項仲裁訴求中的 7 項有管轄權，其中包括了上述 4 項 "島礁屬性爭端"。對於另外 8 項，仲裁庭則沒有作出明確的判斷，而是保留管轄權問題的審議至實體問題階段。可以說，上述 4 項 "島礁屬性

* 作者：王勇，華東政法大學國際法學院教授。本文原載於《太平洋學報》2016 年第 6 期。本書主編對該文的部分表述做了必要調整。

爭端"構成仲裁庭判定其有管轄權的主要內容。中國外交部於該裁決作出的第二天（即 2015 年 10 月 30 日）公開發表聲明，表示應菲律賓單方面請求建立的所謂"南海仲裁案仲裁庭"作出的裁決無效。❶

本文著重針對菲律賓仲裁訴求中的 4 項關於"島礁屬性爭端"的可仲裁性問題進行深入的法理分析，以駁斥仲裁庭的錯誤裁決結果，進而維護中國在南海地區的合法權益。

一、"島礁屬性爭端"的特徵分析

從法理上分析，南海仲裁案中的"島礁屬性爭端"既必須符合國際仲裁所能審理的國際爭端的一般特徵，還必須符合《海洋法公約》附件七爭端解決機制有關國際爭端的特殊要求，該"爭端"應具有以下三個顯著的特徵，否則就不屬於仲裁庭可以審理的"爭端"範疇：

第一，該爭端必須要體現出爭端方關於事實、觀點或見解的矛盾對立。國際爭端必須體現國際法主體之間在法律上或事實上的觀點的分歧、法律見解或利益的矛盾對立。❷這是國際爭端的外在客觀表現形式。如果爭端方之間連基本的對立或分歧都不存在，又有何"爭端"可言呢？就南海

---

❶ 《中華人民共和國外交部關於應菲律賓共和國請求建立的南海仲裁案仲裁庭關於管轄權和可受理性問題裁決的聲明》，2015 年 10 月 30 日，中華人民共和國外交部網站：http://www.fmprc.gov.cn/web/zyxw/t1310470.shtml，最後訪問時間：2016 年 4 月 16 日。

❷ *Mavrommatis Palestine Concessions (Greece v. Britain)*, Judgment on Jurisdiction, 30 August 1924, *PCIJ Series A*, No. 2, p. 11.

仲裁案而言，仲裁庭必須要證明在"南海島礁屬性"確定問題上，且在菲律賓正式提交仲裁之前，中國與菲律賓的觀點存在對立或者明顯的分歧。

第二，該爭端必須是可以通過仲裁加以解決的法律性爭端，其實質內涵是爭端方之間存在法律權利上的利害關係。國際爭端主要分為法律性爭端和政治性爭端兩大類。所謂法律性質的爭端，又稱為"可裁判爭端"，是指國際法主體關於國際法上的權利和義務關係的爭端，或者說是爭端各方以國際法所確認的權利和義務為理由的爭端。[1] 政治性爭端是不可裁決的爭端，只能通過政治方法加以解決。中外一些著名的國際法學者都對法律性爭端的實質內涵進行了深入分析。例如周鯁生教授認為："（法律性爭端）關係國家的權利問題……（該權利）基本上是法律所承認和保護的利益。"[2] 王鐵崖教授認為："法律性爭端關係到國家的被法律承認和保護的權利和利益。"[3] 奧地利著名的國際法學家菲德羅斯（Verdross）指出：最早規定法律性爭端定義的《洛加諾條約》把"當事者就一個權利相互進行爭論"的那些爭端稱為法律性爭端。所以，問題必然在於，當事者一方主張享有基於實定國際法的一個請求權，而他方則爭論這種權利的存在。[4] 經典國際法著作《奧本海國際法》也持類似的觀點。[5] 綜合上述中外國際法學家的觀點可以得出，法律性爭端的實質內涵是爭端方之間存在法律權利上的利害關係。

在國際法方面，目前並無關於法律性爭端的具體範圍的明確規定。《國

---

[1] 趙建文主編：《國際法新論》，北京：法律出版社，2000 年，第 587 頁。

[2] 周鯁生：《國際法》（下冊），北京：商務印書館，1981 年，第 756 頁。

[3] 王鐵崖主編：《國際法》，北京：法律出版社，1995 年，第 568 頁。

[4] ［奧］阿·菲德羅斯等著、李浩培譯：《國際法》（下冊），北京：商務印書館，1981 年，第 497 頁。

[5] ［英］勞特派特修訂，王鐵崖、陳體強譯：《奧本海國際法》（下卷，第一分冊），北京：商務印書館，1981 年，第 1 頁。

際法院規約》第 36 條第 2 款所列的 4 項法律性質的爭端，雖然在國際法實踐中較為重要和常見，但也僅僅是法律性質爭端的一部分，並非全部。[1] 但無論是何種類型的法律性爭端，爭端方之間都必須存在法律權利上的利害關係。就南海仲裁案而言，仲裁庭必須要證明在“南海島礁屬性”確定問題上，中菲之間存在法律權利上的利害關係。

第三，該爭端不僅必須與中菲之間的領土主權爭端、海洋劃界爭端等無關，可以完全作為一個獨立的爭端，而且必須是《海洋法公約》第 287 條所規定的“有關本公約的解釋或適用的任何爭端”。一方面，該爭端必須是中國聲明保留範圍以外的爭端類型。2006 年 8 月 25 日，中國根據《海洋法公約》第 298 條的規定向聯合國秘書長提交聲明，對於涉及領土主權、海域劃界、歷史性海灣或所有權、軍事和執法活動以及安理會執行《聯合國憲章》所賦予的職務等爭端，中國作出了任擇性例外，不接受《海洋法公約》的強制爭端解決程序。換言之，仲裁庭必須要證明，“南海島礁屬性問題”不屬於中菲之間領土主權、海域劃界、歷史性海灣等爭端範圍，另一方面，根據《海洋法公約》第 298 條第 1 款的規定，該爭端必須是一個可以獨立審理的爭端，不能涉及必須同時審議與大陸或島嶼陸地領土的主權或其他權利有關的任何尚未解決的爭端。[2] 再者，也是最核心的方面，仲裁庭必須要證明，菲律賓所提的各項訴求都是“有關本公約的解

---

❶ 王虎華主編：《國際公法學》，北京大學出版社，2015 年，第 519 頁。

❷ 《海洋法公約》第 298 條第 1 款（a）（1）項規定：關於劃定海洋邊界的第十五、第七十四、第八十三條在解釋或適用上的爭端，或涉及歷史性海灣或所有權的爭端，但如這種爭端發生於本公約生效之後，經爭端各方談判仍未能在合理期間內達成協議，則作此聲明的國家，經爭端任何一方請求，應同意將該事項提交附件五第二節所規定的調解；此外，任何爭端如果必然涉及同時審議與大陸或島嶼陸地領土的主權或其他權利有關的任何尚未解決的爭端，則不應提交這一程序。

釋或適用的任何爭端"。換言之，仲裁庭必須要證明，"島礁屬性爭端問題"在不依賴於其他法律問題的前提下，能夠作為一個獨立的法律問題加以審理，而且確實是中菲之間有關《海洋法公約》的解釋或適用的爭端。

然而，通過分析仲裁庭的裁決報告可以發現，仲裁庭根本未能對上述問題作出清楚的闡述，就輕率地作出了裁決。筆者將結合事實與法理，對於裁決報告的錯誤之處一一進行批駁。

二、"島礁屬性爭端" 並非真實的爭議

首先，當事方應該在啟動仲裁程序之前就存在爭端，正如國際法院在2011 年 "格魯吉亞訴俄羅斯案" 的裁決中認為：爭端必須在仲裁程序開始之前就已經存在。[1] 但是，菲律賓在正式將本案提交國際仲裁之前，沒有在任何時候和任何情況下讓中國明確上述海洋地物的權利屬性。簡言之，中菲之間在仲裁程序正式啟動之前根本就不存在 "島礁屬性" 的爭端。

其次，迄今為止，中國本身並未指出這些海上地形或者水下地物的屬性，即中國並未指出黃岩島、美濟礁、仁愛礁、渚碧礁、南薰礁、西門礁、東門礁、赤瓜礁、華陽礁、永暑礁到底是島嶼、岩礁，抑或是低潮高地；中國也沒有公佈以這些島礁為基點主張海域。可見，中菲雙方之間在

---

[1] *Application of the International Convention on the Elimination of All Forms of Racial Discrimination (Georgia v. Russian Federation)*, Judgment on Preliminary Objections , 1 April 2011, *I.C.J. Reports* 2011, pp. 84–85, para. 30.

該問題上不存在"法律或事實上的分歧",● 該爭端不是真實的爭端。但是，仲裁庭的裁決報告卻認為：中國是對上述島礁的屬性問題保持模糊，而保持法律觀點的模糊、不回應另一方的權利主張等情況也可能被視為一種觀點的對立。❷ 眾所周知的是，中國一直以來用南沙群島界定並稱呼包括美濟礁、仁愛礁、渚碧礁、南薰礁、西門礁、東門礁、赤瓜礁、華陽礁、永暑礁在內的諸多南沙島礁，中國根本沒有保持模糊的故意。2011 年 4 月 14 日，中國常駐聯合國代表團致聯合國秘書長的第 CML/8/2011 號照會再次明確表達了中國的立場。❸ 就連仲裁庭的裁決報告也指出：仲裁庭清楚地知道，中國主張南沙群島是作為一個整體的群島，從而整體地享有領海、專屬經濟區和大陸架。❹ 可見，中國關於南沙群島法律屬性的觀點是一貫的、明確的，根本不是模糊的。

再次，仲裁庭的裁決報告對於菲律賓長期以來用島群的概念來稱呼爭議島礁，以及菲律賓自身也沒有澄清爭議島礁屬性等基本事實完全視而不見。菲律賓在近 40 年來，一直用 "卡拉延群島" 來稱呼包括上述爭議島礁在內的 40 多個南沙島礁。特別是 2009 年 3 月 10 日菲律賓通過了第 9522 號共和國法案，沿用 "卡拉延群島" 稱呼中國南沙群島部分島礁。但是到目前為止，菲律賓既沒有對於該群島劃定群島基線，也沒有明確該群島內

● 曲波：《島嶼爭端的判定》，載《社會科學輯刊》2015 年第 5 期，第 79 頁。

❷ *The South China Sea Arbitration (the Republic of the Philippines v. the People's Republic of China)*, Award on Jurisdiction and Admissibility, 29 October 2015, Permanent Court of Arbitration, pp. 62–64, paras. 160, 161.

❸ Note Verbale from the Permanent Mission of the People's Republic of China to the Secretary General of the United Nations, No. CML/8/2011, 14 April 201, p. 2 .

❹ *The South China Sea Arbitration (the Republic of the Philippines v. the People's Republic of China)*, Award on Jurisdiction and Admissibility, 29 October 2015, p. 66, para. 169.

諸多島礁的法律屬性。●

　　綜上，仲裁庭的裁決根本無法令人信服地證明中菲之間關於 "島礁屬性" 存在對立的觀點，故該爭端並非真實的爭議。

三、"島礁屬性爭端" 不含法律權利上的利害關係

　　如前所述，法律性爭端的實質內涵是爭端方之間存在法律權利上的利害關係。很多國際司法判例可以證明這一點。例如，國際法院在 1950 年的 "保加利亞、匈牙利和羅馬尼亞和平條約解釋案" 的諮詢意見中指出："當事一方承認，而另一當事方予以否認，僅有這樣的事實不能證明爭端的存在。"● 國際法院在 1996 年伊朗訴美國 "石油平台案" 的判決中也指出："關於爭端是否真實存在問題，不能僅僅關注一方承認而另一方予以否認的事實。法院必須查明所聲稱的對一條約的違反，是否屬該條約的規定。"● 仲裁庭在 2000 年同樣根據《海洋法公約》附件七審理的 "麥氏金槍魚案" 中，更是明確宣稱：原告主張而被告否認，以及該爭端涉及公約的解釋和適用本身並不構成本庭有管轄權的爭端。換言之，各方之間的 "真實爭端" 應

---

❶　Robert C. Beckman & Tara Davenport, "CLCS Submissions and Claims in the South China Sea", The 2nd International Workshop on the South China Sea: Cooperation for Regional Security and Development, Ho Chi Minh City, Vietnam, 10–12 November 2010.

❷　*Interpretation of Peace Treaties with Bulgaria, Hungary and Romania*, Advisory Opinion (first phase), 30 March 1950, *I.C.J. Reports* 1950, p. 74.

❸　*Oil Platforms(Islamic Republic of Iran v.United States of America)*, Judgment on Pliminary Objection, 12 December 1996, I.C.J. Reports 1996, p. 803, para. 16.

"與聲稱遭到違反的條約中所規定的義務合理地相關"。❶ 可見，國際司法判例在確定爭端是否存在問題上，均非常強調當事方之間是否存在法律權利上的利害關係，即更加關注法律爭端的實質內涵。

那麼，中菲雙方在"島礁屬性爭端"中，是否存在法律權利上的利害關係呢？回答這個問題，需要預設不同的前提，並且會得到不同的答案：第一，如果上述島礁既不屬中國，也不屬菲律賓，則中菲之間根本不存在法律權利上的利害關係；第二，如果上述島礁屬菲律賓，而不屬中國，則如何確定上述島礁的屬性是菲律賓主權範圍內的事項，也根本無法反映出中菲之間存在法律權利上的利害關係；第三，如果上述島礁屬中國，而不是菲律賓，且中國片面擴張上述島礁的海域管轄範圍，這才會對中菲之間的法律權利產生實質的影響，也才會反映出中菲之間存在法律權利上的利害關係。

作為國際爭端存在的基礎既不能假設，更不能憑空想像。在"保加利亞、匈牙利和羅馬尼亞和平條約解釋案"中，國際法院諮詢意見確認了國際爭端是客觀決定的問題。❷ 現實的情況是，儘管中國實際控制上述島礁，但是中菲之間對於上述島礁的主權歸屬存在爭議。中國認為黃岩島、美濟礁、仁愛礁、渚碧礁、南薰礁、西門礁（包括東門礁）、赤瓜礁、華陽礁和永暑礁均是中國的固有領土，而菲律賓則從 20 世紀 70 年代以來一直主張上述島礁的領土主權。就連仲裁庭在裁決報告中也承認：毫無疑問的

❶ *Southern Bluefin Tuna Case (Australia and New Zealand v. Japan)*, Award on Jurisdiction and Admissibility, 4 August 2000, reprinted in 119 *International Law Report*, p. 508, para. 48.

❷ ［英］蒂莫西·希利亞著、曲波譯：《國際公法原理》，北京：中國人民大學出版社，2006 年，第 222 頁。

是，中菲雙方對於南中國海的上述海洋地物存在領土主權爭議。❶

　　在中菲雙方於上述島礁存在主權爭議的前提之下，爭議島礁的屬性確定問題能夠產生的法律效果顯然是模糊不清的，也根本無法反映出中菲之間在法律權利上存在何種利害關係。這正如同兩國對於某一塊土地存在主權爭議，一國控告另一國在該土地上的開發經營活動侵犯了其權利。那麼在主權爭議尚未得到解決的前提下，一國的開發經營活動到底有沒有侵犯另一國的權利，根本無法回答。因此，菲律賓在迴避中菲島礁領土主權爭議的前提下，要求仲裁庭先行確定島礁的法律屬性，這完全是本末倒置的。難怪縱覽整個仲裁報告，筆者沒有發現仲裁庭有闡述或者分析 "島礁屬性爭端" 反映出中菲之間存在何種法律權利上的利害關係。

　　綜上，權利的邊界要清晰，作為仲裁的請求權基礎要明確，這些都是關於國際仲裁的基本法理。南海仲裁案中的 "島礁屬性爭端" 根本無法反映出中菲之間存在法律權利上的利害關係。

四、"島礁屬性爭端" 無法迴避領土主權及海洋劃界爭端

　　在裁決報告中，仲裁庭雖然認同中菲之間存在領土主權爭端，但是又認為，"島礁屬性爭端" 與中菲領土主權爭端是兩個不同的爭端，完全可以

---

❶ *The South China Sea Arbitration (the Republic of the Philippines v. the People's Republic of China)*, Award on Jurisdiction and Admissibility, 29 October 2015, p. 59, para. 152.

分開來處理。[1] 仲裁庭還認為，海洋劃界問題與島礁屬性的確定也是兩個完全不同的法律問題，可以分開來處理，從而駁回中國的主張。[2] 仲裁庭讚賞菲律賓的主張：雖然一個爭議可能包括多個爭端，但可以分別處理。[3] 但是令人遺憾的是，仲裁庭對於中菲 "島礁屬性爭端" 與中菲領土主權爭端以及海洋劃界爭端的密切關係一再刻意迴避；特別是對於中菲 "島礁屬性爭端" 依賴於中國南沙群島的群島法律地位確認問題，仲裁庭在管轄權裁決中也刻意迴避。

首先，島礁的海洋權利與島礁的主權歸屬密不可分。《海洋法公約》規定了 "陸地統治海洋"（*la terre domine la mer*）的原則，島礁本身的海洋權利根本無法脫離其主權歸屬。只有對相關島礁擁有主權的國家，才可以依據《海洋法公約》基於相關島礁提出海洋權利主張。[4] 否則，申請仲裁方將構成對仲裁權利的濫用，違反和平解決國際爭端的目的與宗旨。正因為如此，在中菲雙方對於上述島礁存在主權爭議的前提之下，爭議島礁的屬性確定問題不僅無法反映爭端方法律權利的衝突，也無法構成一個有效的 "爭端"，更無法通過仲裁加以解決。

其次，島礁屬性爭端不僅與中菲海洋劃界密不可分，而且還是中菲海洋劃界問題的有機組成部分。毋庸置疑，由於中菲專屬經濟區存在重疊區

[1] *The South China Sea Arbitration (the Republic of the Philippines v. the People's Republic of China)*, Award on Jurisdiction and Admissibility, 29 October 2015, p. 59, para. 152.

[2] *The South China Sea Arbitration (the Republic of the Philippines v. the People's Republic of China)*, Award on Jurisdiction and Admissibility, 29 October 2015, p. 61, paras. 156, 157.

[3] *The South China Sea Arbitration (the Republic of the Philippines v. the People's Republic of China)*, Award on Jurisdiction and Admissibility, 29 October 2015, p. 49, para. 142.

[4] 《中華人民共和國政府關於菲律賓共和國所提南海仲裁案管轄權問題的立場文件》，2014 年 12 月 7 日，第 16－17 段。

域，故存在海洋劃界問題。關於海洋劃界應該綜合考慮權利基礎、島礁效力、劃界原則與方法，以及為實現公平解決所必須考慮的所有相關因素。這一點上，即使是仲裁庭也不得不同意中國的觀點：海域劃界是一項整體、系統工程。❶ 菲律賓企圖避開中菲之間的海洋劃界問題，先行確定爭議島礁的屬性，但是由於這一做法無法體現中菲之間法律權利上的利害衝突，因而既是本末倒置的，又無法構成一個真實的爭端。

再次，中菲"島礁屬性爭端"根本無法作為一個獨立的法律爭端，其與中國南沙群島的法律地位確認問題緊密地結合在一起。《海洋法公約》第298條第1款規定：任何爭端如果必然涉及同時審議與大陸或島嶼陸地領土的主權或其他權利有關的任何尚未解決的爭端，則不應提交這一程序。仲裁報告本身也明白無誤地承認了這一點。❷ 這一做法不僅在國際仲裁實踐中很常見，❸ 在國際司法實踐中也屢見不鮮。❹ 2008 年國際法院審理的"新

❶ *The South China Sea Arbitration (the Republic of the Philippines v. the People's Republic of China)*, Award on Jurisdiction and Admissibility, 29 October 2015, p. 60, para. 155.

❷ *The South China Sea Arbitration (the Republic of the Philippines v. the People's Republic of China)*, Award on Jurisdiction and Admissibility, 29 October 2015, pp. 138–139, para. 390.

❸ See, e.g., *Delimitation of the Continental Shelf between the United Kingdom of Great Britain and Northern Ireland and the French Republic*, Award of 14 March 1978, *RIAA* Vol. XVIII, pp. 290–291, paras. 16–17; *Guyana v. Suriname*, Procedural Order No. 2, 18 July 2005, Permanent Court of Arbitration, para. 2; *Chagos Marine Protected Area (Mauritius v. United Kingdom)*, Award of 18 March 2015, Permanent Court of Arbitration, paras. 28–31.

❹ See e.g., *Military and Paramilitary Activities in and against Nicaragua (Nicaragua v. United States)*, Judgment on Jurisdiction and Admissibility, 27 June 1986, *I.C.J. Reports* 1984, pp. 425–26, para. 76; *Questions of Interpretation and Application of the 1971 Montreal Convention arising from the Aerial Incident at Lockerbie (Libyan Arab Jamahiriya v. United Kingdom)*, Judgment on Preliminary Objections, 27 February 1998, *I.C.J. Reports* 1998, pp. 28–29, para. 50 ; *Land and Maritime Boundary (Cameroon v. Nigeria: Equatorial Guinea intervening)*, Judgment on Preliminary Objections, 11 June 1998, *I.C.J. Report*s 1998, pp. 324–25, paras. 116–17.

加坡訴馬來西亞關於白礁島、中岩礁、南礁爭端案"的判決也指出了先決問題的重要性。國際法院認為，新加坡對白礁島享有主權，馬來西亞對中岩礁享有主權。作為低潮高地的南礁處於白礁島和中岩礁的之間的重疊海域，由於兩國並沒有對南礁的所在海域主權達成一致意見，國際法院也無法對南礁的主權歸屬作出判決。❶

　　回到本案，假設南沙群島的群島法律地位得以確認，則南沙群島整體地享有領海、專屬經濟區和大陸架，而作為南沙群島範圍內的美濟礁、仁愛礁、渚碧礁、南薰礁、西門礁、東門礁、赤瓜礁、華陽礁和永暑礁完全被南沙群島所涵蓋和吸收，從而根本無須考慮其具體的島礁屬性問題。只有在南沙群島的群島法律地位不被仲裁庭確認的情況之下，才會產生美濟礁等島礁的具體屬性認定問題。中國的《立場文件》（全稱 "《中華人民共和國政府關於菲律賓共和國所提南海仲裁案管轄權問題的立場文件》"）也明白無誤地表明：中國對整個南沙群島享有主權，南沙群島擁有領海、專屬經濟區和大陸架。而菲律賓的仲裁訴求是對南沙群島作出 "切割"，旨在否定中國對整個南沙群島的主權，否認菲律賓非法侵佔或主張中國南沙群島部分島礁的事實。❷ 雖然仲裁庭信誓旦旦地表示，考慮並處理這些先決問題是仲裁庭義不容辭的責任，❸ 但是，仲裁庭卻以中國沒有提出關於管轄

---

❶　車玉琪：《島嶼法律制度研究 —— 論我國南沙島礁的法律地位與劃界效力》，中國海洋大學國際法專業碩士學位論文，2012 年，第 31 頁。

❷　《中華人民共和國政府關於菲律賓共和國所提南海仲裁案管轄權問題的立場文件》，2014 年 12 月 7 日，第 20－22 段。

❸　*The South China Sea Arbitration (the Republic of the Philippines v. the People's Republic of China)*, Award on Jurisdiction and Admissibility, 29 October 2015, p. 139, para. 392.

權的 "先決問題" 為由，駁回了中國的主張。[1] 可見，仲裁庭一方面把中國的立場文件視為中國提出的初步抗辯，另一方面又只選取立場文件中對菲律賓有利的部分進行批駁，而對菲律賓不利的部分則竭力迴避。

由於中國南沙群島的群島法律地位確認問題是 "島礁屬性爭端" 無法迴避的先決問題，因此可以說，仲裁庭逃避了《海洋法公約》第 298 條第1 款和《常設國際仲裁法院仲裁規則》第 23 條第 3 款規定的義務。

五、仲裁庭對島礁屬性地位的判斷無管轄權

首先，《海洋法公約》關於島嶼的定義方面存在嚴重缺陷，使得此類管轄權的法律適用基礎非常薄弱。第一，《海洋法公約》關於島嶼自然形成方面的含義顯得模糊不清。第 121 條第 1 款規定的島嶼定義中 "高潮" 概念沒有明確的解釋。[2] 不僅如此，關於自然形成的陸地區域也不能確定其具體含義。[3]

---

[1] *The South China Sea Arbitration (the Republic of the Philippines v. the People's Republic of China)*, Award on Jurisdiction and Admissibility, 29 October 2015, p. 137, para. 385.

[2] 《海洋法公約》第 121 條第 1 款規定，"島嶼是指四面環水並在高潮時高於水面的自然形成的陸地區域"，但是，一年四季的潮位高低不盡相同，高潮時水面所達到的高度也有差異，島嶼究竟是指哪一種高潮時露出水面的陸地？參見趙理海：《海洋法問題研究》，北京大學出版社，1996 年，第 33 頁。

[3] 國際社會存在兩種觀點或解釋。一種觀點認為，自然形成的陸地區域既要強調形成材料的自然屬性，也要強調形成過程的自然屬性。另一種觀點認為，自然形成的陸地區域只強調形成材料的自然屬性，或只強調形成過程的自然屬性。參見金永明：《島嶼與岩礁的法律要件析論 —— 以沖之鳥問題為研究視角》，載《政治與法律》2010 年第 2 期，第 102 頁。

第二,《海洋法公約》關於岩礁的法律定義是不明確的。❶第三,第 121 條的其他一些基本概念比如 "人類居住"、"經濟生活"、"本身" 等均沒有明確的解釋,無法確定其具體含義,❷可見,《海洋法公約》關於島嶼定義存在諸多局限性,這無疑給仲裁庭識別和判定島礁屬性增加了很大的難度。從深層次分析,《海洋法公約》關於島嶼定義的局限性只是其諸多缺陷的一個而已。例如,《海洋法公約》對於歷史性權利的忽視,導致南海周邊國家片面濫用公約為自己的侵佔事實找尋所謂的國際法依據,不斷激化南海區域矛盾。再如,國際公約的滯後性和妥協性無法有效解決南海爭端。《海洋法公約》是 1973 年開始談判,1982 年通過,已經過去三十幾年了。《海洋法公約》已經日益暴露出其自身存在的問題,比如針對 "群島制度"、"打擊海盜的問題"、"海洋保護區的問題" 等約定的原則均過於簡單,且容易引發爭議。可以說,全球海洋形態的複雜多樣與《海洋法公約》內容相對簡單,是造成上述問題的根本原因。《海洋法公約》的滯後性暴露無疑,再加上公約本身無法解決領土主權問題,因此,公約無法作為判斷島礁屬性的主要法律依據。

---

❶ 首先,根據《海洋法公約》第 121 條第 1 款和第 3 款的規定,岩礁是一種特殊的島嶼類型。而根據《海洋法公約》第 121 條第 3 款的規定:不能維持人類居住或其本身的經濟生活的岩礁,不應有專屬經濟區或大陸架。那麼,"不能維持人類居住或其本身經濟生活" 是 "岩礁" 本身的定義呢,還是 "不能維持人類居住或其本身的經濟生活的岩礁" 只是一種 "特殊" 的岩礁?可見,《海洋法公約》實際上並未給 "岩礁" 下定義。其次,"人類居住" 和 "經濟生活" 之間的關係也沒有釐清。一個岩礁是否必須同時具有這兩個條件?一種觀點認為,只要該岩礁符合 "不能維持人類居住" 或 "其本身的經濟生活" 中的任何一項,該岩礁就不能主張專屬經濟區和大陸架。另一種觀點認為,上述兩個要件應作為一個整體,不能分割,必須同時滿足。再次,某些岩礁雖然不能滿足 "人類居住或其本身經濟生活" 中的任何一項,但是其所屬國長期以來就在岩礁周邊設置專屬漁區,周邊國家大都承認這一事實,這種岩礁的法律屬性如何認定呢?王勇:《論〈聯合國海洋法公約〉關於島嶼定義的局限性與中國的應對策略》,載《江海學刊》2013 年第 2 期,第 148 頁。
❷ 王勇:《論〈聯合國海洋法公約〉關於島嶼定義的局限性與中國的應對策略》,第 148 頁。

其次，國際仲裁和司法判例的極度匱乏，客觀上也阻礙了此種管轄權的行使。在《海洋法公約》通過之前僅有一個認定島礁屬性的案例，1981年調解委員會在愛爾蘭和挪威海域劃界爭端案中支持揚馬延（Jan Mayen Island）可以作為島嶼。❶ 然而在《海洋法公約》通過以後，國際法庭和仲裁庭迄今為止尚未有一個案例就第 121 條第 3 款作出直接解釋。不僅如此，國際法庭還非常 "善於迴避該問題"。❷ 例如，在 "黑海劃界案" 中，當事國請求國際法院對蛇島產生的海域作出裁決，然而，國際法院認為，蛇島可能產生的任何海域 "完全被烏克蘭西部與東部的大陸海岸所產生的海域吸收"，並且 "不延伸至大陸海岸所產生的相關海域之外"，因此在海洋劃界中無需考慮蛇島是受《海洋法公約》第 121 條第 2 款還是第 3 款規範。❸ 在 "尼加拉瓜訴哥倫比亞案" 中，國際法院給予了類似的處理。❹

再次，南海地區的地質地貌複雜多樣，如果不進行全面深入細緻的調研分析，肯定無法得出客觀正確的結論。仲裁庭在審理南海仲裁案的過程中，向台灣當局發出了徵詢函，徵詢太平島的法律屬性，按照仲裁庭的邏輯，如果連南海地區面積最大的太平島都不能構成島嶼的話，其他的海洋地物就根本算不上島嶼。且不說這種思維邏輯的簡單粗放，南海地區的地貌複雜多樣，仲裁庭應該親自去實地深入細緻地調研，而不應該想著如何

---

❶ *Conciliation Commission on the Continental Shelf between and Jan Mayan*, Report and Recommendations to the Governments of Iceland and Norway, 1981, *ILM*, Vol. 20, pp. 803–804.

❷ Clive Schofield, "The Trouble with Islands: The Definitions and Role of Islands and Rocks", in Seoung-Young Hong & Jon M. Van Dyke (eds.), *Maritime Boundary Disputes, Settlement Process, and the Law of the Sea* (Martinus Nijhoff Publishers, 2009), p. 28.

❸ *Maritime Delimitation in the Black Sea (Romania v.Ukraine)*,Judgment, 3 February 2009, *I.C.J.Reports* 2009, pp. 122–123, para. 187.

❹ *Territorial and Maritime Dispute (Nicaragua v. Colombia)*, Judgment, 19 November 2012, *I.C.J. Reports* 2012, para. 180.

"走捷徑"，更不應該一味讓作為爭端方的菲律賓提供關於太平島的地圖、地理數據、水文資料、歷史文件等重要證據。● 結果台灣地區的一系列"官方回應"無異於給了仲裁庭"組合拳式的重擊"，令其"尷尬不已"：2016年1月28日，台灣地區領導人馬英九前往南沙太平島視察，發表談話時表示，太平島有足以"維持人類居住及其本身經濟生活"的資源，絕非岩礁，而是島嶼，完全符合《海洋法公約》第121條的"島嶼"定義。● 2016年3月23日，台灣當局還邀請半島電視台、美聯社、法新社、路透社等十家知名媒體登上太平島考察見證。2016年4月15日，馬英九邀請到知名國際法學者近30人，其中包括國際常設仲裁法院仲裁員赫芬 (Gerhard Hafner)、牛津大學教授薩那科普洛斯（Antonios Tzanakopoulos）、利茲大學教授蘇比底（Surva P. Subedi）等人實地登上太平島考察見證。● 除此之外，仲裁庭在確定海洋地物是否構成低潮高地時，也存在極大的困難。目前，認定低潮高地離不開潮汐基準面，而中國有自己的潮汐基準面，菲律賓也有自己的潮汐基準面，選擇哪國的潮汐基準面是個難題。潮汐基準面有平均潮汐基準面與最大潮汐基本面，確定哪種潮汐基準面又是一個難題。即便選擇了一種潮汐基準面，還需要有足夠長時間的觀察與數據，短的話有3年觀察期，長的話有18.6年觀察期。● 不僅如何選擇是一個難題，而且由於全球氣

● Procedural Order No. 3, 16 December 2014; Letter from Tribunal to the Parties (23 June 2015).

● 《馬英九視察太平島發表談話，闡述登島四重目的》，2016年1月28日，環球網：http://taiwan. huanqiu.com/article/2016-01/8464939.html，最後訪問時間：2017年3月1日。

● 《國際法庭法官與重量級國際法學者今登太平島》，2016年4月15日，香港中評社：http://hk.crntt. com/doc/1041/9/6/2/104196253.html?coluid=7&kindid=0&docid=104196253，最後訪問時間：2017年3月1日。

● 此資料來源於華東政法大學包毅楠博士後研究員在2016年4月24日於北京召開的菲律賓南海仲裁案研討會上的發言。

候變暖和海平面上升，以及海浪沖刷侵蝕等因素，情況變得更加複雜。

最後，仲裁庭行使此類管轄權有悖國際仲裁的目的與宗旨。國際爭端直接影響國家之間、整個地區之間乃至世界範圍內的利害關係，而國際仲裁的目的與宗旨是解決爭端，穩定國際局勢。但是，仲裁庭置中國多次嚴正聲明於不顧，依然作出有管轄權的裁決報告。這種狀況不僅不會令中國信服，反而嚴重加劇了中國對於此種管轄權乃至仲裁庭本身的質疑，也與菲律賓對外宣稱的"一勞永逸地解決南海爭議"相悖，從而大大激化了矛盾。這樣的裁決的結果又如何體現國際仲裁"定紛止爭"的目的與宗旨？

六、結語

南海爭端具有政治性與法律性融為一體的特徵，用國際仲裁的方法解決南海爭端，不僅完全力不從心，而且處處捉襟見肘。筆者有如下建議，可作為後續的對策：

第一，中國政府以及學界應該堅決支持並且繼續貫徹"不接受、不參與"的基本立場。中國學界曾有少數學者主張中國政府應該積極應訴，爭取勝訴。[1] 這種觀點雖然也是基於維護中國主權的考慮，但是忽視了該爭端背後複雜的政治因素與仲裁庭明顯的政治偏見。只要仔細研究一下裁決報告就會發現，2014 年 12 月 7 日《中國政府關於菲律賓共和國所提南海仲

---

[1] 根據澳大利亞悉尼大學法學院凌兵教授 2015 年 12 月在復旦大學和上海財經大學的演講《為什麼中國拒絕南海仲裁有損中國的權益？》。

裁案管轄權問題的立場文件》所提出的主張，全軍覆沒，沒有一項被法庭採納。這絕不是簡單和偶然的現象。仲裁庭強力支持菲律賓惡意規避中國於2006年根據《海洋法公約》第298條有關規定作出的排除性聲明，濫用程序，強行推進仲裁，嚴重侵犯中國作為《海洋法公約》締約國的合法權利，這是典型的"披著法律外衣的政治挑釁"。中國政府不僅應該"不接受、不參與"，而且還應該堅決予以反擊。

第二，中國政府和學界要採取各種有效措施，呼籲各方共同努力，維護《海洋法公約》的完整性和權威性。自《海洋法公約》生效以來，本案是繼荷蘭訴俄羅斯"極地曙光號案"後又一例在一國已作出排除性聲明的情況下，另一國針對該聲明所涵蓋的爭端單方面啟動強制仲裁程序的案件。仲裁庭的做法完全背離了《海洋法公約》的宗旨和目的，損害了公約的完整性和權威性。

第三，一個沒有管轄權的仲裁庭作出的裁決結果有何合法性可言呢？不管仲裁庭作出什麼樣的裁決結果，中國都不應該接受和承認，也不會接受和承認。中國還應該在法理層面深入駁斥最終裁決結果的錯誤之處，繼續向國際社會闡明己方的正確主張。

南海仲裁案所涉低潮高地海洋權利
和領土屬性問題 *

一、南海仲裁案所涉低潮高地法律問題及裁決結果

在菲律賓所提的 15 項訴求中，由中國實際控制的美濟礁、仁愛礁、渚碧礁、南薰礁和西門礁（含東門礁）被菲律賓定性為低潮高地。南海中的眾多低潮高地開始引起國際法學界的重視和討論。低潮高地作為一個海洋法上的概念，是指在低潮時四面環水並高於水面但在高潮時沒入水中的自然形成的陸地。[1] 低潮高地的概念是 20 世紀後現代國際海洋法發展的產物，低潮高地的界定、領土屬性以及在劃定領海基線中的作用等基本問題在理論和實踐上尚存在分歧與爭議。

---

* 作者：黃靖文，中山大學法學院博士研究生。

[1] 《海洋法公約》第 13 條第 1 款：“低潮高地是在低潮時四面環水並高於水面但在高潮時沒入水中的自然形成的陸地。如果低潮高地全部或一部與大陸或島嶼的距離不超過領海的寬度，該高地的低潮線可作為測算領海寬度的基線。”

（一）菲律賓所提與低潮高地相關的訴求

菲律賓在本案中一共提出了 15 項訴求，其中第 4－6 項訴求涉及低潮高地若干基本法律問題，這些訴求在菲律賓 2014 年 3 月 30 日提交的訴狀中的具體表述如下：

（4）美濟礁、仁愛礁及渚碧礁為低潮高地，不得產生領海、專屬經濟區和大陸架，這些海洋地物不得通過佔領或其他行為而佔有；

（5）美濟礁及仁愛礁屬菲律賓的專屬經濟區和大陸架的一部分；

（6）南薰礁及西門礁（含東門礁）屬低潮高地，不得產生領海、專屬經濟區和大陸架，但其低潮線可作為決定鴻麻島與景宏島的領海基線。❶

在管轄權和可受理性階段的聽證會上，菲律賓請求仲裁庭宣佈對其訴狀所載訴求擁有管轄權。相關的訴求還可以結合菲律賓向仲裁庭提交的《通知和補充主張聲明》（Notification and Amended Statement of Claim）所列舉的幾項救濟請求加以理解。菲律賓在救濟請求中實際上擴大了低潮高地相關訴求所反映的主張內容，表現在：其一，西門礁屬菲律賓大陸架的一部分；其二，宣佈南薰礁和渚碧礁不在中國的大陸架上。❷

---

❶ *The South China Sea Arbitration (the Republic of the Philippines v. the People's Republic of China),* Award on Jurisdiction and Admissibility, 29 October 2015, Permanent Court of Arbitration, pp. 34–35, para. 101.

❷ See *The South China Sea Arbitration (the Republic of the Philippines v. the People's Republic of China),* Award on Jurisdiction and Admissibility, 29 October 2015, pp. 33–34, para. 99.

（二）訴求涉及的低潮高地法律問題

前述訴求在多個方面涉及低潮高地一些基本法律問題，包括：

第一，美濟礁、仁愛礁、渚碧礁、南薰礁和西門礁 5 處南沙群島海洋地物的法律性質界定問題，即這些礁是否構成《海洋法公約》第 13 條第 1 款所定義的低潮高地。這一類問題體現在第 4、6 項訴求中。

第二，美濟礁等地物的海洋權利問題，包括了美濟礁等地物能否單獨產生海洋權利的問題，以及美濟礁等地物是否屬菲律賓專屬經濟區和大陸架的一部分的問題。這類問題不僅涉及對《海洋法公約》第 13 條的解釋和適用，還可能涉及《海洋法公約》第 7 條直線基線條款。這一類問題體現在菲律賓第 4、5、6 項訴求中。

第三，美濟礁等地物能否被沿海國佔有的問題，又可稱之為低潮高地的領土屬性問題。該問題以假設美濟礁等地物是低潮高地為前提，目的是請求仲裁庭明確中國對美濟礁等地物是否擁有陸地領土主權。儘管包括《海洋法公約》在內的條約法規則對該問題並未加以明文規定，但是菲律賓援引相關國際司法案例，主張通過解釋《海洋法公約》第 13 條加以解決。這一類問題體現在菲律賓第 4 項訴求中。

（三）仲裁庭管轄權裁決結果及其思路

針對第 4、6 項訴求，仲裁庭確定了附帶條件的管轄權。仲裁庭首先將這兩項訴求所涉的爭端內容識別為關於美濟礁等地物"在《海洋法公約》第 13 條含義下作為'低潮高地'的地位問題"，隨後依據菲律賓單方面的證據，認定該項爭端在中菲之間確實存在，並將這類爭端與中菲之間的領土主權爭端和海洋劃界爭端進行切割。最後，仲裁庭明確指出相關爭端是有關《海洋法公約》解釋和適用的爭端。即便如此，仲裁庭還是注意到了這樣一個事實，即各沿海國採用不同的高程基準（vertical datum）和潮汐模型（tidal model）用於評估海洋地物是否為低潮高地，因此，仲裁庭有必要首先明確中菲在美濟礁等 5 處地物是否存在重疊的專屬經濟區和大陸架主張，這就是仲裁庭在確立第 4、6 項訴求管轄權的同時所設置的前提條件。❶

在第 4、6 項訴求的實體裁決部分，仲裁庭弱化了高程基準和潮汐模型對於評估美濟礁等地物的法律性質的作用，認為南海的潮差較小，故選擇何種高程基準對於認定地物的法律性質影響不大，"只有當一處地物足以接近高水位以至於其地位將因某高潮基準的適用而不同時，仲裁庭才會考慮這一問題"。❷ 概言之，仲裁庭並不認為中菲在有關海域的重疊海洋權利和主權主張對認定海洋地物的法律性質和地位具有決定性的影響，由此為本案所有低潮高地訴求的管轄權問題掃清了障礙。

仲裁庭將第 5 項訴求所涉爭端識別為 "關於南海海洋權利來源的爭端"，並將該爭端的具體內容擴大解讀為美濟礁和仁愛礁周圍 200 海里範圍內的所有地物的地位問題，目的是查明該範圍內是否存在可以產生 200 海里專屬經濟區和大陸架海洋權利的島嶼，從而明確中菲之間在美濟礁和仁愛礁周圍海域是否存在重疊的海洋權利主張。據此，仲裁庭認為，解決該項訴求的管轄權問題應與實體問題一併處理，故將這一管轄權問題保留

---

❶ See *The South China Sea Arbitration (the Republic of the Philippines v. the People's Republic of China)*, Award on Jurisdiction and Admissibility, 29 October 2015, pp.142–143, paras. 401, 403.

❷ See *The South China Sea Arbitration (the Republic of the Philippines v. the People's Republic of China)*, Award, 12 July 2016, pp. 134–135, para. 313.

至實體階段審理。● 而在實體階段，經過對本案歷史性權利問題和所有海洋地物法律性質的處理，仲裁庭裁決中國不能在南海主張歷史性權利，且南沙群島的所有海洋地物均不能產生專屬經濟區或大陸架權利，故仁愛礁和美濟礁周圍水域不存在中菲重疊的海洋權利主張。在此基礎上，仲裁庭認定對菲律賓的第 5 項訴求擁有管轄權。●

仲裁庭關於管轄權的觀點和意見多有值得商榷和批判的地方。《海洋法公約》附件七仲裁因其程序的提起、推進具有單邊性而被稱之為 "強制性仲裁"，● 且中國作為被申請方對本次仲裁採取了 "不接受、不參與" 的立場，● 但這並不意味著仲裁庭確立管轄權所應滿足的條件會因一方缺席而降低。相反，《海洋法公約》附件七第 9 條強調了仲裁庭在一方不到庭的情況下應恪守公正，"必須不但查明對該爭端確有管轄權，而且查明所提要求在事實上和法律上均確有根據"。《海洋法公約》第 288 條第 1 款規定公約的爭端解決機制解決的是 "有關本公約的解釋或適用的爭端"，故本案仲裁庭不僅必須在事實上確定爭端真實存在，還必須就爭端的性質予以合法判斷。《海洋法公約》或與之相關的協定所沒有規定的事項，例如島礁、群島的領土主權歸屬問題，除非當事方均同意提交仲裁，否則附件七仲裁庭無

● See *The South China Sea Arbitration (the Republic of the Philippines v. the People's Republic of China)*, Award on Jurisdiction and Admissibility, 29 October 2015 pp.142–143, para. 402.

● See *The South China Sea Arbitration (the Republic of the Philippines v. the People's Republic of China)*, Award, 12 July 2016, pp. 256, 259, paras. 633, 642.

● 參見劉衡：《〈聯合國海洋法公約〉附件七仲裁問題：定位、表現和問題 —— 兼談對南海仲裁案的啟示》，第 6－7 頁。

● 《中華人民共和國政府關於菲律賓共和國所提南海仲裁案管轄權問題的立場文件》，2014 年 12 月 7 日，第 1 段，中華人民共和國外交部網站：http://www.fmprc.gov.cn/web/ziliao_674904/tytj_674911/zcwj_674915/t1217143.shtml，最後訪問時間：2016 年 4 月 16 日。

權管轄。● 此外，第 297、298 條還規定了管轄權的限制和例外情形。即便爭端在性質上確屬有關《海洋法公約》解釋和適用的爭端，但某些關於專屬經濟區內和大陸架上的海洋科學研究的爭端，以及某些有關專屬經濟區內漁業的爭端，則屬公約爭端解決機制管轄的例外情形；● 關於劃定海洋邊界的第 15、74、83 條在解釋或適用上的爭端、歷史性海灣或所有權、軍事和執法活動以及安理會執行《聯合國憲章》所賦予的職務等爭端，則可以由當事國通過提前聲明排除管轄。中國在 2006 年就《海洋法公約》第 298 條作出聲明，表示中國在海域劃界等事項上不接受公約第十五部分第二節規定的任何程序。● 因此，一旦菲律賓所提有關低潮高地的訴求涉及領土主權爭端和海洋劃界爭端，仲裁庭便不具有管轄權。

南海仲裁案的仲裁庭亦是遵循上述規則，在裁決的第五部分就爭端是否真實存在，以及爭端的識別和定性問題進行論證。由此看來，仲裁庭表面在對低潮高地相關訴求的管轄權問題採取了謹慎的論證思路，但仲裁庭在識別相關訴求所反映的爭端內容時，不僅在相關爭端是否真實存在的問題上缺乏充分的事實根據，亦未能充分合理地否定爭端在性質上涉及領土主權和海洋劃界這類本案不具有管轄權的事項。

● 廣義上的領土主權爭端包括了領海劃界爭端，由於領海制度是《海洋法公約》的重要組成部分，純粹的領海劃界爭端本身也是有關《海洋法公約》解釋和適用的爭端，但締約國可以依據《海洋法公約》第 298 條作出聲明，排除將領海劃界提交《海洋法公約》第十五部分第二節規定的一種或一種以上的程序，包括附件七仲裁。

● 參見高健軍：《〈聯合國海洋法公約〉爭端解決機制研究》（2010 年版），第 283 頁。

● 2006 年 8 月 25 日，中國依據《海洋法公約》第 298 條規定，向聯合國秘書長提交書面聲明，對於《海洋法公約》第 298 條第 1 款（a）、（b）和（c）項所述的任何爭端（即涉及海洋劃界、領土爭端、軍事活動等爭端），中國政府不接受《海洋法公約》第十五部分第二節規定的任何國際司法或仲裁管轄。中華人民共和國外交部網站：http://wcm.fmprc.gov.cn/pub/chn/gxh/zlb/tyfg/t270754.htm，最後訪問時間：2016 年 3 月 20 日。

（四）仲裁庭的實體裁決結果及其思路

仲裁庭在 2016 年 7 月 12 日公佈的實體裁決的第六部分的 B 節集中處理菲律賓第 4、6 項訴求，C 節處理了第 5 項訴求，裁決結果基本支持了菲律賓有關低潮高地問題的所有主張。

仲裁庭論及低潮高地的海洋權利，認為按照《海洋法公約》第 13 條第 2 款規定，除非低潮高地位於其他高潮地物 ❶ 或大陸領海寬度之內，低潮高地不能產生領海和專屬經濟區等海洋權利。❷ 這一結論源於對《海洋法公約》有關條款的直接解讀。而在低潮高地的領土屬性問題上，仲裁庭不僅從未單獨審議該爭議是否在性質上屬領土主權爭端，而且通過簡單的論述得出結論，認為低潮高地不能被沿海國通過佔領等方式予以佔有。❸ 仲裁庭首先指出，低潮高地不是陸地領土，而是沿海國水下陸架的（submerged landmass）一部分，其法律地位受到領海或大陸架制度的支配。仲裁庭援引了 2012 年 "尼加拉瓜訴哥倫比亞案" 的一處判決理由作為唯一的論述依據："低潮高地不能被佔有，儘管沿海國對位於其領海內的低潮高地擁有主權，因為沿海國對其領海本身擁有主權。"

另外，仲裁庭主要基於菲律賓單方面提交的證據，即美濟礁等海洋地物海洋調查和測量紀錄以及航行指南等文獻，而非高程基準和潮汐模型，

---

❶ "高潮地物" 並非《海洋法公約》術語，基於裁決的目的，本案仲裁庭將高潮高地界定為所有高潮時露出水面的、自然形成的海洋地物，包括大陸以及第 121 條所界定的島嶼和岩礁。

❷ See *The South China Sea Arbitration (the Republic of the Philippines v. the People's Republic of China)*, Award, 12 July 2016, Permanent Court of Arbitration, p. 132, para. 308.

❸ See *The South China Sea Arbitration (the Republic of the Philippines v. the People's Republic of China)*, Award, 12 July 2016, p. 132, para. 309.

對美濟礁等地物的法律屬性予以認定。仲裁庭裁決東門礁、南薰礁（南）、渚碧礁、美濟礁、仁愛礁為低潮高地，不支持菲律賓關於西門礁是低潮高地的主張，並裁決東門礁可以作為西門礁和景宏島的領海基點，南薰礁（南）可以作為鴻庥島的領海基點，渚碧礁可以作為敦謙沙洲的領海基點。● 鑑於美濟礁和仁愛礁只是低潮高地，且距離菲律賓巴拉望島不超過 200 海里，而中國在美濟礁、仁愛礁附近水域不存在合法的海洋權利，故仲裁庭宣佈美濟礁和仁愛礁構成菲律賓專屬經濟區和大陸架的一部分。●

下文將從管轄權和實體問題兩個方向著手，遵循仲裁庭裁決的基本思路，對裁決論據和結論作出評析。一方面，在適用《海洋法公約》第 288、298 條等條款的基礎上，從事實和法律解釋兩方面，分析中菲在三類低潮高地核心法律問題上是否存在爭端，並假設在各類具體爭端真實存在的情況下，爭端在性質上是否涉及領土主權和海洋劃界問題，從而被《海洋法公約》排除在本案仲裁庭的管轄權範圍之外。另一方面，本文著重回應仲裁庭就低潮高地領土屬性問題所作之裁決，結合習慣國際法上的領土取得規則和群島制度，嘗試指出仲裁庭的謬誤。此外，考慮到美濟礁等地物在法律性質上是否構成低潮高地，這是一個涉及事實證據評估和法律適用的複合問題，而本文意在通過法理分析評價本次仲裁，故在實體法律問題評析部分不涉及該問題。

● See *The South China Sea Arbitration (the Republic of the Philippines v. the People's Republic of China)*, Award, 12 July 2016, p. 174, paras. 382–384.

● See *The South China Sea Arbitration (the Republic of the Philippines v. the People's Republic of China)*, Award, 12 July 2016, p. 260, para. 647.

二、低潮高地性質界定爭端的管轄權問題

（一）菲律賓所提低潮高地定性爭端並非真實存在

在第 4、6 項訴求中，菲律賓請求仲裁庭認定美濟礁、仁愛礁、渚碧礁、南薰礁和西門礁是低潮高地。據此，為確定仲裁庭對這兩項訴求是否具有管轄權，仲裁庭應首先確定中菲在美濟礁等地物的性質問題上是否存在爭端。

1. 中菲均未曾表明各自相關立場

菲律賓認為，中國在南沙群島主張完整的海洋權利，包括領海、專屬經濟區和大陸架，這表明兩國在這些問題上存在爭端。[1] 被菲律賓多次援用的證據是中國 2011 年 4 月 14 日向聯合國秘書長遞交的照會，中國在該照會中聲明："中國南沙群島擁有（is fully entitled to）領海、專屬經濟區和大陸架。"[2]

---

[1] See *The South China Sea Arbitration (the Republic of the Philippines v. the People's Republic of China)*, Award on Jurisdiction and Admissibility, 29 October 2015, pp. 53–57, para. 147.

[2] 2009 年，越南、馬來西亞聯合向聯合國大陸架界限委員會提交南海南部 200 海里外劃界案申請，越南於同年單獨提了南海北部 200 海里外大陸架劃界案申請。對此，中菲在隨後分別向聯合國秘書長呈交了兩封照會，2011 年 4 月 14 日的照會是中國就這一事件遞交的第二封照會。中國 2011 年 4 月 14 日照會，聯合國網站：http://www.un.org/depts/los/clcs_new/submissions_files/vnm37_09/chn_2011_re_phl_e.pdf，最後訪問時間：2016 年 3 月 18 日。

菲律賓的這種推論在邏輯上存在較大紕漏，亦缺乏客觀事實的支撐。首先，中國只是對南沙群島主張完整的海洋權利，並不是根據每一個特定的地物主張海洋權利，顯然，從這一立場不能推斷中國承認或否認美濟礁等地物是低潮高地。上述 2011 年照會並未單獨提及任何一處南沙群島的海洋地物的法律性質，其中，用 "is" 的單數英語繫動詞修飾南沙群島，更是表明中國以南沙群島為整體主張領海、專屬經濟區和大陸架。❶

其次，雙方在交換意見時並未明確美濟礁、仁愛礁和渚碧礁在性質上是否為低潮高地。菲律賓試圖證明，其曾向中國發出照會，表明這三處地物的性質。例如，菲律賓外交部分別於 2013 年 5 月 9 日和 2014 年 3 月 11日向中國駐馬尼拉大使館遞交照會，聲稱 "仁愛礁是海床的一部分"，"中國在仁愛礁所在的南海區域主張的任何島礁均不能產生海洋權利"。❷ 但這兩份照會發生在菲律賓提交南海仲裁案之後，爭端在時間上必須發生在爭端解決程序開始之前，故這兩份照會不應被仲裁庭所採納。菲律賓提供的證據還顯示，菲律賓外交部曾於 1998 年 11 月 5 日、2011 年 4 月 4 日向中國駐馬尼拉大使館遞交照會，稱美濟礁 "是永久沒入水下的地物"，仁愛礁 "是海床的一部分"，渚碧礁最多只能擁有 12 海里領海。❸ 若結合《海洋法公約》第 13 條第 1 款理解這些表述，"永久沒入水下" 並不符合低潮高地 "低潮時四面環水並高於水面" 的定義，"是海床的一部分" 無法揭示地

❶ 參見高聖惕：《論中菲南海仲裁案的不可受理性、仲裁庭裁決的無效性及仲裁庭無管轄權的問題 —— 特別針對菲國在 2015 年 7 月 7－13 日聽證會上提出的法律主張》，第 33 頁。

❷ Transcripts of the Hearing on Jurisdiction and Admissibility (Day 2, 8 July 2015), *The South China Sea Arbitration (the Republic of the Philippines v. the People's Republic of China)*, Permanent Court of Arbitration, pp. 29–30, fn. 34.

❸ Transcripts of the Hearing on Jurisdiction and Admissibility (Day 2, 8 July 2015), pp. 137–138.

物的法律性質，故美濟礁和仁愛礁並未被菲律賓界定為低潮高地。而依據《海洋法公約》第 121 條第 3 款，不能維持人類居住或本身經濟生活的特殊島嶼——岩礁——只能擁有 12 海里的領海，故菲律賓認為渚碧礁是岩礁而非低潮高地。這些觀點與菲律賓在本仲裁案第 4、6 項訴求的主張並不一致。至於南薰礁和西門礁，菲律賓甚至沒有提出相應的證據證明雙方在這兩處地物性質問題上的立場。即便認為這些照會內容確實反映了菲律賓曾向中國主張美濟礁等地物是低潮高地，菲律賓在本案中亦未能成功證明中國在相關問題上提出了與之相反的立場和觀點。

由此可見，在美濟礁等地物在性質上是否為低潮高地的問題上，中菲之間不存在真實的爭端，主要理由是菲律賓方面不曾明確其觀點，中國也從未就該問題發表過與菲律賓相反的觀點，不符合爭端應當具體化並具有明確的對抗性的要求。❶

2. 仲裁庭相關裁決意見之評析

儘管仲裁庭一再強調要基於客觀事實確定雙方是否存在真實的爭端，不取決於當事方的主觀認識，必須看到一方的主張得到另一方積極的反對，當事方單純地承認或否認爭端的存在並無意義，❷ 但仲裁庭認為中菲之間存在低潮高地性質界定爭端的結論，卻存在較強的主觀臆斷成分。

---

❶ 國際法理論和實踐對爭端存在與否的界定標準提出較高的要求。英國教授梅里爾斯指出，爭端是關於事實、法律或政策上的具體分歧，存在一方的主張或論斷以及另一方的拒絕、反主張或否認。See J. G. Merrills, *International Dispute Settlement* (Cambridge University Press, 6th edn, 2011), p. 1.

❷ *The South China Sea Arbitration (the Republic of the Philippines v. the People's Republic of China),* Award on Jurisdiction and Admissibility, 29 October 2015, pp. 57–58, para. 149.

首先，仲裁庭對事實認識不清，導致結論和論據產生矛盾。仲裁庭在合併分析菲律賓第 3、4、6、7 項訴求時，注意到了中國未對南沙群島特定海洋地物的地位發表意見，只是主張中國的南沙群島擁有領海、專屬經濟區和大陸架權利，且菲律賓也類似地提出了一般性的觀點，認為"可以依據《海洋法公約》，特別是第 121 條（島嶼制度）確定相關地物'附近'水域的範圍"。❶隨後仲裁庭話鋒一轉，指出："然而，菲律賓強調了其觀點，認為南沙群島的地物最多只能擁有 12 海里領海，在南海的任何專屬經濟區或大陸架主張都必須源自南海沿海國或群島國"，並以菲律賓關於禮樂灘是水下地物的立場為例加以說明，認為中菲在相關訴求上確實存在爭端。若加以仔細辨別，仲裁庭的分析說明了兩項事實：第一，中國的立場不涉及南沙群島特定海洋地物的法律地位；第二，菲律賓以《海洋法公約》第 121 條為依據，指出南沙群島只有部分地物是岩礁，其餘的地物不能主張領海、專屬經濟區和大陸架。這兩項事實無一能證明中菲在美濟礁等地物是否為低潮高地的問題上存在相互對立的觀點，反而證明了中菲雙方都沒有具體指明美濟礁等地物的法律性質。

其次，仲裁庭對爭端內容的認識發生了混淆。在進一步解釋為何中菲之間在第 4、6 項訴求上存在爭端時，仲裁庭指出："這樣的爭端並不會因為缺乏針對每一個單獨地物的意見交換而被否定。"仲裁庭援引了西班牙訴加拿大"漁業管轄權案"的判決意見，認為國際法不要求在國家闡述其法律論點後才能產生一項爭端。❷言外之意是，中國的南沙群島整體海洋權

---

❶ *The South China Sea Arbitration (the Republic of the Philippines v. the People's Republic of China)*, Award on Jurisdiction and Admissibility, 29 October 2015, pp. 66–67, para. 169.

❷ *The South China Sea Arbitration (the Republic of the Philippines v. the People's Republic of China)*, Award on Jurisdiction and Admissibility, 29 October 2015, p. 67, para. 170.

利主張已經表明了其立場，而中國關於美濟礁等地物在性質上是否為低潮高地的觀點只是前述立場的一項"論點"，"論點"的缺失不影響爭端的存在。按照仲裁庭的邏輯，中菲之間存在的爭端內容並不是美濟礁等地物是否為低潮高地，以及美濟礁等地物能否產生各類海洋權利，而是中國能否根據南沙群島整體主張海洋權利，這和菲律賓在第 4、6 項訴求當中所表達的爭端內容並不一致。

（二）低潮高地的性質界定涉及領土主權和海洋劃界爭端

假設中菲之間在美濟礁等地物是否為低潮高地的問題上存在爭端，該項爭端不可避免地由於涉及領土主權和海洋劃界爭端而導致仲裁庭缺乏管轄權。

1. 低潮高地的潮汐基準要素

仲裁庭在第 4、6 項訴求管轄權結論中，注意到了沿海國採用的高程基準和潮汐模型是界定低潮高地的決定性因素。高程是描述地理位置的三維坐標之一，地面點到某一高程基準面的距離稱為高程。高程基準面，又稱零高程面，所有高程都以這個面為零起算面，大地基準面和潮汐基準面是兩種主要的高程基準面。[1] 仲裁庭結論中的高程基準和潮汐模型應是指沿海國所選擇的潮汐基準（tidal datum），即用於參照確定海洋地物高程的海平面，潮汐基準因數據收集、統計和計算方法的不同而存在多樣性。對於潮

---

[1] 參見劉敏、方如康主編：《現代地理科學詞典》，北京：科學出版社，2009 年，第 412 頁。

汐變化明顯的地區，潮汐基準可以分為低潮基準和高潮基準。[1]

　　潮汐基準是界定低潮高地的一項要素。依據《海洋法公約》第 13 條第 1 款的定義，低潮高地“在低潮時四面環水並高於水面但在高潮時沒入水中”，因此，確定一處地物是否為低潮高地，需要同時適用低潮基準和高潮基準。潮汐基準要素使低潮高地與永久處於海面以下的水下地物和高潮時露出海面的島嶼區別開來。各沿海國可能採取不同的潮汐基準，使得低潮高地的界定具有更多的不確定性。

2. 潮汐基準缺乏統一的國際標準

　　在 20 世紀沿海國大規模擴大海洋管轄權的同時，潮汐基準才開始與國際法發生聯繫，[2]而目前的條約和習慣國際法尚未對潮汐基準作出統一的規範。

　　《海洋法公約》中與低潮基準相關的概念是作為領海正常基線的“低潮線”（第 5 條）。第 5 條規定：“除本公約另有規定外，測算領海寬度的正常基線是沿海國官方承認的大比例尺海圖所標明的沿岸低潮線。”儘管《海洋法公約》並未直接規定第 5 條所指的“低潮線”與低潮高地應滿足的低潮基準之間的聯繫，但鑒於第 13 條第 1 款在對低潮高地作出定義的同時，還規定位於大陸或島嶼領海寬度範圍內的低潮高地的“低潮線”可以作為測算領海寬度的基線，適用上下文解釋方法，低潮高地的“低潮線”（即

---

[1] See Nuno Ségio Marques Antunes, "The Importance of the Tidal Datum in the Definition of Maritime Limits and Boundaries", (2000) 2 *International Boundaries Research Unit*, No. 7, p. 5.

[2] See Nuno Ségio Marques Antunes, "The Importance of the Tidal Datum in the Definition of Maritime Limits and Boundaries", p. 1.

"低潮基準") 應與第 5 條的正常基線的 "低潮線" 具有同一含義，都是沿海國官方承認的大比例尺海圖所標明的沿岸低潮線。❶

沿海國關於低潮基準的爭議較少，可能原因有兩個方面。一方面是由於各國海圖標明低潮線的首要目的是保障海上航行安全，因此傾向於選擇較低的低潮基準，以便標注在最低水位時會對航行造成障礙的海洋地物；另一方面，低潮線作為正常基線的一部分，是沿海國測量管轄海域寬度的起點，較低的低潮基準有助於延伸管轄海域範圍，即便影響並不顯著。國際水文組織（International Hydrographic Organization, IHO）在 1997 年向各成員國建議使用最低天文潮位（lowest astronomical tide）作為海圖基準，得到了許多國家的響應。❷ 但國際水文組織的建議不具有法律拘束力，目前尚未形成關於低潮基準的廣泛、一致的實踐。

各國關於高潮基準的爭議則更多。在一些海洋劃界爭端案中，由於當事國適用不同高潮基準，引發一處海洋地物的法律性質是島嶼還是低潮高地的問題。特別是當這處地物位於大陸或島嶼 12 海里領海範圍之外時，該地物若是島嶼，則可以擁有領海甚至 200 海里專屬經濟區或大陸架；而若為低潮高地，根據《海洋法公約》第 13 條第 2 款，則不能擁有領海、專屬經濟區和大陸架，兩者間在海域權利上的巨大差別會左右劃界的結果。❸ 目前，無論是國家實踐還是國際司法實踐，在高潮基準問題上尚未形成較為

---

❶ Nuno Ségio Marques Antunes, "The Importance of the Tidal Datum in the Definition of Maritime Limits and Boundaries", p. 14.

❷ Nuno Ségio Marques Antunes, "The Importance of the Tidal Datum in the Definition of Maritime Limits and Boundaries", p. 6.

❸ 《海洋法公約》第 13 條第 2 款："如果低潮高地全部與大陸或島嶼的距離超過領海的寬度，則該高地沒有其自己的領海。"

統一的意見。假設中菲之間就美濟礁等地物是否為低潮高地存在爭端，則該爭端很可能演變為兩國在高潮基準選擇上的爭端。儘管中國並未在該問題上公開發表立場，但適用較低的高潮基準有助於將美濟礁等地物定性為島嶼，這對於在領土主權爭端上佔有法理依據優勢的中國而言是有利的。

3. 低潮高地的性質界定爭端以領土主權和海洋劃界爭端為先決問題

由於缺乏統一且有拘束力的國際標準，要準確判斷美濟礁等地物是否為低潮高地，需要借助沿海國所採納的潮汐基準，故關鍵的問題是中國和菲律賓何者為美濟礁等地物的沿海國。遺憾的是，仲裁庭只考慮了中菲可能存在的專屬經濟區和大陸架重疊主張對沿海國地位的影響，卻忽略了中國對南沙群島所有島、礁、灘、沙的整體領土主權主張對低潮高地沿海國地位的決定性影響。領土主權意味著國家對領土擁有最高的且通常是排他的權威，[1] 故當低潮高地構成一國的領土時，其他國家不能依據專屬經濟區和大陸架制度對低潮高地提出主權權利和管轄權主張。

進一步而言，中菲何者是美濟礁等地物的沿海國，這一爭議問題在本質上首先是一個領土主權爭端。在 2015 年 "查戈斯群島案" 中，毛里求斯的第 1－2 項訴求請求仲裁庭認定毛里求斯是查戈斯群島的沿海國。該案仲裁庭在裁決中指出，該訴求是 "涉及查戈斯群島陸地主權" 的爭端，且 "在《海洋法公約》目的下，雙方對 '沿海國' 的不同觀點只不過是這個更大的

---

[1] "On State Territory in General" in Robert Jennings and Arthur Watts (eds.), *Oppenheim's International Law Vol. I Peace* (Oxford Scholarly Authorities on International Law), p. 564, Oxford Public International Law, http://opil.ouplaw.com/view/10.1093/law/9780582302457.001.0001/law-9780582302457-div1–61(last visited 16 April 2016).

爭端的一個方面"。最終，"查戈斯群島案"仲裁庭裁決對這兩項涉及領土主權爭端的訴求不具有管轄權。[1]

即便仲裁庭在將來的實體問題裁決中支持菲律賓的主張，裁決中國不得通過佔有取得低潮高地的主權（第 4 項訴求），從而排除了中國對美濟礁等地物主張領土主權的合法性，中菲在美濟礁等地物周圍海域亦存在重疊的專屬經濟區和大陸架權利主張，海域劃界爭端的客觀存在也將導致美濟礁等地物的沿海國無法確定。由此可見，本案低潮高地性質界定的爭端不僅以南沙群島領土主權爭端為先決問題，中菲在美濟礁等地物所在海域的海洋劃界爭端也構成該爭端的先決問題。

三、低潮高地海洋權利爭端的管轄權問題

南海仲裁案所涉低潮高地海洋權利爭端可以分為兩個方面：第一，當美濟礁等地物被認定為低潮高地時，這些低潮高地能否單獨產生領海、專屬經濟區和大陸架海洋權利（第 4、6 項訴求），仲裁庭對此確立了附帶條件的管轄權；第二，美濟礁等地物是否屬菲律賓專屬經濟區和大陸架的一部分（第 5 項訴求），或者可以表述為，美濟礁等地物周圍是否存在中國的領海、專屬經濟區和大陸架海洋權利，仲裁庭將這一方面的低潮高地海

---

[1] See *Chagos Marine Protected Area Arbitration (Mauritius v. United Kingdom)*, Award, 18 March 2015, Permanent Court of Arbitration, pp. 90, 93, paras. 221, 230.

洋權利問題保留至實體階段審理。本文通過梳理爭端的內容認為，中菲不僅在這兩方面的低潮高地海洋權利問題上不存在真實的爭端，且即便存在爭端，也以南沙群島領土主權爭端為先決問題。

（一）菲律賓所提低潮高地海洋權利爭端並非真實存在

菲律賓在回顧爭端歷史時，就中菲之間存在低潮高地性質界定和海洋權利爭端提供了同一套事實證據，指出中國就低潮高地的海洋權利問題曾表達了與菲律賓相反的立場，理由是中國對南沙群島主張了領海、專屬經濟區和大陸架海洋權利。❶ 然而，菲律賓對於中國在南沙群島的海洋權利主張存在錯誤的法律解讀。從中國對南沙群島整體主張海洋權利的立場出發，並不能合理推論中國對構成南沙群島的每一處地物都主張了各項海洋權利。因為群島整體的海洋權利與構成群島的每一處地物的海洋權利之間不存在絕對的因果關係，群島的海洋權利範圍更不是由每一處海洋地物所產生的海洋權利簡單疊加形成的。南沙群島的海洋權利具有其獨立性，其合法性來源於《海洋法公約》中的群島概念以及沿海國依據《海洋法公約》有關規則所劃定的領海基線。因此，如前文所述，菲方提供的資料並不能證明中國就美濟礁等地物的海洋權利發表了立場。

此外，在管轄權階段聽證會上，菲方代理律師桑德斯（Philippe Sands）指出，第 6 項訴求涉及的是這些低潮高地本身（of their own）能否產生海洋權利的爭端。因此，第 4 項訴求中 "美濟礁、仁愛礁及渚碧礁為低潮高地，

---

❶ *The South China Sea Arbitration (the Republic of the Philippines v. the People's Republic of China),* Award on Jurisdiction and Admissibility, 29 October 2015, pp. 53–57, para. 147.

不得產生領海、專屬經濟區和大陸架"，以及第 6 項訴求中"南薰礁及西門礁屬低潮高地，不得產生領海、專屬經濟區和大陸架"，都可以被總結為"低潮高地本身不得產生領海、專屬經濟區和大陸架"。[1] 然而，"低潮高地不得單獨產生領海、專屬經濟區和大陸架"這一結論性觀點本身構成一項法律事實，得到包括中國在內的所有《海洋法公約》締約國的承認。《海洋法公約》第 13 條第 1 款允許沿海國將距離大陸或島嶼不超過領海寬度的低潮高地的低潮線作為領海基線的一部分，該條第 2 款又規定："如果低潮高地全部與大陸或島嶼的距離超過領海的寬度，則該高地沒有其自己的領海。"可見第 13 條清楚表明低潮高地本身不能單獨產生領海，作為例外，近岸低潮高地可依附於大陸或島嶼獲得領海。另外，根據《海洋法公約》第 55、76 條，專屬經濟區和大陸架是"領海之外"的海域，因此，不能單獨產生領海的低潮高地也不能單獨產生專屬經濟區和大陸架。由此可見，中菲之間不可能就這一法律事實產生有關《海洋法公約》解釋和適用的爭端。

遺憾的是，仲裁庭依舊認定中菲在低潮高地的海洋權利問題上存在爭端，再次證明了仲裁庭對中國的立場以及菲律賓訴求內容的認識存在偏頗，得出的相關結論缺乏充分依據。

（二）南沙群島領土主權問題構成爭端的先決問題

假設中菲之間在美濟礁等"低潮高地"的海洋權利問題上存在爭端，那麼這一爭端更具爭議的內容應是美濟礁等"低潮高地"及其周圍海域的

---

[1] Transcripts of the Hearing on Jurisdiction and Admissibility (Day 2, 8 July 2015), p. 139.

海洋權利問題（第 5 項訴求）。下文的分析將表明，雖然仲裁庭將該爭端的管轄權保留至實體階段處理，但仲裁庭在下一階段審理該管轄權問題時，南沙群島的領土主權問題將構成美濟礁等 "低潮高地" 海洋權利爭端的先決問題，仲裁庭將難以合法地確立對這項爭端的管轄權。

1. "陸地統治海洋" 原則與中國的南沙群島領土主權主張

"陸地統治海洋"（*la terre domine la mer*）是現代國際海洋法分配和調整各國海洋權利所遵循的基本原則。❶ 國際法院在 1969 年 "北海大陸架案" 判決中指出："陸地是國家在海上領土擴張區域行使權力的合法來源。" ❷ 低潮高地及其周圍海域的海洋權利是國家的陸地領土主權在海洋空間的延伸，無論是領海主權、主權權利或是管轄權，各種海洋權利都歸屬於國際法的主體 —— 國家，目的是實現國家對一定範圍內海洋空間的控制和資源開發等權利。正如中國在《中華人民共和國政府關於菲律賓共和國所提南海仲裁案管轄權問題的立場文件》（以下簡稱 "《立場文件》"）中所指出的那樣："脫離了國家主權，島礁本身不擁有任何海洋權利。" ❸

---

❶ 國際法院在 1969 年 "北海大陸架案"、2001 年 "卡塔爾訴巴林案"、2007 年 "尼加拉瓜訴洪都拉斯案" 等案件的判決中，均確認了這一國際海洋法的基本原則。See *Anglo-Norwegian Fisheries case (United Kingdom v. Norway)*, Judgment, *I.C.J. Reports* 1951, p. 133; *North Sea Continental Shelf Case (Federal Republic of Germany/Denmark; Federal Republic of Germany/Netherlands)*, Judgment, *I.C.J. Reports* 1969, p. 51, para. 96; *Case Concerning Maritime Delimitation and Territorial Questions Between Qatar and Bahrain (Qatar v. Bahrain)*, Merits, Judgment, *I.C.J. Reports* 2001, p. 97, para. 185; *Territorial and Maritime Dispute between Nicaragua and Honduras in the Caribbean Sea (Nicaragua v. Honduras)*, Judgment, *I.C.J. Reports* 2007, p. 696 , para. 113.

❷ *North Sea Continental Shelf Case (Federal Republic of Germany/Denmark; Federal Republic of Germany/ Netherlands)*, Judgment, *I.C.J. Reports* 1969, p. 51, para. 96.

❸ 《中華人民共和國政府關於菲律賓共和國所提南海仲裁案管轄權問題的立場文件》，2014 年 12 月 7 日，第 17 段。

"陸地統治海洋"原則還意味著，陸地領土的整體情況決定了領海、專屬經濟區和大陸架的具體範圍。中菲在南海存在範圍重疊但不完全重合的海洋權利主張，其根本原因在於中菲在南海所主張的陸地領土範圍不同。中國一貫對南沙群島的整體主張主權，而菲律賓自 20 世紀 70 年代起稱南沙群島部分島礁為"卡拉延群島"並對其主張主權。如前文所述，中國採取"群島整體論"主張南沙群島的領海、專屬經濟區和大陸架權利，而菲律賓在本案採取"分割論"，僅就"卡拉延群島"中特定的地物主張領海、專屬經濟區和大陸架權利。

　　在菲律賓、印度尼西亞等群島國的推動下，❶《海洋法公約》第 46 條（b）項對群島作出如下定義："'群島'是指一群島嶼，包括若干島嶼的若干部分、相連的水域或其他自然地物，彼此密切相關，以致這種島嶼、水域和其他自然地物在本質上構成一個地理、經濟和政治的實體，或在歷史上已被視為這種實體。"關於國際法上的群島概念，有以下四個方面與中國對南沙群島的領土主權和海洋權利主張密切相關，需要特別予以說明。

　　其一，《海洋法公約》第 46 條（b）項下的群島概念可以適用於包括中國在內的非群島國。雖然《海洋法公約》關於群島的定義被置於題為"群島國"的第四章之下，但"群島國"一章的規則也規定了非群島國在航行、飛越、資源開發方面的權利和義務，❷可見這一章規則的適用主體不限於群島國。更何況，第 46 條（a）項規定的"群島國"是指全部由一個或多個群島構成的國家，言外之意是非群島國也可以擁有《海洋法公約》所定義的群島，只不過非群島國的領土不限於群島一種類型。因此，對於中國這

---

❶　See Satya N. Nanda, Shabtai Rosenne and Neal R. Grandy (eds.), *United Nations Convention on the Law of the Sea 1982, A Commentary*, Vol. II (Martinus Nijhoff Publishers, 1993), pp. 408–411.

❷　參見《海洋法公約》第 51－54 條。

類大陸國家，也可以和菲律賓等群島國無差別地適用《海洋法公約》有關群島的定義。

其二，低潮高地是群島的組成成分之一。根據"群島"的定義，群島的構成包含以下組成部分：島嶼、相連的水域和其他自然地物。這些組成部分的含義應結合《海洋法公約》相關條款的上下文進行解讀。可以認為，"其他自然地物"的範圍是指除島嶼（含岩礁）之外且在《海洋法公約》有所規定的海洋地物，即第 13 條定義的低潮高地。有學者認為群島的法律定義的關鍵是整體性概念，在地理上是指各個自然地物之間的毗鄰關係，在經濟上是指連接水域自然資源對於國家和人民具有重要意義，在政治上是指島嶼和其他自然地物屬同一國家。❶ 由此推知，無論是島嶼、岩礁、低潮高地還是相連水域，只要這些地物構成地理、經濟和政治上的整體，都屬群島的一部分。

其三，國際法承認國家可以在群島的基礎上取得領土主權，中國可以據此對南沙群島整體提出主權主張。一些國際司法與仲裁實踐涉及了群島整體的主權歸屬問題。例如，英國和法國自 19 世紀以來長期在敏基埃群島和艾克利荷斯群島的主權歸屬問題上存在爭議，敏基埃群島和艾克利荷斯群島由多個小島、岩石和礁石組成，國際法院在 1953 年的判決中將群島整體主權都判給了英國。❷ 又如，厄立特里亞和也門對紅海內的默哈巴卡群島（Mohabbakah Islands）、海科克群島（Haycock Islands）、祖蓋爾—哈尼什群島（Zuqar-Hanish group）和祖拜爾群島（Zubayr group）均主張領土主權，

---

❶ Sophia Kopela, "2007 Archipelagic Legislation of the Dominican Republic: An Assessment", (2009) 24 *International Journal of Marine & Coastal Law* 501, p. 504.

❷ *The Minquiers and Ecrehos Case (France/United Kingdom)*, Judgment of 17 November 1953, *I.C.J. Reports* 1953, p. 72.

這四組群島均由若干島嶼、岩礁和低潮高地構成,國際仲裁庭在 1998 年的裁決中將其中兩組群島判給也門,另外兩組則判給厄立特里亞。[1] 可見,群島作為一個整體,由國家取得領土主權並不為國際法所禁止,不論該國是群島國還是大陸國家。

其四,雖然《海洋法公約》群島國制度排除了大陸國家適用群島基線的資格,但並不禁止大陸國家依據第 7 條在遠洋群島適用直線基線。依據《海洋法公約》第 7 條第 1 款,在海岸線極為曲折的地方,或者如果緊接海岸有一系列島嶼,測算領海寬度的基線的劃定可採用連接各適當點的直線基線法。和正常基線相比,適用直線基線的最顯著的效果,是將更多的水域納入內水的範疇,並對外拓寬各類海洋權利的範圍。事實上,多個大陸國家已對其遠洋群島劃定了直線基線,包括丹麥、葡萄牙、厄瓜多爾、挪威、法國和英國等。從國際社會對上述國家實踐的態度來看,除了美國對丹麥、厄瓜多爾、葡萄牙等有關實踐提出過反對意見外,國際上並未對上述國家實踐提出異議。[2] 中國對南沙群島適用直線基線原則上並不違反國際法,且有較多國家實踐的支持。

可以說,中國將南沙群島視為國際法意義上的"群島",而對其整體主張領土主權和海洋權利是有較為充足的國際法依據的,且美濟礁等"低潮高地"作為群島的組成部分,其海洋權利應結合群島的整體地位加以明確。根據"陸地統治海洋"原則,南沙群島整體的領土主權歸屬問題構成

---

[1] *Eritrea v. Yemen*, Award of the Arbitral Tribunal in the First Stage (Territorial Sovereignty and Scope of the Dispute), 9 October 1998, pp. 147–148. para. 527.

[2] See Sophia Kopela, *Dependent Achipelagos in the Law of the Sea* (Martinus Nijhoff Publishers, 2013), pp. 112–139;卜凌嘉、黃靖文:《大陸國家在其遠洋群島適用直線基線問題》,載《中山大學法律評論》2013 年第 2 期,第 105–116 頁。

了美濟礁等“低潮高地”海洋權利爭端的先決問題。

2. 沿海國領海基線決定低潮高地的海洋權利

假設美濟礁等地物在性質上確為低潮高地，這些低潮高地及其周圍海域的海洋權利也會因沿海國採用不同的領海基線方案而產生多種結果。換言之，解決低潮高地海洋權利爭端的前提是明確哪個國家是低潮高地的沿海國。

中菲兩國在南海適用兩種不同的領海基線制度。目前，中國將直線基線制度作為法定的唯一領海基線制度。1992 年《中華人民共和國領海及毗連區法》第 3 條規定，中華人民共和國領海基線採用直線基線法劃定，由各相鄰基點之間的直線連線組成。中國已對外公佈的所有領海基線均為直線基線。[1]中國雖未公佈南沙群島的領海基線方案，但可以預見的是，中國很可能在南沙群島適用直線基線。與中國不同，菲律賓雖然在菲律賓群島適用群島基線，對“卡拉延群島”則適用正常基線（沿岸低潮線），反對中國的直線基線主張。菲律賓在訴狀中提交了“中國在南海北部、南部海洋權利最大範圍”示意圖，用約 34 個獨立或重疊的圓圈表示部分島礁 12 海里的領海範圍。[2]菲律賓在 2011 年 4 月 5 日遞交聯合國秘書長的照會中明

---

[1] 1996 年 5 月 15 日，中國首次向世界公佈了從山東高角至海南島西部峻壁角 3200 多公里長的大陸領海基點和西沙群島領海基點，中華人民共和國外交部網站：https://www.fmprc.gov.cn/web/ziliao_674904/tytj_674911/tyfg_674913/t556673.shtml, 最後訪問時間：2018 年 10 月 30 日。2012 年 9 月 10 日，中國政府公佈了釣魚島及其附屬島嶼領海基線基點，中華人民共和國外交部網站：https://www.fmprc.gov.cn/diaoyudao/chn/flfg/zcfg/t1304547.htm，最後訪問時間：2018 年 10 月 30 日。

[2] See Figure 5: "China's Maximum Potential Entitlements under UNCLOS Compared to its Nine-Dash Line Claim in the Southern Sector" (Memorial, Figure 4.2), in *The South China Sea Arbitration (the Republic of the Philippines v. the People's Republic of China),* Award on Jurisdiction and Admissibility, 29 October 2015, p. 51.

確指出："菲律賓依據《聯合國海洋法公約》對卡拉延群島**每一個相關的地物**周圍或附近的水域行使必要的主權和管轄權。" ❶（粗體部分為筆者加注）

《海洋法公約》第 7 條第 4 款允許低潮高地在滿足一定條件的情況下成為直線基線的基點。對於那些位於南沙群島外圍且距離最近的島嶼不足 12 海里的低潮高地，在滿足"築有永久高於海平面的燈塔或類似設施"或"作為基點已獲得國際一般承認"的任一情況下可以成為直線基線的基點，其外側海域依次是中國主張的領海、專屬經濟區和大陸架，其內側海域構成中國主張的內水。❷ 即便部分低潮高地無法滿足成為基點的要求，也不意味著這些低潮高地周圍水域不存在中國的海洋權利，根據低潮高地與直線基線之間的不同距離，低潮高地可能被置於內水、領海、專屬經濟區或大陸架海域內。例如，美濟礁、仁愛礁距離菲律賓所承認的最近的岩礁馬歡島超過 12 海里，可能無法成為南沙群島直線基線的基點，但仍有可能落入直線基線以外 12 海里或 200 海里範圍的海域內，其周圍海域將因直線基線的劃定而成為領海、專屬經濟區或大陸架。在南沙群島中，還將有更多的低潮高地被岩礁、島嶼作為基點所連成的直線基線包圍在內，使這些低潮高地的周圍海域構成中國主張的內水。而一旦假設菲律賓是美濟礁等地物的沿海國，在適用正常基線的情況下，南薰礁及西門礁的低潮線可以構成鴻庥島和景宏島正常基線的一部分，其周圍存在一定範圍的領海；而美濟礁、仁愛礁和渚碧礁周圍水域不存在內水、領海，美濟礁和仁愛礁周圍一定範圍內的水域是菲律賓的專屬經濟區和大陸架。可見，在南沙群島適用

❶ 菲律賓 2011 年 4 月 5 日照會，聯合國網站：http://www.un.org/depts/los/clcs_new/submissions_files/vnm37_09/phl_re_chn_2011.pdf，最後訪問時間：2016 年 3 月 18 日。

❷ 《海洋法公約》第 7 條第 4 款："除在低潮高地上築有永久高於海平面的燈塔或類似設施，或以這種高地作為劃定基線的起記點已獲得國際一般承認者外，直線基線的劃定不應以低潮高地為起記點。"

不同的領海基線將深刻影響低潮高地的海洋權利。

　　鑒於《海洋法公約》在選擇適用基線制度上賦予沿海國一定程度的自由，故仲裁庭必須首先確定中國和菲律賓中哪個國家是美濟礁等"低潮高地"的沿海國（領土主權問題），才能最終在適用直線基線或正常基線的背景下明確低潮高地的海洋權利。

3. 仲裁庭的裁決依據簡析

　　菲律賓一再聲稱本仲裁案不涉及領土主權問題，並未要求仲裁庭就主權問題作出裁決；[1] 而中國則在《立場文件》中堅持認為："南海部分島礁的性質和海洋權利問題與主權問題不可分割。"[2] 仲裁庭在權衡雙方的立場時，提出了兩項檢驗本案爭端是否涉及主權問題的標準：（1）菲律賓明示或暗示地請求仲裁庭首先決定主權問題；或（2）菲律賓主張的實際目的是提升其在雙方主權問題上的地位。隨後，仲裁庭便匆忙地下結論，認為菲律賓沒有明示或暗示仲裁庭決定主權問題，反而要求仲裁庭不能裁決主權問題，且仲裁庭保證在作出裁決時不會提升或減損雙方的主權主張。[3] 然而，仲裁庭的這一結論是無法成立的。

　　關於第一項標準，中菲之間關於低潮高地的海洋權利爭端，必然要求仲裁庭首先就群島的領土主權歸屬問題作出決定。如前所述，中菲兩國採取的不同領海基線制度，以及南沙群島的群島整體性，在根本上決定了中菲領土

---

[1] *The South China Sea Arbitration (the Republic of the Philippines v. the People's Republic of China)*, Award on Jurisdiction and Admissibility, 29 October 2015, pp. 59–60, para. 153.

[2] 《中華人民共和國政府關於菲律賓共和國所提南海仲裁案管轄權問題的立場文件》，2014 年 12 月 7 日，第 15 段。

[3] *The South China Sea Arbitration (the Republic of the Philippines v. the People's Republic of China)*, Award on Jurisdiction and Admissibility, 29 October 2015, pp. 59–60, para. 153.

主權和海洋權利上的對立立場，也決定了美濟礁等"低潮高地"周圍的海洋權利。南沙群島領土主權歸屬問題構成低潮高地海洋權利問題的先決問題。

關於第二項標準，菲律賓提出低潮高地海洋權利相關訴求的實際目的是否為提升其在主權爭端中的地位，這要結合訴求成立後的實際效果進行檢驗。假設菲律賓的訴求在實體階段得到仲裁庭的支持，將產生以下效果：中國所佔領的美濟礁、仁愛礁、渚碧礁、南薰礁和西門礁是低潮高地，不是陸地領土，且這些地物周圍沒有中國的領海、專屬經濟區和大陸架。這一效果無疑將在很大程度上削減中國對南沙群島整體的領土主權主張。此消彼長之中，仲裁庭還有理由認為菲律賓訴求的實際目的不是提升其在主權爭端中的地位嗎？

綜合上述分析，南沙群島的領土主權歸屬問題構成低潮高地的海洋權利的先決問題，依據《海洋法公約》第288條第1款，本案仲裁庭只對有關《海洋法公約》解釋和適用的爭端具有管轄權，而領土主權問題不是《海洋法公約》規定的事項，故仲裁庭對本案先決問題不具有管轄權，導致對海洋權利問題也不具有管轄權。

四、低潮高地領土屬性爭端的管轄權問題

在第4項訴求中，菲律賓請求仲裁庭裁定美濟礁、仁愛礁和渚碧礁只是低潮高地，這些海洋地物不得通過佔領或其他行為而佔有。《布萊克法律詞典》將"佔有"（appropriation）的含義解釋為："對財產實施控制，據為

己有的行為。"❶ 低潮高地能否被佔有，指的是當事國能否通過實施佔領、控制等手段取得低潮高地的領土主權。佔領、控制的行為主要發生在陸地領土的取得過程中，附屬於領陸的領海是根據"陸地統治海洋"原則而取得的，不以控制和佔有為前提。因此，低潮高地能否被佔有問題的實質是低潮高地在領土屬性上是否為陸地領土的問題。仲裁庭在管轄權裁決中將低潮高地的領土屬性問題定性為"關於美濟礁等地物在《海洋法公約》第13 條下的地位問題"，是有關《海洋法公約》解釋和適用的爭端，並對第4 項訴求確立了附帶條件的管轄權。然而，下文的論證將說明，中菲不僅在美濟礁等地物的領土屬性問題上不存在爭端，且即便該爭端真實存在，其本質也是領土主權爭端，不是有關《海洋法公約》解釋和適用的爭端，仲裁庭的管轄權裁決意見和結論缺乏充分的法律依據。

（一）中菲在美濟礁、仁愛礁及渚碧礁能否被佔有的問題上不存在爭端

中菲雙方在提出南沙群島領土主權主張時，從未區分爭議的海洋地物何者是陸地領土。中國不僅從未在外交場合就特定南沙島礁的領土屬性問題發表立場，而且在國內立法方面，1958 年《中華人民共和國政府關於領海的聲明》、1992 年《中華人民共和國領海及毗連區法》第 2 條都體現了中國對南沙群島整體的領土主權主張，但從未區分南沙群島眾多地物中哪些是陸地領土。至於菲律賓的立場，正如中國《立場文件》所指出的那樣，

---

❶　Bryan A. Garner (ed.), *Black's Law Dictionary* (West Group Publishing, 8th edn, 2004), p. 315.

雖然菲律賓 2009 年通過第 9522 號法令，規定 “卡拉延群島” 和黃岩島的海洋區域將與《海洋法公約》第 121 條保持一致，❶ 但該規定並沒有涉及菲律賓是否對其中的低潮高地主張陸地領土主權。菲律賓 2011 年 4 月 5 日就越南、馬來西亞外大陸架劃界案向聯合國秘書長遞交了照會，聲明：“卡拉延群島構成菲律賓不可或缺的一部分”，“菲律賓共和國對卡拉延群島的地物擁有主權和管轄權”。可見，從 20 世紀 70 年代開始宣佈以來，❷ 菲律賓對 “卡拉延群島” 概括性的領土主權主張並未發生顯著的變化，在菲律賓於 2013 年提起南海仲裁案程序之前，菲律賓從未明確 “卡拉延群島” 的陸地領土範圍。

仲裁庭在裁決中援引菲律賓外交部 2011 年遞交給中國駐馬尼拉大使館的照會內容，該照會聲稱：“禮樂灘是一個完全被淹沒的灘地，屬巴拉望島大陸邊的一部分……構成菲律賓群島 200 海里大陸架的一部分。” 菲律賓外交部也曾於 1998 年 11 月 5 日、2011 年 4 月 4 日向中國駐馬尼拉大使館遞交照會，稱美濟礁 “是永久沒入水下的地物”，仁愛礁 “是海床的一部分”。❸

---

❶ 參見《中華人民共和國政府關於菲律賓共和國所提南海仲裁案管轄權問題的立場文件》，2014 年 12 月 7 日，第 24 段。

❷ 1978 年菲律賓第 1596 號總統法令首次以國內法的形式將南沙群島西南部分約 40 個島礁納入 “卡拉延群島”，並對其主張主權。該項法令規定菲律賓對 “卡拉延群島” 地區的所有島礁、相關水域、海床、底土、大陸坡和空域主張主權，面積達 64976 平方海里。See Presidential Decree No. 1596 “Declaring Certain Area Part of the Philippines Territory and Providing for their Government and Administration” (11 June 1978), Government of the Philippines, http://www.gov.ph/1978/06/11/presidential-decree-no-1596-s-1978/ (last visited 16 March 2016)；參見《中華人民共和國政府關於菲律賓共和國所提南海仲裁案管轄權問題的立場文件》，2014 年 12 月 7 日，第 24 段；李金明：《菲律賓國家領土界限評述》，載《史學集刊》2003 年第 3 期，第 70 頁。

❸ See Transcripts of the Hearing on Jurisdiction and Admissibility (Day 2, 8 July 2015), pp. 137–138.

從這些照會似乎可以推定菲律賓對"卡拉延群島"中部分地物不是陸地領土表達了觀點,但這些觀點主要針對那些低潮時也沒入水下的地物,而非低潮高地。可見,菲律賓在提起仲裁案之前並未就美濟礁、仁愛礁、渚碧礁等低潮高地是否為陸地領土的問題表達具體的立場。因此,中菲雙方在菲律賓提起仲裁之前,對低潮高地能否被佔有的問題不存在對立的主張,雙方在該問題上不存在真實的爭端。

(二)低潮高地的領土屬性爭端在性質上是領土主權爭端

假設中菲在低潮高地領土屬性問題上確實存在爭端,則該爭端在性質上應是領土主權爭端。

菲律賓在訴狀中援引了2001年國際法院審理的"卡塔爾訴巴林案"的判決意見,並據此論證中國不能通過佔領等方式取得低潮高地的領土主權。事實上,"卡塔爾訴巴林案"並非唯一涉及低潮高地領土屬性爭端的國際司法案例,也不是第一個案例。國際司法、仲裁實踐對低潮高地領土屬性問題的認識大致可分為三個階段,無論在哪一個階段、哪一個案例,有關低潮高地領土屬性的爭端都被視作領土主權爭端的一部分。

1. "英法敏基埃和艾克利荷斯案"(1953年)

英法之間存在關於敏基埃群島和艾克利荷斯群島主權歸屬上的爭議。兩組群島由小島、岩石和礁石構成,在低潮時露出大面積的陸地,在高潮時,只有個別地物依然露出水面。1950年,英國和法國達成《特別協議》,雙方請求國際法院"就敏基埃和艾克利荷斯的小島和岩石的主權(在可以被佔有的情況下）歸屬於英國還是法國的問題作出決定"。❶ 儘管該案並未提及和界定低潮高地這一概念，但英法兩國在《特別協議》中暗示在兩組群島中可能存在無法被佔有的海洋地物，有學者認為這些海洋地物很可能指的就是低潮高地。❷ 最終，國際法院並未解釋敏基埃和艾克利荷斯的哪些小島、岩石可以成為被佔有的對象，也未說明哪一類地物可以被佔有的標準，而是將兩組群島的主權都判給了英國。❸ 從英法雙方對該案爭端的定性和國際法院最後的判決結果看，有關低潮高地能否被佔有的問題是英法領土主權爭端的一個組成部分。

2. "卡塔爾訴巴林案"（2001 年）

卡塔爾和巴林兩國隔海相望且存在重疊的領海主張。1991 年，卡塔爾請求國際法院解決兩國之間的海洋劃界和領土問題。位於兩國重疊海域內的法斯赫特和迪巴勒（Fasht ad Dibal）是一處低潮高地，兩國就該低潮高地是否為領土產生爭議。巴林認為不論低潮高地地理位置在哪裏，低潮高地在性質上就是領土，並受到領土主權取得和保全的法律所支配。❹ 卡塔爾則持相反觀點。國際法院將該爭議問題總結為 "當一個低潮高地同時位於兩國領海寬度以內時，一國是否能通過佔有該低潮高地而對其取得主權的

---

❶ *The Minquiers and Ecrehos Case (France/United Kingdom)*, Judgment of 17 November 1953, *I.C.J. Reports* 1953, p. 52.

❷ See Roberto Lavalle, "The Rights over Low-tide Elevations: A Legal Analysis" , (2014) 29 *International Journal of Marine & Coastal Law* 457, p. 466.

❸ *The Minquiers and Ecrehos Case (France/United Kingdom)*, Judgment of 17 November 1953, *I.C.J. Reports* 1953, p. 72.

❹ *Case Concerning Maritime Delimitation and Territorial Questions Between Qatar and Bahrain (Qatar v. Bahrain)*, Merits, Judgment, *I.C.J. Reports* 2001, p. 100, para. 200.

問題"。❶雙方當事國和國際法院都援引了《海洋法公約》第 13 條、第 7 條第 4 款作為支撐本方觀點和判決結果的依據，且國際法院也通過解釋《海洋法公約》規則作出了判決。❷然而，借助解釋《海洋法公約》規則來判決一項爭端，並不意味著該爭端在性質上就是有關該公約解釋和適用的爭端。正如國際法院在 1998 年西班牙訴加拿大 "漁業管轄權案" 中所指出的，應當 "區分爭端本身和當事方用於支持其訴求的論據"。❸因此，僅從 "卡塔爾訴巴林案" 當事雙方和國際法院對爭端內容的表述上看，低潮高地領土屬性爭端無疑是卡巴兩國間領土主權爭端的一部分。

3. "卡塔爾訴巴林案" 後的新案例

在 "卡塔爾訴巴林案" 之後，國際法院審理了三件涉及低潮高地領土屬性問題的案件。

在 2007 年 "尼加拉瓜訴洪都拉斯案" 中，兩國請求國際法院就重疊的領海、專屬經濟區和大陸架劃定一條單一界線，與此同時，尼加拉瓜請求 "在不影響前述訴求（指的是單一劃界，筆者注）的情況下，對爭議海域的島嶼和沙洲領土主權作出判決"，洪都拉斯也請求國際法院判決 "博貝爾礁（Bobel Cay）、南礁（South Cay）、薩凡納礁（Savanna Cay）和波特

---

❶ *Case Concerning Maritime Delimitation and Territorial Questions Between Qatar and Bahrain (Qatar v. Bahrain)*, Merits, Judgment, *I.C.J. Reports* 2001, p.101, para. 204.

❷ See Counter-Memorial of the Government of the State of Bahrain (31 December 1997), pp. 226–227, para. 524; Reply of the Government of the State of Qatar (30 May 1999), paras. 7.40–7.41; *Case Concerning Maritime Delimitation and Territorial Questions Between Qatar and Bahrain (Qatar v. Bahrain)*, Merits, Judgment, *I.C.J. Reports* 2001, pp. 102–103, paras. 206–209.

❸ *Fisheries Jurisdiction (Spain v. Canada)*, Judgment on Jurisdiction of the Court, *I.C.J. Reports* 1998, p. 449, para. 32.

羅亞爾礁（Port Royal Cay），以及位於北緯 15 度以北的所有其他島嶼、岩礁、暗礁、沙洲等地物的主權都屬洪都拉斯"。❶ 除了博貝爾礁等四處地物是島嶼之外，其他一些爭議海洋地物在性質上是低潮高地。2012 年"尼加拉瓜訴哥倫比亞案"也存在相似的島礁領土主權爭端。在 2008 年"白礁、中岩礁和南礁主權案"中，馬來西亞和新加坡兩國就南礁（South Ledge）這一低潮高地的主權歸屬發生爭議。2003 年 2 月 6 日，雙方簽署《特別協議》，第 2 條"訴訟事項"規定："請求法院判決（a）白礁島（b）中岩礁和（c）南礁的主權是否歸屬於馬來西亞或新加坡。"❷ 對於這三個案例，國際法院均在判決書中解決領土主權爭端的章節中回顧了"卡塔爾訴巴林案"，討論了低潮高地能否被佔有的問題，並在此基礎上對相關海洋地物的主權歸屬問題作出判決。❸

由此可見，"卡塔爾訴巴林案"後的新近案例涉及低潮高地領土屬性的爭端都被當事方和國際法院定性為領土主權爭端。

可以肯定的是，低潮高地在產生領海權利方面受到了海洋法的限制，使得低潮高地區別於島嶼。低潮高地的法律地位由兩種不同的法律制度所決定，一是低潮高地的內在法律制度（intrinsic regime），二是低潮高地的外在法律制度（extrinsic regime）。❹ 內在法律制度決定低潮高地的領土屬性，

---

❶ *Territorial and Maritime Dispute between Nicaragua and Honduras in the Caribbean Sea (Nicaragua v. Honduras)*, Judgment, *I.C.J. Reports* 2007, pp. 668–669, para. 19.

❷ *Case Concerning Sovereignty over Pedra Branca/Pulau Batu Puteh, Middle Rocks and South Ledge (Malaysia/Singapore)*, Judgment, *I.C.J. Reports* 2008, pp. 17–18, para. 2.

❸ See *Territorial and Maritime Dispute between Nicaragua and Honduras in the Caribbean Sea (Nicaragua v. Honduras)*, Judgment, *I.C.J. Reports* 2007, pp. 701–704, paras. 133–145 ; Territorial and Maritime Dispute *(Nicaragua v. Colombia)*, Judgment, *I.C.J. Reports* 2012, pp. 641–645, paras. 25–38; *Case Concerning Sovereignty over Pedra Branca/Pulau Batu Puteh, Middle Rocks and South Ledge (Malaysia/Singapore)*, Judgment, *I.C.J. Reports* 2008, pp. 99–101, paras. 291–299.

❹ Roberto Lavalle, "The Rights over Low-tide Elevations: A Legal Analysis", p. 458.

外在法律制度決定低潮高地可以產生何種海洋權利，以及海洋權利是否受到限制。1958 年《領海與毗連區公約》和 1982 年《海洋法公約》在海牙會議的認識基礎上制定了具體規則，形成了低潮高地的外在法律制度。在海洋法規則編纂的過程中，國際會議並未討論低潮高地的領土屬性問題，低潮高地的內在法律制度可以從習慣國際法規則中尋求依據，或通過國家實踐的發展形成新的習慣法規則。在《海洋法公約》開放簽署後，仍有國家將低潮高地視為島嶼，並作為國家陸地領土的一部分。[●] 因此，低潮高地的領土屬性問題不是一個由《海洋法公約》予以規範的問題，它還有待國際公法學者和更多的國際司法實踐對習慣法規則予以識別。

五、低潮高地領土屬性爭端的實體問題

（一）仲裁庭的裁決缺乏法理論證

低潮高地的領土屬性問題，即沿海國能否通過佔領、時效等習慣國際法所認可陸地領土取得方法獲得低潮高地的領土，包括《海洋法公約》在內的國際法淵源並未就該問題予以明確的規範。但是這並不妨礙國際法院

[●] 1992 年，加勒比海國家貝利茲在海洋立法中採納了《海洋法公約》關於島嶼和低潮高地的定義，但在該法第 4 條規定位於領海寬度範圍內的低潮高地應被視為島嶼。參見 Article 4(2) of Maritime Areas Act of Belize (24 January 1992)，聯合國網站：http://www.un.org/Depts/los/LEGISLATIONANDTREATIES/PDFFILES/BLZ_1992_MAA.pdf，最後訪問時間：2016 年 3 月 13 日。

在多個判決就此問題予以闡述，本案仲裁庭亦再次引用 2012 年"尼加拉瓜訴哥倫比亞案"的判決理由，似乎國際司法和仲裁實踐已經就此問題形成比較一致的意見。即便如此，本案仲裁庭直接引述了國際法院在相似案例中值得商榷的結論，且欠缺進一步論證，削弱了裁決結果的合法性。

2016 年的裁決書只用了一個段落（第 309 段）的篇幅回答了低潮高地的領土屬性問題："關於低潮高地的地位，仲裁庭認為，儘管用'陸地'一詞作為低潮高地的物理描述，但低潮高地不構成法律意義上的國家陸地領土的一部分。更確切地說，它們構成國家水下陸架的一部分並可能落入領海或大陸架制度的範疇。據此，且由於它們不同於陸地領土，仲裁庭同意如下觀點：'低潮高地不能被佔有，儘管由於沿海國對其領海本身擁有主權，沿海國對位於其領海內的低潮高地擁有主權。'" ❶

仲裁庭裁決低潮高地不是陸地領土，而是水下陸架的一部分，這一結論缺乏國際法淵源上的依據。假設低潮高地的領土屬性問題確為有關《海洋法公約》解釋與適用的問題，則仲裁庭所得結論必須有《海洋法公約》上的依據，而仲裁庭在上述裁決理由中並未直接援引任何公約條款，也未援引任何與《海洋法公約》不相抵觸的國際法規則，只引述了國際法院在 2012 年"尼加拉瓜訴哥倫比亞案"中的一句判決意見。

《國際法院規約》第 38 條第 1 款確立了國際法的淵源體系。條約、習慣和一般法律原則是國際法的形式淵源；司法判例和各國權威最高之公法學家學說是作為確定法律原則之補助資料，屬實質淵源。通常認為，司法

---

❶ *The South China Sea Arbitration (the Republic of the Philippines v. the People's Republic of China)*, Award, 12 July 2016, p. 132, para. 309.

判例為某項習慣國際法的存在提供了證據、揭示了其內容。❶暫且不論"尼加拉瓜訴哥倫比亞案"以及上文提及的有關國際法院判決是否反映了習慣國際法關於低潮高地領土屬性的規範，本案仲裁庭所引述的也只是"尼加拉瓜訴哥倫比亞案"的一處結論性觀點，並未引述得出該案結論的判決理由（*ratio decidendi*），故仲裁庭這一引述也未能增強本案裁決的法律依據。

實際上，2012 年"尼加拉瓜訴哥倫比亞案"判決意見亦未就該低潮高地的領土屬性問題論述國際法上的依據。在該案中，尼加拉瓜請求國際法院判決尼加拉瓜擁有龍卡多爾礁（Roncador）等 4 處島礁的主權，這些島礁位於兩國重疊的專屬經濟區內。❷國際法院在該案判決第 26 段中指出："在處理主權問題前，法庭必須決定這些有爭議的海洋地物能否被佔有（appropriation）。島嶼無論多小，都能被佔有，這是國際法上所公認的（參見 2001 年"卡塔爾訴巴林案"判決第 206 段）。相反，低潮高地不能被佔有，儘管'由於沿海國對其領海本身擁有主權，沿海國對位於其領海內的低潮高地擁有主權'（"卡塔爾訴巴林案"判決第 204 段），並且為測量領海寬度之目的，領海內的低潮高地可能會得到考慮。"❸可見，國際法院在 2012 年的判決中完全依賴 2001 年"卡塔爾訴巴林案"的判決理由，並且沒有考慮到 2001 年的判決只針對領海內的低潮高地的主權問題。

回顧 2001 年"卡塔爾訴巴林案"，國際法院對雙方爭議予以總結：當一個低潮高地同時位於兩國的領海寬度以內時，一國是否能通過佔有

---

❶ 參見賈兵兵：《國際公法：和平時期的解釋和適用》，北京：清華大學出版社，2015 年，第 25、47 頁。

❷ *Territorial and Maritime Dispute (Nicaragua v. Colombia)*, Judgment, *I.C.J. Reports*, 2012, pp. 641, 642–645, paras. 26, 28–38.

❸ *Territorial and Maritime Dispute (Nicaragua v. Colombia)*, Judgment, *I.C.J. Reports*, p. 641, 2012, para. 26.

（appropriation）該低潮高地而對其取得主權。❶國際法院 2012 年判決未經任何說理便將 2001 年的判決理由擴大適用到位於各類海域中的低潮高地，足見 2012 年的判決本身法理依據有限，建立在其上的南海仲裁案裁決更因此缺乏說服力。

更何況，無論是 2001 年還是 2012 年的判決，國際法院都未得出"低潮高地不是陸地領土"或"低潮高地是國家水下陸架的一部分"等結論。2001 年"卡塔爾訴巴林案"判決的說理十分謹慎："國際條約在低潮高地能否被視為'領土'的問題上是沉默的。法庭也不知曉是否存在統一且廣泛的國家實踐，以致足以產生明確允許或排除對低潮高地予以佔有的習慣法規則……從領土取得的視角來看，在缺乏其他規則和法律原則的情況下，不能認為低潮高地完全等同於島嶼或其他陸地領土。"❷對於低潮高地是否為陸地領土這一問題，國際法院坦陳缺乏國際條約或習慣的直接依據，只能在《海洋法公約》的框架下認定低潮高地不是如同島嶼那般的陸地領土，並未完全否定低潮高地作為陸地領土一部分的可能性，更未論及領海之外的低潮高地是否為"水下陸架"的一部分，以及低潮高地是否具有從屬大陸架的法律地位。小田滋（Shigeru Oda）法官發表了"卡塔爾訴巴林案"的個別意見，指出："我認為，能否對小島或低潮高地通過佔有的方式取得主權的問題，以及這些地物能如何影響領海範圍或領海界線的問題，依然存在開放答案。"❸從"卡塔爾訴巴林案"到"尼加拉瓜訴哥倫比亞

---

❶ *Case Concerning Maritime Delimitation and Territorial Questions Between Qatar and Bahrain (Qatar v. Bahrain), Merits, Judgment, I.C.J. Reports*, 2001, p.101, para. 204.

❷ *Case Concerning Maritime Delimitation and Territorial Questions Between Qatar and Bahrain (Qatar v. Bahrain), Merits, Judgment, I.C.J. Reports*, 2001, pp. 101–102, para. 205.

❸ *Case Concerning Maritime Delimitation and Territorial Questions Between Qatar and Bahrain (Qatar v. Bahrain)*, Judgment on Merits, Separate Opinion of Judge Oda, *I.C.J. Reports*, 2001, p. 124, para. 7.

案”，再到南海仲裁案，裁決的法理依據並未得到進一步的論證，並在一再引述中逐步偏離了最初判決理由的本意，擴大了適用範圍，忽視“國際條約和習慣法在低潮高地領土屬性問題上是沉默的”這一法律事實。

（二）海洋法視角下的低潮高地陸地領土屬性

無法否認的是，在 2001 年“卡塔爾訴巴林案”中，海洋法的有關規則（《海洋法公約》第 13 條和第 7 條第 4 款）的確為國際法院作出判決提供了某種規範性指引，而南海仲裁案仲裁庭對國際法院判決中的結論性觀點予以採納，這在一定程度上暗示仲裁庭認可國際法院在相似爭議問題上的判決理由。

儘管低潮高地的領土屬性問題在本質上是一個領土主權問題，但追根溯源，低潮高地在本質上首先是一個在海洋法體系中創設的概念，正如國際法院所言，“只有在海洋法中才確立了幾條有關近岸低潮高地的授權性規則”。❶ 在“低潮高地”概念產生之前，各國通常用礁石（reefs）、乾出礁（drying reefs）等術語描述低潮時才露水面的一類島礁。伴隨著 20 世紀初的現代海洋法編纂活動，國際社會才開始將僅在低潮時露出水面的海洋地物視為某一類特殊的島礁類型，並命名為“低潮高地”。

海洋法作為唯一對低潮高地予以規範的國際條約法體系，對全面理解低潮高地的法律地位而言是一項重要的法律淵源。那麼，這些海洋法規則是否足以為闡明低潮高地的領土屬性提供國際法依據？本節將分別歸納國

---

❶ *Case Concerning Maritime Delimitation and Territorial Questions Between Qatar and Bahrain (Qatar v. Bahrain)*, Merits, Judgment, *I.C.J. Reports* 2001, pp. 101–102, para. 205.

際司法機構和學者否認低潮高地作為陸地領土的幾類觀點，探討低潮高地在國際海洋法規範體系下的領土屬性。

1. "陸地統治海洋"原則未排除低潮高地作為陸地領土的合法性

國際法院在"卡塔爾訴巴林案"中依據認定沿海國可以對近岸低潮高地擁有主權，這種主權的性質是領海主權，而非領陸主權。深入分析國際法院的論述，可以從中歸納法院的兩層遞進的論據。

首先，國際法院論證了低潮高地和島嶼在海洋法上的區別。❶有關條約規則對低潮高地和島嶼在領海制度中的地位作出明確的區分。其一，距離大陸或島嶼超出領海寬度範圍的低潮高地不能擁有自己的領海。其二，即便是那些可以擁有領海的低潮高地，在該低潮高地領海範圍內的其他低潮高地不能擁有領海，除非後者也位於島嶼或大陸的領海範圍內。也就是說，低潮高地不能以另一個低潮高地為"跳板"（leapfrogging）主張領海。其三，《領海和毗連區公約》第 4 條第 4 款與《海洋法公約》第 7 條第 4 款都規定，除在低潮高地上築有永久高於海平面的燈塔或類似設施，直線基線的劃定不應以低潮高地為起訖點，而島嶼在任何情況下都可以成為直線基線的基點。這些區分主要體現在低潮高地需滿足一定的條件才能成為領海的基點，即低潮高地在有限情況下方能擁有領海，而島嶼則和大陸一樣不受類似條件的限制。因此，低潮高地不是島嶼意義上的陸地領土。

其次，國際法院進一步推理指出，當低潮高地位於大陸或島嶼的領海範圍內時，這類近岸低潮高地是大陸或島嶼領海海床和底土的一部分，沿

---

❶ See *Case Concerning Maritime Delimitation and Territorial Questions Between Qatar and Bahrain (Qatar v. Bahrain)*, Merits, Judgment, *I.C.J. Reports* 2001, pp. 101–102, paras. 205–209.

海國據此擁有低潮高地的主權。

對國際法院的兩層論據進行進一步推理，可以得出這樣的結論：島嶼和大陸作為陸地領土，沿海國對島嶼和大陸擁有陸地領土主權；近岸低潮高地只是領海的一部分，領海由陸地領土主權衍生而來，沿海國對低潮高地擁有領海主權。由此可見，國際法院的判決理由實際上間接地否定了近岸低潮高地是陸地領土觀點的合法性，關於陸地領土取得方式的習慣國際法規則亦不能適用於近岸低潮高地，沿海國只能根據“陸地統治海洋”原則取得對近岸低潮高地的主權。然而，依據“陸地統治海洋”原則和《海洋法公約》相關規則，無條件產生領海的海岸必然是陸地，反之，僅在有限條件下才能作為領海基點的海洋地物未必不是陸地。因為，綜觀領海制度的發展歷史，低潮高地在領海制度中的地位不及島嶼和大陸，這一結果是海洋法規則進行國際立法過程中各國相互妥協的產物，與低潮高地是否為陸地領土無關。

早在 1930 年國際聯盟召開的海牙國際法編纂會議上，各國為形成完整的領海制度，認為必須對廣義上的島礁（insular features）予以界定。對此，各國針對島嶼是否包括了只在低潮時露出水面的地形問題形成了兩派觀點，以美國為首的部分國家認為島嶼滿足低潮時露出水面的要求即可，而以英國為代表的國家則主張島嶼必須在高潮時永久地高於水面。[1] 在相互妥協之下，海牙會議第二委員會在報告中將島嶼定義為“被海水包圍且在高潮時永久性地露出水面的陸地”，將低潮高地定義為“僅在低潮時露出水面的那一部分海床”，從而在概念上實現了低潮高地和島嶼分離。根據

---

❶　See Marjorie M. Whiteman, *Digest of International Law*, Government Printing Office, Washington DC, 1965, Vol. 4 , p. 306.

草案，儘管低潮高地不能擁有自己的領海，但在確定領海基線時，位於大陸或島嶼領海範圍內的低潮高地可以成為領海的起訖點。● 儘管海牙會議並未成功形成一套領海規則，但區分島嶼和低潮高地的做法延續至 20 世紀 50 年代後的歷次聯合國海洋法會議，並在這一精神的指導下形成了 1958 年《領海與毗連區公約》和 1982 年《海洋法公約》有關低潮高地的所有規則。● 希臘學者迪普拉（Haritini Dipla）指出：“為了確立不同島礁地物（insular features）的海域權利，法律規則對島嶼和低潮高地作出了區分。作出這種區分的基礎，是考慮到當島礁構造並非永久處於高潮海面之上，人們不能總是觀測到，故這些構造不是法律意義上的島嶼，不能擁有自己的海域。”● 可見，歷次國際海洋法編纂會議當中的討論和草案，都清晰地表明：國際海洋法條約界定和明確低潮高地的地位，其唯一目的是規範沿海國的領海測量起訖點，避免沿海國隨意選擇沿岸構造作為領海基點擴大主權海域範圍，意圖在擴大領海主權和維護公海自由兩種主張之間取得平衡。

因此，自 “低潮高地” 概念誕生至今，現代海洋法的發展過程只說明了一個問題，即無論低潮高地是否為陸地領土，其在海洋法中的地位都低於島嶼和大陸。以 “陸地統治海洋” 為基本原則的國際海洋法從未探究過低潮高地是否為陸地領土的問題，“陸地統治海洋” 原則在邏輯上也並未否認低潮高地作為陸地領土的合法性。

● See Hiran W. Jayewardene, *The Regime of Islands in International Law* (Martinus Nijhoff Publishers, 1990), pp. 3–4.

● See A/CONF.62/C.2/L.3, *United Conference on the Law of the Sea Official Records*, Vol. III, 1974, p. 183; A/CONF.62/C.2/L.26 , *United Conference on the Law of the Sea Official Records*, Vol. III, 1974, p. 203; A/CONF.62/C.2/L.62/Rev.1, *United Conference on the Law of the Sea Official Records*, Vol. III, 1974, p. 232.

● Hartini Dipla, "Islands", para. 10, *Max Plank Encyclopedia of Public International Law* (online edition), Oxford Public International Law website, http://opil.ouplaw.com/home/epil (last visited 16 March 2016).

2. "實際佔有論" 的缺陷

在 1953 年"英法海峽群島案"中,英國和法國在《特別協議》的第 1 條請求國際法院"就敏基埃和艾克利荷斯的小島和岩石的主權(在可以被佔有的情況下)歸屬於英國還是法國的問題作出決定"。[1] 國際法院將"可以被佔有"(capable of appropriation)解釋為"可以被實際佔有"(physically capable of appropriation)。[2] 儘管國際法院並未在該案中區分敏基埃和艾克利荷斯兩組島群中哪些島礁可以被實際佔有,但"實際佔有論"成為部分學者和法官否定低潮高地是陸地領土的法理依據。

在"卡塔爾訴巴林案"中,卡塔爾的代理律師奎努德克教授(Jean-Pierre Quéneude)駁斥巴林的主張,指出:"從嚴格意義上的物理學的、實際的角度看來,低潮高地很難被佔有,因為很難想像可以對它們實現真實的佔有。"[3] 國際法院在 2001 年的判決中雖未完全採納其觀點,但在判決中承認:"毫無爭議的是,島嶼是堅實的領土(*terra firma*),受到領土取得規則和原則的支配。"[4] 貝德賈維(Bedjaoui)、蘭傑瓦(Ranjeva)和科羅馬(Koroma)三位法官在該案的反對意見中認為:與環礁和沙洲不同,島嶼作為陸地領土具有地形學上的依據,島嶼是堅實的領土,在物理性質上具有持續穩定存在的基礎;而法斯赫特和迪巴勒這處低潮高地的表層是可以

---

[1] *The Minquiers and Ecrehos Case (France/United Kingdom)*, Judgment of 17 November 1953, *I.C.J. Reports* 1953, p. 52.

[2] *The Minquiers and Ecrehos Case (France/United Kingdom)*, Judgment of 17 November 1953, *I.C.J. Reports* 1953, p. 53.

[3] See *Case Concerning Maritime Delimitation and Territorial Questions Between Qatar and Bahrain (Qatar v. Bahrain)*, Verbatim Record 2000/9, pp. 46–47, para. 43.

[4] *Case Concerning Maritime Delimitation and Territorial Questions Between Qatar and Bahrain (Qatar v. Bahrain)*, Merits, Judgment, *I.C.J. Reports* 2001, p. 102, para. 206.

隨意變動的。三位法官強調：判斷低潮高地是否為陸地領土，應結合主權的有效性一併考慮；在國際法上，主權意味著最低程度的穩定領土基礎，海洋地物中除了島嶼都不能滿足這一要求。❶

"實際佔有論"否定低潮高地可以作為陸地領土的理由包含兩個方面：其一，低潮高地在物理屬性上具有不穩定性，不是堅實的領土；其二，對於低潮高地，國家不能實施實際的、有效的控制。這些理由都與傳統的陸地領土取得規則，特別是與在國際司法實踐中形成的"有效控制"或"有效佔領"理論相關。胡伯在"帕爾瑪斯島仲裁案"中提出："真實持續與和平地行使國家職能是領土主權爭端中合理、自然的標準。"❷一系列國際司法、仲裁判例逐漸形成了有效控制原則，即在領土主權爭議中，現代國際法要求當事國證明其對某處領土實現了有效控制（effetivité），包括具備對該領土展示權力的主觀意圖，以及持續、和平地對領土行使管轄和國家職能。❸

常設國際法院在"東格林蘭案"中強調取得領土主權的兩項要素：作為主權者的意圖和意願，以及真實地行使或展示主權權力的行為。❹在司法實踐中，有效控制原則的適用對象主要是島嶼和大陸，但不能由此推知國家不能對低潮高地通過有效佔領、控制的方法取得領土主權。有效控制的

---

❶ See *Case Concerning Maritime Delimitation and Territorial Questions Between Qatar and Bahrain (Qatar v. Bahrain)*, Joint dissenting opinion of Judges Bedjaoui, Ranjeva and Koroma (translation), *I.C.J. Reports* 2001, pp. 209–210, para. 200.

❷ *Island of Palmas Case (Netherlands/United States of America)*, Award of 4 April 1928, *UNRIAA*, Vol. II, p. 840.

❸ See *The Eritrea–Yemen Arbitration (Phase I: Territorial Sovereignty and Scope of Dispute)*, 9 October 1998, Award, Permanent Court of Arbitration, para. 239.

❹ *The Legal Status of Eastern Greenland Case (Denmark v. Norway)*, Judgment, 2 September 1933, *P.C.I.J. Series A/B*, No. 48, para. 97.

適用具有相對性，爭議領土的性質本身可以影響實際、有效控制的認定標準。❶ 胡伯認為："根據不同的時空條件，國家採取不同的形式展示主權。儘管原則上應該持續，但主權不可能每時每刻、在領土的每個角落都得到行使。"❷ 所謂不同的時空條件、島礁是否有人居住以及島礁是否地理位置偏遠，這些都是重要的參照因素。"克利伯頓島仲裁案"裁決和"東格林蘭案"判決認為，對於完全無人居住或人跡鮮至的領土，實際佔領的要求降低，國家可以通過發現、登陸、公開宣示主權的象徵形式完成對島礁的有效佔領。❸ 對於面積較很小的島礁，建造助航設施（例如燈塔），也可以構成"以主權名義"實施的行為。

　　儘管國際法院在"厄立特里亞與也門仲裁案"中指出，對領土的控制、佔領或管轄行為應滿足某種最低的標準，❹ 但尚無國家實踐表明這種最低標準與島礁表面是否永久露出水面或其不穩定性之間存在直接聯繫。倘若對於一個面積極小，甚至只能容納個人臨時攀爬或站立的岩礁，如英國的羅卡爾礁（Rockall）和日本的沖之鳥礁（Okinotorishima），國際法尚且允許國家通過佔領的方法取得原始主權，那麼對於一個面積較大、低潮時裸露並建造有漁業設施或燈塔的礁石，借助"有效控制"或"實際佔有論"，否定低潮高地的領土地位，便難以自圓其說。

---

❶ Malcolm N. Shaw (ed.), *Title to Territory* (Ashgate Publishing Company, 2995), p. xx.

❷ *Island of Palmas Case (Netherlands/United States of America)*, Award of 4 April 1928, *UNRIAA*, Vol. II, p. 840.

❸ *The Legal Status of Eastern Greenland Case (Denmark v. Norway)*, Judgment, 2 September 1933, *P.C.I.J. Series A/B*, No. 48, para. 99; *Arbitral Award on the Subject of the Differences Relative to the Sovereignty over Clipperton Island (France/Maxico)*, 28 January 1931, pp. 393–394.

❹ *The Eritrea–Yemen Arbitration (Phase I: Territorial Sovereignty and Scope of Dispute)*, 9 October 1998, Award, Permanent Court of Arbitration, para. 453.

六、結論

菲律賓在南海仲裁案中所提訴求涉及低潮高地多個基本法律問題，一方面，仲裁庭對第 4、6 項訴求確立附帶條件的管轄權，有助於為低潮高地相關規則的研究提供國際仲裁裁決意見；但另一方面，未加全面、合理論證的管轄權和實體法律問題結論有違公平公正，其結果將導致南海爭端的進一步升級和惡化。

本文得出如下結論：

第一，中菲兩國之間不僅存在關於南沙群島整體領土主權歸屬的爭端，還存在中國南沙群島整體的專屬經濟區和大陸架權利主張與菲律賓群島專屬經濟區和大陸架權利主張重疊海域的劃界爭端。然而，客觀事實表明，中菲之間在仲裁程序啟動前從未就哪些海洋地物是低潮高地、能否產生海洋權利以及能否被佔有的問題交換具體意見並形成相反的立場，不符合國際法理論和國際司法實踐所認可的爭端的存在標準。仲裁庭在證據採集和事實認定時，依賴菲律賓單方提供的證據材料，在一定程度上對中菲雙方的立場進行了擴大和任意解讀。

第二，假設中菲之間確實存在關於美濟礁等 5 處地物是否為低潮高地的爭端，但因潮汐基準的選擇需以確定中菲何者是美濟礁等地物的沿海國，該爭端的解決必須以雙方領土主權爭端和海洋劃界爭端為先決問題。換言之，這導致仲裁庭一旦確立了管轄權，則不得不首先解決領土主權和海洋劃界爭端，才能公正合法地就美濟礁的性質問題進行裁決。由於領土主權的爭端不屬於《海洋法公約》第 288 條第 1 款所規定的 "有關公約解釋和適用的爭端"，且中國通過 2006 年的聲明已排除將海洋劃界爭端提交《海洋法公約》第十五部分第二節下的任何強制爭端解決程序，故仲裁庭對該爭端不具有管轄權。

第三，假設中菲之間確實存在關於美濟礁等 5 處地物的海洋權利的爭端，由於中國對南沙群島整體的領土主權主張的合法性決定了南沙群島應適用何種領海基線，從而在根本上決定了美濟礁周圍海域的海洋權利內容與範圍，故中菲領土主權爭端構成該爭端的先決問題。由於仲裁庭對本案先決問題不具有管轄權，對附帶該先決問題的海洋權利爭端也不具有管轄權。

第四，假設中菲之間存在關於低潮高地能否被佔有，即低潮高地在領土屬性上是否為陸地領土的爭端，國際司法實踐表明這類爭端在性質上是領土主權爭端。《海洋法公約》有關條款（主要是第 13 條）在司法實踐中的適用只是提供了"低潮高地不是陸地領土"這一結論的其中一項論據，該爭端的本質依然是領土主權爭端。所以，根據《海洋法公約》第 288 條第 1 款，仲裁庭對該項爭端不具有管轄權。

第五，仲裁庭僅僅依賴於國際法院在 2012 年的一處未加闡釋的判決意見，在法理論證缺失的情況下，裁定中國在南沙的多處"低潮高地"不構成陸地領土，不能成為佔有的對象。仲裁庭在實質上裁決了中菲之間有關南沙群島的領土主權問題。低潮高地雖為現代國際海洋法創制的概念，但在有關領土取得的習慣國際法規則和國際法理論中，這類低潮時才露出水面的海洋地物並未被排除出陸地領土範圍，亦不妨礙國家基於"有效控制"理論主張其主權。

南海仲裁案仲裁庭對陸地權源的非法處理 *

　　菲律賓單方所提南海仲裁案的仲裁庭在 2016 年 7 月 12 日公佈了裁決結果，裁決內容涉及對中國諸多不利的理解、解釋與認定。中國自始至終對南海仲裁案不參與、不承認和不接受，中國反對仲裁庭管轄權的重要理由在於，其一，《海洋法公約》是關於海洋的條約國際法，不處理陸地領土主權問題，而菲律賓所提訴求本質上是關於南海部分島礁的主權歸屬問題，不由《海洋法公約》調整；其二，菲律賓所提訴求即便涉及《海洋法公約》的解釋與適用問題，也是劃界問題不可分割的組成部分，而早在 2006 年，中國政府已經根據《海洋法公約》第 298 條的規定提交聲明，明

---

* 　作者：羅歡欣，中國社會科學院國際法研究所助理研究員。本文原載於《國際法研究》2016 年第 5 期，題目為 "論南海仲裁案實體裁決中對陸地權源的非法處理 —— 以仲裁庭對島礁地位的認定為考察對象"，本書主編對該文的部分表述做了必要調整。

確將海洋劃界爭端排除出包括"附件七仲裁"❶ 在內的強制爭端解決程序。❷

裁決公佈後，中國外交部立刻發表聲明指出仲裁的無效性，以及中國不承認、不接受的立場。❸ 裁決內容具體涉及歷史性權利和"九段線"、爭議島礁的地位、中國行為的合法性和海洋環境損害等多個方面，而歷史性權利與"九段線"，以及島礁地位這兩項為裁決的核心內容，因為後面的幾項裁定基本上以前面這兩項為基礎。其中，對於爭議島礁的地位，仲裁庭認為，儘管中菲雙方未就南海單個的海洋地物的地位問題專門交換過立場，但中菲雙方就南海的海洋權利存在爭端，爭端不會因為就個別島礁缺少意見交換而被否定。進而，通過實體審理，仲裁庭得出結論，認為南沙群島無一能夠產生延伸的海洋區域，也即，認為南沙群島的所有高潮時高於水面的島礁（例如包括太平島、中業島、西月島、南威島、北子島、南子島）在法律上均為無法產生專屬經濟區或者大陸架的"岩礁"，從而裁決認為中國主張的島礁無一能夠產生專屬經濟區。❹

整體上，仲裁庭幾乎完全支持了菲律賓的主張。裁決公佈不久，就有

---

❶ 因為菲律賓是依據《海洋法公約》第十五部分和附件七的規定單方提起的仲裁程序，該仲裁庭不同於國際法院、聯合國海洋法法庭或者其他國際上的常設司法機構，它是由附件七規定所特別組成的仲裁庭（臨時選擇仲裁員組成仲裁小組），因此，學界稱這一獨特程序的仲裁形式為"附件七仲裁"。此外，也有爭論提到這樣的仲裁形式並不是規範意義的仲裁，甚至應該在翻譯上稱為調解程序等。考慮到此程序設計的初衷仍然是第三方公斷，而仲裁為通常的理解，所以，本文為方便論述，採用通行的"附件七仲裁"稱呼，以下不再特別標注。

❷ 《中華人民共和國政府關於菲律賓共和國所提南海仲裁案管轄權問題的立場文件》，2014 年 12 月 7 日。

❸ 《中華人民共和國外交部關於應菲律賓共和國請求建立的南海仲裁案仲裁庭所作裁決的聲明》，2015 年 10 月 30 日。

❹ *The South China Sea Arbitration (the Republic of the Philippines v. the People's Republic of China)*, Award, 12 July 2016, Permanent Court of Arbitration, paras. 643–647.

諸多學者指出，其解讀中國立場的片面程度之大，誤讀事實與法律問題的尺度之廣，讓人震驚。[1]對南海仲裁案詳加分析，不管是程序（管轄權與可受理性）問題，還是實體問題（對訴求的具體裁決），裁決中有太多對基本事實的忽略與誤解。為此，本文將集中考察裁決對相關島礁地物的地位這一項認定中的主要問題。[2]有必要說明，筆者在本文集中關注這一項裁決，不代表對裁決中其他的任何認定有肯定或支持。事實上，本文所探討的裁決對中國主張的事實曲解也關聯到了對歷史性權利與"九段線"的認定。只是限於篇幅，本文不可能探討裁決中的所有問題，也非對島礁地位這一項裁決的問題窮盡考察，而是主要從權源（entitlements）的角度進行分析。[3]

裁決將相關島礁的地位問題歸入海洋區域的權源（entitlements to maritime zones）爭議，[4]可是，筆者發現，這一爭議焦點本身的歸納，就根本背離了中國的實際主張和邏輯。因為，在實體上，中國並沒有基於"單個島礁"而提出海洋權利要求，中國在南海的所有海洋權利主張均圍繞"群島"而展開。在這一點上，中國外交的對外聲明、立場文件已經反

---

[1] 多國法律專家已經在媒體表達意見。參見《海外法律專家認為南海仲裁案所謂裁決非法》，新華網：http://news.xinhuanet.com/world/2016-07/16/c_1119229726.htm，最後訪問時間：2016 年 7 月 22 日。

[2] "The Status of Features in the South China Sea (Submissions No.3 to 7)", *The South China Sea Arbitration (the Republic of the Philippines v. the People's Republic of China)*, Award, 12 July 2016, paras. 279–647. 其非正式新聞稿對這一項訴求翻譯成"島礁地位問題"，而"features"直譯為"海洋地物"，涵蓋島嶼、岩礁和低潮高地等海洋地理特徵，出於中文的習慣和閱讀方便，本文仍然參照新聞稿，將其稱為"島礁地位問題"。

[3] 權源問題，也就是權利依據和來源問題的簡稱。本文將其區分為陸地領土權源（title to territory）和海洋區域的權源進行探討。後文會具體論及。

[4] *The South China Sea Arbitration (the Republic of the Philippines v. the People's Republic of China)*, Award, 12 July 2016, para. 279.

覆指出，學界也有關注和提及。[1] 但是，關於權源背後的法理，特別是陸地權源與海洋權源的差異，目前學界並無系統論證。同時，筆者認為，中國南海主張的內容與邏輯具體是什麼，這本質上是一個不容自由發揮的事實存在，可以通過考察中國的立法以及官方聲明等公開資料而得到證實。因此，本文將以實證的方法梳理中國的南海主張（與爭議島礁相關或包括爭議島礁在內的），同時從理論上對陸地權源與海洋權源進行專門比較，對仲裁裁決的相關事實與法律問題予以評介。筆者分析後認為，裁決最大的錯誤是，中國的主張內容受到重大曲解，仲裁庭濫用海洋法對陸地權源問題進行了處理。

一、中華人民共和國的南海立法：群島整體作為陸地領土

南海又名南中國海（South China Sea），因位於中國南部而得名。目前，針對南海區域的領土主權與海洋權利，中國、越南、菲律賓、文萊、馬來西亞和印度尼西亞等 6 個周邊國家間存在爭議性主張。事實上，直到

---

[1] 譬如德國波恩大學教授塔爾蒙在 2016 年接受德國媒體專訪時指出，"臨時仲裁庭所謂裁決對‘島嶼’概念的解釋非常狹隘"，"臨時仲裁庭沒有探討最關鍵的問題，即在南海地區，有沒有一種地區性的、為群島規定領土主權的習慣國際法，也就是一個國家對該地區的歷史性權利？如果提出這樣的問題，那麼就不會再去探討單一的島嶼或岩礁屬哪個國家，而是討論一個整體，即南沙群島。臨時仲裁庭的裁決不見‘整體’，只見個別島礁。事實上，中國一直堅持把南沙群島當作一個整體主張領土主權和海洋權益及劃界，臨時仲裁庭硬把中國用的單數動詞‘is’改為‘are’，把南沙群島的島礁作單個處理"。《德海洋法專家談南海仲裁案：菲方稱"全面勝利"令人吃驚》，澎湃新聞網：http://www.thepaper.cn/newsDetail_forward_1503135，最後訪問時間：2016 年 7 月 22 日。

20 世紀 70 年代初步勘探出這些島礁附近存在巨大的油氣資源時，國際上還對這些島嶼鮮有關注。[1] 雖然中國的南海立場並沒有規定在一個正式命名的專門文件中，但從 20 世紀 50 年代開始，中華人民共和國政府就對位於南海的東沙群島、西沙群島、中沙群島和南沙群島四大群島進行了明確的立法，[2] 通過立法形式來主張、確認和維護其領土主權和相關海洋權利與利益，立法中的表述內容清楚和連貫。

（一）1958 年的立法

1958 年 9 月 4 日全國人民代表大會常務委員會通過《中華人民共和國政府關於領海的聲明》，相關原文為：

（一）中華人民共和國的領海寬度為 12 海里（浬）。這項規定適用於中華人民共和國的**一切領土，包括**中國大陸及其沿海島嶼，和同大陸及其沿海島嶼隔有公海的台灣及其周圍各島、澎湖列島、**東沙群島、西沙群島、中沙群島、南沙群島以及其他屬中國的島嶼**。

（二）中國大陸及其沿海島嶼的**領海以連接大陸岸上和沿海岸外緣島嶼上各基點之間的各直線為基線，從基線向外延伸 12 海里（浬）的水域是中國的領海……**

---

[1] Lian A. Mito, "The Timor Gap Treaty as a Model for Joint Development in the Spratly Islands", (1998) 13 *American University International Law Reiview* 727, p. 727; Christopher C. Joyner, "The Spratly Islands Dispute: Rethinking the Interplay of Law, Diplomacy, and Geo-politics in the South China Sea", (1998) 13 *The International Journal of Marine and Coastal Law* 193, p. 193.

[2] 在中華人民共和國政府成立以前，中國關於南海四大群島的主權主張早已存在，並長久延續。但鑒於本文以正式立法為考察對象，出於立法主體與形式統一的考慮，僅從中華人民共和國成立開始算。

（三）一切外國飛機和軍用船舶，未經中華人民共和國政府的許可，不得進入中國的領海和領海上空。

（四）**以上（二）（三）兩項規定的原則同樣適用於台灣及其周圍各島、澎湖列島、東沙群島、西沙群島、中沙群島、南沙群島以及其他屬於中國的島嶼。**❶

以上字面表述不難理解，中國 1958 年的這項立法明確將四大南海群島視作"領土"，並且將採用直線基線方法來確立 12 海里的領海範圍。

（二）1992 年的立法

1992 年正式通過的《中華人民共和國領海與毗連區法》第 2 條明文規定了南海諸島問題，相關原文為："**中華人民共和國的陸地領土包括**中華人民共和國大陸及其沿海島嶼、台灣及其包括釣魚島在內的附屬各島、澎湖列島、**東沙群島、西沙群島、中沙群島、南沙群島**以及其他一切屬中華人民共和國的島嶼。"❷

可見，1992 年的立法更清楚地將南海的四大群島視為"陸地領土"。並且，不管是 1958 年立法還是 1992 年的立法，均沒有將四大群島分割開來進行部分主張，或就單個島礁來主張海洋權利的問題。

---

❶ 《中華人民共和國政府關於領海的聲明》，中國國家海洋局網站：http://www.soa.gov.cn/zwgk/fwjgwywj/shfl/201211/t20121105_5205.html，最後訪問時間：2016 年 5 月 18 日。為方便讀者識別重點，正文中所引文字中的粗體均為筆者所加。下文除非特殊情況，不再另行標注或說明。

❷ 《中華人民共和國領海及毗連區法》，中國國家海洋局網站：http://www.soa.gov.cn/zwgk/fwjgwywj/shfl/201211/t20121105_5204.html，最後訪問時間：2016 年 5 月 18 日。

（三）主張 "中國領土" 或 "中國陸地領土" 的法律意義

以上有一個細微的字詞差別，就是 1958 年的立法將四大群島表述為 "領土" 範圍，而 1992 年的立法將四大群島表述為 "陸地領土" 範圍。為了讓分析更嚴謹，筆者對這兩個概述進一步分析其國際法意義，以此說明，儘管中國立法中的文字表述是簡短的，但這些概念在國際法上的內涵及效力卻具有明確的含義，並不存在模糊性。之所以強調這點，因為仲裁裁決書中寫了太多關於中國主張模糊的問題，筆者覺得有必要加以澄清。

1. 什麼是國際法上的領土

儘管沒有統一編纂，國際社會在一般國際法的理論與實踐中建立起特定的規則，用以規範領土主權問題。[1] 可以說，國家領土和主權有關的這些概念和規則，因世界各國的長期實踐與普遍接受而被認可，已成為習慣國際法的一部分。首先，領土與國家概念不可分離，與主權概念高度一致。一方面，國際法以國家的概念為基礎，國家以主權為根基，而主權本身的權利與義務又以事實存在的領土為必要，沒有領土的實體不成為國家。[2] 另一方面，國家地位又是其享有主權權利的基礎，歷史上的某些原始部落、逐水草而居的游牧部落，在國際法上不被承認為國家，他們也不存在領土主權的問題。儘管獲得國際法上法律人格的先決條件並不要求擁有大面積的土地，因為沒有領土的國家不可能成立。[3]

---

[1] 羅歡欣：《國際法上的領土權利來源：理論內涵與基本類型》，載《環球法律評論》2015 年第 4 期，第 178 頁。

[2] See Malcolm N. Shaw, *International Law* (Grotius Publications Limited,1986), p. 238.

[3] See Malcolm N. Shaw, *Title to Territory in Africa* (Clarendon Press, 1986), p. 1.

此外，儘管國際法上的國家標準需要一國有確定的領土（a defined territory），但這種領土並不要求絕對確定，部分邊界未劃定，或存在邊界爭端，均不妨礙其成為國家。[1]而且，國際法上的領土是隸屬於一個國家的最高權或統治權之下的地理範圍，其重要性在於它是國家行使其最高權威的空間，包括對內一切事務的排他的最高管轄權和對外的獨立權。[2]因此，在權力最高性的這個層次上，領土與主權概念高度一致。

2. 在國際法上，領土的概念大於陸地領土的概念，但二者的權利內涵相同

領土與陸地領土都是國家行使對內最高和對外獨立權力的空間，只是陸地領土屬國家領土的核心部分，因為領水和領空需要根據陸地領土來確定範圍。作為一個學術詞彙，國際法上的"領土"包括"領陸"（含底土）、"領海"、"領空"和"內水"。其中，大小島嶼都是領陸的一部分，內水和領海統稱為領水，領水的範圍以領陸為基礎來劃分，而領空又根據領陸和領水的範圍來確定。具體說來，沿岸領海基線向陸地一面的水域，稱為內水，內水具有與國家陸地領土相同的地位，完全處在一國管轄之下，非經該國許可，他國船隻不得進入；領海指領海基線或群島基線以外的相鄰一帶的海域及其海床和底土，領海是沿岸國領土的一部分，在沿岸國的主權範圍之下，但在一國領海內，外國船舶享有無害通過權。領海／群島基線

---

[1] Surya P. Sharma, *Territorial Acquisition, Disputes and International Law* (Kluwer Law International, 2nd edn, 1997), p. 2.

[2] 參見〔英〕勞特派特修訂、王鐵崖等譯：《奧本海國際法》（第二分冊，上卷），北京：商務印書館，1989 年，第 1－2 頁；〔英〕伊恩·布朗利著、曾令良等譯：《國際公法原理》，北京：法律出版社，2007 年，第 97－98 頁。

及領海和群島水域的劃分方法在《海洋法公約》中有明確的規定。此外，還有一些區域或空間儘管不屬於國家領土，但國家對其享有一定的主權權利或管轄權，如：毗連區、大陸架和專屬經濟區。公海及上空向世界各國開放，國際海底區域和外層空間為"人類共同繼承財產"，也不能視作國家領土。❶

總之，國家對其所有領土享有完全的主權（對內最高與對外的獨立權），反過來，也只有國家享有全部主權的地理區域才能被稱為領土，因此，除領海（包括群島水域，以下不另行說明）以外的其他海域或底土（如毗連區、大陸架和專屬經濟區）都不能被稱作"領土"。也就是說，可以稱作領土的國家地理區域為陸地領土、領海和內水，國家行使主權的範圍及於領土的上空和底土，而在海洋領域，只有領海可以稱作國家領土。

由此可知，國際法上的領土與國家主權概念存在高度一致性，我們在探討領土概念時，通常就是指國家對之具有對內最高權與對外獨立權的完全主權領土。因此，就主權內容的完整性與最高性而言，中國前述立法中對南沙、中沙、西沙和東沙群島主張"領土"與"陸地領土"的法律意義並無差別，❷ 均是完全的、不可分割的主權主張，不存在對這四大群島主張部分主權權利或不完全的主權。

---

❶ 參見 ［英］伊恩·布朗利著、曾令良等譯：《國際公法原理》，第 97－107 頁；［英］馬爾科姆·N·肖著、白桂梅等譯：《國際法》，第 384－386 頁。

❷ 即便是對內水或領海所提出的領土主張，也是基於國家對內最高和對外獨立的完整主權意義上的主張，在這一點上與陸地領土一致。而大陸架、專屬經濟區等，國家對其不具有完整主權，在法律上不能將其稱作領土，而只是具主權權利與管轄權的區域。結合前文論述來理解本句，更有利於把握中國立法的內涵。

二、拆解 "群島" 主張來歸納爭議點：對中國主張的事先否定

由以上分析可知，中國以 "群島" 為單位，將東沙、中沙、西沙和南沙四大群島視為整體的 "陸地" 主張主權，不管是單個或部分島礁，它們都是各群島不可分割的一部分，因此，對任何島礁的爭議，不管對方是將這些全部、部分或單個島礁視為 "陸地島嶼" 還是 "水域"（領海或專屬經濟區），還是 "海底大陸"（大陸架），都是對中國所主張的群島整體之 "陸地領土" 主張的挑戰，這才是中國主張的事實內容。簡單地講，如果菲律賓認為美濟礁等是其海洋專屬經濟區的一部分，那麼菲律賓首先否定的是中國對 "群島" 的整體陸地主張，還不涉及到中國的海洋主張問題（在權源上，中國的海洋主張與單個島礁地位無關，後文會具體論及）。

然而，在裁決中，仲裁庭無視中菲南海主張性質的根本不同，片面支持菲律賓一方的訴求，將爭議島礁從群島的整體地位中撕裂開來加以界定，進一步將它們片面歸結為《海洋法公約》的解釋與適用問題，從而對爭議的幾處島礁 / 海洋地物進行了單獨的地位界定。仲裁庭的這一做法構成事實認定和法律適用的重大錯誤。對 "從單個島礁設定海洋權利" 這一爭議焦點的歸納本身就是一種邏輯上的預先假設，就是對中國整體主張的事先否定。

第一，按照國家主權與領土完整原則，不管是單個、部分或全部島礁之爭，均涉及對中國立法中所主張的 "群島整體為陸地領土" 的否定。

在司法、仲裁或任何形式的爭端中，只要是爭議結果沒有最後有效地確定，爭議雙方分別從於己最有利的角度提出主張是其正當權利，也是各

方盡力維護自身權利的應有之義。為此，爭議的性質應當實事求是地按照各方主張的事實內容與性質來確定。這作為程序公正的基本要求，不管是國內法還是國際法的法理，還是司法實踐都予以認可。出於這種公正性的考慮，即便是在國家之間的劃界爭端中，爭議各方都有權基於自己對事實和法律的理解而提出權利主張，在爭議海域完成確定的劃界之前（即爭端解決之前，筆者注），我們也只能推定所有單方面的主張在國際法上都是有效的。[1] 所以，在司法或仲裁中，對雙方主張的事實與理由進行識別，按照爭端性質的不同歸納出不同的爭議焦點，並且區分不同的法律適用問題，都屬司法或仲裁中的前程序（預先事項）。對此，南海仲裁案中也列明了這樣一個程序的存在。[2] 但是，仲裁庭對事實和法律的前期識別存在明顯的偏頗。最主要的是，仲裁庭曲解中國的主張，擅自對命題進行預設和切割。

　　事實上，中國南海主張的整體性、不可分割性與一貫性，不管是單個、部分或全部島礁之爭，均涉及對中國所主張的"群島整體為陸地領土"的否定，中國有權按照國家主權與領土完整原則獲得保護。對此，中國在批准《海洋法公約》後繼續堅持並持續保持統一模式的對外表態與維權。以菲律賓引用最多的一些中國表態為例，包括：2009 年 5 月 7 日，中國外交部針對越南在南海的外大陸架聯合提案，通過聯合國秘書長向大陸架界限委員會提交的照會聲明；[3] 2014 年 12 月 7 日，中國發佈的《立場文件》，[4] 以及中國外交部發言人在 2014 至 2016 年的其他諸多對外表態，均

---

[1] Robert Beckman (ed.), *Beyond Territorial Disputes in the South China Sea* (Edward Elgar Publisher, 2013), p. 106.

[2] *The South China Sea Arbitration (the Republic of the Philippines v. the People's Republic of China)*, Award, 12 July 2016, paras. 145–156.

[3] *The South China Sea Arbitration (the Republic of the Philippines v. the People's Republic of China)*, Award, 12 July 2016, para. 189.

[4] *The South China Sea Arbitration (the Republic of the Philippines v. the People's Republic of China)*, Award, 12 July 2016, para. 298.

是以群島為出發點，內容實際上是"中國歷來對整個南沙群島、而非僅對其中少數幾個島礁享有主權"，"菲方此舉改變不了中國對包括仁愛礁在內的南沙群島擁有主權的事實，動搖不了中國維護國家主權的意志和決心"，"中國對包括太平島在內的南沙群島及其附近海域擁有無可爭辯的主權"這樣的統一表述模式。❶

歷史上，中國同樣連貫地以群島整體作為維護國家主權與領土完整的對象。回顧歷史，早在 20 世紀 50 年代，中菲兩國就針對在西沙群島、南沙群島等海域的任何島礁發生爭議，當時雙方的往來均明確將其界定為涉及領土完整問題的主權爭議。1950 年 5 月 13 日，菲律賓《馬尼拉紀事報》發表社論，呼籲菲律賓政府與美國共同對西沙、南沙群島作緊急攻勢措施，並謂南沙群島因離菲律賓近，應該立即佔有。當時的台灣當局獲悉後立即發表聲明，指出南沙群島為中國領土，不容外人染指。菲律賓當局不得不暫時放棄進佔意圖。❷1954 年 6 月，菲律賓又炮製出所謂的"人道王國"事件，在雙方處理此事件時，菲律賓曾派出飛機前往偵察，拍攝的照片上顯示太平島確有房屋及碼頭，並非無主之地，而且，當台灣當局聲明該區域為中國領土時，菲律賓也即刻中止了原本派飛機勘察和艦船佔領的行動。❸

在 1956 年，中菲之間針對南海問題又發生了"克洛馬事件"。菲律賓

---

❶ 《外交部發言人洪磊就菲律賓炒作仁愛礁問題答記者問》（2014 年 3 月 29 日），中華人民共和國外交部網站：http://www.mfa.gov.cn/nanhai/chn/fyrbt/t1142204.htm，最後訪問時間：2016 年 7 月 20 日；《外交部發言人華春瑩就太平島有關問題答記者問》（2016 年 6 月 3 日），中華人民共和國外交部網站：http://www.mfa.gov.cn/nanhai/chn/fyrbt/t1369175.htm，最後訪問時間：2016 年 7 月 20 日。

❷ 《菲對南沙久圖染指》，載中國台灣地區《中央日報》1956 年 5 月 28 日，第 6 版。

❸ 參見黃俊凌：《20 世紀 50 年代台灣當局維護南沙群島主權的鬥爭》，載《當代中國史研究》2013 年第 1 期，第 21－22 頁。

有個叫作克洛馬（Tomás Cloma）的"旅行家"，聲稱在南中國海"發現"了一向屬中國的南沙群島的許多島嶼，張貼通告要宣佈這些島嶼歸菲律賓人所有。菲律賓政府人士出來說，這些島嶼"理應"屬菲律賓，理由是這些島嶼的位置距離菲律賓"最近"。❶為此，中國政府曾在當年發表嚴正聲明表示反對。1956 年 5 月 30 日，《人民日報》第 1 版刊登新華社的電訊文章《中華人民共和國政府鄭重聲明中國對南沙群島的主權絕不容許侵犯》，明確指出：

> 南中國海上的上述太平島和南威島，以及它們附近的一些小島，統稱南沙群島。這些島嶼向來是中國領土的一部分。中華人民共和國對這些島嶼具有無可爭辯的合法主權。早在 1951 年 8 月 15 日，中華人民共和國外交部長周恩來在《關於美英對日和約草案及舊金山會議的聲明》中，就已經嚴正地指出："西沙群島和南威島正如整個南沙群島及中沙群島、東沙群島一樣，向為中國領土，在日本帝國主義發動侵略戰爭時雖曾一度淪陷，但日本投降後已為當時中國政府全部接收。"菲律賓政府為了企圖侵佔中國的領土南沙群島而提出的藉口，是根本站不住腳的。❷

隨後，同年的 6 月 5 日《人民日報》第 3 版再次刊登文章《我國南沙群島的主權不容侵犯》，文章專門指出：

---

❶ 參見黃俊凌：《20 世紀 50 年代台灣當局維護南沙群島主權的鬥爭》，第 22－24 頁。
❷ 韓振華主編：《我國南海諸島史料彙編》，北京：東方出版社，1988 年，第 445 頁。

目前菲律賓一些人所垂涎的南沙群島，和東沙、西沙、中沙等群島一樣，沒有疑問地是中國的領土。群島中最大的群礁，在中國史籍上一向是以"團沙群礁"著名的。群島中最大的太平島，就是在這群礁中一個暗礁的上面。南沙群島一向有中國漁民定期前往捕魚、採集海產，並有一些人留在島上居住。南沙群島的主權屬中國也早經各國所承認。1883年德國派人到群島測量，經中國抗議而作罷。1917年日本派人到島上調查，進行經營，終以欠缺理由而撤退。1933年法國強佔了群島中的9個島，包括上述的太平島和南威島，並捏稱這些島"僅屬暗礁沙灘，幾無人煙，時被海水淹沒"。但這個謬說是不攻自破的。如英國出版的《中國海指南》就說："海南島漁民以捕取海參、介殼為活，太平島等島都有他們蹤跡，也有長居在太平島上的。海南每歲有船駛往太平島攜米糧及其他必需品與漁民交換海參、貝殼"。同書又提到群島中的雙子礁也"常有海南漁人前來捕取海參及貝殼等"。❶

20世紀80年代，針對中國西沙、南沙群島部分島礁受侵佔的情況，中國政府在1980年1月30日發表《中國對西沙群島和南沙群島的主權無可爭辯》一文，再次指出：

西沙群島和南沙群島，是中國南海諸島中兩個較大的島群，它們和東沙群島、中沙群島一樣，自古以來就是中國的領土。這不僅有古今中外的大量史料、文件、地圖和文物可作證明，而且也為世界上許

---

❶ 《我國南沙群島的主權不容侵犯》，載《人民日報》1956年6月5日，第3版。

多國家和廣泛國際輿論所承認。在近代歷史上，這兩個群島雖曾一度被外國非法侵佔，但並不能改變它們屬中國的歷史事實和法理基礎。[❶]

1988 年中國政府再次發表《關於西沙群島、南沙群島問題的備忘錄》，指出："中華人民共和國政府曾多次發表聲明，重申中國對這兩個群島擁有無可爭辯的領土主權；中華人民共和國出版的所有地圖都標明西沙群島和南沙群島屬中國領土。"[❷]

各類的往來文獻很多，難以悉數列舉。筆者引證如上，只是還原南海爭議的來龍去脈，始知中國將南海諸群島整體視為領土的主張是一貫和持續的，受到國際法上的"主權與領土完整"原則的保護。這些單個、部分或全部島礁都早已被視為"群島"意義上的"陸地領土"爭議範疇，中國一直反覆強調對這些群島視為陸地的領土主權。

第二，中國對群島的主張未因批准《海洋法公約》而放棄或改變。

眾所周知，1982 年的《海洋法公約》的簽訂是一個劃時代的事件。第三次聯合國海洋法會議自 1973 年開始，直到 1982 年才落下帷幕，是國際社會第一次幾乎所有主權國家都有全權外交代表參加的會議，也是迄今為止聯合國召開時間最長、規模最大的國際立法性會議。中國也全程參與並簽署了該公約。

按照簽約國和批准國家數量的要求等，《海洋法公約》雖然於 1982 年簽署，但直到 1994 年才生效，而中國批准《海洋法公約》並生效的時間是

---

❶ 《中華人民共和國國務院公報》1980 年第 01 期，載吳士存主編：《南海問題文獻彙編》，海口：海南出版社，2001 年，第 107－119、148－151 頁。

❷ 《中華人民共和國國務院公報》1988 年第 12 期，載吳士存主編：《南海問題文獻彙編》，第 107－119、148－151 頁。

1996 年，因此，1996 年是區分《海洋法公約》在中國生效與否的年份。事實上，1996 年 5 月 15 日，第 8 屆全國人民代表大會常務委員會第 19 次會議決定批准《海洋法公約》的同時，發表聲明重申了對南海諸 "群島" 的主權，並闡釋其性質。其中第 3 條明確提到 "重申對 1992 年 2 月 25 日頒佈的《中華人民共和國領海及毗連區法》第 2 條所列各群島及島嶼的主權"。[1]

重申 "各群島及島嶼的主權" 的意涵亦可以清楚地理解。前面論及，1992 年 2 月 25 日《中華人民共和國領海及毗連區法》第 2 條的相關內容，是宣佈 "中華人民共和國的陸地領土包括……東沙群島、西沙群島、中沙群島、南沙群島以及其他一切屬中華人民共和國的島嶼"。結合起來看，1996 年聲明所重申的主權還是這些群島與島嶼的陸地領土主權。

前又論及，在國際法的探討中，領土主權通常就是主權或國家主權的同義詞，從而，我們可以發現，不管是在《海洋法公約》生效前，還是在中國於 1996 年批准《海洋法公約》的聲明中，中國的表述都是一貫的，始終將南海各大群島作為整體的 "陸地領土" 來對待。鑒於聲明與批准《海洋法公約》同時出現的這種契機，進一步反映了將中國國內法中的群島與島嶼歸屬制度與《海洋法公約》進行契應的意涵。根據中國的《立法法》，全國人民代表大會及其常務委員會是中國的最高立法機構，該機構發佈的聲明當然是代表國家的行為。因此，即便是在解釋這些立法或官方聲明文字含義的時候存在爭議，也不應該認為中國的國內立法有與《海洋法公約》存在的任何衝突或矛盾的意思表示。即，中國將批准《海洋法公約》與重申群島主權的聲明放在一起，清楚地表明：中國不認為其對群島主權的申

---

❶ 《全國人民代表大會常務委員會關於批准〈聯合國海洋法公約〉的決定》，中國人大網：http://www.npc.gov.cn/wxzl/gongbao/2000-12/16/content_5003571.htm，最後訪問時間：2016 年 5 月 18 日。

明 / 重申與《海洋法公約》（含第 121 條等有關島嶼制度與島礁地位的任何條款在內）有任何相悖；中國聲明群島主權本身意在遵守《海洋法公約》，不存在與《海洋法公約》規定相背離的對抗意見。

在此還有必要補充：國際法上的領土主權的概念也包括了領土完整之意。❶ 國際法對主權平等、領土完整與國家獨立的保護體現在《聯合國憲章》第 2 條之中，該條規定："各會員國在其國際關係上不得使用威脅或武力，或以與聯合國宗旨不符之任何其他方法，侵害任何會員國或國家的領土完整或政治獨立。" 1970 年的《國際法原則宣言》進一步把這一原則闡述為不得侵犯他國國界，不得組織武裝力量侵入他國領土，國家領土不應成為違反國際法實行軍事佔領的對象，使用武力威脅或武力取得的領土一概不得承認為合法。《和平共處五項原則》、《關於各國依〈聯合國憲章〉建立友好關係及合作之國際法原則宣言》等都禁止侵犯國家主權和領土完整。而且，保護領土完整與不干涉原則相輔相成。關於國家有權處理其內外事務而不受干涉的原則，在 "尼加拉瓜訴美國案"、❷ 英國與阿爾巴尼亞的 "科孚海峽案" ❸ 等國際司法案例中都有清楚反映。因此，領土完整與不干涉原則被認為是國際法上的習慣法規則。❹ 基於此，中國在主張對東沙、中沙、西沙和南沙四大群島的主權時，也同時意味著它們受國家主權與領土完整原則的保護，具有不可分割性。

❶ Surya P. Sharma, *Territorial Acquisition, Disputes and International Law*, p. 4.

❷ *Military and Paramilitary Activities in and against Nicaragua(Nicaragua v. United States of America)*, Judgment, 27 June 1986, *I.C.J. Reports* 1986, para. 106.

❸ *Corfu Channel (United Kingdom v. Albania)*, Judgment, 9 April 1949, *I.C.J. Reports* 1949, para. 35.

❹ See *Military and Paramilitary Activities in and against Nicaragua(Nicaragua v. United States of America)*, Judgment, 27 June 1986, *I.C.J. Reports* 1986, para.14. See also *Armed Activities on the Territory of the Congo (Democratic Republic of Congo v. Uganda)*, Judgment, 19 December 2005, *I.C.J. Reports* 2005, paras. 161–165.

第三，中國所主張的南海海洋權源來自"群島"而非"單個島礁"。

關於爭議島礁的地位訴求，菲律賓的陳述是，根據菲方有關《海洋法公約》"以陸定海"的理解，中菲雙方都主張並產生爭議的一些海洋地物，如果這些地物是"島嶼"，按照《海洋法公約》則能產生長達 200 海里專屬經濟區或者大陸架的權利；然而，如果是《海洋法公約》第 121 條第 3 款所指的"岩礁"，則僅能產生不超過 12 海里的領海；如果根據《海洋法公約》的規定，這些地物不是島嶼，而僅僅是低潮高地或水下地物，則不能產生任何此類權利（be incapable of generating any such entitlements）。菲方聲明稱，根據《海洋法公約》的宗旨，對島礁進行再多的人工填海工程也無法改變島礁的性質。對此，菲方特別關注黃岩島（菲方稱為"Scarborough Shoal"）與南沙群島的 8 個地物，並要求仲裁庭對它們的島礁地位進行界定，進而確定各自可享有的海洋權利資格。[1] 於是，仲裁庭將這一訴求以"相關島礁地位與海洋區域的權源"（the status of certain maritime features and the entitlements to maritime zones）問題進行審議。[2]

然而，事實是，中國與菲律賓在《海洋法公約》確定的"以陸定海"原則上並無爭議，中國同樣遵從《海洋法公約》並按照"以陸定海"原則來主張海洋權益。只是，雙方對"陸"的理解不同，中國所主張的南海海洋權益視"群島整體為陸地"來確定海洋區域，而菲律賓主張以"單個島礁為陸地"來劃定海洋區域，並要求依據《海洋法公約》有關島嶼制度的規定對單個島礁的地位進行逐一界定。因此，中菲雙方的爭議焦點實際上

---

[1] *The South China Sea Arbitration (the Republic of the Philippines v. the People's Republic of China)*, Award, 12 July 2016, paras. 291–297.

[2] *The South China Sea Arbitration (the Republic of the Philippines v. the People's Republic of China)*, Award, 12 July 2016, para. 279.

是以下方面：

一是中國以"群島整體為陸地"的主張是否合理的問題。鑒於中國的"群島整體為陸地"的主張之依據是陸地領土權源問題，那麼，對這個問題的審查，不可能局限於海洋法，而應該首要是關於陸地領土的國際法規定及權源審查問題。在這個方面，南海仲裁案的仲裁庭不能受理（無管轄權）。

二是以"群島整體為陸地"來劃界還是"單個島礁為陸地"來劃界，哪個標準合法的問題。此問題必須依賴於第一個問題的討論結果：（1）假如中國的群島陸地主張合理，如何以群島為整體來劃界仍然需要進一步討論領海基線的確定及劃法問題，而中國將南海諸群島整體視作陸地來劃界，則完全有可能甚至是必然與菲律賓等相鄰或相向國存在重疊區域，對此仲裁庭亦無管轄權（中國的聲明排除了管轄）；（2）只有當中國的群島領土主張被整體否定，才會涉及是否要分割成單個或部分島礁來劃界的問題，也是在這個環節上，才會涉及島礁的具體定義問題。所以，第一個問題是第一環節的、不可迴避的、首要的爭議問題，但它因為關涉到陸地權源的討論（下節會具體分析），屬《海洋法公約》不能處理、南海仲裁案仲裁庭不能受理（無管轄權）的範圍。

中國視群島整體為陸地來"以陸定海"、劃定領海基線，清楚地體現在1992年公佈的《中華人民共和國領海及毗連區法》和1996年的《關於中華人民共和國領海基線的聲明》中。《中華人民共和國領海及毗連區法》第2條將南海四大群島規定為陸地領土範疇後，在第3條又規定，"中華人民共和國領海的寬度從領海基線量起為12海里"，"中華人民共和國領海基線採用直線基線法劃定，由各相鄰基點之間的直線連線組成"，"中華人民共和國領海的外部界限為一條其每一點與領海基線的最近點距離等於12海里的線"。自此,中國確立了直線基線劃界原則。1996 年,中國官方除發佈批准《海洋法公約》的聲明外,又發佈了《關於中華人民共和國領海基線的聲明》,宣佈了中國大陸領海的部分基線和西沙群島共 77 個領海基點的名稱和地理坐標。❶ 其中,西沙群島的領海基線就是根據 1992 年的領海及毗連區法,將西沙群島視作一個整體,採用直線基線法劃定的。可見,中國的群島主張和以群島之陸來定海的邏輯一直是清楚的,對外也是明示的。

　　中國的這些立法原文在實際上為裁決書以及菲律賓方所多次援引,只是,裁決書卻僅將這些援引放在"歷史性權利與'九段線'"這一爭議項目下考察,而且是直接放在"中國涉及到海洋區域權源的立法與聲明"之大標題之下,相當於又一次事先預設,未對中國的陸地領土主張這些原文表述進行任何分析。❷ 此外,菲律賓在其意見中也引用了中國意見並提到,"中國認為在南沙群島主張完整的海洋權利,包括領海、專屬經濟區和大陸架",但它卻大而化之、簡單而牽強地以此表明,兩國在這些問題上存在爭端,根本迴避了中菲兩國主張性質並不相同的表述與理解。❸ 被菲律賓多次援用的還有中國 2011 年 4 月 14 日向聯合國秘書長遞交的照會,中國在該照會中聲明:"中國南沙群島擁有(is fully entitled to)領海、專屬經濟區和大陸架。"❹

---

❶ 《中華人民共和國政府關於中華人民共和國領海基線的聲明》,國務院法制辦公室網站:http://fgk.chinalaw.gov.cn/article/fgxwj/199605/19960500276656.shtml,最後訪問時間:2016 年 5 月 6 日。

❷ *The South China Sea Arbitration (the Republic of the Philippines v. the People's Republic of China)*, Award, 12 July 2016, paras. 174–179.

❸ See *The South China Sea Arbitration (the Republic of the Philippines v. the People's Republic of China)*, Award on Jurisdiction and Admissibility, 29 October 2015, Permanent Court of Arbitration, pp. 53–57, para. 147.

❹ 2009 年,越南、馬來西亞聯合向聯合國大陸架界限委員會提交南海南部 200 海里外劃界案申請,越南於同年單獨提交了南海北部 200 海里外大陸架劃界案申請。對此,中菲在隨後分別向聯合國秘書長呈交了兩封照會,2011 年 4 月 14 日的照會是中國就這一事件遞交的第二封照會。中國 2011 年 4 月 14 日照會,聯合國網站:http://www.un.org/depts/los/clcs_new/submissions_files/vnm37_09/chn_2011_re_phl_e.pdf,最後訪問時間:2016 年 3 月 18 日。

可是，仲裁庭在引用這些法律條文後，卻得出中菲存在因 "某些或單個島礁" 地位而引起的海洋權源爭端，實在讓人匪夷所思。因為中國的立法以及對外表態的文字，均清楚寫明是依 "群島主張海洋權利"，"群島擁有完整的領海、專屬經濟區和大陸架"。仲裁庭認定的偏頗之巨又見一斑。

關於對中國立場整體性的忽視、切割或曲解，在裁決的諸多論述與邏輯推論中都有體現。譬如，在論述中菲間是否存在特定島礁地位方面的爭議時，裁決書第 300 段引用中國在 2015 年 6 月 28 日致菲律賓外交部的照會內容："中國對南沙群島及其附近海域擁有不可爭辯的主權，美濟礁和永暑礁包括在內"，仲裁庭認為，"雖然這一聲明並非整體不含糊，但是就仲裁庭的理解，中國這一說法意味著它將美濟礁和永暑礁視為高潮地物，至少擁有領海。" [1] 從中國的照會內容來看，中國顯然是將美濟礁和永暑礁放在南沙群島整體之內主張主權，如前所述，這正是中國的一貫風格，並不難理解。可是，仲裁庭卻直接將中國的說法解讀到精確的對兩個礁的法律地位與領海界定上去了，邏輯破綻比較明顯。

即便經過片面解讀，仲裁庭也不得不承認，中菲之間確實缺少對個別島礁（地位）的意見交換（實際上就是不存在這項特定的爭端），但仲裁庭卻繼續牽強地要認定爭端存在，接著引用管轄權裁決中的第 170 段意見，認為 "雙方就南海的海洋權利存在爭端"，因為 "爭端不會因為就個別島礁缺少意見交換而被否定。相反，仲裁庭必須區分爭端本身和雙方就爭端所提訴求而使用的論據，國際法不要求一個國家在爭端出現前就闡述它的法律依據"。[2] 然而，事實上，中國自始至終都提出了明確的法理依據，

---

[1] *The South China Sea Arbitration (the Republic of the Philippines v. the People's Republic of China)*, Award, 12 July 2016, para. 300.

[2] *The South China Sea Arbitration (the Republic of the Philippines v. the People's Republic of China)*, Award, 12 July 2016, para. 302.

並不存在沒有闡述法理依據的情況。這裏，仲裁庭直接偷換了概念，將中菲主張內容、對象及性質的直接不同，引申為論據或法律依據的不同，卻又不講中國的論據是什麼。如果仲裁庭對論據問題詳加考察，應當知道，中國關於陸地權源的論據，不可能由《海洋法公約》這樣的海洋法來處理，理由不屬於仲裁庭有權管轄的事項。但是，仲裁庭顯然迴避了對中菲論據在本質層面的真正比較。

三、仲裁庭濫用海洋法處理實質的陸地權源問題

在管轄權問題上，仲裁庭多次提到，它不支持中國《立場文件》（全稱 "《中華人民共和國政府關於菲律賓共和國所提南海仲裁案管轄權問題的立場文件》"）中關於當事雙方的爭端實際上是關於領土主權的爭端因而不是涉及《海洋法公約》事項的意見。仲裁庭接受當事雙方存在關於南海島嶼主權的爭端，但是認為菲律賓提交仲裁的事項並不涉及主權問題。仲裁庭明確指出其 "審議菲律賓的訴求並不需要隱含地判定主權問題，並且審議這些問題並不會促進任何一方在南海島嶼主權上的主張"。❶ 可是，事實卻

---

❶ 仲裁庭同時也提到，它同樣不支持中國《立場文件》中關於當事雙方的爭端實質上是關於海洋劃界的爭端，並因此被《海洋法公約》第 298 條和中國在 2006 年 8 月 25 日據此作出的聲明排除出爭端解決程序的意見。仲裁庭注意到，一項涉及一個國家對於某海洋區域是否可主張權利的爭端，與對重疊海洋區域進行劃界是不同的問題。仲裁庭還注意到，權利主張以及許多其他問題在邊界劃分中常常被審議，但是他們也可能在其他一些情況中出現。仲裁庭認為，這並不意味著一個爭端一旦涉及其中一項問題則必然地成為一個關於劃界的爭端。

恰恰相反。

首先，裁決忽略了以群島為單位的陸地主權作為中國南海主張的核心，是一個事實與法律的真實存在，其權源並非來自於海洋法。

不管是國內法還是國際法，任何權利主張都應該有相應的依據來論證和證明。在國際司法實踐中，權利來源或依據（title to territory，以下簡稱"權源"）問題是領土、邊界爭端案件中討論的重點。❶一個國家必須要能展現其自身領土的權利來源，以證明它比其他任何國家擁有更強的權利主張。當國家對領土建立起權利後，國家就有權按照領土完整原則獲得保護，並且有權按照不干涉原則在自己的領土之內按照本國的意願與決定行事。❷

通過前章對中國立法的實證分析，可以發現，中國對東沙、中沙、西沙和南沙群島等四大南海群島的主張性質是，視作"陸地領土"主張領土主權。從權利來源上講，這一主張當然不是憑空產生的，中國對這些遠洋群島的主權依據可以追溯到中國歷史上久遠的年代。因為領土爭端往往是潛伏的，只有在這種爭議逐步激化到對國家的和平與政治構成威脅時，它才會暴露出來。而且，與此相關的法律事件往往發生在幾個世紀以前。❸事實上，世界上的任何領土問題基本上都具有複雜性、長期性與歷史性的特點。因此，中國在闡述其對這些群島的主權依據與權利來源時，採用歷史與法理依據的說法本是理所當然之事。

綜合說來，不論是從中國的官方聲明還是學術著作中，關於中國對東

---

❶ 羅歡欣：《國際法上的領土權利來源：理論內涵與基本類型》，第 167 頁。

❷ "Territory, Nature and Extent of Title of Territory", *Halsbury's Law of England,* https://www3.law.ox.ac.uk/lrsp/e/online (last visited 8 June 2016), at 7.111.

❸ Ian Brownlie, *Principles of Public International Law* (Clarendon Press, 3rd edn., 1979), p. 130.

沙、中沙、西沙和南沙群島等南海諸群島的權利依據的論證是很豐富的，而且，這些論證可以清晰地從一般國際法上對陸地領土的取得及相關的權利來源理論中找到依據。中國對南海四大群島的主權依據遠遠早於《海洋法公約》的簽訂，根本區別於海洋法的權利規則，屬陸地領土主權歸屬相關的規則，且是早已為國際社會所接受的習慣國際法。出於篇幅限制，筆者僅依據論證需要，簡要歸納出以下主要方面及事實： ❶

　　一是關於先佔制度。先佔也叫無主地先佔（occupation of *terra nullius*）或者有效佔領（effective occupation），指是一個國家有意識地對當時不在任何其他國家主權之下的土地（即 "無主地"）進行佔領從而取得主權的行為。"無主地" 最初的意思是從來沒有被任何國家佔領過的地方，因此，在 16 世紀以前，發現（discover）本身就能產生主權。進入 19 世紀後，無人佔領類型的無主地已基本不存在，從而在國際法上發展出 "有效佔領" 的概念，要求佔領必須是有效的，有效佔領才能產生領土主權。❷

　　根據歷史考證，中國對東沙、中沙、西沙和南沙群島的權利依據首先符合先佔原則，既最早發現和命名這些群島，又具備官方有效佔領的行為。中國在南海的活動已有 2000 多年的歷史。早在公元前 110 年的西漢，就開始在海南設置行政建制，對海南島及南海諸島進行統治和管理。隨著生產發展和航海技術的進步，中國人民對南海的開發利用不斷加大，歷代統治者管理南海諸島的行政建制和管轄日漸完備。到明朝的時候，已經在海南

---

❶　以下內容綜合參考：2014 年 12 月 7 日《中華人民共和國政府關於菲律賓所提南海仲裁案管轄權問題的立場文件》，2014 年 12 月 7 日，第 4 段；韓振華：《我國南海諸島史料彙編》；賈宇：《中國在南海的歷史性權利》等。

❷　對此，仲裁員胡伯在 1928 年的 "帕爾馬斯島案" 中進行了闡述。See *Palmas Island Arbitration (Netherlands/United States of America)*, Reports of International Arbitral Awards, Vol.11, pp. 829–871.

設立統一的地方行政管理機構，將南海諸島劃歸瓊州府領屬的萬州管轄。清朝基本沿襲明制，清後期將東沙群島劃歸惠州管轄，西沙群島、南沙群島、中沙群島仍由瓊州府轄下的萬州管轄。歷代統治者也注重地理測量，明確海島位置和海疆所在。明、清兩代大量的官方圖、籍和方志對南海諸島的記載不勝枚舉，不但明確標繪南海諸島，而且將其列入中國疆域之內。

二是關於條約、領土回歸和有效控制原則。在國際法上，根據自願與平等的原則，國家可以通過條約建立或確定一項領土主權。同時，隨著禁止使用武力原則成為強行法，不平等條約被廢除或無效，或國家因戰勝侵略而奪回失去的土地（領土回歸）的情形，土地又回到受侵略的國家，該國原始取得土地的地位不發生變化。就南海問題而言，日本在 20 世紀 30 年代至 40 年代侵略中國，在戰爭期間非法侵佔了中國南海諸島，隨著中國抗日戰爭的勝利，侵略成為一種國際罪行，中國理應收回失去的土地。對此，《開羅宣言》、《波茨坦公告》中也明確規定，"日本必須將所竊取的中國領土歸還中國，包括南海諸島"。1945 年，抗日戰爭及第二次世界大戰勝利，中國在收復這些島礁後，在太平島、南威島、西月島等主要島嶼上重新樹立主權標誌，核準並改定各島、沙、礁、灘的名稱，由內政部公佈、歸屬廣東省管轄，並留下軍隊駐守太平島等地，負責對西沙、南沙群島及其周圍海域的防衛。

1947 年 3 月 15 日，中華民國政府以處字第 442 號令，准內政部所請將西沙群島和南沙群島 "暫行交由海軍管理"。1947 年 12 月，中華民國政府內政部方域司編繪、國防部測量局代印了《南海諸島位置畧圖》，在南海畫出了 11 段斷續線。1948 年，中華民國政府在公開發行的官方地圖上標繪南海斷續線。中華人民共和國 1949 年 10 月 1 日成立以來，政府一直堅持並採取實際行動積極維護南海諸島的主權。1951 年 8 月 15 日，周恩來總理兼外長在"關於美英對日和約草案及舊金山會議的聲明"中重申，"西沙群島和南威島正如整個南沙群島及中沙群島、東沙群島一樣，向為中國領土"。[1]

同時，儘管中國政府被排除在最後的對日和約會議及對日和約的簽約國之外，但南海諸島仍然是以群島為單位被清晰地記載在對日和約的談判、交涉以及對日和約的諸多草案及各類文本中。[2] 其他關於記載中國南海諸群島的地圖與國際資料亦浩如煙海，這些國際文件與資料均以"群島"整體為單位對南海諸島進行標注或記載，充分說明了中國視群島整體為領土的淵源與依據。此後，中國政府又進行了 1958 年、1992 年、1996 年等前面提及的多次立法，對南海諸群島的領土主權進行確認和重申。國家的這些立法及官方行為明顯反映了主權意願，屬有效控制的國家行為。

三是關於國家單方行為：默認與禁止反言。默認、承認和禁止反言在領土的取得方面扮演了很重要的角色，儘管嚴格說來，它們不是取得領土的方式。[3] 但是，國家的單方行為也是國際義務的來源。國家的正式聲明、通告都是一種單方行為，國際法委員會工作報告中明確對此進行了確認。[4] 因此，國家單邊行為也能產生將一個國家的領土主權轉移到另一個國家的

---

[1] 中華人民共和國外交部條約法律司編：《中華人民共和國條約集》（卷 6），北京：法律出版社，1958 年，第 30－32 頁。

[2] 參見張明亮：《〈舊金山對日和約〉再研究 —— 關於對西沙群島、南沙群島的處理及後果》，載《當代中國史研究》2006 年第 1 期，第 99－127 頁。

[3] P. Malanczuk, *Akehurst's Modern Introduction to International Law* (Routledge, 7th edn., 1997), p. 154.

[4] See "Guiding Principles applicable to unilateral declarations of States capable of creating legal obligations", http://legal.un.org/ilc/texts/instruments/english/commentaries/9_9_2006.pdf (last visited 5 June 2016), pp. 368–381.

效果。在國際法上，領土可以通過正式的方式放棄，即單方聲明，或者純粹的事實情勢，例如主權資格的持有者停止對領土的管理或宣示主權、默認、禁止反言等。●

在這個層面，中國的周邊國家對中國所聲明的南海諸群島的主權存在明顯的默認與禁止反言義務。譬如，1935 年《菲律賓共和國憲法》第 1 條"國家領土"明確規定："菲律賓的領土包括根據 1898 年 12 月 10 日美國同西班牙締結的《巴黎條約》割讓給美國的該條約第三條所述範圍內的全部領土，連同 1900 年 11 月 7 日美國同西班牙在華盛頓締結的條約和 1930 年 1 月 2 日美國同英國締結的條約中包括的所有島嶼，以及由菲律賓群島現政府行使管轄權的全部領土。"根據上述規定，菲律賓的領土範圍限於菲律賓群島，不涉及中國的南海島礁。1961 年《關於確定菲律賓領海基線的法案》（菲律賓共和國第 3046 號法案）重申了菲律賓 1935 年憲法關於其領土範圍的規定。1947 年，當中國內政部正式宣告擁有東沙、中沙、西沙和南沙 4 個群島的主權，並將它們置於廣東省管轄之下時，國際社會及周邊其他國家均沒有任何回應。事實上，20 世紀 70 年代之前，菲律賓的法律對其領土範圍有明確限定，沒有涉及中國的群島或任何南海島礁。這也是中國對南海諸群島主張主權的重要依據。

其次，裁決忽略了群島的領土性質不因《海洋法公約》簽訂而消滅，反而為《海洋法公約》所兼容。

事實上，《海洋法公約》第 46 條（b）項對群島專門作出了定義："群島"是指一群島嶼，包括若干島嶼的若干部分、相連的水域或其他自然地物，

● Marcelo G. Kohen, "Territory, Abandonment", para. 4, *Max Planck Encyclopedia of Public International Law*, http://opil.ouplaw.com (last visited 4 April 2016).

彼此密切相關，以致這種島嶼、水域和其他自然地物在本質上構成一個地理、經濟和政治的實體，或在歷史上已被視為這種實體。就其文義來看，中國主張的南海四大群島完全符合這個定義內容。

值得注意的是，群島定義中，允許群島的組成部分不完全是島嶼，它可以是"島嶼、水域和其他自然地物"，因此，中國所主張的南海四大群島分別由島嶼、岩礁、沙灘或低潮高地以及其他海洋地物構成均是合理的。根據筆者前面所闡述的它們作為陸地領土的權源包括先佔、條約與領土回歸等諸多方面，它們也完全符合"歷史上形成的，本質上構成一個地理、經濟和政治的實體，或在歷史上已被視為這種實體"這樣的標準。

據此，還有一個明顯的問題是，仲裁庭在認定低潮高地的法律地位時提到，"儘管《海洋法公約》用'陸地'（land）術語來對低潮高地作物理描述，但這並不是在法律意義上認為低潮高地構成一個國家陸地領土的一部分。它們更應該是水下陸架的一部分，或者屬領海或大陸架之法律制度（the legal regimes for the territorial sea or continental shelf）調整。❶ 對比以上"群島"的定義，仲裁庭顯然忽略了，低潮高地也完全有可能作為群島的一部分而構成陸地領土的一部分。也即美濟礁等即便是"低潮高地"，也完全可以成為"南沙群島"的一部分而由中國主張陸地領土主權。

可見，群島的整體性既是事實存在，也是法律存在。只要仲裁庭對中國主張有認真考察、對待與稍為鄭重的分析，對中國主張的內涵有所客觀理解，就不應忽視中國基於群島整體性而提出的南海主張。

---

❶ *The South China Sea Arbitration (the Republic of the Philippines v. the People's Republic of China)*, Award, 12 July 2016, para. 309.

四、總結

　　中華人民共和國歷年來的立法以及對外表態的內容，在事實上是高度一致和清晰的。中國的南海主張分為陸地和海洋兩個層面。就陸地層面而言，中國所主張的東沙、中沙、西沙和南沙群島的主權權利來源是陸地權源，包含先佔、條約、領土的回歸與有效控制等，與海洋法並無直接聯繫；就海洋權利而言，中國所主張的南海的海洋權益是以"群島"的整體地位而不是以"單個島礁"的個體地位為基礎的。就個體島礁的法律地位和其延伸出來的領海等海洋權利標準與界限，中國在事實上並不反對，也無反對的必要。

　　中菲爭端實際上涉及到在法律上中國是不是南海沿海國的爭端。中國視群島整體為陸地，主張以群島整體來"以陸定海"、劃分領海和專屬經濟區等其他海洋權利區域，但菲律賓主張由單個島礁來定性陸地。可見，中菲爭議焦點是關於主權意義上的"陸地"定性問題，核心是中國視群島為整體的陸地主權領土的合法性問題，而不是單個島礁的定義問題。[1] 因為，單個島礁的定義及其海洋權利延伸標準，在《海洋法公約》中有明確規定，中國實際上並未挑戰這一規則，亦未否認這一規則的適用性。

---

[1]　裁決書提到，《海洋法公約》條款雖然也用"陸地"（land）來表述低潮高地，但那只是一種物理描述（physical description），而不是在法律意義上將低潮高地視為國家陸地領土的一部分（do not form part of the land territory of a State in the legal sense）。See *The South China Sea Arbitration (the Republic of the Philippines v. the People's Republic of China)*, Award, 12 July 2016, para. 309. 筆者認為，仲裁庭這樣的認定只能限於對《海洋法公約》低潮高地條款本身的理解，即低潮高地的海洋法意義（主要是在海洋區域上的劃界效力）而言，這在《海洋法公約》的宗旨中有明確規定。如果擴大理解為對陸地領土權源的認定，則亦是對海洋法的濫用。

"以事實為根據、以法律為準繩" 是衡量任何裁決之合法性與公正性的基本標準。《海洋法公約》附件七第 9 條也規定，仲裁庭在作出裁決前，必須不但查明對該爭端確有管轄權，而且查明所提要求在事實上和法律上均確有根據。❶ 綜上所述，我們有充分理由指出，單就裁決對島礁地位的認定這一層面而言，最終裁決就明顯存在嚴重的濫用管轄權和濫用海洋法的行為。其他關於歷史性權利與 "九段線" 等諸多認定，都存在類似的問題，限於篇幅，本文不作延伸討論。

毫無疑問，群島整體下的島礁地位與單個的島礁地位在法律上是差異明顯的，一些不符合島嶼定義的岩石、沙灘、低潮高地以及相連的水域都可以成為群島（陸地領土）的一部分。儘管裁決書對中國的立法與對外聲明進行了引用，但它為了規避無管轄權和不能受理的情況，完全將理解和解釋偏離了中國立法的字面本義與邏輯。仲裁庭割裂中國群島主張而歸納出 "某些島礁地位與海洋權源問題" 的爭議，對相關島礁的單獨地位進行考察，這一爭議焦點本身就是事先預設，相當於預先否定了中國的基於群島整體的領土主張。而且，這種否定僅以《海洋法公約》這一海洋法規則為依據，完全迴避了陸地領土相關的國際法規則的適用與分析，卻在實質上對中國的群島陸地權源構成界定。當然，如果中國從完全有利於己方的角度理解，既然仲裁庭又聲明不處理主權、不影響主權問題，那麼，中國仍然可以繼續堅持對群島的陸地領土主權與海洋權利主張。在這個意義上，最終裁決的邏輯確實是自相矛盾，因為它處理的依單個島礁而設立的海洋權源爭端類似於虛構，不對中國的真實主張構成否定。

---

❶ See *The South China Sea Arbitration (the Republic of the Philippines v. the People's Republic of China)*, Award on Jurisdiction and Admissibility, 29 October 2015, para. 12.

國際法上島礁的"佔有"與南沙群島問題 *

一、問題的提出

　　通過對南海仲裁案關於管轄權和可受理性裁決及實體問題裁決書內容分析，南沙群島部分島礁和中沙群島中的黃岩島在海洋法中的法律屬性是問題的關鍵所在。而且，菲律賓刻意迴避自上世紀 70 年代以來侵佔中國南沙群島中的馬歡島、費信島、中業島、南鑰島、北子島、西月島、雙黃沙洲和司令礁等 8 個島礁的不法行為的事實，而有選擇地 "抽出" 部分為中國佔領或實際控制的島礁，聲稱美濟礁、仁愛礁等為低潮高地，不能通過佔有或其他方式取得地形，進而主張其為本國專屬經濟區或大陸架的一部分；且訴求黃岩島和南沙群島中部分島礁為海洋法中的 "岩礁" 而非島嶼。甚至，菲律賓惡意曲解領土 "佔有" 概念，將其非法植入海洋法領域，聲

---

* 　作者：張衛彬，安徽財經大學法學院教授。本文原載於《法商研究》2016 年第 5 期，本書主編對該文的部分表述做了必要調整。

稱在《海洋法公約》之前，海洋僅受制於兩項原則：一是海洋自由原則，禁止任何國家佔有；二是相當臨近（immediate vicinity）的沿海國控制有限海域並禁止任何其他國家佔有原則。基於此，中國的主張與這兩項原則不符。❶

對此，中國政府一再嚴正聲明，菲律賓採取"分割佔有論"並以《海洋法公約》的解釋或適用為依據，對南沙群島中部分島礁作出不同的仲裁訴求，目的在於否定中國對南沙群島享有的整體主權。這不僅違反了"陸地統治海洋"原則，將主權與管轄權的權利邏輯先後關係本末倒置，也企圖推翻中國以"整體論"為據對南沙群島享有主權及其相應的領海、專屬經濟區和大陸架的法理基礎。尤其是，菲律賓還不當引用國際法上的"佔有"理論及相關司法實踐，將南沙群島中部分島礁區分為岩礁、低潮高低和暗礁等，企圖各"點"突破，侵犯中國對南沙群島的主權和領土完整。然而，仲裁庭置若罔聞，荒謬地幾乎全盤否定中國的合法權利及正當主張，以否定中國九段線內海域資源的歷史性權利為前提，對南沙群島以"碎片化"、分割佔有方式進行認定，並且認為《海洋法公約》並未規定如南沙群島的大陸國家遠洋群島可以作為一個整體共同產生海洋區域。❷

綜上，南海仲裁案的關鍵問題在於，國際法上有無領土"佔有"理論及相關實踐？如果存在領土"佔有"理論和實踐，那麼哪些因素構成佔有的主體和客體？島嶼、岩礁、低潮高地和暗礁能否佔有？群島能否整體佔有？島礁佔有是否屬一個領土主權問題？如果上述答案是肯定的，那麼菲

---

❶ See *The South China Sea Arbitration (the Republic of the Philippines v. the People's Republic of China)*, Award, 12 July 2016, Permanent Court of Arbitration, p. 80, para. 193.

❷ See Press Release, *The South China Sea Arbitration (the Republic of the Philippines v. the People's Republic of China)*, 12 July 2016, Permanent Court of Arbitration, p. 10.

律賓提請的仲裁事項的實質就是中菲有關領土主權和劃界爭端，因而仲裁庭就沒有管轄權，所謂實體問題的裁決結果自然荒謬之極。這不僅涉及領土 "佔有" 理論的本身問題，更是關涉到南沙群島主權的歸屬及相關海域的管轄權問題。因此，重點考察國際法上關涉的類似 "佔有" 條款解釋和相關界定就顯得尤為必要了。那麼，在國際法上，尤其是實踐中國際法庭或仲裁庭如何對領土 "佔有" 進行界定？而且，對於群島而言，"佔有" 是整體佔有還是分割佔有？是否存在相關的判斷標準？

基於此，本文旨在通過分析國際法庭和仲裁庭關於涉及島礁 "佔有" 的領土爭端的判例，以及當事國在解決爭端時對島礁 "佔有" 的界定標準和相關認定規則的分歧，且對其作出的內涵界定、適用標準、判案規則等作出必要的梳理。然後，重點釐清並提煉國際法庭和仲裁庭對條約中涉及島礁 "佔有" 界定的基準和認定規則等，分析其適用的實然的界定標準及有關規則存在的問題，並嘗試從理論上構建島礁 "佔有" 應然的認定規則和構成要件，意在駁斥仲裁庭在南海仲裁案中適用的所謂判案依據，進而為中國維護南沙群島主權和九段線內海域管轄權，乃至於釣魚島主權及其海洋權利提供必要的法理支持。

二、"佔有" 的內涵及其確定基準

"佔有" 是法學中的一個重要詞語，釋義眾多，但無定論，其取得或喪失通常會導致重要的法律後果。古羅馬法學家西塞羅（Cicero）曾指出，本質上沒有任何事物是私有的，而只能通過長期的佔有取得，或者通過征服（如在戰爭中取得土地），或者通過法律、交易、協議分配等方式取得。❶ 在國內民法中，"appropriation" 一詞的基本含義是將某物據為某人的財產。如該行為屬不法行為，則構成侵權，甚至可能構成犯罪。依據普通法，佔有（occupation）是指佔有人可以佔用無主物，或者通過相反佔有（adverse possession）獲得所有權。但是，在英國，皇室魚及魚塘中魚、森林及受保護的公園中動物通常除外。❷ 與之相比，羅馬法中的 "佔有"（possessio），從詞綴來看，是由 "posse"（權力、掌握）和 "sedere"（設立、保持）組合而成，❸ 分為自然佔有和民法佔有。前者單純持有某物而沒有將佔有物歸為己有的意思，後者能夠因時效而取得該物的所有權。

在國內法中，"appropriation"、"possession" 和 "occupation" 均為財產所有權取得的方式，其含義基本相同。同時，羅馬法中佔有觀念經格勞修斯（Hugo Grotius）引入到國際法領域後，其內涵雖有所變異，但都與領土問題有關。"occupation" 主要包括軍事佔領和先佔。軍事佔領具有戰時臨時性和控制敵方領土的意涵，不涉及領土的主權歸屬問題，而先佔源自於羅馬法中的無主物先佔原則，須滿足 "無主地" 和有效佔領兩個條件。英國學者麥克奈爾（Lord Mcnair）指出，一國取得領土主權須通過有效佔領。❹ 鑒於領土佔有與國家主權具有高度的關聯性，以色列學者埃亞爾·本弗尼斯提（Eyal Benvenisti）認為，佔領的概念應被視為主權概念的鏡像

---

❶ See *Sovereignty over Pedra Branca/Pulau Batu Puteh, Middle Rocks and South Ledge (Malaysia/Singapore)*, Verbatim Record, CR 2007/27,16 November 2007, p. 42, para. 42.

❷ 參見薛波主編：《元照英美法詞典》，北京：法律出版社，2003 年，第 87 頁。

❸ 參見周枏：《羅馬法原論》，北京：商務印書館，2001 年，第 440－441 頁。

❹ See Lord Mcnair, *International Law Opinions*, Vol. I (Cambridge University Press, 1956), p. 285.

（mirror-image）。當然，他也指出隨著情勢出現變遷，佔領概念也在不斷演化，自決原則、民主和人權刺破了國家主權的"面紗"，進而限制主權和領土佔領國際法的適用範圍。❶

實際上，無論是在國內法還是在國際法上，滿足有效佔有的標準應具備三個條件：對財產的實際或潛在控制；含有佔領的意思；有佔有的外在表徵。如英國學者霍爾（W. E. Hall）論及征服的構成要素時指出，應包括財產的佔有、對一國部分領土行使主權。❷ 由此可見，一國征服另一國事實的證據通常應顯示佔有的意圖。由於當時各國的領土被視為是君主的私人財產，君主因而可以像處置自己私人財產那樣處置領土。瓦特爾（Emeric de Vattel）和格勞修斯強調，佔領者替代了國君並由此獲得了有效的財產權。而且，在他們看來，佔領者和征服者在將取得的領土置於其主權控制方面沒有區別。通常，只有這些領土能夠成為佔領的目標：一是不管是否有人居住或即使居住但居住者不被視為國家的集體居民的島嶼，且居住在領土上的私人行為並不構成一國行使主權的行為；二是曾屬一國但隨後遭到放棄的領土。❸

對此，英國學者詹寧斯（Robert Jennings）認為，一國佔有領土須在那當時不屬任何其他國家（土著居民社區不應視為國家）的主權。當然，這並不是說領土須無人居住。雖然一國可以通過強迫移民的方式建立定居地，但其法律後果不是征服而是佔領。❹ 而且，從 1864 年到 1906 年間出版

---

❶ See Eyal Benvenisti, *The International Law of Occupation* (Oxford University Press, 2015), p. 21.

❷ See W. E. Hall, *A Treatise on International law* (Oxford University Press, 1895), pp. 586–588.

❸ See Eyal Benvenisti, *The International Law of Occupation*, p. 23.

❹ See Robert Jennings, *The Acquisition of Territory in International Law* (Manchester University Press, 1963), p. 20.

的 9 本著作，包括英國羅伯特·菲利莫爾（Robert Phillimore）於 1879 年出版的經典《國際法評論》和 1884 年特拉弗斯·特維斯（Travers Twiss）的著作，沒有任何將移民等一些正式行為作為有效佔領必不可少因素的內容。早在 1948 年，英國學者沃多克（Humphrey Waldock）就明確指出，一國取得領土意圖的證據可以通過公開宣稱或主權行為得以體現。❶

當然，也有一些學者持不同觀點。如瑞士學者瓦特爾指出，主權的承認要求國家真正採取行動實際擁有，要有居民和實際使用。❷ 在 19 世紀，部分學者也表達了同一立場，要求主權國家提供保障居民生活及安全的相應的財產。❸ 在 1953 年 "英法敏基埃和艾克利荷斯案" 中，法國在反訴狀中也指出，可居住性在法律上可以是檢驗佔有性（appropriability）的標準。❹ 簡言之，佔有應採取實際使用標準。該制度內在邏輯設計依據在於，陸地的佔有僅限於國家有理由主張的部分，不承認超過他們定居和耕作的地方之外。值得強調的是，出版於 1992 年的第 9 版《奧本海國際法》指出，先前的版本認為移民是有效佔領的必要條件，這對於適合人類居住的較大區域無疑是正確的，但可能不適合離岸島嶼。❺

關於 "appropriation" 在國際法上的具體含義，❻ 國際法院並未專門對其作出明確的界定，但在具體的判例中在對 "佔領" 概念進行界定時有所體

---

❶ Humphrey Waldock, "Disputed Sovereignty in the Falkland Island Dependencies", (1948) 25 *The British Year Book of International law* 311, p. 311.

❷ See Emeric de Vattel, *The Law of Nations* (London, Stevens, 1934), p. 208.

❸ See R. Phillimore, *Commentaries upon International Law* (London, Butterworths, 1879–1889), p.120.

❹ See *The Minquiers and Ecrehos case (France/United Kingdom)*, The French Counter-Memorial, 26 June 1952, p. 355.

❺ See Oppenheim, *Oppenheim's International Law* (Longman, 1992), p. 689.

❻ 國內學者在翻譯該術語時出現各自不同的理解，如 "佔領"、"佔據"、"先佔" 等。參見宋燕輝：《中菲南海仲裁案：有關低潮高地、岩礁和島嶼的主張》，載《中國海洋法評論》2015 年第 1 期。

現。如在 2001 年"卡塔爾訴巴林案"中，國際法院指出，佔領是指一國通過意圖取得領土主權的佔有行為，但須在此時不處於另一國主權之下。顯然，在國際法院看來，佔領應具備兩個基本要件：行使主權的意圖和佔有行為。但隨後國際法院進一步指出，巴林的主權訴求是否成立須依賴於回答低潮高地是否為領土及是否能夠以符合領土取得的原則和規則被佔有。[1] 同樣，在 2012 年"尼加拉瓜訴哥倫比亞案"中，雙方的領土所有權爭議主要聚焦於阿爾布開克礁、東南—東礁、龍卡多爾礁、塞拉納礁、吉塔蘇埃尼奧、塞拉尼亞、新淺灘等 7 個島礁。國際法院強調，在解決主權問題之前須決定這些海上構造物是否可以佔有（特別是尼加拉瓜要求在這些爭議島嶼能夠佔有前提下確定其主權歸屬）。[2] 由此可見，佔有為領土主權取得的一種方式，且判斷海上構造物能否佔有可採用地理標準 —— 在高潮時須露出水面。

值得強調的是，"appropriation"還有一層含義 —— 有效管理或佔用，由此也產生了有效控制標準。對此，布朗利曾指出，作為主權行為的財產佔有特性對嗣後保留和使用特性並沒有決定作用。[3] 質言之，一國在佔有島礁之後在島上進行各種有效管理措施進行佔有和使用，才能達到有效控制標準。在 2008 年馬來西亞訴新加坡"白礁島、中岩礁和南礁主權案"中，新加坡在訴狀中提出，通過研究 19 世紀後半期的法學理論，毫無疑問，在 1847 至 1851 年期間，英國殖民當局（新加坡）通過佔領，或者採取佔

---

[1] See *Maritime Delimitation and Territorial Questions between Qatar and Bahrain (Qatar v. Bahrain)*, Judgment of 16 March 2001, *I.C.J. Reports* 2001, p. 101, para. 204.

[2] See *Territorial and Maritime Dispute (Nicaragua v. Colombia)*, Judgment, 19 November 2012, *I.C.J. Reports* 2012, p. 641, para. 25.

[3] See Malcolm N. Shaw, *International Law* (Cambridge University Press, 2008), p. 731.

有的方式排他使用了其佔有的白礁島並確立了所有權。針對英國殖民當局在白礁島上修建燈塔的事實，國際法院承認，其佔有的過程和為了建燈塔的目的而佔用白礁島的確發生在那個時期，進而其主權從柔佛（馬來西亞）轉移至新加坡所有。❶

但是，這也可能涉及部分島礁無法實際佔有的問題。如在"英法敏基埃和艾克利荷斯案"中，法國主張 1839 年英法《漁業協定》與這兩個群島主權有關，因為爭議中的島嶼和礁石是在雙方共同漁區的範圍之內，且缺乏必要的實際（佔領）特性 —— 這些小島不能實際有效佔有。但是，英國強調，"實際"特性並非取得領土主權的先決條件。無論如何，1839 年協定並沒有產生英國或法國不能佔有它們的效力，且不實際佔有的主張是站不住腳的。❷ 對此，利瓦伊‧卡內羅法官（Levi Carneiro）在討論佔有小島的可能性時強調以下幾點：我想提及"現在或未來的佔有"；岩礁能夠佔有的程度並沒有具體說明，法庭也不可能決定這點，因為這並非可以事先確定；試想誰能在不遠的過去預見法國將在某一天計劃在敏基埃群島利用潮汐能（tide energy）發電呢？❸ 由此可見，有效管理或佔用並非同時要求達到實際佔有標準，一國通過在報紙上發佈主權公告、聲明等象徵性行為或嗣後實踐都可以視為有效管理或佔用行為。換言之，在特定時期和條件下，象徵性行為也可視為達到佔有的標準。

---

❶ *Sovereignty over Pedra Branca/Pulau Batu Puteh, Middle Rocks and South Ledge (Malaysia/Singapore)*, Judgment, 23 May 2008, *I.C.J. Reports* 2008, p. 65, para. 163.

❷ See *The Minquiers and Ecrehos case (France/United Kingdom)*, Reply of the United Kingdom, 3 November 1952, pp. 422–423.

❸ See *The Minquiers and Ecrehos case (France/United Kingdom)*, Judgment of 17 November 1953, Individual Opinions of Levi Carneiro, *I.C.J. Reports* 1953, p. 109.

與之相比，"possession" 一詞在技術文獻中屬普通術語。❶ 在國際法上，其含義主要包括領地、屬地、殖民地或國家領土的所有權。如在 "英法明基埃和艾克利荷斯案" 中，國際法院在決定艾克利荷斯和敏基埃群島主權歸屬時指出，至關重要的不是從中世紀事件中導出的間接推定，而是那些與群島所有權直接有關的證據。❷ 在 2008 年 "白礁島、中岩礁和南礁主權案" 中，馬來西亞引用經典國際法著作《奧本海國際法》（第 5 版）強調，領土只能通過移民方式被考慮所有。而新加坡認為，國際法確認無人居住的島嶼（如白礁島）能夠通過合法所有方式完全佔有。隨後，在庭審中作為新加坡聘請的代理人布朗利指出，通過新加坡的訴狀和答辯狀可以明顯得出如下結論："合法所有" 與無主地有效佔領屬同義語。對此，國際法院指出過去有時提到 "佔領" 或 "有效佔領"，而現代司法慣用的術語的主導模式是 "有效統治"（*effectivités*）。❸ 由此可導出：依據 "不法行為不產生權利"，不合法的所有並不會導致領土的佔有；"所有" 屬取得領土主權的關鍵因素，而 "佔領" 的內涵在現代已演化成 "有效控制" 或 "有效統治"。

綜上所述，國內法中物權概念 "佔有" 進入國際法領域之後，變異為佔領、所有和佔有三個術語。傳統國際法中佔領內涵包括軍事佔領和先佔。其中，先佔作為國際法中的領土取得方式，在現代國際已失去了意義。而且，鑒於軍事佔領具有臨時性，不涉及領土主權歸屬問題，基於此，傳統國際法中慣用的術語 "佔領" 或 "有效佔領"，在現代司法實踐

---

❶ See O'Connell, *International Law* (Stevens & Sons, 1970), pp. 405–421.

❷ See *The Minquiers and Ecrehos case (France/United Kingdom)*, Judgment of 17 November 1953, *I.C.J. Reports* 1953, p. 57.

❸ See *Sovereignty over Pulau Ligitan and Pulau Sipadan (Indonesial/Malaysia)*, Judgment, 17 December 2002, *I.C.J. Reports* 2002, pp. 685–686, paras. 148–149.

中其內涵已有所異化 —— 主導模式是有效控制或 "有效統治"，成為 "佔有" 領土主權的確定標準。相比之下，"possession" 一詞的內涵，其領地、屬地或殖民地仍屬傳統的國際法概念，而在當代，所有權成為 "佔有" 領土主權的確定標準及其內涵的重要組成部分。簡言之，佔有在一定程度上汲取了 "佔領" 和 "所有權" 概念，而且，須滿足有效佔有的標準應具備4 個主要條件：無主地、廢棄地或爭議領土；對領土的實際或潛在控制；含有佔領的意思；取得所有權。

三、"佔有" 的客體及其判定規則

如前所述，佔有的主體只能是國家，任何個人或土著居民都不能成為佔有的主體。相比之下，佔有的客體要複雜得多，也存在一定的爭議。一般來說，佔有須在主權上能夠佔有。外層空間、月球、南極等全人類共同財產不能夠佔有。英國學者菲茨莫里斯指出，除非以陸地領海（或內水、海灣等）為據，否則一國不能對其他海域佔有而宣稱主權。[1] 質言之，大陸、島嶼及其領海可以作為佔有的客體。如在 1951 年 "英挪漁業案" 中，當事方和國際法院都認可所有長期露出水面的陸地均可佔有；如果是位於一國領海之內附屬於大陸在低潮露出水面的岩礁，也可佔有。[2]

---

[1] See Gerald Fitzmaurice, *Law and Procedures of the International Court of Justice*, Vol. 1 (Cambridge University Press, 1986), p. 202, cited from *Land, Island and Maritime Frontier Dispute (EL SalvadorAL/ Honduras)*, Memorial of the Republic of EL Salvador, 1 June 1988, Chapter 14, para. 14.5.

[2] See *Fisheries (United Kingdom v. Norway)*, Judgment, 18 December 1951, *I.C.J. Reports* 1951, pp. 116, 128.

在傳統習慣法下，許多國家政府認為，一個島嶼必須是能夠佔有和使用的某種形式的領土。其實，早在 19 世紀，如果低潮高地相當臨近一國海岸，英國就認為可視為島嶼。斯堪的納維亞國家也遵循這個概念，都將鄰近本國海岸的低潮高地視為島嶼。❶ 然而，在 1930 年國際聯盟國際法編纂會議上，為數不少的國家希望繼續將島嶼和低潮高地概念相融合。最終關於島嶼構造應採取嚴格限制方法的主張取得了主導地位，進而排斥了低潮高地可視為島嶼的觀點。❷ 而且，關於領水議題討論的第二委員會還指出，只要符合島嶼的構成要件，都可享有領海。同時，國際法委員會在討論有關島嶼問題時還指出，即使是某種設施（如燈塔）建立在低潮高地而使其常年位於水面之上，也不能視為本條款中的 "島嶼"。❸

但是，對於低潮高地能否作為佔有客體的問題，則存在一定爭議。如小田滋（Shigeru Oda）指出，一國對小島和低潮高地的主權能否通過佔有及多大的構造物影響領海的寬度或邊界，尚無定論。❹ 通常，位於一國領海之內的低潮高地主權可歸於該國，其主權歸屬建立在領海整體佔有理論基礎之上。如《海洋法公約》第 2 條規定：沿海國的主權及於其陸地領土及內水以外鄰接的一帶海域，稱為領海；此項主權及於領海的上空及其海床和底土。而且，當低潮高地位於領海之內，可能影響領海的寬度。《海洋法

---

❶ See Hugo Llanos, "Low-tide Elevations: Reassessing Their Impact on Maritime Delimitation", (2002) 14 *Pace International Law* 255, pp. 258–259.

❷ See Haritini Dipla, *The Legal Regime of Islands under the International Law of the Sea* (University Press of France, 1984), pp. 23, 43.

❸ See Report of the International Law Commission Covering the Work of its Eight Session, U. N. Doc. A/3159, *U.N. General Assembly Official Records*, 11th Session, Supplement No.9, pp. 16–17, 1956.

❹ See *Maritime Delimitation and Territorial Questions between Qatar and Bahrain (Qatar v. Bahrain)*, Judgment of 16 March 2001, Separate Opinion of Judge Oda, *I.C.J. Reports* 2001, p. 124, para. 7.

公約》第 13 條第 1 款進一步規定：低潮高地是在低潮時四面環水並高於水面但在高潮時沒入水中的自然形成的陸地。如果低潮高地全部或一部與大陸或島嶼的距離不超過領海的寬度，該高地的低潮線可作為測算領海寬度的基線；如果低潮高地全部與大陸或島嶼的距離超過領海的寬度，則該高地沒有自己的領海。

當然，如果低潮高地位於公海，則不能佔有。《海洋法公約》第 89 條規定：任何國家不得有效地聲稱將公海的任何部分置於其主權之下。正如《奧本海國際法》所述，由於公海是自由的，它的任何一部分都不能成為通過佔領主權取得的客體；雖然燈塔可以建立在公海中的岩礁或淺灘之上，但也不能佔領。[1] 還存在一種情況，法庭根據雙方提供的證據不能確定爭議島礁是島嶼還是低潮高地。如在 2001 年 "卡塔爾訴巴林案" 中，雙方就阿茲姆島（Fasht al Azm）是否為西塔赫島的一部分，抑或是一個被巴林於 1982 年所填平的一條自然海峽所分割的低潮高地存在爭議。國際法院分析了雙方提交的各種報告、文件和圖表之後，未就阿茲姆島的法律屬性作出明確的裁定，但強調這並不阻礙在該地區進行劃界。為此，國際法院臨時繪製了兩條中間線，並考慮相關情況，最終將阿茲姆島留在巴林。[2] 即國際法院迴避了佔有問題，而是通過海域劃界方式確定阿茲姆島主權歸屬於巴林所有。

但是，對於吉塔特傑拉代和迪巴爾是否可以佔有問題，雙方要求國際法院作出明確的判決。卡塔爾利用衛星圖像說明，吉塔特傑拉代屬在高潮

---

[1] See *Maritime Delimitation and Territorial Questions between Qatar and Bahrain (Qatar v. Bahrain)*, Memorials by the State of Qatar, 30 September 1996, Part I, para. 10.63.

[2] See *Maritime Delimitation and Territorial Questions between Qatar and Bahrain (Qatar v. Bahrain)*, Judgment of 16 March 2001, *I.C.J. Reports* 2001, p. 109, para. 222.

時沉入水中的低潮高地；而且，1947年信函和當時的航海圖從未反映其為島嶼，因此吉塔特傑拉代並非巴林所宣稱的島嶼，因而不能佔有。對此，巴林指出，雖然1986年卡塔爾命令將該島的上部去除，但其後因其自然添附而成為島嶼，巴林委託的專家審查報告也印證了這一事實。經過審查，國際法院判定，雖然吉塔特傑拉代在高潮時僅露出水面0.4米，但按照海洋法的相關規定應認定為島嶼。❶由此，判定吉塔特傑拉代可以佔有，巴林擁有該領土主權。

與之相比，雙方都認可迪巴爾是一個低潮高地。然而，卡塔爾堅稱迪巴爾和吉塔特傑拉代一樣，作為低潮高地不能被佔有。而且，卡塔爾已經向法庭提供了對該低潮高地進行有效控制的充分證據。巴林主張，低潮高地本質上是領土，因而根據領土取得的標準能夠被佔有。1947年英國政府承認巴林對迪巴爾具有主權，即使它不能被視為具有領海的島嶼。在巴林看來，不管低潮高地的位置所在，它總是符合那些決定領土主權取得和保持的法律 —— 權利和有效統治的微妙辯證法。❷對此，卡塔爾在反訴狀中強調，巴林所持立場的法理基礎薄弱，正因如此，它主張在南部的所有海上構造物不論其是否為島嶼，都可以通過自己所謂行使主權行為而佔有 —— 迪巴爾（低潮高地）、吉塔特傑拉代（島嶼）、阿茲姆（主張是西塔赫島一部分）—— 存在自相矛盾。❸

針對雙方的爭議，國際法院指出，沿岸國對位於其領海之內的低潮高

---

❶ See *Maritime Delimitation and Territorial Questions between Qatar and Bahrain (Qatar v. Bahrain)*, Judgment of 16 March 2001, *I.C.J. Reports* 2001, p. 99, para. 197.

❷ See *Maritime Delimitation and Territorial Questions between Qatar and Bahrain (Qatar v. Bahrain)*, Judgment of 16 March 2001, *I.C.J. Reports* 2001, pp. 100–101, paras. 200–203.

❸ See *Maritime Delimitation and Territorial Questions between Qatar and Bahrain (Qatar v. Bahrain)*, Counter-Memorial of Qatar, 31 December 1997, Vol.1, para. 7.6.

地擁有主權，原因在於對領海本身具有主權。現在本案中決定性問題在於，一國是否能夠通過佔有取得位於其領海之內低潮高地的主權，而這個低潮高地也位於另一國領海之內。但是，國際條約法對低潮高地能否作為領土保持沉默，法庭也沒有注意到存在統一和廣泛的國家實踐，從而產生一項明確允許或排除低潮高地佔有的習慣法規則。[1] 基於此，國際法院強調，現很少有規則證明低潮高地和島嶼一樣都是領土的一般推定。對於島嶼構成領土從未有過爭議，其應遵守領土取得的原則和規則，而在海洋法中，低潮高地和島嶼的效力存在極大不同。在缺乏其他規則和法律原則的情況下，從主權角度來看，未能證實低潮高地與島嶼或其他領土完全融合。而且，位於領海之外的低潮高地存在的規則為不能產生自己的領海，因而不能享有與島嶼或其他領土一樣的主權權利。此外，國際法承認位於領海之內的低潮高地可作為領海基點，但並不支持那些距位於領海之內的低潮高地不超過 12 海里但超出了領海界線的低潮高地。主要原因在於，海洋法不允許適用"蛙躍"（leap-frogging）的方法。[2]

由此看來，雖然國際法院明確指出，無論島嶼多小都可以被佔有，但並不能由此反向推定低潮高地不能佔有。對於低潮高地能否佔有問題，國際法院採取了相對模糊的態度。因為在國際法院看來，低潮高地的法律地位尚不明確，因而難以確定低潮高地類同或不同於島嶼或其他陸地領土。最後，國際法院考慮相關情況對中間線進行調整後作出裁定，迪巴爾位於卡塔爾領海之內，因而享有主權。但是，這並不意味著否定巴林主張的低

---

[1] See *Maritime Delimitation and Territorial Questions between Qatar and Bahrain (Qatar v. Bahrain)*, Judgment of 16 March 2001, *I.C.J. Reports* 2001, pp. 101, paras. 204–205.

[2] See *Maritime Delimitation and Territorial Questions between Qatar and Bahrain (Qatar v. Bahrain)*, Judgment of 16 March 2001, *I.C.J. Reports* 2001, p. 102, para. 207.

潮高地佔有理論，而是依據領海劃界結果決定其主權歸屬。

　　在 2012 年"尼加拉瓜訴哥倫比亞案"中，當事方對阿爾布開克礁、東南—東礁、龍卡多爾礁、塞拉納礁、塞拉尼亞、新淺灘等 6 個島嶼在高潮時露出水面無異議，但對吉塔蘇埃尼奧能否被認定為島嶼存在分歧。尼加拉瓜認為吉塔蘇埃尼奧是不能佔有的沒入水中淺灘，哥倫比亞則指出，1928 年《巴爾塞尼亞斯—艾斯格拉條約》（Bárcenas-Esguerra treaty）（以下簡稱"1928 年條約"）已確認吉塔蘇埃尼奧與龍卡多爾礁及塞拉納礁一樣，都是沙洲。而且，哥倫比亞官方發給尼加拉瓜政府和議會的 1928 年條約提到的這些特徵物為"沙洲"的公告，明確指出它們是聖安德烈斯群島的一部分，且從未遭到尼加拉瓜的反對。1972 年尼加拉瓜議會通過的正式聲明也主張對吉塔蘇埃尼奧、龍卡多爾礁和塞拉納礁享有主權，並沒有對它們作出區分。❶同時，雙方還採取了不同海潮模型證明各自主張的觀點。❷

　　對此，國際法院強調，在解決主權問題之前，須決定這些海上構造物是否可以佔有。雖然它援引"卡塔爾訴巴林案"的判案法理說明，國際法上已經充分確立，無論島嶼有多小都可以被佔有，但隨後卻反向推導出低潮高地不可以佔有的結論，顯然這是對先例中判案佔有客體涵蓋的範圍有所曲解。至於在判定島礁能否佔有時究竟應採取哪一種潮汐模型，國際法院採取了

---

❶　See Formal Declaration of 4 October 1972, NM, Vol. II, Annex 81, cited from *Territorial and Maritime Dispute (Nicaragua v. Colombia)*, Rejoinder of Republic of Colombia, 18 June 2010, Chapter 3, para. 3.3.

❷　如尼加拉瓜認為，吉塔蘇埃尼奧雖然是一個長 57 公里寬 20 公里大淺灘，但根據英國海事總潮汐模型，其在高潮時全部沒入水面，並且援引 1937 年哥倫比亞外交部的官方紀錄和 1972 年美國和哥倫比亞簽訂的條約作為證據證明其並非島嶼。相對的，哥倫比亞提供了 2008 年哥倫比亞海軍研究報告和 2010 年羅伯特·史密斯的專家報告，證明該島礁共有 34 處在高潮時露出水面，20 處為低潮高地（命名為 QS1-QS54）。但是，尼加拉瓜指出，史密斯報告適用的美國全球格勒諾布爾海潮模型並不準確。

迴避的態度，但在經過審查各自提供的數據的基礎上認定，即使採取尼方主張的英國海事總潮汐模型，QS32 部分也明顯在高潮時露出水面 0.7 米。❶

由此看來，國際法院鑒於國際法規則並未明確採用哪一種具體的測量方法，且也沒有規定一個島嶼應滿足的最小面積，因此採取混合方法得出吉塔蘇埃尼奧 QS32 能夠被佔有的結論，而其他部分則為低潮高地，認定不能作為佔有的客體，其效力以海洋法及其劃界結果予以決定。但是，國際法院關於佔有客體的判定規則也存在一定問題。例如，在判斷低潮高地和島礁時缺乏普遍適用的強制性潮汐基準，也未能充分考慮一國歷史上對特定低潮高地所形成的領土主權主張；而且，在個案中缺乏足夠的國際法依據並曲解先例，片面認定低潮高地並非佔有的客體，其判案法理前後存在矛盾之處。質言之，佔有僅是一國取得領土主權的一種地理標準的表達，而非適用的前提條件。即使某一低潮高地在地理上不能獨立作為佔有的客體，一國仍可依據群島整體佔有理論及其歷史證據而取得領土主權。

四、"佔有" 的方式、實踐及規則塑造

"附屬物永隨主物" 早已確立為國際法的一項原則，而且，在領土爭端司法實踐中也已確立了地理、政治、歷史和有效控制等基準判斷附屬島

---

❶ See *Territorial and Maritime Dispute (Nicaragua v. Colombia)*, Judgment, 19 November 2012, *I.C.J. Reports* 2012, pp. 641–645, paras. 25–38.

嶼的主權歸屬依賴於主島。[●] 但是，能否據此導出一國佔有大陸或群島中的主島即意味著擁有附屬的島嶼或其他海上特徵物的主權？換言之，對於群島而言，"佔有" 是整體佔有、分割佔有還是零星（個別）佔有？是否存在相關的判斷標準及其適用規則？對此，國際法並沒有作出明確的規定，學界也很少涉獵，缺乏專門的研究。其實，早在 1928 年 "帕爾馬斯島案" 中，胡伯法官就曾指出，關於群島，在某些情況下，一類在法律上可以視為一個單元；主要部分的主權歸屬可涉及其餘部分。[●] 實際上，國家權力沒有必要每一時刻在一塊領土的每一點都予以顯示。[●] 在 1933 年 "東格陵蘭島案" 中，常設國際法院指出，在許多案件中，國際法理已經表明，只要沒有其他國家採取更為優勢的主張，即使一國主權權利實際行使非常稀少也將取得領土主權。對於那些人口非常稀少或無人居住的地區主權聲索更是如此。[●]

在 "英法敏基埃和艾克利荷斯案" 中，英國和法國達成特別協議，要求國際法院決定敏基埃和艾克利荷斯群島中能夠佔有的小島和岩礁屬哪一國所有。對此，國際法院強調，通過當事方協議可以導出，一方面應考慮那些能夠實際地（physically）佔有的島礁；另一方面法院被要求決定哪一國整體上（as a whole）擁有兩個群島的主權而無需詳細考慮每一個群島的組成部分。就這些島礁能夠佔有而言，基於英國傑西當局自 19 世紀以來對其

● 參見張衛彬：《國際法上的 "附屬島嶼" 與釣魚島問題》，載《法學家》2014 年第 5 期。

● See *Island of Palmas Case (Netherlands/United States of America)*, Award of 4 April 1928, *UNRIAA*, Vol. II, 1949, p. 855.

● See *Sovereignty over Pedra Branca/Pulau Batu Puteh, Middle Rocks and South Ledge (Malaysia/Singapore)*, Judgment, 23 May 2008, *I.C.J. Reports* 2008, p. 36, para. 67.

● See *The Legal Status of Eastern Greenland Case (Denmark v. Norway)*, Judgment, 2 September 1933, *P.C.I.J. Series A/B*, No. 48, p. 46.

進行持續、和平、有效實施國家權力的證據基礎之上，艾克利荷斯和敏基埃群島中小島和岩礁主權歸於英國。❶ 由此看來，一方面國際法院採用實際佔有島礁標準，其他低潮高地和暗礁作為群島的組成部分，以整體佔有方式確立爭議群島的主權；另一方面，島礁能否佔有屬主權管轄事項，與其後的 1958 年日內瓦 4 個海洋法公約和 1982 年《海洋法公約》解釋或適用問題無關。

在 1992 年 "薩爾瓦多 / 洪都拉斯陸地、島嶼和海洋劃界案" 中，梅安格拉島上有居民，而梅安格瑞塔島位於其東南方，是為植被所覆蓋的無人島，面積相對較小。雖然島上缺乏淡水，但法庭認為，這類似敏基埃為海峽群島的附屬島嶼，梅安格瑞塔島也應視為梅安格拉島的附屬島嶼。鑒於當事方認定梅安格瑞塔島能夠佔有，因而各自宣稱對其享有主權，對此，國際法院分庭在適用 "有效佔有和控制" 標準時強調，關於梅安格瑞塔島，法庭並不認為在缺乏有效佔有和實際控制證據情況下，該島的法律地位就與梅安格拉島存在不同。❷ 從判案結果來看，國際法院以附屬島嶼歸屬主島的整體性確立了梅安格瑞塔島的主權。

在 1998 年 "厄立特里亞與也門仲裁案" 中，雙方主要就默哈巴卡、海科克、祖蓋爾—哈尼什、祖拜爾 4 個群島存在主權歸屬爭端。這些群島由眾多島嶼、岩礁和低潮高地組成。仲裁庭並沒有對群島每一個組成單元進行詳細分析，而是在綜合考慮歷史、事實和法律因素基礎上，採取 "包括但不限於" 列舉方式和一體化理論，以整體佔有的方式裁定默哈巴卡、

---

❶ See *The Minquiers and Ecrehos case (France/United Kingdom)*, Judgment of 17 November 1953, *I.C.J. Reports* 1953, pp. 53, 72.

❷ See *Land, Island and Maritime Frontier Dispute (El Salvador/Honduras)*, Judgment, 11 September 1992, *I.C.J. Reports* 1992, pp. 570, 579, paras. 356, 367.

海科克主權歸屬於厄立特里亞，祖蓋爾—哈尼什和祖拜爾為也門所有。例如，在認定默哈巴卡群島主權歸屬時，仲裁庭指出，默哈巴卡一直被視為一個群體，是法律共同命運體。❶

在 2007 年"尼加拉瓜訴洪都拉斯案"中，洪都拉斯提請法院裁定並宣佈：洪都拉斯對位於 15 度緯線以北尼加拉瓜稱屬其所有的博貝爾礁島、南礁島、薩凡納礁島和皇家港礁島等群島及所有其他島嶼、珊瑚礁、岩石、淺灘和暗礁享有主權。對此，國際法院強調，根據《海洋法公約》，那些在高潮時沒入水中的構造物不能認定為島嶼。另外，在本案中，洋蘇木沙洲和米地亞魯納礁兩個沙洲也被提起。對於前者，洪都拉斯認為在高潮時有少許露出水面，而尼加拉瓜則主張在高潮時完全沒入水中。鑒於此，國際法院未對其法律屬性作出明確界定，而且強調只對博貝爾礁島、南礁島、薩凡納礁島和皇家港礁島主權問題作出裁決是適當的。❷ 由此可見，國際法院對於那些沒入水中的淺灘、沙洲和暗礁等因不能確定能否佔有及是否構成一個群島而對其歸屬採取迴避的態度，但對爭議島嶼的主權歸屬採取了分割佔有的方式作出判決。

在 2008 年"白礁島、中岩礁和南礁主權案"中，新加坡提供了地理和地形學上證據，主張中岩礁和南礁附屬於白礁島，它們屬一組群島。相反，馬來西亞認為，無論從歷史紀錄抑或地質證據來看，這 3 個島礁從未被視為一組群島。而且，馬來西亞一直對中岩礁和南礁行使主權，且新加

---

❶ See *The Eritrea-Yemen Arbitration (Phase I: Territorial Sovereignty and Scope of Dispute)*, 9 October 1998, Award, Permanent Court of Arbitration, pp. 133, 147, paras. 475, 527.

❷ See *Territorial and Maritime Dispute between Nicaragua and Honduras in the Caribbean Sea (Nicaragua v. Honduras)*, Judgment, 8 October 2007, *I.C.J. Reports* 2007, pp. 703–704, paras. 141–144.

坡也未提出任何異議。[1] 對此,國際法院並沒有支持新加坡持有的中岩礁和南礁與白礁屬一組群島而整體佔有的觀點,而採取了分割佔有的方式。在南礁這一低潮高地問題上,鑒於其位於白礁島和中岩礁所產生的領海明顯重疊部分之內,法院援引先前判案法理回顧說,它沒有得到當事雙方關於劃定領海的授權,因此斷定南礁位於哪一國家的領海之內,該礁主權則屬哪一國家。[2]

與之相比,對群島主權究竟採取整體佔有方式抑或分割佔有的方式,2012 年 "尼加拉瓜訴哥倫比亞案" 最為典型。在該案中,當事方爭議的焦點主要在於,哪一國對阿爾布開克礁等 7 個島礁擁有主權。尼加拉瓜指出,該條約第 1 條第 1 款並沒有清楚界定聖安德烈斯群島的精確定義,因而有必要確定其地理概念;而且,除了阿爾布開克礁群、東南─東礁群距聖安德烈斯群島較近之外,其他島礁則處於遠離位置,因此根據距離標準,不可能成為聖安德烈斯群島的組成部分或地理單元。而且,1928 年條約第 1 條第 2 款中明確將龍卡多爾、吉塔蘇埃尼奧和塞拉尼亞排除在條約範圍之外,也沒有歷史紀錄表明這些爭議島嶼構成聖安德烈斯群島的一部分。至於哥倫比亞通過國內立法把該群島定義視為一個行政單元,尼加拉瓜指出,在國際層面上行政單元的創造並不能夠證明它們為聖安德烈斯群島的一部分。相比之下,根據哥倫比亞的觀點,無論是殖民時期還是後殖民時期,聖安德烈斯群島都被視為一個整體。雖然在歷史文獻(1803 年及隨後的相關文件)中所記載的聖安德烈斯群島並未詳細列明每一個島礁,

---

[1] See *Sovereignty over Pedra Branca/Pulau Batu Puteh, Middle Rocks and South Ledge (Malaysia/Singapore)*, Judgment, 23 May 2008, *I.C.J. Reports* 2008, pp. 96–98, paras. 278–283.

[2] 參見《聯合國國際法院報告》(2007 年 8 月 1 日至 2008 年 7 月 31 日),大會正式紀錄第六十三屆會議補編第 4 號(A/63/4),第 3 頁,第 14 段。

但這種事實並不意味著該群島僅由那些所提到的較大的島礁所組成。❶

通過分析，雙方對聖安德烈斯是一組群島都不持異議，但爭議焦點主要在於哪些島嶼屬群島的組成部分。基於此，對 1928 年條約第 1 條第 1 款所提到的 "構成聖安德烈斯群島的其他島礁"，根據法院的理解，應至少涵蓋距離上述三個島最近的島礁。根據此項界定標準，分別距聖安德烈斯群島 16 海里和 20 海里的東南—東礁和阿爾布開克礁可被視為該群島的組成部分。相比之下，塞拉尼亞和新淺灘不大可能成為附屬島嶼。對於哥倫比亞主張的歷史文獻和行政管轄證據，法院認定，沒有任何歷史文獻明確記載爭議島嶼屬聖安德烈斯群島組成部分，且當事國為了聲索主權而片面採取的行政管轄措施缺乏國際法效力。❷ 基於此，國際法院採取了地理和有效控制標準認定阿爾布開克礁和東南—東礁屬聖安德烈斯群島組成部分，進而以整體佔有的方式將其判給了哥倫比亞。其他爭議島嶼因不屬該群島組成部分而採取有效控制標準，以分割佔有方式判給了哥倫比亞。簡言之，國際法院根據爭議島礁不同的屬性，以整體佔有和分割佔有 "二分法" 的混合方式，將爭議島嶼判給了哥倫比亞。

通過以上國際實踐來看，無論是國際法院還是仲裁機構，對於群島究竟採取整體佔有抑或分割佔有方式，其判定的一般規則如下：第一，島礁能否作為領土佔有是確定主權歸屬的前提，與其後的《海洋法公約》的解釋或適用無關。第二，判斷當事方主張的島礁是否屬一組群島，確定基準優先順序為地理標準、歷史標準、有效控制標準等。第三，經考察歷史、

---

❶ See *Territorial and Maritime Dispute (Nicaragua v. Colombia)*, Judgment, 19 November 2012, *I.C.J. Reports* 2012, p. 648, para. 49.

❷ See *Territorial and Maritime Dispute (Nicaragua v. Colombia)*, Judgment, 19 November 2012, *I.C.J. Reports* 2012, p. 649, para. 53–56.

事實和法律等因素後能夠確定為一組群島，則採取整體佔有方式；如果證據不充分或模糊不清難以確定群島的組成範圍，那麼將採取分割方式確定各島礁能否被佔有。第四，對於當事方提及的低潮高地、暗礁、淺灘的歸屬，如果不能確定是否為群島的組成部分，一般採取持迴避或審慎態度，由當事國進行海域劃界後確定這些海上構造物的法律地位。

五、南沙群島的"佔有"問題

　　南沙群島自古以來就是中國的領土，是南海諸島中位置最南、島礁最多、散佈最廣的群島。該群島位於北緯 3°40′ 和 11°3′ 與東經 109°30′ 和 117°50′ 之間，共由 200 多個島、礁、沙、灘組成，❶ 主要島嶼有太平島、南威島、中業島、鄭和群礁、萬安灘等。曾母暗沙是中國領土的最南端。其中，包括中國台灣地區駐守的太平島在內，共實際控制 9 個島礁。其餘島礁多被越南、菲律賓、馬來西亞等國家自上世紀 70 年代以來不斷非法侵佔。

　　自 2014 年 2 月始，中國在南沙群島的赤瓜礁、渚碧礁、華陽礁、東門礁、南薰礁、安達礁和永暑礁 7 個礁盤上開展建設港口、飛機跑道等多項設施與填海工程。雖然中國政府一再表示，中國對包括赤瓜礁在內的南沙群島及其附近海域擁有無可爭辯的主權，如果在島上進行什麼建設，完全

---

❶　See Mark J. Valencia, Jon M. Van Dyke & Noel A. Ludwig, *Sharing the Resources of the South China Sea* (Martinus Nijhoff Publishers, 1997), pp. 225–235.

是主權範圍內的事情，但菲律賓仍就此類事件多次提出無理抗議。同時，以美國為首的域外大國也對中國的擴礁行為妄加指責，完全歪曲了中國擴礁行為的合法性。❶尤其是，在南海仲裁案中，菲律賓反覆強調，低潮高地並不能被諸如一國擁有主權的島嶼或其他陸地領土所吸收或同化；鑒於美濟礁屬低潮高地，位於本國專屬經濟區和大陸架上，因而中國在美濟礁上佔領和建造活動構成企圖佔有的非法行為，違反《海洋法公約》。❷仲裁庭在裁決書中也指出，美濟礁是一個低潮高地，因而不能佔有，中國對美濟礁海域享有權利缺乏合法基礎；而且，與菲律賓不存在需要劃界的重疊海域。因此，美濟礁必然位於菲律賓專屬經濟區和大陸架上，惟有菲律賓有權在礁上建造人工島嶼。❸

其實，之所以如此，問題的關鍵在於，中國擁有南沙群島主權是建立在整體佔有還是分割佔有的基礎上。如果南沙群島能夠整體佔有，那麼中國因對低潮高地、暗礁和淺灘等沒入水下的海上構造物擁有主權，擴礁加固措施及佔有、使用、管理島礁設施等正常行為自然無可非議。反之，如在部分不能佔有的暗礁上進行吹沙填海工程行為不會改變其法律屬性，充其量只能視為人工島嶼，不能宣稱主權。對此，國內學者見仁見智。如著名國際法學家趙理海認為，按照《海洋法公約》，南沙群島中的 36 個島嶼、沙洲和岩礁可享有 12 海里領海、200 海里的專屬經濟區和相應的大陸架。❹

---

❶　參見王勇：《中國在南沙群島擴礁加固行為的國際法效力問題》，載《太平洋學報》2015 年第 9 期。

❷　See *The South China Sea Arbitration (the Republic of the Philippines v. the People's Republic of China)*, Award, 12 July 2016, pp. 41–42, para.112.

❸　See *The South China Sea Arbitration (the Republic of the Philippines v. the People's Republic of China)*, Award, 12 July 2016, pp. 411–415, paras. 1024–1025, 1041.

❹　參見趙理海：《海洋法問題研究》，第 37 頁。

有的學者斷言，處於水面之下的暗礁不應有領海，其他島礁可享有 12 海里領海，領海基線外至斷續疆界線海域的資源應屬中國所有。❶

與之相比，對於南沙群島整體佔有還是分割佔有問題，國外大多數學者採取分割論：南沙群島中有不超過 40 個島嶼可以佔有，低潮高地、暗礁及其他人工島嶼並非島嶼，不能佔有和宣稱主權。❷ 也有部分國外學者認為，至少一些島嶼可以佔有並享有專屬經濟區，如丹尼爾·茨瑞克（Daniel Dzurek）、維克托·普雷斯科特（Victor Prescott），等等。❸ 但是，也有為數不少的人持否定的態度，如瑪瑞斯·傑特尼斯（Marius Gjetnes）認為，南海 U 形線內沒有島嶼而只有岩礁，最多享有 12 海里領海。❹ 但是，韓國海洋法專家朴仲和在解釋中國人發現南海諸島時，對現代國際法能否完全適用於之前的歷史時期所發生的行為深表懷疑。他認為，對於南海諸島，應當根據這類事實發生時的具體情況，而非依據各國現代的法律予以解釋。❺

實際上，如前所述，依據時際法原理，在 19－20 世紀初，世界上很多國家認定低潮高地屬島嶼，並作為本國領土的組成部分；而且，根據群島整體佔有理論，一國對低潮高地也享有主權，因此不應依據現代領土理論和《海洋法公約》，褫奪一國對低潮高地所享有的歷史性主權。即使在南海仲裁案中，仲裁庭也承認國際社會在物理描述低潮高地時使用"陸地"術

---

❶　參見薛桂芳編著：《聯合國海洋法公約與國家實踐》，北京：海洋出版社，2011 年，第 275 頁。

❷　See Robert Beckman, "The UN Convention on the law of the Sea and the Maritime Dispute in the South China Sea", (2013) 107 *The American Journal of International Law* 142, pp. 150–151.

❸　See Seoung-Yong Hong & Jon M. Van Dyke, *Maritime Boundary Disputes, Settlement Process, and the Law of the Sea* (Martinus Nijhoff Publishers, 2009), p. 69.

❹　See Marius Gjetnes, "The Legal Regime of Islands in the South China Sea", Masters Thesis of Law, University of Oslo, 2000.

❺　參見［韓］朴仲和著、國家海洋局情報研究所編譯：《東亞與海洋法》，1979 年，第 183 頁。

語。但是，仲裁庭隨後卻毫無依據地指出，在法律意義上它並不構成一國陸地領土的一部分；相反，它們構成一國沒入水下的陸地一部分，分別歸於領海和大陸架法律體制。❶ 然而，根據《海洋法公約》第 13 條規定，低潮高地自成一體，並非領海、專屬經濟區和大陸架制度的組成部分，屬其海床和底土說自然難以成立。更為關鍵的問題還在於，如果低潮高地位於公海，那麼是屬僅限於水體的公海的一部分還是國際海底區域的一部分呢？

同樣，菲律賓在 1998 年 11 月之前也一直主張美濟礁為本國領土組成部分，未以領土佔有理論和《海洋法公約》為據視為其專屬經濟區和大陸架的一部分。此後，菲方基於美濟礁為中國所實際控制開始違反禁止反言原則，刻意扭曲國際司法判例中佔有理論而轉變原先立場。如在 2015 年 3 月補充書面材料中菲律賓才進一步提及，低潮高地不構成領土並且根據領土取得原則不能被佔有。❷ 即便如此，菲律賓在庭審階段也強調關於低潮高地的主權和其他權利被它們所位於的海上區域所決定。❸ 由此可見，一方面，所提及的"低潮高地的主權"仍隱含印證菲律賓一直視美濟礁為其領土的組成部分；另一方面也反映了菲律賓妄圖割裂中國對南沙群島享有的整體性主權，以實現其"碎片化"佔有的非法目的。

尤其是，菲律賓故意嫁接《海洋法公約》的解釋、適用與領土佔有理論，企圖將海洋主權權利、管轄權與主權歸屬混為一談。國際司法實踐也

---

❶ See *The South China Sea Arbitration (the Republic of the Philippines v. the People's Republic of China)*, Award, 12 July 2016, p. 132, para. 309.

❷ 參見中國法學會：《關於中菲"南海仲裁案"海洋管轄權爭議仲裁事項的研究報告》，2016 年 6 月 6 日。

❸ See *The South China Sea Arbitration (the Republic of the Philippines v. the People's Republic of China)*, Award, 12 July 2016, pp. 411–415, paras. 1024–1025, 1041.

驗證了菲律賓的主張缺乏法律基礎。如早在"英法敏基埃和艾克利荷斯案"中，國際法院就採納群島整體佔有理論進行判案。眾所周知，1958年4個日內瓦海洋法公約還沒有誕生，1982年《海洋法公約》適用與解釋更是無從談起。顯而易見，領土佔有理論屬主權歸屬問題，與海洋法公約無關。即使在《海洋法公約》於1994年生效後，無論2001年"卡塔爾訴巴林案"抑或2012年"尼加拉瓜訴哥倫比亞案"，國際法院在處理島礁佔有問題時也未適用《海洋法公約》。基於此，需要進一步結合國際法院關於"島礁"佔有判定規則對南沙群島的佔有方式問題進行具體考察。

首先從地理標準來看，南沙島礁過於分散，最大的島嶼為太平島，其他島嶼距離該島礁過於遙遠，很難形成其附屬島嶼，因此對於南沙群島來說，似乎只適宜以區塊式而非整體式確定主要島嶼和附屬島嶼，例如鄭和群礁，可以確定太平島、鴻麻島、敦謙沙洲為主要島嶼，其他臨近島嶼為附屬島嶼。其他如雙子群礁中南子島和北子島為主島；中業群礁中中業島為主島；道明群礁中雙黃沙洲、南鑰島為主島；九章群礁中景宏島、染青沙洲為主島；尹慶群礁中華陽礁為主島；西月島礁帶中西月島為主島；南威島礁帶中南威島為主島等。但是，這種區塊式佔有也存在一定問題。如對於那些相對獨立的、偏遠的島礁或暗礁（曾母暗沙），如何確定對其享有主權的佔有依據？南沙群島是否應根據每一個島礁的情況，分別區分可以佔有並擁有主權的島礁、僅享有管轄權和不可佔有的島礁？或者說，是否可根據《海洋法公約》以劃界結果決定其最終的歸屬？

由於採用地理標準難以確定中國對南沙群島的整體佔有，因此須轉而考慮"歷史證據 / 有效管轄 / 條約"三維標準的邏輯，以考察對南沙群島的領土主權問題。對此，菲律賓在南海仲裁案中認為，在20世紀早期之前，中國主張其領土範圍最南不超過海南，對南海島嶼的主權聲索僅始於 20 世紀 30 年代，因此無論如何，中國沒有歷史性權利，南海九段線與《海洋法公約》不符。[1] 然而，事實並非如此。中國的歷史文獻清晰記錄對南沙群島擁有主權始終建立在整體佔有而非分割佔有基礎之上。如公元前 2 世紀中國人就開始在南海航行，先後發現了西沙群島、南沙群島，並對其進行開發、經營和管轄。《諸藩志》記載了有關唐貞元五年以來中國將南海"千里長沙、萬里石塘"列入國家管轄的事實，《廣東通志（卷四）‧疆域志》將南海諸島劃歸廣東管轄。[2] 這些歷史證據有力證明了中國對南海諸島享有歷史性主權。

然而，隨著 19 世紀中國清王朝逐步走向衰落，西方列強對南海諸島的不斷侵犯，開始改變過去長期以來僅有中國漁民佔有、經營南海諸島，官方有效管轄南海的傳統狀況。但是，自 20 世紀初，中國政府及私人地圖繪製者逐漸重視國家疆域的範圍。如 1914 年，由私人繪製的地圖已將南海的部分海域及西沙群島和南沙群島整體劃入中國的版圖之中。1935 年 1 月，中國政府設立了負責審查在中國出版的私人地圖的水路地圖審查委員會，並公佈了 132 個南海島礁的中英文名稱。同年 4 月，該委員會出版了《中國南海各島嶼圖》，[3] 明確了中國對四大群島（包括南沙群島）的整體佔有。即使是法國在 1933 年 7 月 25 日侵佔中國南沙群島中 9 個小島時也承認，當佔有發生之時，發現在島上僅有中國人。日本當時也以國際法為由拒絕

---

[1] 參見中國法學會菲律賓南海仲裁案研究小組：《中菲"南海仲裁案"證據研究報告》，2016 年 7 月 8 日。

[2] 參見鞠海龍：《近代中國的南海維權與中國南海的歷史性權利》，載《中州學刊》2010 年第 2 期。

[3] 參見高之國、賈兵兵：《論南海九斷線的歷史、地位和作用》，北京：海洋出版社，2014 年，第 8 頁。

承認法國的佔有。❶

　　實際上，更為關鍵的問題在於，假如法國為越南有效確立了這些島礁的主權，那麼難以理解的是，為何沒有對 1946 年中國依據《開羅宣言》和《波茨坦公告》接收南沙群島的行為提出任何抗議？唯一的解釋邏輯是，法國認為其佔有南沙群島的行為在國際法上屬無效行為，或者決定放棄其非法主張。甚至，部分國外學者也認為，中國對這些島礁的發現和歷史上使用或定居至少在 1933 年就確立了一些權利，雖然這種權利可能是初步的，除非法國採取更多最終的、決定性的主權行為以阻止中國的權利，並且承認法國並沒有採取任何此種行動，因而 1933 年法國的佔有在國際法上是無效的。質言之，中國已經佔有它們，在那兒確立行政管理，因而通過佔有取得主權。❷

　　中國漁民在南海的活動不僅為中國歷史文獻紀載等證據所證實，中立第三方英國海軍的檔案也驗證了南沙群島為中國首先發現、命名和開發的不可辯駁的歷史事實。如英國皇家海軍檔案《中國航海指南》記載，鄭和群礁中大多數島嶼（太平島）及中業島及其周邊島礁上都可以看到海南漁民，且部分在島上生活多年。❸ 1923 年英國官方出版的《中國海導航》也記載，南沙群島大多數島嶼上發現海南漁民通過收集海參和龜甲為生；來自海南的平底帆船每年到達這些島礁以提供大米和其他生活必需品，而島上

---

❶　See Ohira Zengo, "The Acquisition of Shinnan Gunt and the International Law of Occupation", *Diplomatic Times*, Tokyo, Vol. 91, 1939, pp. 92–103.

❷　See Hungdah Chiu & Choon-ho Park, "Legal Status of the Paracel and Spratly Islands", (1975) 3 *Ocean Development and International Law Journal* 1, pp. 17–19.

❸　參見輝明、廖大珂：《近代西方文獻中的南海 —— 海南人的家園》，載《文史哲》2015 年第 3 期。

的居民給他們海參和其他物品作為交換。[1] 即使越南自 1979 年統一後先後發佈的《越南對於黃沙和長沙兩群島的主權》、《關於確定領海寬度基線的聲明》等，[2] 也是以"黃沙"、"長沙"的整體佔有名義而非以分割佔有方式，對中國西沙群島和南沙群島非法宣稱"主權"。

與此同時，從有效管轄和相關國際條約的角度分析，中國對南沙群島的主權也是建立在整體佔有基礎之上的。早在中華民國時期，對於外國侵犯中國南沙群島主權的行為，中國政府即採取了相應的有效行政措施予以反制，以維護國家領土主權。例如，1933 年為應對法國殖民者的侵略事件，中國政府採取了諸如命令參謀、海軍二部協商調查等一系列措施。1945 年抗日戰爭結束後，根據《開羅宣言》、《波茨坦公告》等國際條約，中國政府收復了曾於 1939 年被日本佔領的南沙群島（日據期間歸台灣高雄縣管轄），並於 1946 年向太平島派駐軍隊、重立碑石及進行鳴炮以宣示主權。1947 年 9 月，中國政府內政部正式頒佈法令，將南沙群島等四大群島一併劃入廣東省行政管轄範圍。尤其是，1948 年 2 月內政部方域司正式出版了《中華民國行政區域圖》，明確標明處於 11 條斷續線內的南沙群島作為一個整體屬中國領土。中華人民共和國成立後，1951 年周恩來總理曾向國際社會鄭重聲明整個南沙群島、西沙群島、中沙群島和東沙群島一向為中國領土。國際社會當時未曾提出任何異議。

1955 年國際民航組織在菲律賓召開會議時，美國、法國、日本、菲律賓、南越等代表對於該會議通過的第 24 號決議（要求中國台灣省在南沙群

---

[1] See Shao Hsun-cheng, "Chinese Islands in the South China Sea", *People's China*, No.13, Peking, 1956, p. 27.

[2] See Ralf Emmers, *Geopolitics and Maritime Territorial Disputes in East Asia* (Routledge, 2010), p. 67.

島加強氣象觀測），無一提出保留或表示反對。● 此後，中國政府多次發表聲明，明確指出南沙群島為中國的固有領土。如 1956 年 5 月 29 日中國政府發表聲明，重申了 1951 年周恩來總理的聲明。1958 年 9 月 4 日中國政府發表了第一份關於領海的聲明，再次確認南沙群島屬中國。當時越南政府曾通過官方出版的報刊、照會等多種形式，反覆支持和承認中國政府的立場。如 1958 年越南政府總理范文同在照會周恩來總理時鄭重表示，越南贊同和承認中國政府於 1958 年 9 月 4 日發表的關於領海的聲明。● 而且，直至 1975 年越南統一之前，越南立場從未改變。

此外，中國還採取了相應的行政、軍事管轄和立法措施，如 1959 年海南行政區設立了"西沙、南沙、中沙群島辦事處"；1969 年改稱為"廣東省西沙、中沙、南沙群島革命委員會"；1979 年更名為"廣東省西沙、南沙、中沙群島工作委員會"；1981 年又成立了廣東省西沙群島、南沙群島、中沙群島辦事處等；1988 年中國政府將南沙群島劃歸海南省西沙、南沙、中沙群島工作委員會管轄。同年，中國駐軍南沙群島中的永暑礁、華陽礁等 6 個島礁，並開始派遣艦船在周邊海域巡航，有力維護了南沙群島的主權。1992 年《中華人民共和國領海和毗連區法》第 2 條第 2 款明確規定，南沙群島自古以來就屬中國的領土。中國台灣地區於 1999 年 2 月 19 日在公佈的第一批"領海"基線表中確認南沙群島全部島礁為中國固有領土。●2012 年 7 月三沙市的成立，使得中國在南海斷續線內島礁及管轄海域的維

● 參見中華人民共和國外交部：《中國對西沙群島和南沙群島的主權無可爭辯》，載張鴻增、林金枝、何紀生等：《西沙群島和南沙群島自古以來就是中國的領土》，北京：人民出版社，1981 年，第 8 頁。

● 參見趙理海：《海洋法問題研究》，第 14 頁。

● 參見傅崑成：《海洋法專題研究》，廈門大學出版社，2004 年，第 381 頁。

權邁入嶄新的階段。

綜上，從"歷史證據／有效管轄／條約"三維標準的邏輯來看，中國對南海斷續線內南沙群島（所有島、礁、灘等）享有的主權都是建立在整體而非分割佔有基礎之上的。南沙群島的主權經由歷史、有效管理證據和條約所固定，"凝結"了中國對其享有領土主權的歷史性權利，進而也可解決諸如曾母暗沙等暗礁的法律地位 —— 中國對這些暗礁的主權建立在整體佔有基礎之上，分割"佔有"理論不適用於南沙群島。雖然在南海仲裁案中，仲裁庭以隨著《海洋法公約》的生效，歷史性權利歸於消滅的不法依據，"裁掉"中國對南海斷續線內對資源享有的歷史性權利的法律基礎，進而隱含排除中國對線內南沙群島所享有的整體主權的地圖證據效力。不法行為不產生權利，不法判決沒有任何約束力。中國擁有南海資源的歷史性權利和南沙群島主權不會因此而受到任何削弱或無效，相反會隨著仲裁庭於法無據的裁決，更加彰顯中國對南沙群島享有整體主權及海域管轄權的正當性和合法性。基於此，任何國家如果依據《海洋法公約》及扭曲司法實踐中整體佔有理論而故意忽視南沙群島的整體佔有，不僅有違時際法規則，也是對中國領土主權的非法侵犯或不當干涉。

南海仲裁案仲裁庭裁決南沙群島整體性
海洋權利問題之非法性 *

　　南海仲裁案最終裁決於 2016 年 7 月 12 日公佈，仲裁庭在最終裁決第 571 段至第 576 段 ❶ 否定了中國南沙群島的整體性海洋權利主張，仲裁庭的最終裁決，存在錯誤定位《海洋法公約》群島國制度與非群島國洋中群島海洋權利的關係，錯誤適用《海洋法公約》條款等問題。同時，仲裁庭在裁定該案第 2 項訴求時，錯誤否定中國在南海斷續線內相關海域的歷史性權利，實際上也對中國在南沙群島的整體性海洋權利構成妨害。該裁決在處理南沙群島整體性海洋權利問題上存在嚴重問題，以下就裁決在該方面的謬誤之處展開論述。

---

* 　作者：李任遠，中山大學法學院博士後研究人員。

❶ 　*The South China Sea Arbitration (the Republic of the Philippines v. the People's Republic of China)*, Award, 12 July 2016, Permanent Court of Arbitration, paras. 571–576.

一、仲裁庭錯誤定位《海洋法公約》的群島國制度與
非群島國洋中群島適用法之間的關係

在最終裁決第 573 段，仲裁庭認為，群島基線受《海洋法公約》第 47 條第 1 款的嚴格規制，只適用於群島國；依據《海洋法公約》第 46 條規定，"群島國" 是指全部由一個或多個群島構成的國家，並可包括其他島嶼。中國不是群島國，南沙群島不得依據群島國制度劃定群島基線。[1] 仲裁庭在這一問題的法律適用上存在根本性錯誤，錯誤定位了《海洋法公約》群島國制度與非群島國適用法之間的關係。該問題不屬於《海洋法公約》群島國制度的調整範圍。仲裁庭在南沙群島整體性海洋權利問題上，以《海洋法公約》群島國制度作為判斷南沙群島整體性海洋權利的準據，法律關係定位嚴重錯誤。

在第三次聯合國海洋法會議群島有關問題的討論過程中，大會對有關議題的最終處理情況明確表明，群島國與非群島國兩者雖在討論過程中有一定聯繫，非群島國洋中群島是《海洋法公約》制定過程中的遺留問題，締約國未就該問題制定規則，公約中除了少數規則可經過法律解釋後適用於該問題外，該問題的絕大部分事項，屬《海洋法公約》未予以規定的事項。

群島從地理上可劃分為沿岸群島（coastal archipelagos）與遠洋（洋中）群島（outlying/mid-ocean archipelagos）。"沿岸群島" 是那些離大陸非常

---

[1] *The South China Sea Arbitration (the Republic of the Philippines v. the People's Republic of China)*, Award, 12 July 2016, para. 573.

近，可以被合理地認為構成了海岸線外緣的一部分或者重要部分的群島；而"洋中群島"則是位於大洋中，遠離大陸海岸，不被認為構成大陸海岸線外緣的一部分，而被作為一個獨立整體的群島。❶遠洋群島與洋中群島指稱同一類群島，在第三次聯合國海洋法會議中，與會國家亦將其作為同義詞使用。"群島國"是指全部由一個或多個群島構成的國家，並可包括其他島嶼。"構成國家領土一部分的群島"（archipelago forming part of a state）是指非群島國的群島，但對於沿岸群島的劃定直線基線的權利已經在 1958 年《領海及毗連區公約》第 4 條予以規定，且與會國家對該問題並無爭議，在會議中提及"構成國家領土一部分的群島"時，除了特別說明外，均指非群島國的洋中群島。該措辭容易引起混淆，為了中文語義表達的準確性，本文採用指稱對象更為明確的"非群島國洋中群島"這一措辭。

（一）第三次聯合國海洋法大會上群島國與非群島國洋中群島問題存在根本分歧

自第 1 輪會議起，群島的權利問題一直是與會國家討論的重要問題，在會議上，部分國家主張應當為群島國建立特殊的制度；部分國家則主張關於群島權利的法律制度，應當無差別適用於群島國以及非群島國洋中群

---

❶ 聯合國國際法委員會 1957 年委託挪威最高法院大法官詹斯·艾文森（Jens Evensen）所做的題為《關於群島領水劃定的法律問題》（Certain Legal Aspects concerning the Delimitation of the Territorial Waters of Archipelagos）的研究報告，將群島分為兩類，第三次海洋法會議在討論過程中沿用了該報告對群島的分類。Certain Legal Aspects concerning the delimitation of the territorial Waters of Archipelagos, U.N. Doc. A/CONF/13/18, *Official Records of the First United Nations Conference on the Law of the Sea*, Vol. I, p. 290.

島。這一分歧導致群島國與非群島國洋中群島問題在第三次聯合國海洋法會議上最終成為遺留問題，對群島國與非群島國洋中群島的法律適用產生了深刻影響。該問題的相關情況如下：提議建立群島國制度的相關國家意見主要有兩點——

第一，部分群島國基於自身利益，認為應當為群島國建立特殊制度。提出此類建議的國家主要有湯加 ❶、英國、巴林、阿爾巴尼亞 ❷、塞浦路斯 ❸、突尼斯 ❹、塞拉利昂 ❺、幾內亞比紹 ❻、印度尼西亞 ❼、菲律賓 ❽ 等。

其中，重要的提案有印尼、英國、巴林等國家的提案。印尼主張其為群島國家，印尼島嶼周圍，以及印尼島嶼之間的水域，是其陸地領土的自然附屬物，構成了其絕對主權之下的內水或國家水域。這一概念強調了印尼陸地與水域領土的一體性，這體現在印尼語的 "tanahair" 一詞中，這一詞彙表示祖國，字面意思是陸地與水域的綜合體（land-water）。❾ 英國支持群島國作為新法律概念在國際法上確立，認為該概念應當包含國家可以主

---

❶ Summary Records of Meetings of the Second Committee 4th Meeting, U.N. Doc. A/CONF.62/C.2/SR.4. *Official Records of the Third United Nations Conference on the Law of the Sea*, Vol. II, p. 107.

❷ Summary Records of 26th Plenary Meetings, U.N. Doc. A/CONF.62/ SR.26, *Official Records of the Third United Nations Conference on the Law of the Sea*, Vol. I, p. 100.

❸ Summary Records of 40th Plenary Meetings, U.N. Doc.A/CONF.62/ SR.40, *Official Records of the Third United Nations Conference on the Law of the Sea*, Vol. I, p. 175.

❹ Summary Records of 37th Plenary Meetings, U.N. Doc.A/CONF.62/ SR.37, *Official Records of the Third United Nations Conference on the Law of the Sea*, Vol. I, p. 153.

❺ U.N. Doc.A/CONF.62/ SR.40, p. 176.

❻ U.N. Doc.A/CONF.62/ SR.40, p. 173.

❼ Summary Records of Plenary Meetings 42nd Plenary Meeting, U.N. Doc.A/CONF.62/ SR.42, *Official Records of the Third United Nations Conference on the Law of the Sea*, Vol. I, p. 187.

❽ Summary Records of Meetings of the 6th Meeting of the First Committee, U.N. Doc.A/CONF.62/C.1/SR.6, *Official Records of the Third United Nations Conference on the Law of the Sea*, Vol. II, p. 25.

❾ U.N. Doc. A/CONF.62/ SR.42, p. 187.

張群島地位的客觀標準，同時必須保證船舶與飛機可以穿越與飛越群島。[1]巴林支持群島國家劃定直線基線以確保其領土、政治、經濟與國家統一，群島國在其中行使主權，但受到無害通過的限制。[2]菲律賓認為：保持政治、經濟的一體性以及群島國的國家安全，養護海洋環境，開發海洋資源等需要，使群島國將群島內水域置於其主權之下，並獲得特殊地位，具有正當性。同時，菲律賓特別強調領海中的歷史性權利，將歷史性權利作為使其群島國制度正當化的因素之一。[3]

第二，部分國家在支持建立群島國制度的同時，明確反對群島國制度適用於非群島國洋中群島。如泰國原則上同意群島國家應當區別對待，但不接受非群島國適用該原則。[4]土耳其[5]、印度尼西亞[6]、前蘇聯[7]、毛里求斯[8]也認為，群島制度只適用於群島國家。

與此相對，另一部分國家主張應為群島建立特殊的法律制度，群島制度應平等適用於群島國及非群島國洋中群島。主要國家有法國、加拿大、

---

[1] Summary Records of 29th Plenary Meetings, U.N. Doc. A/CONF.62/ SR.29, *Official Records of the Third United Nations Conference on the Law of the Sea*, Vol. I, p. 112.

[2] U.N. Doc. A/CONF.62/ SR.40, p. 174.

[3] U.N. Doc. A/CONF.62/C.1/SR.6, p. 25.

[4] Summary Records of 35th Plenary Meetings, U.N. Doc. A/CONF.62/ SR.35, *Official Records of the Third United Nations Conference on the Law of the Sea*, Vol. I, p. 147.

[5] Summary Records of 39th Plenary Meetings, U.N. Doc. A/CONF.62/ SR.39, *Official Records of the Third United Nations Conference on the Law of the Sea*, Vol. I, p. 170.

[6] U.N. Doc. A/CONF.62/ SR.40, p. 171.

[7] Summary Records of Meetings of the Second Committee 37th Meeting, U.N. Doc. A/CONF.62/C.2/SR.37, *Official Records of the Third United Nations Conference on the Law of the Sea*, Vol. II, p. 267.

[8] U.N. Doc. A/CONF.62/C.2/SR.37, p. 269.

希臘、西班牙、中國、哥倫比亞、葡萄牙 ❶、秘魯 ❷、意大利 ❸、洪都拉斯 ❹、厄瓜多爾 ❺、阿根廷 ❻、委內瑞拉 ❼ 等；其中，最有代表性的提案為法國、加拿大、希臘、西班牙、中國等國家的提案。

法國認為："部分提案的內容與現行國際法相反，試圖區分國家對島嶼的主權以及國家對部分大陸行使的主權。這一方法是一種法律上的毒瘤（monstrosity），因其試圖分割國家主權。對這種觀點應該全面反對——它對部分國家的主權構成威脅，同時使部分其他國家的主權在海上大肆擴張。這種區分的主觀性顯而易見。這種做法完全沒有法律基礎且將擴大某些地理上的不平等。" ❽

加拿大支持就群島的特殊地位達成一致的嘗試，認為 "……北極群島就是一個需要特殊對待的地區"。❾ 希臘認為："希臘既是一個大陸國家，又是一個島民國家，從地理上看，希臘的島嶼間互相緊密聯繫，…… 希臘的島嶼在地理上緊密連結成一個不可分割的整體這一事實，使希臘劃定基線，將島嶼連成一個整體的權利得到廣泛認可，而不論希臘的群島是構成

---

❶ U.N. Doc. A/CONF.62/C.2/SR.37, p. 266.

❷ U.N. Doc. A/CONF.62/C.2/SR.37, p. 268.

❸ Summary Records of 40th Meeting of the Second Committee, U.N. Doc. A/CONF.62/C.2/SR.40, *Official Records of the Third United Nations Conference on the Law of the Sea*, Vol. II, p. 289.

❹ Summary Records of 3rd Meeting of the Second Committee, U.N. Doc. A/CONF.62/C.2/SR.3, *Official Records of the Third United Nations Conference on the Law of the Sea*, Vol. II. p. 100.

❺ U.N. Doc. A/CONF.62/C.2/SR.37, pp. 267–268.

❻ U.N. Doc. A/CONF.62/C.2/SR.37, p. 273.

❼ U.N. Doc. A/CONF.62/C.2/SR.40, p. 286.

❽ Summary Records of 36th Plenary Meetings, U.N. Doc. A/CONF.62/ SR.36, *Official Records of the Third United Nations Conference on the Law of the Sea*, Vol. I. p. 263.

❾ U.N. Doc. A/CONF.62/ SR.26, p. 98.

國家的一部分，還是構成一個國家。"**❶** 希臘主張同等優待洋中群島與沿岸群島，沒有理由區分兩者，因為其所涉及的地理因素無異。**❷**

中國則建議："群島或者島鏈，其島嶼彼此靠近，即可在確定領海基線時作為一個整體。"**❸**

與會各方對群島制度究竟適用於所有群島，還是只適用於群島國，分歧嚴重，一直持續至後續多輪會議。

（二）《海洋法公約》對非群島國洋中群島權利問題的不適用性

聯合國第三次海洋法大會的官方會議紀錄表明，與會國家在前兩輪會議（1973－1974 年）中詳細討論了群島國制度，但一直沒有討論非群島國洋中群島制度。在後續的會議中包括第 7 輪會議、第 8 輪會議、第 10 輪會議、第 11 輪會議，多個國家多次強調討論該問題的重要性。

在第 7 輪會議（1978 年）中，厄瓜多爾代表指出，會議幾乎未觸及非群島國群島問題。**❹** 土耳其也指出："國家的群島（指非群島國洋中群島），這一問題在先前的討論中未涉及。"**❺** 希臘指出：大陸國家的群島問題在《非

---

❶ Summary Records of 32th Plenary Meetings, U.N. Doc. A/CONF.62/ SR.32, *Official Records of the Third United Nations Conference on the Law of the Sea*, Vol. I, p. 129.

❷ Summary Records of 39th Meeting of the Second Committee, U.N. Doc. A/CONF.62/C.2/SR.39, *Official Records of the Third United Nations Conference on the Law of the Sea*, Vol. II, p. 285.

❸ Summary Records of Plenary Meetings 31st Plenary Meeting, U.N. Doc. A/CONF.62/ SR.31, *Official Records of the Third United Nations Conference on the Law of the Sea*, Vol. I, p. 125.

❹ 90th Plenary meeting, U.N. Doc. A/CONF.62/SR.90, *Official Records of the Third United Nations Conference on the Law of the Sea*, Vol. IX, p. 16.

❺ 91st Plenary meeting, U.N. Doc. A/CONF.62/SR.91, *Official Records of the Third United Nations Conference on the Law of the Sea*, Vol. IX, p. 18.

正式完整協商文件》（1977 年）中未涉及，希臘不反對針對群島國的條款，但必須就其他群島達成解決方案，因為這些群島遭受嚴重的不公正待遇。❶

在第 8 輪會議（1979 年）的全體會議報告中，大會指出，構成國家一部分領土的群島的若干問題將在下一輪會議研究討論。❷但該輪會議未見問題處理結果。❸同時，在第 9 輪會議中，法國認為："構成國家一部分的群島，其相關問題值得進一步研究。"❹厄瓜多爾強調，加拉帕戈斯群島與哥倫布群島在確定直線基線時，應當與群島國同等對待。❺

在接下來的第 10 輪會議（1981 年）中，大會並未處理非群島國洋中群島問題，部分國家繼續強調非群島國洋中群島問題的重要性。厄瓜多爾繼續強調構成國家一部分的群島之地位問題，認為既然大會已經為群島國建立了特殊制度，法律上並無有效理由，歧視構成國家一部分的群島的法律地位，相同的地理情況應當給予相同的待遇。❻希臘❼與佛得角❽支持厄瓜

❶ 103ʳᵈ Plenary meeting, U.N. Doc. A/CONF.62/SR.103, *Official Records of the Third United Nations Conference on the Law of the Sea*, Vol. IX, p. 65.

❷ Reports to the plenary Conference, U.N. Doc.A/CONF.62/91, *Official Records of the Third United Nations Conference on the Law of the Sea*, Vol. XII, p. 93.

❸ Report of the Chairman of the Second Committee, U.N. Doc. A/CONF.62/L.42, *Official Records of the Third United Nations Conference on the Law of the Sea*, Vol. XIII, p. 83.

❹ 127ᵗʰ Plenary Meeting, U.N. Doc. A/CONF.62/SR.127, *Official Records of the Third United Nations Conference on the Law of the Sea*, Vol. XIII, p. 30.

❺ 126ᵗʰ Plenary Meeting, U.N. Doc. A/CONF.62/SR.126, *Official Records of the Third United Nations Conference on the Law of the Sea*, Vol. XIII, p.19.

❻ 135ᵗʰ Plenary Meeting, U.N. Doc. A/CONF.62/SR.135, *Official Records of the Third United Nations Conference on the Law of the Sea*, Vol. XIV, p. 19.

❼ 136ᵗʰ Plenary Meeting, U.N. Doc. A/CONF.62/SR.136, *Official Records of the Third United Nations Conference on the Law of the Sea*, Vol. XIV, p. 38.

❽ 139ᵗʰ Plenary Meeting, U.N. Doc. A/CONF.62/SR.139, *Official Records of the Third United Nations Conference on the Law of the Sea*, Vol. XIV, p. 64.

多爾的意見。在第 10 輪會議上，並未開展關於非群島國洋中群島問題的有關討論，且在《海洋法公約》草案中，關於群島問題，該草案也只規定了群島國問題，未涉及非群島國洋中群島問題。❶ 在第 11 輪會議（1982 年）上，巴哈馬強調，洋中群島問題直至此時，懸而未決。❷ 希臘 ❸、厄瓜多爾 ❹、葡萄牙 ❺、印度 ❻ 也表達了對非群島國洋中群島問題的關切。

直到第三次聯合國海洋法會議結束，大會仍未就非群島國洋中群島問題展開詳細討論，遑論就非群島國洋中群島權利問題制定公約規則，1981 年的《公約草案》與 1982 年《海洋法公約》均未包含有關非群島國洋中群島的有關條款。因此，非群島國洋中群島的權利問題，就成了《海洋法公約》未予規定的事項。這也是為何公約第四部分規定了群島國制度，而未涉及非群島國洋中群島。

非群島國遠洋群島的法律問題，並未因為《海洋法公約》未予規定而廢除。相反締約國在制定公約的過程中，考慮到了《海洋法公約》存在未予規定事項，因而在序言第 8 款規定，"確認本公約未予規定的事項，應繼續以一般國際法的規則和原則為準據"。

---

❶ Draft Convention on the Law of the Sea, *Official Records of the Third United Nations Conference on the Law of the Sea*, Vol. XV, p. 182.

❷ 191st Plenary meeting, U.N. Doc. A/CONF.62/SR.191, *Official Records of the Third United Nations Conference on the Law of the Sea*, Vol. XVII, p. 104.

❸ Greece: Amendments, U.N. Doc. A/CONF.62/L.123, *Official Records of the Third United Nations Conference on the Law of the Sea*, Vol. XVI, p. 232.

❹ 162nd Plenary Meeting, U.N. Doc. A/CONF.62/SR.162, *Official Records of the Third United Nations Conference on the Law of the Sea*, Vol. XVI, p. 45.

❺ 190th Plenary Meeting, U.N. Doc. A/CONF.62/SR.190, *Official Records of the Third United Nations Conference on the Law of the Sea*, Vol. XVII, p. 90.

❻ 187th Plenary Meeting, U.N. Doc. A/CONF.62/SR.187, *Official Records of the Third United Nations Conference on the Law of the Sea*, Vol. XVII, p. 38.

關於洋中群島整體性海洋權利的國家實踐，在《海洋法公約》通過之前，國家實踐中對群島國與非群島國的洋中群島並未區分。丹麥、挪威、厄瓜多爾、冰島、菲律賓 ❶、西班牙 ❷、厄立特里亞 ❸、蘇丹 ❹、印度 ❺ 等國均將洋中群島作為一個整體主張海洋權利。這一實踐得到了國際公法學家的肯定。哥倫伯斯（C. J. Colombos）認為："一組島嶼，不論在地理上還是歷史上構成一個群島，都應該作為一個組群對待。" ❻ 奧康奈爾（D. P. O'Connell）認為："群島原則很可能成為國際法的永久內容。" ❼

在《海洋法公約》通過以後，上述國家實踐並未受到影響，且不少非群島國將其洋中群島作為整體，提出新的海洋權利主張，如加拿大 ❽、葡萄牙、英國、法國、緬甸、伊朗、敘利亞、阿聯酋等多個國家 ❾。

國家實踐對習慣法的產生有重要意義。誠如奧康奈爾在論及洋中群島問題時認為："國家的單邊實踐對習慣法的產生具有重要作用。" ❿ 關於這些實踐對習慣法產生的影響，從時間上考察，這些實踐在《海洋法公約》生效之前已經廣泛存在；在公約生效之後，相關實踐未受影響。在《海洋

---

❶ Certain legal aspects concerning the delimitation of the territorial Waters of Archipelagos, U.N. Doc. A/CONF/13/18, *Official Records of the First United Nations Conference on the Law of the Sea*, Vol. I. pp. 297–298.

❷ Sophia Kopela, *Dependent Archipelagos in the Law of the Sea* (Martinus Nijhoff Publishers, 2013), pp. 127–130.

❸ Sophia Kopela, *Dependent Archipelagos in the Law of the Sea*, p. 135.

❹ Sophia Kopela, *Dependent Archipelagos in the Law of the Sea*, pp. 136–137.

❺ Sophia Kopela, *Dependent Archipelagos in the Law of the Sea*, pp. 127–138.

❻ C. J. Colombos & A.P. Higgins, *The International Law of the Sea* (Longmans, 1967), p. 120.

❼ D. P. O'Connell, "Mid-Ocean Archipelagos in International Law", (1971) *45 British Yearbook of International Law*, p. 79.

❽ The Territorial Sea Geographical Co-ordinates (Area 7), Order SOR/85–872, 10 September 1985.

❾ Sophia Kopela, *Dependent Archipelagos in the Law of the Sea*, pp. 121–141.

❿ D. P. O'Connell, "Mid-Ocean Archipelagos in International Law", p. 79.

法公約》生效以後，不斷有國家提出新主張，產生新實踐。在長期的歷史進程中，非群島國洋中群島作為一個整體主張海洋權利這一國家實踐並未受《海洋法公約》的制定及生效所影響，表明這一系列實踐獨立於公約之外。從範圍考察，絕大多數擁有群島的非群島國將其群島作為一個整體主張海洋權利，上述實踐涉及亞洲、北美洲、南美洲、歐洲、非洲等五大洲眾多海洋大國，具有廣泛性與代表意義，表明非群島國遠洋群島作為一個整體主張海洋權利，是一種普遍的國家實踐。在相反的實踐方面，僅有美國將夏威夷群島中的各個島礁作為獨立地物劃定了正常基線。由於《海洋法公約》制定過程中未充分討論非群島國洋中群島問題造成了相應條約規則的缺失，上述廣泛的國家實踐實際上對規則起到了填補空缺與發展的作用。上述國家實踐，為習慣法的產生提供了重要條件。

從國家態度的層面分析。首先，就提出主張的國家而言，在《海洋法公約》通過之前已將群島作為整體主張海洋權利的非群島國並未在《海洋法公約》通過或生效之後改變其主張，這表明，這些國家認為，《海洋法公約》的通過及生效，並未影響其原有的權利。部分國家在公約通過及生效之後，提出新的主張，更加表明這些國家認為，《海洋法公約》的實施，並未影響其主張非群島國群島的相關權利。其次，考察其他國家的態度，贊成將非群島遠洋群島作為整體主張權利的國家，以及不反對該類主張的國家佔絕大多數；而明確反對者寥寥，有相反實踐者更是屈指可數。多數反對國曾在第三次聯合國海洋法大會中主張只有群島國才能適用群島整體性原則，但在《海洋法公約》通過以後並未對既有的國家實踐持續提出反對，也未對《海洋法公約》通過及生效之後的新主張提出反對，這大大削弱了反對的法律效力。誠如科佩拉（Sophia Kopela）所言，將直線基線適用於

一系列島嶼，並非扭曲現有規則，而是在國家實踐的基礎上發展國際法。❶
綜合考察國家實踐以及國家態度，非群島國遠洋群島整體性的海洋權利，
已經是經過較為普遍認可的國家實踐，可以認為已經形成了習慣法。

中菲南海仲裁案仲裁庭在裁決南沙群島整體性海洋權利問題時，罔顧
《海洋法公約》群島國規則並未涵蓋非群島國洋中群島相關問題、無法調
整非群島國洋中群島權利的事實，不當套用《海洋法公約》群島國制度，
也未考慮《海洋法公約》之外普遍的國家實踐、多數國家對該實踐的態度
及其是否產生習慣法的問題，武斷否定南沙群島作為群島所享有的海洋權
利，裁決明顯違法。

事實上，錯誤認識非群島國洋中群島權利與《海洋法公約》的關係，
致使仲裁庭在南沙群島整體性問題上，錯誤以群島國制度，否定中國的權
利主張後，又繼續錯誤依據《海洋法公約》第 7 條，繼續否定中國對南沙
群島的整體性海洋權利。

二、仲裁庭誤將《海洋法公約》第 7 條作為
南沙群島整體性海洋權利的判斷依據

仲裁庭繼在最終裁決第 573、574 段錯誤地以群島國制度否定中國南沙
整體性海洋權利主張之後，在最終裁決第 575 段以南沙群島不符合《海洋

---

❶ Sophia Kopela, *Dependent Archipelagos in the Law of the Sea*, pp. 262–263.

法公約》第 7 條的規定，且公約第 7 條、第 46 條、第 47 條排除了其他適用直線基線的可能，尤其是適用群島基線的可能性為由，再次否定了中國以南沙群島主張海洋權利的合法性。仲裁庭對第 7 條的適用，以及對上述 3 個條款是否排除適用其他基線的可能性這兩個問題的認識均有誤。

首先，《海洋法公約》第 7 條第 1 款不能作為否定南沙群島整體性海洋權利的依據，仲裁庭對該條的適用前提，即該條所適用的群島類型的認識存在錯誤。該條第 1 款規定："在海岸線極為曲折的地方，或者如果緊接海岸有一系列島嶼，測算領海寬度的基線的劃定可採用連接各適當點的直線基線法。" 依據《維也納條約法公約》第 31 條的規定："條約應依其用語按其上下文並參照條約之目的及宗旨所具有之通常意義，善意解釋之。"

一方面，考證該條款的來源，該條款和 1958 年《領海及毗連區公約》第 4 條第 1 款相同，實際上來自於 1951 年國際法院 "英挪漁業案" 的實踐。國際法院在判決中認為：挪威海岸的石壘地形（skjaergaard）由大大小小的島嶼、岩礁、暗礁等組成，數量多達 112000 個，與其他國家不同，挪威的海岸並不構成陸地與海洋的邊界，構成挪威大陸與海洋邊界的是 "skjaergaard" 的外部界線。[1] 可見，緊接大陸的海岸有一系列島嶼的情形是《海洋法公約》第 7 條第 1 款和 1958 年《領海及毗連區公約》第 4 條第 1 款的產生背景，即國際法允許在沿岸群島劃定直線基線。

另一方面，考慮到該條款產生的背景來自於沿岸群島，以及《海洋法公約》締約過程中並未就非群島國洋中群島問題達成協議，故將該條款類推適用於洋中群島屬擴張適用，須受一系列限制，該條僅可適用於以下情況：

---

[1]　*Fisheries Case (UK v. Norway)*, 18 December 1951, Judgment, *I.C.J. Reports* 1951, p. 127.

其一，群島整體分佈密集，島礁之間緊鄰彼此的海岸，符合"緊鄰海岸有一系列島嶼"的情形。在此種情況下，可以適用《海洋法公約》第 7 條，作為整體劃定群島基線的依據。其二，群島局部的島嶼間距離較近，在群島局部的島嶼間形成了"緊接海岸有一系列島嶼"的關係。在這種情況下，直線基線制度只能局部適用於群島中每一組緊密相鄰的島嶼，但群島整體未必滿足適用直線基線制度的條件。

結合南沙群島整體的分佈情況，南沙群島分佈範圍達 82 萬平方公里。依據《我國南海諸島部分標準地名》所載，南沙群島共有島、礁、灘、沙洲等各類地物 192 個／組。❶南沙群島整體形態分散，但局部島礁分佈緊密，形成多個島礁群落。因此，南沙群島的整體分佈不符合《海洋法公約》第 7 條第 1 款所指的"緊接海岸有一系列島嶼"的情形，換言之，由於缺乏基本的事實前提，該條款無法適用於南沙群島整體。仲裁庭適用該條判斷南沙群島的整體性，屬法律適用錯誤。

其次，就《海洋法公約》第 7 條第 1 款的規定而言，其雖不能作為判斷南沙群島整體性海洋權利的依據，但可局部適用於群島中一個島嶼周圍"緊接海岸有一系列島嶼的情況"，因此仍可局部適用到南沙群島中，仲裁庭也認為，"在評估維持人類居住及經濟生活標準時，必須考慮在島礁上人民為維持生活，利用鄰近海洋地物，並形成關係網絡的事實"。❷但仲裁庭在裁決的有關部分並未考慮、分析此種可能性。在本可適用該條的情況下未適用該條，這是仲裁庭在處理此問題時的另一錯誤之處。

---

❶ 該文件由 1983 年國務院授權中國地名委員會公佈。

❷ *The South China Sea Arbitration (the Republic of the Philippines v. the People's Republic of China)*, Award, 12 July 2016, para. 573.

儘管《海洋法公約》第 7 條、第 47 條均不適用於判斷非群島國遠洋群島的整體性問題，但這並非意味著非群島國的遠洋群島失去了作為整體主張海洋權利（包括劃定直線基線的權利）。仲裁庭在法律適用方面的根本錯誤，在於忽視《海洋法公約》群島國制度的適用範圍，無視公約制定過程中未就非群島國洋中群島的權利達成協議的事實及公約有關條款在調整非群島國洋中群島權利方面的局限性，錯誤理解《海洋法公約》與非群島國洋中群島權利有關習慣法之間的關係，生搬硬套公約條款，造成法律適用出現重大錯誤。

三、仲裁庭否定中國歷史性權利，妨害中國對
南沙群島的整體性海洋權利

在南沙群島整體性海洋權利問題上，仲裁庭不僅錯誤適用法律，且由於其在裁定菲律賓第 2 項訴求時，非法否定了中國在南海斷續線內相關海域的歷史性權利，也就間接否定了中國依法以歷史性權利為依據主張南沙群島整體性海洋權利的可能性，妨害了中國對南沙群島的整體性海洋權利。

仲裁庭針對本案第 2 項訴求裁定："中國在南海九段線內相關海域的歷史性權利，其他主權權利以及管轄權⋯⋯沒有法律效力。"❶ 國家在主張群

---

❶ *The South China Sea Arbitration (the Republic of the Philippines v. the People's Republic of China)*, Award, 12 July 2016, para. 278.

島的整體性海洋權利時，可基於地理、政治、經濟、歷史等原因主張整體性，《海洋法公約》第 46 條中的 "歷史上被視為此種實體"，實際上也包含了歷史性權利因素，也就是說，歷史性權利是該條中的應有之義。

菲律賓作為倡導群島整體性海洋權利最積極的國家之一，提出歷史主張作為群島整體享有海洋權利的依據●，特別強調歷史性權利的地位●。菲律賓與會代表一再強調，菲律賓尋求認可其在領海中的歷史性權利，保持政治、經濟的一體性以及群島國的國家安全，養護海洋環境，開發海洋資源等需要，使群島國將群島內水域置於其主權之下，並獲得特殊地位，具有正當性。● 同時還強調，英國所提出的關於領海界線的草案……沒有考慮基於歷史性所有權所主張的領海寬度問題。●《菲律賓憲法》（1973 年）也主張其群島權利來自於歷史性權利。●

在第三次聯合國海洋法會議上，曾有三份國家提案涉及了群島定義，三份提案對群島的定義略有差異。其中，菲律賓在會上曾聯合斐濟、印尼、毛里求斯提出了《斐濟、印尼、毛里求斯、菲律賓關於群島國家的提案》●，該提案中群島的定義與《海洋法公約》一致，可以認為，公約關於群島的定義實際上來自或參考了該提案。鑒於菲律賓在論述、主張群島權利時，一直是將歷史性權利作為重要依據，故而可以合理認為，群島概念中

● U.N. Doc. A/CONF.62/ SR.31, p. 124.

● U.N. Doc.A/CONF.62/C.1/SR.6, p. 25.

● U.N. Doc.A/CONF.62/C.1/SR.6, p. 25.

● U.N. Doc. A/CONF.62/C.2/SR.3, p. 103.

● Construction of the Republic of Philippines (1973), Article 1.

● Fiji, Indonesia, Mauritius and Philippines: draft articles relating to archipelagic States, U.N. Doc. A/CONF.62/ C.2/L.49, *Official Records of the Third United Nations Conference on the Law of the Sea*, Vol. III, p. 220.

的"歷史上被視為此種實體",實際上也包括了基於歷史性權利,將群島作為一個整體。

　　對於非群島國洋中群島而言,歷史性權利同樣是其主張群島整體性海洋權利的重要依據。加拿大將北極群島作為一個整體,既主張群島的主權,也主張附近水域的權利,島嶼與水域實際上被當作一個整體,而其中對水域的主張則源於歷史性權利。❶加拿大的這一主張,是一種非群島國整體性的海洋權利主張,歷史性權利則是其中的重要依據。

　　中國向來將南沙群島的海域與各個地物視為一個整體,這種整體性不止基於地理、經濟等要素,更是有歷史性權利的依據,是一種長期存在水域中的歷史性權利,歷史性權利是南沙群島整體性海洋權利中的一個重要依據。中國在南海斷續線內相關海域的歷史性權利,是一種包含了對海洋資源開發利用、海域管轄等多個方面的綜合性的歷史性權利。這也是《中華人民共和國專屬經濟區和大陸架法》第 14 條所指的歷史性權利的一個方面。但由於仲裁庭在最終裁決的第 2 項訴求中,非法否定了中國在"斷續線"內相關海域的歷史性權利,導致在裁定南沙群島的整體性問題時,忽視了歷史性權利在主張群島整體性海洋權利時的重要作用,損害了中國的合法權利。

---

❶　關於加拿大對北極群島水域的權利主張（1973 年）,詳見 Donat Pharand, *Canada's Arctic Waters in International Law* (Cambridge University Press, 1988), p. 119。

四、結論

　　從最終裁決關於南沙群島整體性海洋權利的裁決分析，在法律適用方面，仲裁庭錯誤定位《海洋法公約》群島國制度與非群島國所應適用的法律之間的關係，不當依據群島國制度以及公約關於沿岸系列島嶼直線基線的條款，否定中國在南沙群島的整體性海洋權利。不僅如此，仲裁庭在裁決第 2 項訴求時，非法否定了中國的歷史性權利主張，這一裁決間接否定了中國以歷史性權利主張南沙群島整體性海洋權利的可能，妨害了中國對南沙群島的整體性海洋權利。仲裁庭在裁決南沙群島整體性海洋權利問題上出現一系列錯誤，根本原因在於對群島國制度及《海洋法公約》之外的非群島國洋中群島問題缺乏全面、客觀、公正的認識和定位，造成相關裁決結論的合法性受到嚴重質疑。

中國在南海有關行動的
合法性問題

導　讀

菲律賓第 8－14 項訴求請求仲裁庭就中國在南海有關行動的合法性予以裁決。這些訴求涉及中國在南海的資源開發（第 8－9 項）、島礁建設〔第 12、14（d）項〕、航行活動和執法行為（第 13、14 項），以及有關行為對所在海域的海洋環境是否產生危害的問題〔第 11、12（b）項〕。其中，本書第二章將第 10 項涉及本書"中國妨害菲律賓漁民行使傳統捕魚權"的訴求納入本案歷史性權利問題（第二章）評析部分，故不再於本章討論。

中國相關行為的合法性首先來源於對活動水域的主權、主權權利和管轄權，這在本書第一至第三章中已作論述。儘管如此，有關中國在黃岩島的執法及航行活動、南沙群島島礁建設活動和海洋環境保護問題有其自身的獨特性，對《海洋法公約》的相關條款的解釋和適用存在較大爭議。這部分爭議事項並未得到學界充分的關注，故而本章聚焦中國在南海有關行動的事實認定和實體法律適用，旨在批駁仲裁庭的錯誤裁決，闡明這些行動的合法性依據。

一、中國在黃岩島附近海域執法行動的合法性問題

在第 13 項訴求中，菲律賓請求裁決："中國執法船在黃岩島周邊海域以危險的方式航行，幾乎碰撞在該海域航行的菲律賓船舶，違反《海洋法公約》之義務。"菲律賓所指的"義務"涉及《海洋法公約》第 21 條、第 24 條、第 94 條，包括由這些條款指引的 1972 年《國際海上避碰規則公約》（以下簡稱"《避碰規則》"）。仲裁庭最終裁決中國執法船舶在 2012 年 4 月 28 日和 5 月 26 日的兩次行動，製造了一系列碰撞危險並危及菲律賓船舶與船上人命安全，違反了《避碰規則》和《海洋法公約》。

菲律賓訴求在管轄權方面受到領土主權爭端的掣肘，因為中菲在黃岩島存在領土主權爭議，黃岩島及其附近水域的主權歸屬尚未解決，這類問題也不在本案仲裁庭的管轄事項範圍內。但是，兩國在 2012 年"黃岩島事件"中的摩擦與對峙是否存在違法行為，須以判定活動水域的法律地位為基礎。若爭議水域主權歸於中國，則菲律賓船舶的航行或無法構成在外國領海水域內的合法"無害通過"（《海洋法公約》第 17 條），中國公務船對菲方船舶可予以合法干涉。此外，有關行為可能符合《海洋法公約》第 298 條"軍事活動"的管轄權例外情形，進而可排除本案仲裁庭的管轄。

菲方的指控在實體上更是存在自相矛盾之處。一方面，菲方將黃岩島水域認定為本國管轄海域，援引《海洋法公約》第 21 條第 4 款支持其訴求；另一方面，菲方又認定中國是爭議水域的沿海國，即承認黃岩島水域是中方領海，援引第 24 條指責中國非法妨礙外國船舶無害通過。

在本章中，曲波教授和梁贇博士在《南海仲裁案對第 13 項仲裁訴求所

作裁決的違法性》一文中，評述了仲裁庭確立管轄權的脈絡，並進一步指出仲裁庭在前後矛盾的情況下，武斷地得出《海洋法公約》第 298 條 "軍事活動" 管轄權例外情形不適用於本案的結論。此外，仲裁庭沒有尊重菲律賓的請求進行裁決，迴避對《海洋法公約》第 21 條與第 24 條作出解釋。該文認為，菲律賓船舶在黃岩島領海的通過不構成無害通過，中國有權根據《海洋法公約》第 25 條行使沿海國保護權。在行使沿海國保護權的特殊情形下，應對《避碰規則》適用於船舶一般航行進行嚴格解釋。《海洋法公約》第 94 條的義務主體是船旗國，義務的屬性是管轄義務；違反《避碰規則》並不必然導致違反《海洋法公約》第 94 條的義務。

二、中國在美濟礁等島礁建設行為的合法性問題

菲律賓分別在第 12 項和第 14（d）項中提出中國的 "島礁建設" 違反了《海洋法公約》的相關規定。這些訴求的表述如下：

12. 中國對美濟礁的佔領和在其上的建設活動：（a）違反《海洋法公約》關於人工島、設施與結構的規定；（b）違反中國在《海洋法公約》下保護和保全海洋環境的義務；（c）違反《海洋法公約》而構成試圖佔為己有的非法行為。

14. 自菲律賓於 2013 年 1 月啟動仲裁時起，中國通過以下行為，

非法地加劇和擴大爭端：……（d）在美濟礁、華陽礁、永暑礁、南薰礁、赤瓜礁、東門礁和渚碧礁進行挖掘、人工島建造和建設活動。

　　從菲方訴狀來看，中國在南海的島礁建設行為具體妨害了菲律賓在《海洋法公約》下的三類權益：第一，菲方對有關島礁的主權權利和管轄權；第二，破壞海洋環境；第三，加劇中菲南海爭端。其中，美濟礁、仁愛礁等多個島礁的性質界定和海洋權利問題已被菲方訴諸於第 3－7 項訴求，這些訴求的處理結果構成菲方是否對有關島礁擁有主權權利和管轄權的前提。因此，仲裁庭在第 3－7 項訴求島礁問題上面臨的管轄權異議，也同樣挑戰著仲裁庭對島礁建設問題的管轄權基礎。此外，中國島礁建設行為是否構成《海洋法公約》第 298 條有關 "軍事活動" 管轄權例外情形，這是仲裁庭面臨的另一管轄權異議，故仲裁庭應當審慎判斷島礁建設目的是服務於民事還是軍事用途，抑或兩者兼而有之。在實體方面，中國島礁建設合法性的前提也建立在中國是否對這些島礁擁有主權、主權權利和管轄權這一權利來源問題之上。

　　馬博博士在《南海仲裁案對 "島礁建設" 的裁決及後續法律問題》一文中認為，中方大規模島礁建設引發的爭議正在逐步成為南海爭端的核心問題，島礁建設問題關涉未來中國在南海地區維護國家利益的合法性基礎。他不僅列舉出仲裁庭在該議題裁決中的缺陷和漏洞，為學界從整體上應對仲裁案裁決提供相應的參考，而且還指出，《海洋法公約》在 "島礁建設" 領域的法律滯後性已經不能適應當前各國在海洋開發領域的實踐需要和可持續發展的要求，學界需要重新審視《海洋法公約》在未來國際海洋法中的作用，以及在 "島礁建設" 立法領域有所創新。

三、中國在南海有關活動是否違反海洋環境保護義務問題

　　菲律賓在本案中指控中國兩項行為破壞爭議島礁和海域的海洋環境。

　　第 11 項訴求請求仲裁庭裁決："中國未能在黃岩島及仁愛礁克盡對海洋環境的保護及保全之《海洋法公約》義務。"菲方指責中國政府容忍、鼓勵和未阻止中國漁民捕撈瀕危物種，並使用氰化物和炸藥等有害方式從事捕撈，因此違反了《海洋法公約》第 192 條和第 194 條和《生物多樣性公約》第 8 條。

　　菲方還指控中國大規模島礁建設活動導致珊瑚礁的減少和棲息生物的消亡，惡化海洋生態，其第 12（b）項請求裁定："中國違反在《海洋法公約》下保護和保全海洋環境的義務。"菲方還指責中國違反《海洋法公約》第 206 條規定的環境影響評價義務。

　　仲裁庭在審理這兩項訴求時，需解決如下棘手的爭議：第一，受到島礁領土主權爭端這一前置事項的制約，中國黃岩島和仁愛礁水域的漁業捕撈和島礁建設行為在本案是否具有可訴性？第二，菲方所援引的《海洋法公約》第 194 條旨在規範沿海國在其"本國管轄或控制下的活動"不致使"其他國家及其環境"遭受污染。那麼，如何解釋私人漁業活動的行為可歸屬於中方控制的行為？在活動水域權利歸屬存在爭議的情況下，又如何證明中國的活動破壞了"其他國家"的水域？第三，菲方主張中國違反了《生物多樣性公約》下的義務，這是否必然導致中國同時違反了《海洋法公約》下的義務？

　　在《南海仲裁案中的海洋環境保護問題》一文中，闕佔文副教授結合

本案裁決對上述爭議問題予以評析。他認為，仲裁庭在海洋環境保護問題上存在如下錯誤：第一，罔顧中國對南海諸島的主權，執意受理了菲律賓提出的仲裁事項；第二，不嚴格按照《海洋法公約》關於不接受、不參與仲裁時的"應查明……所提要求在事實上和法律上確有根據"標準審查菲律賓提供的證據；第三，非法將南海部分海域認定為菲律賓專屬經濟區，錯誤地裁決中國違反了船旗國保護和保全海洋環境以及《海洋法公約》設定的環境影響評價義務。

南海仲裁案對第 13 項仲裁訴求
所作裁決的違法性 *

南海仲裁案中，菲律賓所提第 13 項仲裁訴求，是圍繞中菲兩國的海上維權執法船在 2012 年 4 月至 5 月於黃岩島附近海域發生的對峙事件展開的。菲律賓稱 "中國以危險的方法操縱執法船舶，對行駛在黃岩島附近海域的菲律賓船舶造成了一系列緊迫的碰撞危險，中國違反了其在公約下的義務"。[1] 菲律賓所指的公約下的義務涉及《海洋法公約》第 21 條、第 24 條、第 94 條，包括由這些條款指引的 1972 年《國際海上避碰規則公約》（以下簡稱 "《避碰規則》"）。[2] 仲裁庭在管轄權審理階段裁決對第 13 項訴求擁有管轄權，[3]

---

* 作者：曲波，寧波大學法學院教授、博士生導師；梁贇，大連海事大學法學院博士研究生。本文原載於《太平洋學報》2017 年第 2 期，題目為 "海洋維權執法下《聯合國海洋法公約》的適用 —— 南海仲裁案第 13 項仲裁請求裁決評析"，本書主編對該文的部分表述進行了必要的調整。

[1] *The South China Sea Arbitration (the Republic of the Philippines v. the People's Republic of China)*, Award, 12 July 2016, Permanent Court of Arbitration, p. 417, para. 1044.

[2] Memorial of the Philippines (30 March 2014), *The South China Sea Arbitration (the Republic of the Philippines v. the People's Republic of China)*, Permanent Court of Arbitration, Vol.I, p. 202, para. 6.114; p. 209, para. 6.133.

[3] *The South China Sea Arbitration (the Republic of the Philippines v. the People's Republic of China)*, Award on Jurisdiction and Admissibility, 29 October 2015, Permanent Court of Arbitration, pp. 146–147, para. 410 .

並在最終裁決中裁定中國執法船舶在 2012 年 4 月 28 日和 5 月 26 日的兩次行動，制造了一系列碰撞危險並危及菲律賓船舶與船上人命安全，這違反了《避碰規則》第 2 條、第 6 條、第 7 條、第 8 條、第 15 條、第 16 條以及《海洋法公約》第 94 條之規定。❶ 然而，仲裁庭無論在 2015 年 10 月 29 日《管轄權和可受理性問題裁決》（以下簡稱 "《管轄權裁決》"）中還是最終裁決中，對於第 13 項訴求所涉及的公約條款解釋，都存在著疏漏和錯誤。除引言和結論外，本文分三個部分對此進行評析：第一部分分析仲裁庭對菲律賓第 13 項訴求無管轄權的原因，第二部分和第三部分結合菲律賓援引的《海洋法公約》的相關條款及《避碰規則》，闡述仲裁庭最終裁決存在的問題。

一、仲裁庭對菲律賓第 13 項訴求不具有管轄權

菲律賓在仲裁訴求中明確指出，中國執法船在黃岩島附近海域執法行動的合法性涉及到《海洋法公約》第 21 條、第 24 條和第 94 條的規定。❷ 仲裁庭在《管轄權裁決》中僅用一段內容，對其享有第 13 項訴求的管轄權進行了說明。仲裁庭認為，第一，第 13 項訴求所涉爭端並非關係到主權和海洋劃界的爭端；第二，爭端主要發生在黃岩島領海，《海洋法公約》第 298

❶ *The South China Sea Arbitration (the Republic of the Philippines v. the People's Republic of China)*, Award, 12 July 2016, p. 435, paras. 1109; pp. 471–477, para. 1203.

❷ Memorial of the Philippines (30 March 2014), Vol.I, p. 202, para. 6.114; p. 209, para. 6.133.

條第 1 款（b）項不適用於領海；第三，菲律賓所援引的《海洋法公約》規定為沿海國和無害通過船舶都設定了義務；第四，仲裁庭的管轄權並不取決於黃岩島主權這一先決條件。鑒於以上四點分析，仲裁庭認為其對菲律賓第 13 項訴求具有管轄權。❶ 但是仲裁庭的結論存在以下問題：

（一）無視第 13 項訴求涉及的沿海國確定問題以及主權歸屬問題

仲裁庭在論證理由中提及 "公約規定為沿海國和無害通過船舶都設定了義務"，❷ 結合菲律賓援引的《海洋法公約》第 21 條和第 24 條，不論菲律賓條文的引用是否存在問題，且看《海洋法公約》第 21 條規定的是沿海國關於無害通過的法律和規章："1. 沿海國可依本公約規定和其他國際法規則，對下列各項或任何一項制定關於無害通過領海的法律和規章：（a）航行安全及海上交通管理；……4. 行使無害通過領海權利的外國船舶應遵守所有這種法律和規章以及關於防止海上碰撞的一切一般接受的國際規章。" 第 24 條規定的是沿海國的義務："1. 除按照本公約規定外，沿海國不應妨礙外國船舶無害通過領海。尤其在適用本公約或依本公約制定的任何法律或規章時，沿海國不應：（a）對外國船舶強加要求，其實際後果等於否定或損害無害通過的權利；或（b）對任何國家的船舶、或對載運貨物來往任何國家的船舶或對替任何國家載運貨物的船舶，有形式上或事實上的歧視。2. 沿海國應將其所知的在其領海內對航行有危險的任何情況妥為公佈。"

❶ *The South China Sea Arbitration (the Republic of the Philippines v. the People's Republic of China),* Award on Jurisdiction and Admissibility, 29 October 2015, pp. 146–147, para. 410.

❷ *The South China Sea Arbitration (the Republic of the Philippines v. the People's Republic of China),* Award on Jurisdiction and Admissibility, 29 October 2015, pp. 146–147, para. 410.

據此，可以認為菲律賓將中國或者將其自身假定為《海洋法公約》中規定的沿海國。[1] 因此，仲裁庭若解釋和適用此兩條規定，必須確定中國和菲律賓哪一方是沿海國。沿海國的確定，必然要求明確黃岩島的主權歸屬。事實上，中國始終主張對黃岩島擁有無可爭辯的領土主權，並基於領土主權和基於領土主權所享有的海洋權利進行一系列維權執法活動。[2] 黃岩島主權歸屬及沿海國的確定，是對菲律賓第 13 項訴求進行判斷的大前提，[3] 仲裁庭用不加解釋的結論直接認定本訴求與主權問題無關，是不尊重事實和故意規避對《海洋法公約》第 21 條、第 24 條進行解釋的表現。此外，仲裁庭無視黃岩島主權歸屬這一錯誤，將會遮蔽海上執法活動的本質屬性，割裂黃岩島主權及其周邊海域的海洋權利與海上維權執法活動的聯繫。

（二）對《海洋法公約》第 298 條的解釋與適用存在問題

仲裁庭在《管轄權裁決》第 395 段曾明確指出：＂對菲律賓第 8、9、10、13 項訴求的管轄權，取決於中國執法活動發生的海域。特別是公約第 298 條關於執法活動管轄權的例外，可能適用於發生在中國專屬經濟區的執法活動或發生在專屬經濟區重疊區域的執法活動。中國主張的海上地物，能否在南海獲得專屬經濟區，以及是否真實存在專屬經濟區的重疊區

---

[1] 菲律賓援引《海洋法公約》第 94 條，認為船旗國的義務不分沿海國還是外國船的船旗國，都受該條義務的拘束。

[2] Note Verbal from the Embassy of the People's Republic of China in Manila to the Department of Foreign Affairs, Republic of the Philippines, No. (12) PG-239 (25 May 2012).

[3] 中國國際法學會：《菲律賓所提南海仲裁案仲裁庭的裁決沒有法律效力》，2016 年 6 月 10 日，第 7 頁。中國國際法學會網站：http://www.csil.cn/News/Detail.aspx?AId=202，最後訪問時間：2016 年 12 月 7 日。

域，是管轄權裁定階段不能解決的。"❶ 然而，在第 410 段的最終結論中，仲裁庭直接認定本"爭端""主要"發生在黃岩島領海，因為第 298 條第 1 款（b）項不適用於領海，所以仲裁庭對第 13 項訴求的管轄權沒有被第 298 條排除。仲裁庭在這一論斷中，至少存在以下問題：

1. 《管轄權裁決》的論證存在明顯的前後矛盾

《管轄權裁決》第 395 段已經作為階段性結論，明確了包括第 13 項訴求在內的管轄權因為涉及專屬經濟區範圍的確定和海上地物的法律地位而不能在該階段進行決定。然而，在最終結論中，仲裁員拋棄了先前的結論，直接認定本"爭端"主要發生在領海，不涉及專屬經濟區的問題，從而排除了《海洋法公約》第 298 條的適用。仲裁庭使用"主要"一詞似乎旨在說明，當時的對峙事件只要大部分發生在黃岩島領海海域，就可以將爭端限定為與《海洋法公約》第 298 條第 1 款（b）項規定的情形無關。然而，仲裁庭不應對黃岩島對峙事件進行靜態的考察，因為即便最終的僵持和驅離發生在黃岩島領海海域，執法活動的開始和結束都也可能涉及到黃岩島周邊其他海域。菲律賓單方提供的證據並不能充分證明對峙事件發生的始末及其所涉及的相關海域。《海洋法公約》附件七第 10 條規定"仲裁庭的裁決書應以爭端的主題事項為限，並應敍明其所根據的理由"，仲裁庭的做法違背了該條規定。菲律賓所提訴求中曾明確指出事件發生在"黃岩島附近海域"，仲裁庭將附近海域確定為黃岩島領海，缺乏說理，對"主要"一詞的使用缺乏法律上的解釋和事實上的證明。

---

❶ *The South China Sea Arbitration (the Republic of the Philippines v. the People's Republic of China)*, Award on Jurisdiction and Admissibility, 29 October 2015, p. 140, para. 395.

2. 對第 298 條第 1 款（b）項的解釋過於武斷

仲裁庭在《管轄權裁決》和最終裁決中都強調，第 298 條第 1 款（b）項只適用於專屬經濟區而不適用於領海。[1] 然而，仲裁庭對於這一結論同樣缺乏必要的論證。第二次海洋法會議上薩爾瓦多代表波爾（Reynaldo Galindo Pohl）在介紹公約爭端解決機制的第一草案時曾強調："排除強制管轄的需求是與國家的領土完整直接相關的。"[2] 事實上，許多國家之所以接受《海洋法公約》現行的爭端解決機制，正是以一些爭端被排除出導致有拘束力裁判的強制程序為條件的。[3]《海洋法公約》在序言中也開宗明義表示"妥為顧及所有國家主權"。因此，可以說《海洋法公約》爭端解決機制中設置第 297 和第 298 條的主要目的，就是避免國家的主權和領土完整受到有拘束力強制程序的干擾。

《海洋法公約》第 297 條和第 298 條並沒有明確限制這些規則所應適用的海域。菲律賓第 13 項訴求所指"爭端"直接涉及第 298 條第 1 款（b）項，該條規定："關於軍事活動……以及根據第 297 條第 2 和第 3 款不屬法院或法庭管轄的關於行使主權權利或管轄權的法律執行活動的爭端。"

該條規定將法律執行活動限定在第 297 條第 2 款和第 3 款之下，[4] 第 297

---

[1] *The South China Sea Arbitration (the Republic of the Philippines v. the People's Republic of China),* Award on Jurisdiction and Admissibility, 29 October 2015, pp. 146–147, para. 410; *The South China Sea Arbitration (the Republic of the Philippines v. the People's Republic of China)*, Award, 12 July 2016, p. 417, para. 1045.

[2] Myron H. Nordquist (et. al eds.), *United Nations Convention on the Law of the Sea 1982: A Commentary*, Vol. V (Martinus Nijhoff Publishers, 1989), p. 88.

[3] Myron H. Nordquist (et. al eds.), *United Nations Convention on the Law of the Sea 1982: A Commentary*, Vol. V, p. 87.

[4] Myron H. Nordquist (et. al eds.), *United Nations Convention on the Law of the Sea 1982: A Commentary*, Vol. V, p. 137.

條第 2 款和第 3 款分別規定了對 "海洋科學研究" 爭端和 "生物資源" 爭端的限制。與第 13 項訴求關係最密切的是關於 "生物資源" 的爭端,即第 297 條第 3 款 (a) 項的規定:"……但沿海國並無義務同意將任何有關其對專屬經濟區內生物資源的主權權利或此項權利的行使的爭端……提交這種解決程序。"

《海洋法公約》第 298 條第 1 款 (b) 項在將法律執行活動限定為第 297 條第 2 款和第 3 款規定的情形時,強調了 "關於行使主權權利或管轄權" 的法律執行活動。仲裁庭認為第 298 條第 1 款 (b) 項不適用於領海,該結論與《海洋法公約》妥為顧及國家主權的宗旨相背離,同時也不符合第 298 條的立法目的。仲裁庭對於這一結論,缺乏必要的解釋,這種武斷的結論切斷了 297 條第 3 款 (a) 項中專屬經濟區的限定與國家主權所及的海域之間的關聯,弱化了第 298 條排除管轄權規定的效力,限縮了第 298 條排除管轄權規定的適用範圍。

二、仲裁庭沒有依據菲律賓的訴求進行裁決

仲裁庭為了迴避上述關於領土主權的問題,除了在《管轄權裁決》中以一種 "敷衍" 的方式處理第 297 條和第 298 條的解釋與適用之外,在最終裁決中也再沒有提及過《海洋法公約》第 21 條和第 24 條關於無害通過的法律規定,而是僅僅圍繞著第 94 條船旗國的義務展開論證。但是從仲裁庭的職責來看,仲裁庭應對菲律賓的訴求依據進行考察,進而分析第 21 條

和第 24 條能否適用以及如何適用等問題。如果考察第 21 條及第 24 條,自然會得出以下結論:

(一)同時援引《海洋法公約》第 21 條與第 24 條存在矛盾

根據《海洋法公約》第 21 條的規定,尤其是菲律賓所指的第 4 款 "行使無害通過領海權利的外國船舶應遵守所有這種法律和規章以及關於防止海上碰撞的一切一般接受的國際規章",[1] 這意味著菲律賓認為第 13 項仲裁訴求所指事件發生的海域是在菲律賓的領海。然而,按照菲律賓在訴求中提到的第 24 條 —— "沿海國的義務",[2] 這又表明事件發生的領海應是中國的領海。很明顯,菲律賓援引第 21 條又不放棄第 24 條的做法,無非企圖強化《避碰規則》在本案中的適用。但是,菲律賓這種自相矛盾的論點,一方面突出了確定黃岩島主權歸屬的重要性,另一方面也弱化了其自身的立場。[3]

(二)《海洋法公約》第 24 條不能被孤立適用

《海洋法公約》第 24 條規定,沿海國不應妨礙外國船舶無害通過領海。菲律賓主張中國在黃岩島附近執法船的行動違反了《海洋法公約》第

---

[1] Memorial of the Philippines (30 March 2014), Vol.I, p. 208, para. 6.131.

[2] Memorial of the Philippines (30 March 2014), Vol.I, p. 209, para. 6.133.

[3] 參見高聖惕:《論中菲南海仲裁案的管轄權及可受理性問題 —— 特別針對菲國在 2015 年 7 月 7 - 13 日聽證會上提出的法律主張》,第 159 頁。

24 條沿海國義務的規定。[1] 如前所述，菲律賓同時援引《海洋法公約》第 21 條和第 24 條存在矛盾，但是如果仲裁庭考察第 24 條，可以發現第 24 條是不能被孤立適用的。

首先，判明菲律賓船舶在黃岩島附近海域行駛是否構成無害通過，是適用第 24 條的先決條件。根據《海洋法公約》第 18 條和第 19 條的規定，通過應繼續不停和迅速進行，通過只要不損害沿海國的和平、良好秩序或安全，就是無害的。但是，根據菲律賓提交給仲裁庭的證據 "SARV Coastguard Report of 28 April 2012" 和 "Arunco Report of 28 May 2012" 所顯示的菲律賓船舶行動軌跡，菲律賓船舶在黃岩島附近海域並沒有繼續不停和迅速通過，而是屢次試圖進入黃岩島潟湖，並在黃岩島潟湖口附近錨泊。[2] 此外，根據《中華人民共和國政府關於菲律賓共和國所提南海仲裁案管轄權問題的立場文件》（以下簡稱 "《立場文件》"），菲律賓於 2012 年 4 月 10 日在黃岩島附近海域進行挑釁，"動用軍艦抓扣中國的漁船和漁民"。[3] 菲律賓還承認在 2012 年 5 月以後，迫於中方在黃岩島海域的示警，停止派船進入黃岩島海域。[4] 因此，上述事實可以證明菲律賓船舶在中國黃岩島領海的通過不能構成無害通過。

其次，沿海國的保護權決定了第 24 條的非絕對性。由於領海處於國家主權支配之下，在賦予非沿海國船舶無害通過權利的情況下，必然也須考

---

[1] Memorial of the Philippines (30 March 2014), Vol.I, p. 209, para. 6.133.

[2] Arunco Report of 28 May 2012, para.1.N, "0/A 1805H …THIS UNIT WAS ABLE TO ENTER THE SHOAL BASIN SAFELY AND ANCHORED AT LAT 15 DEGS08.675 MINS NAND LONG 117 DEGS 49.439 MINS EX"; See Memorial of the Philippines (30 March 2014), Vol. IV Annexes, Annexes 82.

[3] 《中華人民共和國政府關於菲律賓共和國所提南海仲裁案管轄權問題的立場文件》，2014 年 12 月 7 日，第 48 段。

[4] Memorial of the Philippines (30 March 2014), Vol.I, p. 207, para. 6.127.

慮到沿海國權利的保障。在海牙國際法編纂會議上，就曾對沿海國的保護權制度進行過討論。《關於領海法律地位的一般規定》就沿海國保護權作出如下規定："對於有損沿海國安全、公共秩序或財政利益的行為，或船舶進入內水的情形下，通航的利益並不能妨礙沿海國在領海為保護自身權益所採取任何必要的措施。"第二委員會的報告指出沿海國在行使這一權利時，必須非常慎重。❶

《海洋法公約》賦予沿海國以保護權，根據第 25 條："1. 沿海國可在其領海內採取必要的步驟以防止非無害的通過。2. 在船舶駛往內水或停靠內水外的港口設備的情形下，沿海國也有權採取必要的步驟，以防止對准許這種船舶駛往內水或停靠港口的條件的任何破壞。3. 如為保護國家安全包括武器演習在內而有必要，沿海國可在對外國船舶之間在形式上或事實上不加歧視的條件，在其領海的特定區域內暫時停止外國船舶的無害通過。這種停止僅應在正式公佈後發生效力。"

關於 "必要的步驟" 的理解，小田滋（Shigeru Oda）認為主要包含登臨檢查、強制處分以及對違法行為的檢舉等。❷ 羅斯維爾（Donald R. Rothwell）和史蒂芬斯（Tim Stephens）認為防止非無害通過的必要措施包括交換信息以要求過錯船舶停止相關行動、要求船舶立即駛離領海、佈控船舶以防止過錯船舶繼續通過、執法部門登臨船舶指揮駛離或者使用武力相威脅等。❸

---

❶ 參見［日］橫田喜三郎：《海之國際法研究》（上卷）（『海の国際法研究　上巻』），日本：有斐閣，1959 年，第 183 頁。

❷ 參見［日］小田滋：《注解國連海洋法條約》（上卷）（『注解国連海洋法条約　上巻』），日本：有斐閣，1985 年，第 124 頁。

❸ Donald R. Rothwell & Tim Stephens, *International Law of the Sea* (Hart Publishing, 2010), p. 218.

因此，根據第 25 條的規定，針對菲律賓船舶在黃岩島領海進行的非無害通過，中國有權利採取必要的步驟予以應對。雖然包括《海洋法公約》在內的國際法並沒有規定行使保護權時 "必要措施" 的限度，但是國際海洋法法庭在 "塞加號案" 中，對海上執法活動中的停船措施進行的解釋，為理解必要措施的內涵和限度提供了一定指南。該案判決指出："以下諸原則在海上執法活動中被長年地遵守著。作為在海上使他船停船的常用措施，首先是使用國際承認的信號，發送聽覺或視覺上的停船信號。在此方法不奏效的情況下，可以採用其他各種措施，包括橫穿船首的射擊。在適當的措施失敗後，作為最後的救濟，才可以使用武力"，[1] "即便在此種情形下，也必須向對方船舶發出適當的警告，盡一切可能確保不傷及人命"。[2]根據該案判決對海上執法活動中停船操作的總結，可以認為，這些長年堅持的原則可以滿足構成習慣國際法的要件。實踐中，橫穿船首進行射擊都可以作為停船的有效方法，那麼利用船舶駕駛來阻止非無害通過船進入領海或內水（黃岩島潟湖）或者操縱船舶進行追越迫使船舶停船、駛離，則完全可以稱之為迫使他方停船的適當方法。[3]

適用《海洋法公約》第 25 條所引起的問題之一，就是行使沿海國保護權對《避碰規則》的突破，也就是第 13 項訴求不應適用《避碰規則》，原因如下：

---

[1] *The "M/V SAIGA" (No.2) Case (Saint Vincent and the Grenadines v. Guinea)*, Judgment, 1 July 1999, ITLOS, para. 156.

[2] *"I'm Alone" Case (Canada/United States, 1935)*, U.N.R.I.A.A., Vol. III, p. 1609; *The Red Crusader Case(Commission of Enquiry, Denmark - United Kingdom, 1962)*, I.L.R., Vol. 35, p. 485.

[3] 日本在領海警備方面也有此類實踐，例如在 1999 年 "能登半島可疑船舶事件" 中，日本動用海上自衛隊的護衛艦對可疑船舶進行追擊並展開警告射擊等，參見 [日] 水上千之編：《現代海洋法》（『現代の海洋法』），日本：有信堂高文社，2003 年，第 142－147 頁。

第一，《避碰規則》針對的是船舶航行。自 17 世紀蒸汽船發明時起，海上的碰撞事故逐漸增多，第一套船舶避碰規則在 1840 年於英國應運而生，規則的內容主要源自海員駕駛和操縱船舶的慣例。[1] 隨著船舶複雜化和大型化，船舶碰撞事故越發嚴重，在國際上適用統一的船舶避碰規則，成為現實的需求。因此，自 1889 年華盛頓國際海事會議到 1948 年和 1960 年的倫敦海上人命安全會議，[2] 避碰規則經過長期的實踐積累，最終在 1972 年國際海事組織（IMO）的會議上，通過了現行的《避碰規則》。[3]《避碰規則》具有兩大明顯特徵，其一是國際性，它是全世界共同遵行的海上交通規則；其二是它的根本目標是預防船舶發生海上碰撞，而非決定碰撞責任。[4] 從該規則的立法背景及立法目的看，《避碰規則》以保障航行安全為宗旨，[5] 作為船長和船員航行操縱的指南，既是船舶在航行過程中的技術指南，也是船舶碰撞發生後分析碰撞過失的決定性因素。[6] 因此，在具體內容上，《避碰規則》第 1 條 a 款規定："本規則條款適用於公海和連接於公海而可供海船航行的一切水域中的一切船舶。" 斯特利（Micheal F. Sturley）教授曾指出，現行《避碰規則》不僅規定了船舶之間的航行規則，還涉及號燈、號型、分道通航制等具體規定。[7] 之所以強調船舶的航行規則，是因

---

[1] S. Gault (et al. eds.), *Marsden and Gault on Collision at Sea* (Sweet & Maxwell, 14th edn, 2016), p. 123.

[2] A. N. Cockcroft, *A Guide to the Collision Rules* (Kandy Publications Limited, 1965), p. 15.

[3] 《避碰規則》在 1977 年 7 月 15 日生效，並經過 1983 年、1989 年、1991 年、1996 年、2003 年和 2009 年共 6 次修正：See S. Gault (et al. eds.), *Marsden and Gault on Collision at Sea*, p. 148.

[4] S. Gault (et al. eds.), *Marsden and Gault on Collision at Sea*, pp. 150–151.

[5] S. Gault (et al. eds.), *Marsden and Gault on Collision at Sea*, p. 151.

[6] Jo Desha Lucas & Randall D. Schmidt, *Admiralty: Cases and Materials* (Foundation Press, 6th edn, 2012), pp. 872–873.

[7] Michael F. Sturley, "Introduction: The Law of Treaties and Admiralty", in Frank L. Wiswall (ed.), *Benedict on Admiralty* (Matthew Bender, 7th edn, 2004), Vol. 6, Chapter I, intro-18.

為《避碰規則》雖然對所有的船舶和所有的海域都適用，但針對的是船舶在海上的航行。特殊的執法活動雖然也是駕駛船舶在海上進行操作，但是這種執法活動無論從其本質目的還是外部形態來看，都不能被解釋為單純的航行。所以，《避碰規則》不應適用於特殊的海上執法活動。這一點雖然在《避碰規則》的規則體系中並沒有任何說明，但是通過英國和美國對待《避碰規則》的態度，也可以明確避碰規則是適用於船舶的一般航行的。英國將《避碰規則》作為商船公告（Merchant Shipping Notice）進行發佈，並命名為《1996 年商船規章（求救信號和船舶避碰）》。[1] 美國則將《避碰規則》和國內航行規章統合在《航行規則》（Navigation Rules）中。[2] 在英國和美國，《避碰規則》顯然是針對商船或者說針對一般的船舶航行進行規範的，[3] 船舶執法無法解釋成船舶航行。第 13 項訴求中，中國和菲律賓在黃岩島的對峙事件，並不是普通的通航事件，而是基於主權維護和漁業執法產生的衝突事件，那麼就必然涉及到沿海國保護權的行使對《避碰規則》的突破。

第二，《避碰規則》適用例外符合法理。從《避碰規則》本身看，規則適用並不是機械的，第 2 條 b 款規定了除外情形："在解釋和遵行本規則條款時，應充分考慮一切航行和碰撞的危險以及包括當事船舶條件限制在內的任何特殊情況，這些危險和特殊情況可能需要背離本規則條款以避免緊迫危險。"英國普通法所確立的一些特殊情形，允許對《避碰規則》進行

---

[1]　"The Merchant Shipping (Distress Signals and Preventing of Collision) Regulations 1996", https://www.gov.uk/search?q=merchant+shipping+act&show_organisations_filter=true (last visited 5 September 2016).

[2]　"Navigation Rules", http://www.navcen.uscg.gov/?pageName=navRulesContent (last visited 5 September 2016).

[3]　Aleka Mandaraka-Sheppard, *Modern Maritime Law and Risk Management* (Routledge-Cavendish, 2nd edn, 2007), pp. 535–536; Also see Frank L. Maraist (et al. eds.), *Cases and Materials on Maritime Law* (West Academic Publishing, 3rd edn, 2016), p. 824.

背離，例如：規則不能適用或者適用也無法避免碰撞，抑或船舶不得被要求採取導致自身危險的措施等。❶ 當然，儘管可以背離《避碰規則》，但是船長和船員仍然被要求運用良好的船藝（good seamanship），並以此作為有無過失的檢驗標準，可以說運用良好船藝是船舶一般航行的本質要求。此外，國際法禁止使用武力，但是在海上執法過程中，在一定條件下可以使用武力。❷ 海上執法過程中，武力的使用都不可避免，那麼為了維護國家海洋權益及其國民的利益，對《避碰規則》的突破也在所難免，而這種突破，並非《避碰規則》本身規範的問題，而是一般國際法理論問題。

第三，適用《避碰規則》將會導致的不公平局面。執法船舶在海上進行驅離等執法活動時，不可避免的會違反《避碰規則》的規定。對於執法對象的過錯船舶（非無害通過船舶）而言，在執法過程中適用《避碰規則》的結果就是，執法船的“危險”操縱將始終危害到過錯船舶的自身安全，過錯船舶在執法過程中始終處於一種緊迫局面下，這屬於《避碰規則》第2條b款所規定的特殊除外情形，即允許對《避碰規則》進行背離。因此，執法活動中，一方面基於維權執法的執法船舶將不可避免的違反《避碰規則》，而另一方面過錯船舶採取的行動只要不違背良好船藝的要求，就可以合理背離《避碰規則》的相關規定。這就導致了一個明顯不公平的局面，即在維護領土主權的前提下，《避碰規則》在適用中直接保護了危及沿海國主權和領土安全的過錯方。因此，在海上執法的特殊情形下，船舶的駕駛和操縱不應適用《避碰規則》。

---

❶ S. Gault (et al. eds.), *Marsden and Gault on Collision at Sea*, p. 170.

❷ 參見高健軍：《海上執法過程中的武力使用問題研究 —— 基於國際實踐的考察》，《法商研究》2009年第4期，第23-31頁。

三、仲裁庭對《海洋法公約》第 94 條及《避碰規則》的解釋和適用存在問題

如前所述，仲裁庭在裁決中拋棄了對《海洋法公約》第 21 條、第 24 條的解釋和適用，僅認定中國執法船引起碰撞危險的問題適用《海洋法公約》第 94 條和《避碰規則》。即便如此，具體適用中仍存在問題。

（一）仲裁庭裁決的方式

仲裁庭在處理中國違反船旗國義務的問題上，主要採取了三個步驟：第一步，論證《海洋法公約》第 94 條和《避碰規則》之間的關係，以證明中國違反《避碰規則》就是違反《海洋法公約》；第二步，總結專家報告的結論；第三步，論證《海洋法公約》第 94 條和《避碰規則》的具體適用。

在第一個步驟中，仲裁庭指出，雖然菲律賓截止到 2013 年都未加入《避碰規則》，但是中國和菲律賓作為《海洋法公約》的締約國，都應當遵守《海洋法公約》第 94 條的規定。在解釋第 94 條時，仲裁庭指出，第 94 條第 1 款規定，"每個國家應對懸掛該國旗幟的船舶有效地行使行政、技術及社會事項上的管轄和控制"，第 3 款規定，"每個國家對懸掛該國旗幟的船舶，除其他外，應就下列各項採取為保證海上安全所必要的措施……（c）信號的使用、通信的維持和碰撞的防止"，繼而仲裁庭指出這些義務的精確範圍在第 5 款中被明確："每一國家採取第 3 和第 4 款要求的措施時，須遵守一般接受的國際規章、程序和慣例，並採取為保證這些規章、

程序和慣例得到遵行所必要的任何步驟。"❶ 仲裁庭認為，第 94 條將《避碰規則》併入《海洋法公約》，這些規定最終拘束著中國。因此，違反作為一般接受的國際規章的《避碰規則》，就構成了對公約本身的違反。❷

在第二個步驟中，仲裁庭總結了獨立專家古佩特（Gurpreet S. Singhota）就中國執法船違反《避碰規則》的情況所作的報告，即中國違反了《避碰規則》中第 2、6、8、15、16 條的規定。❸

在第三個步驟中，仲裁庭首先明確了中國的執法船直接受中國政府指令和控制，執法船的行動將直接被視為中國政府的行動。其次，仲裁庭認為中國執法船的行動違反了《避碰規則》。再次，仲裁庭結合中國執法船的位置、時速，根據專家報告，認定中國執法船違反了《避碰規則》第 2 條 a 款之規定，並明確《避碰規則》第 2 條 b 款的除外情形並不適用。最後，仲裁庭逐一分析並認定中國違反了《避碰規則》中第 2、6、7、8、15、16 條的規定。❹

通過上述分析不難看出，仲裁庭將論證重點放在對《避碰規則》的解釋和適用上，❺ 卻忽視了對一個重要前提的解釋——《海洋法公約》第 94 條和《避碰規則》的關係。

---

❶ *The South China Sea Arbitration (the Republic of the Philippines v. the People's Republic of China)*, Award, 12 July 2016, p. 428, para. 1082.

❷ *The South China Sea Arbitration (the Republic of the Philippines v. the People's Republic of China)*, Award, 12 July 2016, p. 429, para. 1083.

❸ *The South China Sea Arbitration (the Republic of the Philippines v. the People's Republic of China)*, Award, 12 July 2016, pp. 429–431, paras. 1084–1089 .

❹ *The South China Sea Arbitration (the Republic of the Philippines v. the People's Republic of China)*, Award, 12 July 2016, pp. 431–435, paras. 1090–1108.

❺ 對《避碰規則》能否適用的問題見本文第二部分。

（二）仲裁庭錯誤解釋了《海洋法公約》第 94 條與《避碰規則》的關係

《海洋法公約》第 94 條由 7 個條款構成，它為懸掛該國國旗的船旗國設定了一系列的義務，尤其針對行政、技術和社會事項上的管轄和控制，以及對海上安全的保障。[1] 第 94 條第 1 款是總領性的條款，其目的在於為船旗國設定一類對船舶進行管轄和控制的義務，這種船旗國的義務是一種行政、技術和社會問題的管理義務，而不是一種具體的船舶操控或者船舶運營的義務，第 94 條第 2 款至第 5 款是這一義務的具體闡述[2]。第 94 條第 2 款為船旗國設定了兩項特別義務，一是保持船舶登記的義務，二是對船舶的各方面事項和船員等進行管轄的義務。這一義務的具體細節則規定在第 3 款和第 4 款中[3]。第 3 款規定船旗國為保證海上安全應就船舶適航、船員配備和船舶航行三方面採取必要措施，這一款明確了船旗國的管轄和控制義務在保證海上安全方面的三項具體標準。第 4 款規定是第 3 款規定的進一步細化，主要涉及船旗國為保證海上安全的進一步措施，這些措施關係到船長資質、船員適格，特別是第 4 款 c 項之規定："船長、高級船員和在適當範圍內的船員，充分熟悉並須遵守關於海上生命安全，防止碰撞，防止、減少和控制海洋污染和維持無線電通信所適用的國際規章。" 從該款規定可以得出的

---

[1] Myron H. Nordquist (et al. eds.), *United Nations Convention on the Law of the Sea 1982: A Commentary*, Vol. III (Martinus Nijhoff Publishers, 1995), p. 137.

[2] Myron H. Nordquist (et al. eds.), *United Nations Convention on the Law of the Sea 1982: A Commentary*, Vol. III (Martinus Nijhoff Publishers, 1995), p. 144.

[3] Myron H. Nordquist (et al. eds.), *United Nations Convention on the Law of the Sea 1982: A Commentary*, Vol. III (Martinus Nijhoff Publishers, 1995), p. 144.

結論是，船旗國有義務對海上安全事項進行措施得當的管轄，這種管轄的細節規定到了船旗國應當採取一定的措施以保證船長和船員充分熟悉並遵守包括《避碰規則》在內的各類國際規章。第 5 款規定強調了船旗國在採取第 3 款和第 4 款要求的措施時所應當遵守的國際規章的性質 —— 一般接受的國際規章、程序和慣例，並要求船旗國採取為保證這些規章、程序和慣例得到遵行所必要的任何步驟。《海洋法公約》本身沒有明確 "必要的任何步驟" 的具體意義，但是根據第 1 款的規定和第 2 款至第 4 款層層細化的規定，可以認為，第 5 款是強化船旗國有義務採取一切可能的措施，以保證船舶在航行安全、行政、技術和社會事項上滿足國際通行規章之規定。

由此可見，第 94 條第 1 款至第 5 款的規定較為清晰，並非要求船旗國履行船舶遵守《避碰規則》進行航行的義務，而是要求船旗國採取相應措施對船舶、船長和船員進行管理，通過國內法保證船長和船員充分熟悉並遵守《避碰規則》，以保障其駕駛和操縱船舶符合《避碰規則》要求的義務。當然，根據第 94 條第 5 款的規定，相關國家制定的國內法或者進行的各種管轄和控制的必要措施，都必須遵守一般接受的國際規章、程序和慣例。因此，這種船旗國義務的履行形式通常為，一國的海事行政主管機關出台一系列國內規章制度，保證國際一般規章在國內的有效實施和執行，並對這些規章制度的執行情況進行嚴密的監管，此外還包括一國海事交通管理中心對航行船舶的監管和控制、海事行政主管部門對船舶登記的管理、對船長和船員資質的審核工作等等。❶

---

❶ 中國履行船旗國義務的一個側面，可以通過中華人民共和國海事局的信息公開系統進行了解，中華人民共和國海事局（交通運輸部海事局）網站：http://www.msa.gov.cn/html/xinxichaxungongkai/index.html，最後訪問時間：2016 年 12 月 7 日。

毫無疑問，《避碰規則》作為保障海上交通安全的國際規則，是國際海事組織所建立的海上安全制度體系中的重要一環，[1] 屬《海洋法公約》第 94 條第 5 款所指明的"一般接受的國際規章"。[2] 仲裁庭同樣認識到這一問題，然而利用《海洋法公約》第 94 條的規定，將《避碰規則》"併入"《海洋法公約》是有條件限制的。根據第 94 條第 5 款的規定，當船旗國採取第 94 條第 3 款和第 4 款要求的措施時，應當遵守一般接受的國際規章、程序和慣例。換言之，只有一國在履行作為船旗國所應負擔的行政、技術及社會事項上的管轄和控制義務時，該國才涉及到遵守這些國際規章、程序和慣例。具體到實踐中，即中國在履行保障船舶安全航行這一船旗國義務時，必須遵守包括《避碰規則》在內的諸多國際公約、規章，中國的國內立法、行政監管、技術指標設定均不得違背上述國際公約、規章的規定。在明晰了《海洋法公約》第 94 條船旗國義務的本質後，可以得出中國並未違反這一義務的結論。無論菲律賓的訴求還是仲裁庭的裁決都沒有涉及到對中國履行上述船旗國義務的質疑或審查。

在上述結論的基礎上，假設依照菲律賓所提起的第 13 項訴求和仲裁庭所作出的裁決進行考察，該訴求和裁決涉及到兩個層面的 "義務違反行為"：違反《避碰規則》和違反《海洋法公約》船旗國的義務。在第一個層面，執法船舶作為國家政府指令和控制的船舶，在執法過程中違反《避碰規則》，所涉及到的違法主體是國家，當因違反《避碰規則》導致對方船舶

---

[1] Ilker Basaran, "The Evolution of the International Maritime Organization's Role in Shipping", (2016) 47 *Journal of Maritime Law & Commerce* 101, pp. 102, 105.

[2] G. plant, *Facilitating Commerce, Safety and Environmental Protection: The International Law of Maritime Navigation* (Manchester University Press, 1998), Chapter. 8, nn. 34–38.

碰撞受損或船員人身傷亡時，國家承擔責任，此時並不涉及《海洋法公約》第 94 條規定的義務，也不產生《海洋法公約》下的責任。在第二個層面，國家主體在履行《海洋法公約》第 94 條所規定的船旗國的義務時，存在違反義務的行為。《海洋法公約》第 94 條第 6 款明確規定 "一個國家如有明確理由相信對某一船舶未行使適當的管轄和管制，可將這項事實通知船旗國。船旗國接到通知後，應對這一事項進行調查，並於適當時採取任何必要行動，以補救這種情況"，該款規定設置了船旗國管轄和管制存在問題時的補救措施。船旗國的義務是一種管轄義務，《海洋法公約》並沒有關於船旗國違反第 94 條所應承擔責任的規定。此外，國際海事組織自身對於其通過的國際規章和標準的執行也沒有管轄權，執行此類規章和標準主要是船旗國的責任。[1] 船旗國對懸掛該國國旗船舶的執行管轄權（enforcement jurisdiction）的基礎，是船舶擁有該懸掛國旗國的國籍且船旗國行使船旗國管轄權 —— 履行《海洋法公約》下的船旗國義務。[2] 由此可見，船旗國的義務和管轄是統一的，履行船旗國義務的主要形式是行使管轄權，通過國內立法和執法以保障相關國際規章和標準的執行。[3] 船旗國的義務和遵守《避碰規則》的義務之間的紐帶是，船旗國行使全面的管轄權保障《避碰規則》在航行實踐中被遵守。在執法船舶的執法活動代表國家行為的情形下，對於《避碰規則》的違反是航行技術層面上的義務違反，即便指責國家違反

---

[1] Rudiger Wolfrum, "IMO Interface with the Law of the Sea Convention", in Myron H. Nordquist & John Norton Moore (eds.), *Current Maritime Issues and the International Maritime Organization* (Martinus Nijhoff Publishers, 1999), p. 233.

[2] Rudiger Wolfrum, "IMO Interface with the Law of the Sea Convention", p. 233.

[3] Richard A. Barnes, "Flag States", in Donald R. Rothwell & Alex G. Oude Elferink (eds.), *The Oxford Handbook of the Law of the Sea* (Oxford University Press, 2015), p. 314.

《避碰規則》，也不能藉此主張國家違反船旗國義務，因為違反《避碰規則》的要件無法證成國家違反管轄的義務。綜上所述，菲律賓在第13項訴求以及仲裁庭在裁決中，混淆了這兩層性質不同的義務違反行為。事實上，一方面中國沒有違反《海洋法公約》第94條所規定的義務，另一方面違反《避碰規則》並不必然違反《海洋法公約》第94條的義務。

　　《海洋法公約》旨在"為海洋建立一種法律秩序"，其規範體系約束締約國履行公約所規定的各項義務，並保障公約所規定的各項權利的實現。這些權利義務主要圍繞著"國際交通、海洋資源的開發和利用、海洋生物資源的養護和研究以及海上環境的保護和保全"，但是公約的規範體系服從於"妥為顧及所有國家主權"的原則。❶《避碰規則》旨在規範海上交通秩序、維護海上交通安全，其規範體系作為船舶在海上的航行指南和碰撞過失的認定依據，約束所有海上航行船舶遵守這一公約。《海洋法公約》關於船旗國義務的規定要求所有締約國履行管轄義務，以保障《避碰規則》得到遵守和執行。然而，《海洋法公約》尊重國家主權，政府公務船舶在領海，針對非無害通過船舶進行有目的停船或驅離，往往會背離《避碰規則》的規定，有目的停船或驅離不應解釋成為一般的航行，因此《避碰規則》在這類場合不應適用。調整這類特殊執法活動的應是一般國際法規範或者習慣國際法，決不能因船舶執行諸如捍衛領土主權之類的特殊執法活動，而認定其違反《避碰規則》的規定，更沒有理由藉此主張船旗國違反船旗國義務。

---

❶　參見《海洋法公約》序言。

四、結語

　　主權問題及沿海國的確定是對菲律賓第 13 項訴求進行判斷的大前提，仲裁庭無視這一前提，不尊重中國主張黃岩島主權的事實。《管轄權裁決》的論證存在明顯的前後矛盾，得出第 298 條第 1 款（b）項不適用於領海的結論過於武斷。仲裁庭對菲律賓第 13 項訴求不具有管轄權。

　　仲裁庭沒有尊重菲律賓的訴求進行裁決，迴避對《海洋法公約》第 21 條與第 24 條進行解釋。菲律賓船舶在黃岩島領海通過不構成無害通過，中國有權根據《海洋法公約》第 25 條行使沿海國保護權。《避碰規則》適用於船舶航行，但是中國基於主權維護和漁業執法所進行的特殊執法活動並非一般的航行，《避碰規則》不應適用於本案。

　　仲裁庭錯誤地解釋了《海洋法公約》第 94 條及《避碰規則》。《海洋法公約》第 94 條的義務主體是船旗國 —— 國家，義務的屬性是管轄義務。《避碰規則》被併入《海洋法公約》是有條件的，即船旗國在履行其管轄和控制義務時，《避碰規則》必須得到遵守，而不是說在任何情形下，《避碰規則》都可以藉由《海洋法公約》第 94 條約束《海洋法公約》的締約國。因此，違反《避碰規則》不必然導致違反船旗國義務。《海洋法公約》尊重國家主權，船舶從事維護主權的執法活動，不應依照海上安全航行的法律規範 ——《避碰規則》進行調整，更沒有理由藉此主張執法船舶的船旗國違反船旗國義務。

南海仲裁案對"島礁建設"
的裁決及後續法律問題*

　　2016 年 7 月公佈的南海仲裁案裁決損害了中國在南海一系列的歷史和現實權益。作為回應，中國政府多次闡明了對待此案"不接受、不參與、不承認"的態度，得到了國際社會的理解；此外，隨著菲律賓新任總統杜特爾特（2016 年 6 月 30 日上台，編者注）執政後中菲關係的改善，外交上應對南海仲裁案後續問題的壓力暫時得到了緩解。但是，南海仲裁案裁決所涉及的法律方面的爭端遠未結束，其影響超越了中菲兩國雙邊關係，上升到中國作為《海洋法公約》的締約國，是否遵守包括《海洋法公約》在內的國際海洋法和國際準則的問題。從該角度看，未來南海問題中的法律博弈將會隨著仲裁庭裁決對菲律賓方面 15 項訴求中的 14 項"一邊倒"的支持而更加嚴峻。對此，中國法學界已經開始就仲裁裁決進行多方位、多角度的分析和批駁。未來，相信還會有更多涉及到仲裁裁決具體議題評析的學術文章出爐。隨著美國、日本等域外大國對南海問題的持續關注和深度介入，國際海洋法領域的博弈也將長期存在。

---

* 　作者：馬博，南京大學中國南海研究協同創新中心助理研究員、紐約城市大學政治學博士、紐約大學國際法碩士。

本文僅從南海仲裁案裁決中涉及到"島礁建設"的議題為切入點進行分析，以期拋磚引玉，為學界關於南海仲裁案的研究提供相關參考。文章第一部分對南海仲裁案裁決中涉及到"島礁建設"的部分進行逐條評析，分析仲裁庭裁決該議題遵照的法律邏輯以及裁決本身存在的局限和漏洞；文章第二部分分析仲裁庭依照的《海洋法公約》在"島礁建設"議題上的功能性缺失以及該議題在未來海洋開發、利用領域立法的重要性和必要性；文章最後一部分從中國學界的應對出發，提出在應對"島礁建設"相關法律問題的後續研究和立法工作的建議。

一、仲裁庭對"島礁建設"議題裁決的邏輯漏洞和局限

仲裁庭在就菲律賓提出有關中方"島礁建設"引發的法律爭端議題的裁決上，採取了支持菲律賓全部訴求的做法。此外，在認定南沙群島各個島礁屬性時，仲裁庭還以中方進行的島礁建設"嚴重改變島礁的自然狀態"為由，從而依據自己認定的所謂歷史資料對島礁的屬性進行重新評估。菲律賓方面提起的南海仲裁案訴求中，分別在第 12 項和第 14（d）項中提出中國的"島礁建設"違反了《海洋法公約》相關規定。❶ 仲裁庭的裁決針對以上訴求，從中方島礁建設對"菲律賓主權權利"、"海洋環境破壞"以及"爭

---

❶ 第 12 項為"中國對美濟礁的佔領和建造活動：（a）違反了《海洋法公約》關於人工島嶼、設施和結構的規定；（b）違反了中國在《海洋法公約》下保護和保全海洋環境的義務；以及（c）構成違反《海洋法公約》規定的試圖據為己有的違法行為"；第 14（d）項內容為"自從 2013 年 1 月仲裁開始，中國非法地加劇並擴大了爭端，包括：……（d）在美濟礁、華陽礁、永暑礁、南薰礁、赤瓜礁、東門礁和渚碧礁從事挖沙填海和人工島嶼的建造和建設活動"。

端的加劇"三個方面進行了裁決,認為中方違反了《海洋法公約》的相關條款。以下部分結合仲裁庭的裁決,詳細分析各項裁決存在的漏洞和局限性。

(一)仲裁庭在認定南沙群島島礁屬性時,以中方進行的島礁建設破壞了島礁自然屬性為名,轉而通過"歷史文獻資料"進行了屬性的認定

仲裁庭認為,人類無論採取何種添附的形式將海床改造成為低潮高地,或者將低潮高地改造成為島嶼,都無法改變該地物原有的自然屬性。[1] 在本案中,隨著大規模的島礁建設活動,還原並觀察島礁原有的自然屬性已經不再可能,因此,仲裁庭認為,根據《海洋法公約》對島礁屬性的判斷,應該回到其"早先的,自然的,在大規模人類建設之前"的形態,仲裁庭因此決定根據"能找到最好的"(the best available evidence)大規模島礁建設之前的證據來對島礁自然屬性作出判斷。[2] 據此,仲裁庭用 1938 年"大日本帝國海軍"圖表,以及同時代的英國海軍、美國海軍的航海圖認定黃岩島、赤瓜礁、華陽礁、永暑礁、南薰礁(北)和西門礁為僅有 12 海里領海,無 200 海里專屬經濟區的岩礁,而南薰礁(南)、美濟礁、仁愛礁、渚碧礁和東門礁為不具有主張 12 海里領海、不能擁有主權的"低潮高地"。[3]

---

[1] *The South China Sea Arbitration (the Republic of the Philippines v. the People's Republic of China)*, Award, 12 July 2016, p. 131, para. 305.

[2] *The South China Sea Arbitration (the Republic of the Philippines v. the People's Republic of China)*, Award, 12 July 2016, p. 131, para. 306.

[3] *The South China Sea Arbitration (the Republic of the Philippines v. the People's Republic of China)*, Award, 12 July 2016, pp. 135–174, paras. 314–384.

然而，仲裁庭的裁決以及給出的證據存在缺陷和值得商榷的線索。

首先，仲裁庭對"島嶼"、"岩礁"和"低潮高地"概念的解釋和適用存有較大的主觀性，無法建立"島礁建設"後的島嶼是否能夠主張領海以及專屬經濟區的必然聯繫。《海洋法公約》第 121 條涉及到"島嶼制度"的第 1 款及第 3 款分別為"島嶼是四面環水並在高潮時高於水面的自然形成的陸地區域"和"不能維持人類居住或其本身的經濟生活的岩礁，不應有專屬經濟區或大陸架"。一方面，仲裁庭承認，中國政府認為南沙群島的海洋權益應該被整體考慮，而並未就其在南沙群島的單個島礁是否能夠主張專屬經濟區明確表態；❶中國政府並未因為在南沙群島的島礁建設而去主張新的海洋權益，而是多次闡明將依此向國際社會提供更多的公共服務。❷另一方面，仲裁庭明確表示："正像低潮高地或者海床不能被合法地通過人為的方式改造成為一個島嶼那樣，仲裁庭認為，岩礁不能通過島礁建設的形式改造成為一座擁有完整屬性的島嶼，該地物的屬性必須遵照其自然的屬性來決定……如果國家可以被允許將不能維持人類居住或其本身的經濟生活的岩礁通過科技和添附的材料改造為具有完整屬性的島嶼，那麼《海洋法公約》第 121 條第 3 款作為限制國家大量拓展其海洋空間的作用就將被削弱。"❸

因此，仲裁庭提出的"中方進行島礁建設是為了主張更多的海洋權益"的論點是不存在的，更加不能以不存在的論點進行裁決；而且，根據《海

❶ *The South China Sea Arbitration (the Republic of the Philippines v. the People's Republic of China)*, Award, 12 July 2016, pp. 195–196, paras. 448–449.

❷ 《外交部邊海司司長詳解中國南沙島礁建設》，2015 年 05 月 27 日，中國日報網：http://www. chinanews.com/gn/2015/05-27/7303285.shtml，最後訪問時間：2017 年 2 月 10 日。

❸ *The South China Sea Arbitration (the Republic of the Philippines v. the People's Republic of China)*, Award, 12 July 2016, p. 214, paras. 508–509.

洋法公約》第 121 條根本無法認定在島礁主權歸屬不明確的前提下，中國的島礁建設違反了《海洋法公約》條款。眾所周知，《海洋法公約》的初衷不是解決海洋領土糾紛，而是解決海域爭端和海洋開發、利用以及合作的問題。正如《海洋法公約》的序言部分提到的，"在妥為顧及所有國家主權的情形下，為海洋建立一種法律秩序"。因此，《海洋法公約》所產生的任何法律效力都不能剝奪締約國的海洋上陸地的主權。所以，仲裁庭根據《海洋法公約》的條款和精神，充其量能夠去定義一個島礁的屬性，而不能根據其定義後的島礁屬性來決定其是否影響到另一國的主權歸屬，更不能以此為據來為他國獲得海洋權益。很明顯，仲裁庭希望用"依靠人工建設而擴大的島礁不具有自然島礁的權益"，進而來否定中方對南薰礁（南）、美濟礁、仁愛礁、渚碧礁和東門礁的主權訴求，將其置於菲律賓專屬經濟區或大陸架的範圍內，這本身就是一種違背《海洋法公約》的行為，甚至可以歸結為某種程度上的"濫用職權"。

其次，仲裁庭在證據採用的問題上存有缺陷，削弱了仲裁結果的公信力。仲裁庭將認定南沙島礁原本自然屬性的證據採用原則設定為"能找到最好的證據"，根據《海洋法公約》附件七強制仲裁的原則，作為本案的當事方，中國政府儘管沒有提供任何相關的歷史性證據，但是並不妨礙仲裁庭本著"謹慎和公正"的原則收集中國方面的相關歷史證據。特別是作為南海仲裁案的當事方菲律賓和中國兩國從歷史到現在各自使用不同的語言，英文資料和中文資料必須都要兼顧。但是在整個南海仲裁案中，仲裁庭沒有收集和引用任何中文資料，而是將英文資料（包括有限的中國官方發佈的英文聲明）作為本案唯一使用的證據來源語言。中文是聯合國六大官方語言之一，而根據《海洋法公約》附件七組建的仲裁庭在涉及到中國方面重大海洋權益的案件時，完全忽視中文歷史資料的效力，且沒有作出任何尋找中文資料、證據的嘗試，違背了其宣稱的"能找到最好的證據"的原則，而是將歷史證據的收集、採用定在了"能找到的英文證據"的範圍，其實質是某種程度上的"瀆職"。

這種做法不僅對仲裁庭的公信力造成了損害，也會對仲裁結果造成潛在挑戰。例如，2017年，馬來西亞政府獲得了和新加坡就白礁（Pedra Branca）領土爭端有關的新的歷史證據，並認為以此可以證明馬來西亞政府對白礁的主權主張要優於新加坡方面。儘管本案已在2008年由國際法院經過審理將白礁判給了新加坡，[1]但是根據《國際法院規約》第61條，當發現具有決定性事實證據的情況下，可以提請國際法院進行複審。[2]可見，即便是雙方此前已經同意，有了定論的領土爭端案件，當有新證據出現時，一方都可以選擇提請法庭進行覆核，更不要說南海仲裁庭完全忽視中文歷史證據的行為，注定無法使整個國際法學界信服，因而埋下就此提起新的訴訟的伏筆。

（二）仲裁庭認為，中方在菲律賓專屬經濟區進行"人工島嶼"建設，侵犯了菲方的主權權利

菲律賓提起的第12項訴求認為中方對美濟礁的佔領和建設行為，"（a）違反了《海洋法公約》對於建築人工島嶼、設施與結構的規定"和

---

[1] See *Sovereignty over Pedra Branca/Pulau Batu Puteh, Middle Rocks and South Ledge (Malaysia v. Singapore)*, Judgment, 23 May 2008, *I.C.J. Reports* 2008.

[2] "Malaysia Reopens Pedra Branca Island Row with Singapore after A Decade", *South China Morning Post*, 4 February 2017, https://www.scmp.com/news/asia/southeast-asia/article/2068096/malaysia-reopens-pedra-branca-island-row-singapore-after (last visited 15 February 2017).

"（c）構成了《海洋法公約》中反對的非法侵佔行為"。❶ 菲方認為，美濟礁是位於菲律賓專屬經濟區內的低潮高地，根據《海洋法公約》第 60 條和第 80 條，菲律賓有專屬權利去建設人工島礁，而中方的行為侵犯了菲方的上述權利。❷ 中國方面對此曾表示，中國對南沙群島擁有主權，島礁建設以及相關活動是在主權範圍內的事務，他國和第三方無權干涉。對於仲裁庭而言，作出中方行為違反《海洋法公約》的裁決需要同時滿足兩個條件：一是需要認定美濟礁為不具有單獨主張主權領土及領海的低潮高地；二是要認定中方的島礁建設及相關行為不與《海洋法公約》第 298 條第 1 款（b）項相抵觸，《海洋法公約》規定強制仲裁程序不能適用於"軍事活動"的範疇。❸ 對於第一點，仲裁庭此前已經根據有缺陷的證據認定美濟礁為低潮高地，中方的行為違反菲律賓方面在專屬經濟區的排他權。❹ 對於第二點，仲裁庭認定中國政府多次申明島礁建設的目的是"民用"；對於中國政府對外公佈的島礁建設同時伴有國防的職能，仲裁庭認為，島礁建設的"首要用途"（primary motivation）仍然是民用，而對其伴有的軍事用途則未加評述；因此，仲裁庭認為，對中國在美濟礁的島礁建設引發的法律問題擁有管轄權。❺

---

❶ The South China Sea Arbitration (the Republic of the Philippines v. the People's Republic of China), Award, 12 July 2016, p. 399, para. 994.

❷ Note Verbale from the Department of Foreign Affairs, Republic of the Philippines, to the Embassy of the People's Republic of China in Manila, No. 15–0359 (3 February 2015).

❸ 《海洋法公約》第 298 條第 1 款（b）項規定："關於軍事活動，包括從事非商業服務的政府船隻和飛機的軍事活動的爭端，以及根據第 297 條第 2 和第 3 款不屬法院或法庭管轄的關於行使主權權利或管轄權的法律執行活動的爭端。"

❹ The South China Sea Arbitration (the Republic of the Philippines v. the People's Republic of China), Award, 12 July 2016, p. 411, para. 1025.

❺ The South China Sea Arbitration (the Republic of the Philippines v. the People's Republic of China), Award, 12 July 2016, pp. 412–413, paras. 1026–1028.

對於美濟礁的島礁屬性問題，仲裁庭存在著證據本身和證據使用的缺陷，上文已經有所分析，而對《海洋法公約》第 298 條第 1 款（b）項的適用性，仲裁庭的解讀存在嚴重問題。

首先，仲裁庭對中方觀點的援引和解釋存在明顯偏差，混淆了"軍事活動"和"軍事化"的區別。《海洋法公約》第 298 條第 1 款（b）項的排除性特指"軍事活動"（military activities），而仲裁庭引用的中方材料，特別是引用中國國家主席習近平的演講中提到的是"中國不在南海搞'軍事化（militarization）'"，甚至仲裁裁決中出現的也是"軍事化"（militarization）。顯然，中國不在南沙群島進行"軍事化"行為，並不意味著沒有"軍事活動"，軍隊在島礁上部署防禦武器、進行軍事訓練，以及在附近海域打擊海盜、進行海上軍事演習等一系列活動都可以被看成是軍事活動，但不一定屬軍事化行為。中國外交部早在 2016 年 2 月就對外公開宣佈，中方將在南海島礁部署必要的國防設施。[1] 美國智庫公佈的美濟礁的最新衛星圖片也顯示島上部署有防空武器，並稱美濟礁已經成為中國的"軍事基地"。[2] 此外，菲律賓要求仲裁庭認定"中國 1995 年從菲律賓手中非法佔領美濟礁"的訴求，也間接地承認了中菲雙方各自在美濟礁曾經有軍事活動。很明顯，事實證據表明，美濟礁以及附近海域存在著《海洋法公約》第 298 條第 1 款（b）項定義的"軍事活動"，仲裁庭因此對該項訴求不能產生管轄權。

---

[1] 《外交部：中方將在南海島礁部署必要國防設施》，2016 年 2 月 17 日，環球網：http://mil.huanqiu.com/observation/2016-02/8551746.html，最後訪問時間：2017 年 2 月 7 日。

[2] "Photos: How a 'Fishermen's Shelter' on Stilts Became a Chinese Military Base in the South China Sea," *Quartz*, 15 December 2016, https://qz.com/863811/mischief-reef-how-a-fishermens-shelter-on-stilts-became-a-chinese-military-base-in-the-south-china-sea/ (last visited 16 February 2017).

其次，仲裁庭在"軍事化"與否的證據採信上過於"隨意化"。仲裁庭認為，如果中國政府認為沒有對美濟礁"軍事化"，那仲裁庭就應該相信並採納中國政府的官方表態，以此來認定事實。[1]這種僅以官方聲明來決定證據認定的做法，與仲裁庭在本案的態度形成鮮明的不一致。很顯然，中國政府多次聲明南海斷續線屬中國的歷史性權利，應該受到保護，但仲裁庭並未接受這樣的說法，而是進行了審理和判斷，否定了中方的主張；但在島礁"軍事化"問題上則採用"相信中國政府聲明"的做法，而不對事實進行分析，這種對案件的審理標準前後不一致，而且極為草率。不僅美國政府多次表示中國正在南海進行"軍事化"，連訴訟國菲律賓的外交部長都表示中國在"軍事化"南沙群島。[2]面對訴訟雙方相左的證據，仲裁庭不去比較證據，就盲目地作出裁決，從程序上出現了不公正。

（三）仲裁庭認為，中方在控制的南沙群島 7 個島礁上的大規模填海和人工島嶼建設對海洋環境造成了嚴重損害

菲律賓政府在提交給仲裁庭的訴求中提到，"中國在美濟礁等 7 個島嶼上的建設行為違反了《海洋法公約》中關於保護和保存海洋環境、生態的條款"。[3]其中，涉及到"島礁建設"的指控為中方"陸域吹填"的行為破

---

[1] *The South China Sea Arbitration (the Republic of the Philippines v. the People's Republic of China)*, Award, 12 July 2016, p. 413, para, 1028.

[2] "Philippines and China in Diplomatic Stalemate over SCS", *Deutsche Welle (DW)*, 27 February 2017, http://www.dw.com/en/philippines-and-china-in-diplomatic-stalemate-over-scs/a-37732808 (last visited 1 March 2017).

[3] "Ninth Press Release: Arbitration between the Republic of the Philippines and the People's Republic of China", Permanent Court of Arbitration, 30 November 2015, http://www.pcacases.com/web/sendAttach/1524 (last visited 1 March 2017).

壞了島嶼周邊的生態環境，對生物多樣性造成了不可逆轉的傷害。[1] 菲律賓方面還特別指出，無論中方是否對這些島礁享有主權或是實際控制權，其行為 "威脅" 到了島礁周圍和南海海域的海洋環境。[2] 菲方還認為 "島礁建設" 的行為不能以《海洋法公約》第 298 條第 1 款（b）項中的 "軍事活動" 予以排除。[3] 對此，仲裁庭認為，因為不涉及到主權歸屬問題，該庭對此項訴求擁有管轄權。[4] 最終，仲裁庭結合菲律賓方面提供的證據和第三方專家報告，認定中國在南沙群島 7 個島礁上的大規模填海和人工島嶼建設對海洋環境有負面影響，查明對珊瑚礁生長環境造成了嚴重損害，違反了其保全和保護脆弱的生態系統以及受威脅或有滅絕危險的物種的生存環境的義務。[5] 仲裁庭作出以上判斷的前提，需要認定中方公佈的有關島礁建設的環境評估報告不可信，以及不符合《海洋法公約》第 298 條第 1 款（b）項的排除性。[6] 對於證據採信過程中的證據比對和語言選擇的偏見，以及混淆 "軍事化" 和 "軍事活動" 兩個概念，上文已經有所批駁。

---

[1] *The South China Sea Arbitration (the Republic of the Philippines v. the People's Republic of China)*, Award, 12 July 2016, p. 355, para. 891.

[2] *The South China Sea Arbitration (the Republic of the Philippines v. the People's Republic of China)*, Award, 12 July 2016, p. 356, para. 892；菲律賓方面認為中國違反的《海洋法公約》關於環境保護部分的具體內容，參見 *The South China Sea Arbitration (the Republic of the Philippines v. the People's Republic of China)*, Award, 12 July 2016, pp. 360–363, paras. 906–911。

[3] *The South China Sea Arbitration (the Republic of the Philippines v. the People's Republic of China)*, Award, 12 July 2016, p. 356, para. 893.

[4] *The South China Sea Arbitration (the Republic of the Philippines v. the People's Republic of China)*, Award, 12 July 2016, p. 370, para. 927.

[5] *The South China Sea Arbitration (the Republic of the Philippines v. the People's Republic of China)*, Award, 12 July 2016, p. 394, para. 983；具體來看，仲裁庭認為中方違反了《海洋法公約》第 192 條、第 194 條第 1 款和第 5 款、第 197 條、第 123 條和第 206 條的相關條款。

[6] *The South China Sea Arbitration (the Republic of the Philippines v. the People's Republic of China)*, Award, 12 July 2016, pp. 363–369, paras. 912–924.

在此提出，仲裁庭對涉及中方“島礁建設”危害南海海洋環境的裁決是否有“管轄權”，其實是值得商榷的問題。因為涉及主權權利，仲裁庭必須確立中菲雙方在“島礁建設”問題上構成爭端方（disputant），才能認定擁有管轄權。如果中菲兩國在該問題上不是爭端方，即便一方違反了《海洋法公約》規定，程序上仲裁庭對另一方提起的訴求不能產生管轄權。中菲雙方在相關島嶼構成爭端方，有三種可能：第一種可能是涉及本案的7個島嶼主權屬中國，菲方認為中方島礁建設的行為違反了《海洋法公約》中對海洋環境的條款，因此要求仲裁庭進行裁決；第二種可能是菲律賓認為擁有對7個島嶼的主權，認為中方“非法佔領”，但不要求仲裁庭澄清主權歸屬，而僅要求仲裁庭認定中方的行為違反《海洋法公約》中對海洋環境保護的條款；第三種可能是菲律賓認為7個島礁的領土存在爭議，同時認為中方行為違反《海洋法公約》中對海洋環境保護的條款。

無論是以上哪種情況，不能迴避的問題是，菲律賓方面必須對7個島礁的主權歸屬問題有所交代，仲裁庭才能針對菲律賓方面的訴求進行下一步的審理。眾所周知，《海洋法公約》對海洋領土糾紛沒有管轄權，因此，菲律賓方面採用的是模糊領土主權歸屬的方式，試圖繞開該問題使仲裁庭獲得管轄權。菲律賓方面甚至提出：“無論中方是否對這些島礁享有主權或是實際控制權，其行為都威脅到了島礁周圍和南海海域的海洋環境。”❶ 可見，菲律賓方面希望的是讓仲裁庭裁決中方“島礁建設”的本身是否對海洋環境構成破壞，而不願意在此就主權歸屬問題發表任何意見。而仲裁庭

---

❶ *The South China Sea Arbitration (the Republic of the Philippines v. the People's Republic of China)*, Award, 12 July 2016, p. 356, para. 892.

的做法恰恰依照了菲律賓方面訴求，在沒有對主權歸屬問題加以澄清的前提下，就直接對中方的行為進行了審理和裁決。

因此，可以認定，仲裁庭並未否定（事實上也無權否定）中國對 7 個南沙島礁的主權以及控制權。仲裁庭就此議題管轄權方面的悖論是，如果 7 個島礁屬中國領土主權範圍，菲律賓作為訴訟方，即便在中方 "島礁建設" 的過程中出現了海洋環境問題，是否滿足作為 "爭端方" 進行訴訟的條件；而如果中菲雙方在 7 個島礁的領土主權歸屬上存有爭議，且菲律賓承認這一點，則按照《海洋法公約》規定，仲裁庭對涉及到主權爭議的海洋爭端沒有管轄權。

從國際法院 2016 年對 "馬紹爾群島訴英國案" 的判決可以看出，菲律賓作為 "爭端方" 對中國政府在 7 個島礁上的建設行為提起訴訟的合法性值得推敲，即菲方必須首先建立中方行為損害了菲律賓海洋權利的先決條件，方能構成本案的 "爭端方"。"馬紹爾群島訴英國案" 中，南太平洋島國馬紹爾群島於 2014 年將包括英國在內的 9 個擁有核武器的國家告上國際法院，要求國際法院裁定這些國家並未履行於 1968 年簽署的《核不擴散條約》以及習慣國際法的相關棄核規定，英國等 3 個國家對此作出了回應。2016 年 10 月 5 日，國際法院對本案初步反對問題作出判決，認為國際法院儘管對此案有管轄權，但是由於馬紹爾群島和英國之間不存在明顯的爭端以及會影響到第三方的利益，因此決定撤銷該案件，不再繼續審理。❶國際法庭認為，根據已有的證據，無法證明馬紹爾群島和英國之間存在著

---

❶ *Obligations Concerning Negotiations Relating to Cessation of the Nuclear Arms Race and to Nuclear Disarmament (Marshall Islands v. United Kingdom),* Judgment on Preliminary Objections, 5 October 2016, p. 22, para. 56.

"相反的意見"，因此，不能構成兩國之間存在著"爭端"。[1] 本案對"爭端存在"的含義作出了清晰的界定：各方必須持有"清晰、相反的意見"，而爭端是否存在的認定不在於採用何種方式進行抗議，而是在於雙方是否有著截然相反的具體做法和意見；而從時間點上看，應該以遞交起訴的時間為限，來看雙方此前是否存在爭端。[2]

以此標準來看待南海仲裁案中關於"島礁建設"的裁決，仲裁庭存在諸多問題。首先，菲律賓在 2013 年提交仲裁訴求之前，並未提供明確認為中方"島礁建設"行為破壞了南海的海洋生態環境而引發菲律賓抗議的證據。在仲裁訴求中，菲律賓方面僅提供了所謂的中國的"島礁建設"破壞海洋環境的證據，但並未就本國對此是否提出反對意見提供證據。其次，菲律賓方面公開承認，在 2013 年之前，中國、越南、菲律賓都在南沙島礁上進行了不同程度的島礁建設活動，而菲律賓並未在當時對中方進行的"島礁建設"以及引起的相關問題進行抗議或者反對。[3] 可見，在"島礁建設"的實踐上，中菲兩國並無不同，無法證明兩國在此問題上有著"截然相反"的實踐或者是認識。再次，菲律賓方面公開承認，中國大規模開始的"島礁建設"開始於 2013 年年底，是在其提起南海仲裁案之後發生的事件，因此這無法作為兩國此前存在爭議的證據。菲律賓於 2013 年 1 月向仲裁庭提

---

[1] *Obligations Concerning Negotiations Relating to Cessation of the Nuclear Arms Race and to Nuclear Disarmament (Marshall Islands v. United Kingdom),* Judgment on Preliminary Objections, 5 October 2016, p. 18, para. 40.

[2] *Obligations Concerning Negotiations Relating to Cessation of the Nuclear Arms Race and to Nuclear Disarmament (Marshall Islands v. United Kingdom),* Judgment on Preliminary Objections, 5 October 2016, p. 17, paras. 38, 39.

[3] *The South China Sea Arbitration (the Republic of the Philippines v. the People's Republic of China),* Award, 12 July 2016, p. 330, para. 853, fn. 929.

起南海仲裁案，後應仲裁庭要求對部分訴求進行了澄清和補充；而中方在 2013 年年底才開始 "島礁建設"，從時間點和邏輯上看都不能證明兩國在菲律賓首次提出仲裁的 2013 年年初就存在著 "爭議"。最後，中國方面並未公開回應菲律賓提出的南海仲裁案，也沒有就中菲兩國是否在 "島礁建設" 引發的海洋環境問題上有過商討，無法建立兩國在具體海洋生態問題上有著 "清晰的、相反的" 意見的法律事實。綜合來看，無論中國的島礁建設是否違反《海洋法公約》對海洋環境保護的條款，菲律賓不能作為 "島礁建設" 所引發的海洋環境問題訴求的適格 "爭端方"，因而仲裁庭對該議題不應有管轄權。

（四）仲裁庭認為，中方在菲律賓提起南海仲裁案後開始大規模的島礁建設行為違反了《海洋法公約》下締約國在爭端解決程序中的義務，加劇了兩國的海洋爭端

菲律賓方面在第 14（d）項訴求中提出，在 2013 年 1 月菲方提起南海仲裁案後，中國在南沙群島的 7 個島礁 "挖沙、人工島嶼修築和島礁建設"，非法地加劇並擴大了爭端。菲方認為，中方的行為與《海洋法公約》第 279 條 "用和平方法解決爭端的義務" 以及第 300 條 "誠意和濫用權利" 不相符（即中方有意擴大爭端）。❶ 此外，菲律賓方面還認為，不加劇爭端是國際法中 "公認接受的原則"（universally accepted principle）。❷ 仲裁庭先

---

❶ *The South China Sea Arbitration (the Republic of the Philippines v. the People's Republic of China)*, Award, 12 July 2016, p. 447, para. 1135.

❷ *The South China Sea Arbitration (the Republic of the Philippines v. the People's Republic of China)*, Award, 12 July 2016, p. 448, para. 1136.

認定對菲律賓提出的第 14（d）項有管轄權，隨即認為中方進行的"島礁建設"使其"無法恢復原來的狀態"、"對海洋環境的破壞"以及"刻意對島礁自然面貌的破壞"構成了"加劇並擴大"爭端的行為。❶ 最後，仲裁庭甚至提出，中國不參與仲裁的決定儘管符合《海洋法公約》附件七的規定，但是"如何最好的代表中國是中國自己的問題，不是仲裁庭的問題"，間接地表明中方對該仲裁"不參與、不接受和不承認"的政策本身構成了"加劇和擴大"海洋爭端。❷

仲裁庭如此裁決，充滿了偏見和漏洞，無法取信於國際社會。首先，菲律賓方面將己方對中國方面"島礁建設"的指控和《海洋法公約》第 278 條和第 300 條相聯繫，是一種偷換概念的做法，仲裁庭對此進行裁決涉嫌越權。《海洋法公約》第 278 條和第 300 條的核心是各方以"和平"的方法和"誠意"的態度去解決爭端，而與菲律賓提出的中國方面的"島礁建設"是"非法、加劇並擴大"了爭端的指控並無直接關聯。中方的"島礁建設"並未導致中菲兩國採取"非和平"的方式來對待該問題，中國對待菲律賓提起南海仲裁案的"三不"政策，最多可以被認定為"不合作"的方式來應對，而與《海洋法公約》第 278 條所禁止的"非和平"的方式相差甚遠。此外，根據《海洋法公約》第 60 條和第 80 條，修建"人工島礁"符合《海洋法公約》的規定，即合法的行為，而菲方所認為的"加劇、擴大"爭端是一種主觀的想法，很難用中國"島礁建設"的事實加以佐證。而從中方一再宣稱，要將島礁建設後的設施作為地區"公共產品"，也無

---

❶ *The South China Sea Arbitration (the Republic of the Philippines v. the People's Republic of China)*, Award, 12 July 2016, p. 464, paras. 1177–1181.

❷ *The South China Sea Arbitration (the Republic of the Philippines v. the People's Republic of China)*, Award, 12 July 2016, p. 463, para. 1180.

法與《海洋法公約》第 300 條反對的 "不誠意、濫用權利" 聯繫起來。最為關鍵的是《海洋法公約》中根本就不曾出現菲律賓方面提出的 "加劇和擴大"（aggravate and extend）爭端的這兩個詞彙，因此，對是否 "加劇並擴大" 爭端不該在《海洋法公約》的裁定範圍內。

其次，如果菲律賓方面認為 "加劇並擴大" 爭端的事項在《海洋法公約》的管轄範圍之內，其自身的做法同樣違反了《海洋法公約》，仲裁庭對此不僅 "選擇性失明"，甚至涉嫌 "包庇"。菲律賓一方面在南海仲裁案中多次強調，有權通過和平的方式解決中菲雙方的爭端，而中方的行為旨在自 2013 年 1 月菲律賓提起仲裁請求後加劇和擴大原有的爭端。❶ 但是根據筆者統計，菲律賓方面在 2013 年 1 月向國際仲裁法庭提交南海仲裁案後，其本身的行為同樣涉嫌違反了 "加劇並擴大" 爭端一項。從 2013 年開始到 2016 年 4 月期間，根據公開的信息整理，菲律賓在南海單方面以及多邊的軍事演習達 14 次之多；2014 年在美軍撤離菲律賓 22 年後，菲律賓與美國簽署《加強防禦合作協定》，允許美軍使用菲律賓 5 座軍事基地，同時在蘇比克灣基地進行 "半永久性" 駐紮，而其中一座空軍基地就位於靠近有爭議的南沙群島的巴拉望島上。❷ 此外，菲律賓方面還曾表示，不排除未來允許美國使用菲律賓在南沙群島佔有的島礁，用作軍事用途。❸ 由此可見，

---

❶ *The South China Sea Arbitration (the Republic of the Philippines v. the People's Republic of China)*, Award, 12 July 2016, p. 447, para. 1134.

❷ 馬博：《裁決 "南海仲裁案" 有違〈聯合國海洋法公約〉締約精神》，載《中國評論月刊》，2016 年 7 月號（總第 223 期）：http://www.crntt.com/doc/1042/8/1/1/104281169.html?coluid=0&kindid=0&docid=104281169，最後訪問時間：2017 年 2 月 15 日。

❸ Trefor Moss and Jeremy Page, "U. S. Stationing Warplanes in Philippines Amid South China Sea Tensions", *the Wall Street Journal*, 15 April 2016, https://www.wsj.com/articles/u-s-stationing-warplanes-in-philippines-as-part-of-south-china-sea-buildup-1460636272 (last visited on 15 February 2017).

菲律賓方面一方面指責中方在仲裁庭審理期間 "加劇並擴大" 爭端,另一方面不遺餘力地破壞南海地區和平與穩定。仲裁庭不經調查,沒有分析事件的前因後果,單方面認定中方對南海爭端的 "加劇和擴大" 負全部責任,存在明顯的不公平。

上述部分僅對仲裁庭對南海仲裁案菲方第 12 項和第 14(d)項訴求有關 "島礁建設" 的部分作出的裁決進行評析。首先,仲裁庭在認定島礁屬性的證據採集和應用問題上存在 "失職",認定 "南沙群島所有島礁無一能夠主張專屬經濟區和大陸架,南沙群島不能夠作為一個整體主張海洋權利" 的結論的出爐極為草率。❶ 其次,仲裁庭肆意解釋《海洋法公約》相關條款,出現了無中生有的現象,對中國的海洋領土主權和利益維護構成了傷害。仲裁庭混淆 "軍事活動" 和 "軍事化" 的區別,在菲律賓能否作為 "爭端方" 和是否同樣作為 "加劇並擴大" 爭端的一方提起對中方的訴求的問題上視而不見,模糊爭端發生的時間點,從而獲得管轄權,並越權進行審理。最後,仲裁庭的裁決有超出《海洋法公約》規定範圍,偏袒菲律賓方面立場的嫌疑。仲裁庭在島嶼主權歸屬存在爭議的前提下,為菲律賓的主張背書,多次提到中方的 "島礁建設" 違反了菲律賓的專屬經濟區內的海洋權利,對中方合法的權利構成了危害。綜合來看,仲裁庭對涉及 "島礁建設" 議題的裁決部分有著眾多缺陷,造成了從法律上傷害中國合法權益的不良後果。

同時,在海洋領土爭議問題上利用 "法律漏洞",強制進行仲裁,將

---

❶ 仲裁庭公佈的文件顯示,"2015 年 11 月 24 日至 30 日,仲裁庭對實體問題進行了開庭審理"。可見,全部庭審過程不到一周,在涉及到如此重大的、與海洋地質科學息息相關的島礁性質的界定問題時,仲裁庭不僅沒有進行任何 "獨立、實地的調查",更加莫名其妙地拒絕了中國台灣當局要求仲裁庭對太平島實地調查的請求,而僅僅通過二手資料、證人、所謂專家的言詞就作出了結論。

鼓勵爭端方在領土主權問題上進行 "濫訴"，對《海洋法公約》的立法精神構成傷害。對領土歸屬問題進行強制仲裁，容易出現法律意義上非贏即輸的 "零和博弈" 現象，《海洋法公約》的本質是一個得到簽署國就海洋事務達成共識後締結的國際條約，其初衷是為了更好地促進人類社會開發及利用海洋資源的能力，促進人類社會的可持續發展，並非為解決各國間涉及海洋領土本身爭議而制定。因此，《海洋法公約》不應成為解決各國之間海洋領土爭議的準則以及判定標準，這一點在海洋法學者中得到了共識，且多數學者認為在解決領土爭議問題上，應該依靠國際習慣法和雙邊談判，《海洋法公約》可以在領土歸屬問題解決之後對海洋劃界起到指導作用。仲裁事項看似沒有直接涉及島嶼的領土主權歸屬，但是在島嶼主權不明晰的前提下，無法實現《海洋法公約》宣稱建立 "符合正義和權利平等原則的和平、安全、合作和友好關係"，更不可能做到 "意識到各海洋區域的種種問題都是彼此密切相關的，有必要作為一個整體來加以考慮" 的原則。❶

二、《海洋法公約》的局限性與 "島礁建設" 立法的必要性

仲裁庭對中國在南沙群島的 "島礁建設" 行為違反《海洋法公約》多項條款的裁決，既有仲裁庭本身的認知因素，也與《海洋法公約》在此議題上的法律滯後和缺失有著密切聯繫。《海洋法公約》對海洋中的 "陸地"（land）

---

❶ 參見馬博：《裁決 "南海仲裁案" 有違〈聯合國海洋法公約〉締約精神》。

的規定分為三種，分別是低潮高地、島嶼和人工島嶼（artificial islands）。從定義上看，這三種海洋地物均存在著相當的模糊性。低潮高地的定義存在於《海洋法公約》第 13 條："低潮高地是在低潮時四面環水並高於水面但在高潮時沒入水中的自然形成的陸地……如果低潮高地全部與大陸或島嶼的距離超過領海的寬度，則該高地沒有其自己的領海。"從中可以看出，一是低潮高地不是島嶼；二是低潮高地必須是"自然形成的"。《海洋法公約》在第八部分（即第 121 條）規定了島嶼是"四面環水並在高潮時高於水面的自然形成的陸地區域"。而《海洋法公約》文本中儘管 21 次提到"人工島嶼"，卻並未對其進行任何的定義。從《海洋法公約》第 60 條、第 80 條和第 87 條可以總結出如下特點：沿岸國有在專屬經濟區和大陸架內建造、管理、操作和使用人工島嶼的權利，並可以設置 500 公尺的安全距離；但是，人工島嶼不具有島嶼的地位；此外，國家有在公海建造國際法所容許的人工島嶼和其他設施的自由。

可見，《海洋法公約》對海洋中"陸地區域"的劃分是以大小和構成屬性來區分的，並分別給予了相關的權利與義務。然而，對於海洋中既有"自然形成"的陸地區域，又有"人工添附"的陸地區域的"混合島礁"的權益，《海洋法公約》沒有作出明確規定。❶ 而從南海仲裁案看，仲裁庭應菲律賓方面訴求，將一切中方基於原有南沙島礁"陸地區域"進行建設的新的島礁稱為"人工島嶼"，並根據《海洋法公約》對於"人工島嶼"的相關規定進行仲裁，這也的確反映了《海洋法公約》在這種"混合島礁"立法上的缺失。

---

❶ 關於"人工島嶼"與《海洋法公約》的關係，參見鄭克淵：《島礁建設對南海領土爭端的影響：國際法上的挑戰》，載《亞太安全與海洋研究》2015 年第 3 期。

在南海仲裁案中，菲律賓方面和仲裁庭都將中國在南沙島礁上進行的"島礁建設"行為與修建"人工島嶼"畫上了等號，並據此作出各項中國違反《海洋法公約》的裁決。而現實情況是，中方在擁有島礁主權的基礎上進行的大規模島礁建設是否違反《海洋法公約》本身的相關規定，在現有《海洋法公約》文本中無法得到體現。國際法學者鄒克淵認為，對於建在永久岩石和珊瑚礁上的人工島嶼，不僅在《海洋法公約》，在整個國際法的框架下都很難定義它的法律地位。[1] 人工島嶼和天然島嶼並不是相互對立的概念，而是相互補充，分別享有各自在《海洋法公約》中的權利和責任。[2] 最為關鍵的是，"混合島嶼"已經不再只是一個停留在學術討論領域的概念，中國大規模的、在南沙群島的島礁建設實踐，已經使其成為了一個國際熱點議題。目前，已有部分國家對中國的島礁建設技術產生了興趣，希望中國協助其修建島嶼或進行技術轉移。例如，以色列交通部長卡茲（Yisrael Katz）建議，在加沙地帶附近海域修建一座長約 4.5 公里的人工島嶼，其中包括機場、港口和海水淡化工廠等設施，並提出將考慮邀請中國方面參與該計劃的投資和興建。[3] 21 世紀的今天，保證人類的可持續性發展，"海洋城市"（Ocean City）從科技角度看已經不再是一個概念，而是呼之欲出的現實。但與此同時，有著海洋"基本法"之稱的《海洋法公約》代表的觀念意識和人類科技水平仍然停留在條約制定的 20 世紀 80 年代。

南海仲裁案的裁決，很大程度上是從是否"合法"的角度來看"島礁建設"的問題，並未從"合理"的角度出發來研究這一重要海洋領域的新

---

[1] 鄒克淵：《島礁建設對南海領土爭端的影響：國際法上的挑戰》，第 6–7 頁。

[2] 馬博：《審視南海島礁建設法理性問題中的三個國際法維度》，第 156 頁。

[3] "China to Assist Israel in Construction of Island in Mediterranean Sea", *Sputnik*, 2 July 2016, https://sputniknews.com/asia/201607021042343824-china-construction-israel (last visited 3 February 2017).

的實踐。《海洋法公約》中的島嶼制度，特別是對“島礁建設”相關法律的缺失，是制約《海洋法公約》未來規範各國在海洋事務行為的一大弊端。但歸根結底，《海洋法公約》是為了保護及促進各國和平、合理和可持續地利用海洋資源設立的，而不應僅以簽署《海洋法公約》國家數量的多少以及是否符合教條作為最終的目標。因此，順應時代和科技發展的步伐，創造性地利用海洋資源，保障人類可持續發展才是維護《海洋法公約》權威的第一要務。一切符合和平、安全、人權、正義和可持續發展的法理及實踐創新，都應該得到國際社會和各個國家的鼓勵。在《海洋法公約》相關條款缺失的現狀下，國際社會未來在應對涉及島礁建設的法律問題上，可以依照三個法律維度來思考其“合理、合法性”，即從《聯合國憲章》“維護安全、保護人權以及促進可持續發展”的原則，從“區域主義”的法律、制度原則，以及從各個國家國內的立法實踐三個維度出發，統一衡量“島礁建設”未來的立法及與《海洋法公約》相關的法律問題。❶

三、“島礁建設”的後續法律問題研究

如前文所述，南海仲裁案本身的塵埃落定僅僅是圍繞著南海問題的法律戰的開始，學界對有關“島礁建設”議題的後續法律問題研究及成果，將直接影響到未來中國在南海上維權的方式和效果。

---

❶ 馬博：《審視南海島礁建設法理性問題中的三個國際法維度》，第 153 頁。

首先，對於仲裁庭涉及到“島礁建設”相關問題的裁決，中國方面在“不接受”的前提下必須要在法律領域有所回應。仲裁庭提到中國宣稱並未在南沙群島進行“軍事化”的行為，並因此認為“軍事活動”與“軍事化”的概念類似。然而，美國等國一再強調中國正在南海進行“軍事化”的舉措，並且為了維護“自由航行”的原則，將不惜通過動用軍艦、軍機進行巡航來維護地區各國的利益。這種看似截然相反的認識反映了國際法中對“軍事化”概念和實踐研究的缺失，以及與“軍事活動”之間比較研究的不足。未來，對“軍事化”的概念和實踐進行研究，不僅可以填補國際法相關領域的空白，也可以為中國政府向世界澄清其“島礁建設”行為的合法性。諸如此類的，南海仲裁案中所涉及的對中方不公正、有損中國南海權益的裁決內容和相關法理解釋，都可以作為下一個階段國內研究國際法學者的研究重點。未來，有關部門可以考慮出版“白皮書”，將南海仲裁案中帶有明顯政治性的裁決部分匯編成冊，來進行批駁，以此彰顯仲裁庭和部分國家試圖“政治化”、“加劇南海爭端”的行為。

　　其次，面對大規模的島礁建設先期工作已經完成，以及《海洋法公約》相關規定缺失的現狀，對中國現有的涉及到“島礁建設”的法律進行再思考和完善，這不僅必要而且緊迫。當前，中國對於島礁建設的國內立法和規範工作還在起步階段，其立法規模和速度已經落後於正發生在南海上的實踐。目前，國內法律中與南沙群島島礁建設相關立法聯繫最為緊密的是1999 年頒佈的《中華人民共和國海洋環境保護法》、❶ 2009 年制定的《中華

❶　最近一次的修改在 2016 年 11 月 7 日，參見《全國人民代表大會常務委員會關於修改〈中華人民共和國海洋環境保護法〉的決定》，2016 年 11 月 7 日，新華網：http://news.xinhuanet.com/politics/2016-11/07/c_1119867477.htm，最後訪問時間：2017 年 2 月 15 日。

人民共和國海島保護法》❶和 1990 年頒佈的《中華人民共和國軍事設施保護法》。❷ 結合南海問題發展的新形勢，對這些法律進行研究和再思考，可為進一步提升"島礁建設"的國內合法性作出學界的貢獻。

再次，對於南海的島礁建設所引發的諸如環境保護、提供地區公共產品的承諾等相關議題進行法律方面的研究有著現實意義。南海仲裁庭認定中方在"島礁建設"的過程中違反了《海洋法公約》關於海洋環境保護的條款。國際社會也有要求中國政府提供更多相關信息以及關於環境評估的報告，甚至要求中方和菲律賓成立相關的獨立評估委員會對島礁建設及對海洋環境的影響作出進一步評估。❸ 這在 2003 年國際海洋法法庭審理的馬來西亞對新加坡進行島礁建設提起的訴訟中有所體現，法庭要求雙方建立一個專家團隊對島礁建設後期對環境的影響進行評估。❹ 此外，中國政府表示，島礁建設將有利於中國的漁業捕撈和服務，以及為漁船提供更加有利的工作條件和補給。基於南海地區的漁業資源已經遭到了過度捕撈，而島礁建設後為中國的遠洋捕撈產業提供了更加有利的支撐，中國的表態增加

---

❶ 對於《海島保護法》對"島礁建設"的影響，參見馬博：《審視南海島礁建設法理性問題中的三個國際法維度》，第 160 頁。

❷ 最近一次的修改在 2014 年 6 月 27 日，參見《中華人民共和國軍事設施保護法》，中國人大網：http://www.npc.gov.cn/wxzl/gongbao/2014-08/22/content_1879722.htm，最後訪問時間：2017 年 2 月 3 日。

❸ Robert Williams, "A Secret Weapon to Stop China's Island Building: The Environment? " *National Interest*, 20 April 2015, http://nationalinterest.org/feature/secret-weapon-stop-chinas-island-building-the-environment-12672 (last visited 4 February 2017).

❹ *Case Concerning Land Reclamation by Singapore in and around the Straits of Johor (Malaysia v. Singapore)*, Provisional Order, 8 October 2003, ITLOS, pp. 27–28, para.106.

了外界有對南海漁業資源會進一步枯竭的擔憂。[1] 因此，漁業保護的立法工作同樣迫在眉睫。

環境保護問題並不涉及領土爭端等敏感問題，未來在緩和與菲律賓關係和樹立中國遵守國際法的形象方面，中國政府都要盡早開始準備相關領域的立法工作。針對島礁建設引發的環境破壞問題，中國外交部邊海司司長歐陽玉靖就中國南沙島礁建設接受媒體採訪時表示，島礁的建設工程"經過科學評估和論證，充分考慮到了生態環境和漁業保護等問題，在施工過程中有嚴格的環保標準和要求，並採取了許多有力措施保護生態環境"，並且指出，"中國作為《生物多樣性公約》和《瀕危野生動植物種國際貿易公約》等保護海洋環境公約的締約國，會嚴格遵守公約規定，認真履行公約義務"。此外，中方還承諾"加強相關海域和島礁的生態環境監測和保護工作"。[2] 未來，中國在對島礁建設引發環境問題的立法過程中，可以參考《海洋法公約》中的相關條款，結合自身實際情況妥善立法。

---

[1] Oliver Holmes, "South China Sea Images Reveal Impact on Coral of Beijing's Military Bases", *Guardian*, 17 September 2015, http://www.theguardian.com/world/ng-interactive/2015/sep/17/south-china-sea-images-reveal-impact-on-coral-of-beijings-militarybases (last visited 5 February 2017); Greg Torode, "'Paving Paradise': Scientists Alarmed over China Island Building in Disputed Sea," *Reuters*, 25 June 2015, http://www.reuters.com/article/us-southchinasea-china-environment-insig-idUSKBN0P50UB20150625 (last visited 5 February 2017).

[2] 《外交部邊海司司長歐陽玉靖就中國南沙島礁建設接受媒體採訪》，2015 年 05 月 27 日，新華網：http://news.xinhuanet.com/politics/2015-05/27/c_127844699.htm，最後訪問時間：2017 年 2 月 15 日。

四、結語

　　本文認為，仲裁庭對於南海仲裁案涉及"島礁建設"議題的裁決教條地依照《海洋法公約》中並不完善的相關條款，進行了帶有偏見和狹隘的解釋。進一步思考，仲裁庭的裁決將"合法"放在了"合理"之上，用一成不變的思維來看待發展中的事物，制約了"島礁建設"成為各國未來利用海洋資源、造福人類的訴求，限制了將科學技術轉化為人類社會發展的動力，裁決事實上變成了一輛"歷史的倒車"。同時，裁決結果客觀上擴大了相關國家的海洋爭端，削弱了《海洋法公約》在國際上的公信力，因此違背了《海洋法公約》推動"符合正義和權利平等原則的和平、安全、合作和友好關係"的締約精神。中國作為在"島礁建設"技術和實踐方面的全球領先者，不應該被仲裁結果限制自身和平開發、可持續利用海洋資源的決心。一方面，中方可仔細研讀仲裁結果，組織批駁其謬誤，為中國的"島礁建設"正名；另一方面，應該創造性的對其中涉及"島礁建設"的法律問題進行全面的研究和創新，使之符合中國的國家利益，並為地區的和平與穩定提供堅實的法律基礎。

南海仲裁案中的海洋環境保護問題 *

　　菲律賓一共提出 15 項仲裁事項，涵蓋中國在斷續線內的"歷史性權利"、南海部分島礁的法律屬性、南海活動的合法性等問題。菲律賓提起仲裁事項的實質是南海部分島礁的領土主權問題，不涉及《海洋法公約》的解釋或適用。關於本案管轄權與可受理性、中國在南海斷續線內的歷史性權利、黃岩島等島礁法律屬性等方面的裁決，國內學者已進行細緻分析，批駁裁決不符合事實與國際法。然而，國內外學者在評析南海仲裁案時，較少關注菲律賓第 11 項和第 12（b）項訴求，這兩項訴求關涉保護和保全海洋環境的義務。這是首個關於《海洋法公約》環境保護條款適用和範圍的案例。❶ 仲裁庭在裁決中用了較大篇幅解釋《海洋法公約》的環境保護條款，並將之適用於菲律賓的海洋環境保護訴求。因此，在國際環境法的宏觀框架下評析仲裁庭處理海洋環境保護時的證據採信與法律適用，殊為必要。

＊　作者：關佔文，中山大學法學院副教授。

❶　Hearing on Jurisdiction and Admissibility (Day 3, 13 July 2015), *The South China Sea Arbitration (the Republic of the Philippines v. the People's Republic of China)*, Permanent Court of Arbitration, p. 11.

一、菲律賓的環境保護訴求

　　菲律賓的環境保護訴求分為兩個類型：有害的漁業活動和島礁建設活動。

　　第一，有害的漁業活動。菲律賓第 11 項訴求指控中國漁民在黃岩島、仁愛礁、華陽礁、永暑礁、南薰礁、赤瓜礁、東門礁和渚碧礁等島礁捕撈巨蛤（giant clams）和海龜（sea turtles）等瀕危物種，且在捕魚作業時使用氰化物和炸藥。[1] "因為這些島礁屬珊瑚礁三角區（Coral Triangle），有這個星球上最集中的海洋生物，是沿海魚類極端多樣性的地方……"，中國漁民的上述活動對這些重要和複雜的生態系統（critical and delicate ecosystems）以及它們所支撐的海洋生命造成重大損害。[2] 菲律賓指出中國漁民捕撈瀕危物種的一系列事件。中國政府知悉這些有害的漁業活動，但並未阻止，2012 年 4 月 10 日後還派出海監船護衞。[3] 菲律賓主張，《海洋法公約》第 192 條為締約國配置了保護和保全海洋環境的一般義務，而保護生物資源屬保護和保全海洋環境的要素之一。這些義務亦是《斯德哥爾摩人類環境會議宣言》第 21 條原則的體現，即 "（各國）有責任保證在他們管轄或控制之內的活動，不致損害其他國家的或在國家管轄範圍以外地區的

---

[1]　2015 年 11 月 3 日前，菲律賓的第 11 項訴求限於黃岩島和仁愛礁的海洋環境，其訴求也多關注中國漁民有害漁業活動對這兩個島礁環境的影響。在實體問題審理過程中，菲律賓請求仲裁庭允許其將訴求擴及華陽礁、永暑礁、南薰礁、赤瓜礁、東門礁和渚碧礁等。

[2]　Memorial of the Philippines (30 March 2014), *The South China Sea Arbitration (the Republic of the Philippines v. the People's Republic of China)*, Permanent Court of Arbitration, Vol.I, pp. 174–175, para. 6.49.

[3]　Memorial of the Philippines (30 March 2014), Vol.I, p. 176, para.6.51.

環境"。❶中國政府容忍、鼓勵和失於阻止中國漁民捕撈瀕危物種，違反了《海洋法公約》規定的保護海洋環境義務。中國政府沒有阻止漁民使用氰化物和炸藥，違反《海洋法公約》第 194 條 "減少向海洋傾倒有毒、有害的物質" 和 "保護脆弱生態系統" 的義務；這也違反了《生物多樣性公約》第 8 條，即 "管制或管理保護區內外對保護生物多樣性至關重要的生物資源，以確保這些資源得到保護和持久使用"。

第二，島礁建設活動。菲律賓指責中國 1995 年 1 月起在華陽礁、永暑礁、南薰礁、赤瓜礁、東門礁、渚碧礁和美濟礁等島礁進行建設活動。2013 年底後，更是進行大規模的島礁建設。菲律賓指出這些建設活動導致珊瑚礁的減少和棲息生物的消亡。珊瑚礁在維持海洋環境的健康和重要性方面發揮重要作用，由珊瑚礁減少造成的損害在生態系統中持續擴散。此類建築的存在增加了波浪對礁體的損害，使礁體的結構完整性加速退化。而且，在人工島嶼上居住的人口必然導致向周圍處置廢物、污染環境。總之，人工島嶼建設不可避免地損害那裏脆弱的生態系統，對物種的棲息地造成重大損害。❷因此，菲律賓指責中國違反了《海洋法公約》和《生物多樣性公約》的海洋環境保護義務，也違反了《海洋法公約》第 206 條規定的環境影響評價義務。

---

❶ Memorial of the Philippines (30 March 2014), Vol.I, p. 187, para.6.71.

❷ Memorial of the Philippines (30 March 2014), Vol.I, p. 201, para.6.110 .

二、仲裁庭的證據採信與事實認定

　　法律規範以抽象概念規定構成要件和法律效果,當構成要件所描述的案件事實存在時,法律效果即應發生。抽象的法律規範才能被適用到具體的個案中。● 因此,事實認定是爭端解決過程的內在關鍵環節,國內爭端解決和國際爭端解決概莫能外。要審理菲律賓的上述請求,仲裁庭至少需要查明以下事實:(1)中國漁民在黃岩島等南海島礁捕獲瀕危物種;(2)中國漁民的漁業活動造成環境損害;(3)中國政府知道中國漁民從事上述漁業活動,且未加阻止;(4)中國在美濟礁等島礁上開展建設活動,造成環境損害。在上述事實認定過程中,仲裁庭罔顧中國政府不出庭之事實,採取了寬鬆的證明標準,且過度依賴專家證人。

(一)採用寬鬆的證明標準

　　國內訴訟程序中,證明標準(standard of proof)因案而異。刑事訴訟事關生命權與人身自由,通常採取 "排除合理懷疑"(beyond reasonable doubts)的證明標準;民事訴訟往往採取相對寬鬆的 "優勢證據"(the preponderance of evidence)證明標準。● 國際法並無具體而明確的證明標準,賦予法官或仲裁員較大的自由裁量空間。實踐中,國際法院一般結合爭

● [德]卡爾·拉倫茨著、陳愛娥譯:《法學方法論》,北京:商務印書館,2004年,第132頁。

● Chester Brown, *A Common Law of International Adjudication* (Oxford University Press, 2007), p. 99.

端類型、個案中被違背義務的嚴重性等選擇不同的證明標準。❶對於邊界爭端，法院常常使用可能性來考量不同訴求；而在涉及國家責任的案件中，則往往使用更高的證明標準；在特別嚴重的情況下，如"科孚海峽案"和"防止及懲治滅絕種族罪公約的適用案"等爭端中，國際法院要求有充分可信的證據（with fully conclusive），接近於刑法的"排除合理懷疑"標準。❷

但是，當爭端一方不出庭時，《國際法院規約》第 53 條明確了此時的證明標準，即"當事國一造不到法院或不辯護其主張時，……法院於允准前項請求前，應查明（satisfy itself）……法院對本案有管轄權，且請求人之主張在事實及法律上均有根據"。在"科孚海峽案"中，國際法院指出，"應查明"（satisfy itself）意味著"相關的指控必須達到一定程度的確定"（degree of certainty）或者"由具有信服力的（convincing）證據證明事實"。在稍後的"針對尼加拉瓜的軍事和准軍事行動案"中，國際法院進一步指出："應查明"意指法院必須確保與其他案件一致的確定性。在那些案件中，出庭一方的請求在法律上有依據，且只要案件性質允許，請求所依據的事實應該有令人信服的（convincing）證據支撐。"❸《海洋法公約》附件七第 9 條和《仲裁規則》第 25 條第 1 款作了相似的規定。在一方不出庭時，仲裁庭在作出裁決前，不但須查明（satisfy）對該爭端確有管轄權，而

---

❶ 如《國際法院規約》第 48 條規定，法院為進行辦理案件應頒發命令；對於當事國每造，應決定其必須終結辯論之方式及時間；對於證據之搜集，應為一切之措施。

❷ Anna Riddell & Brendan Plant, *Evidence Before the International Court of Justice* (British Institute of International and Comparative Law, 2009), pp. 130–150; *Corfu Channel (United Kingdom v. Albania)*, Judgment, *I.C.J. Reports* 1949, p. 17; *Application of the Convention on the Prevention and Punishment of the Crime of Genocide (Bosnia and Herzegovina v. Serbia and Montenegro)*, Judgment, *I.C.J. Reports* 2007, p. 129, para. 209.

❸ *Military and Paramilitary Activities in and against Nicaragua (Nicaragua v. United States of America)*, Merits, Judgment, *I.C.J. Reports* 1986, p. 24, para. 29.

且須查明當事方所提請求在事實上和法律上均有依據。

　　中國政府堅持通過談判解決中菲在南海的有關爭議，反對菲律賓單方面將領土主權問題提起強制仲裁。在南海仲裁案中，菲律賓不顧中菲兩國已經達成的協議，強行將領土主權問題提起仲裁。依據國際法，仲裁庭對菲律賓的仲裁請求沒有管轄權，為此中國多次聲明不接受、不參與仲裁。即便仲裁庭貿然受理菲律賓的請求，亦應根據《海洋法公約》附件七第9條和《仲裁規則》第25條第1款，要求相關的證據必須達到一定程度的確定性。本案中，為了證明中國漁民在黃岩島等島礁捕獲瀕危的巨蛤和海龜以及使用氰化物和炸藥，菲律賓提供了大量官方紀錄或文件，甚至包括國民警衛隊艦隻船長的報告。這些紀錄或文件遠未達到"令人信服的"標準：首先，菲律賓提供的官方紀錄證明力較弱。在國際爭端解決中，由於當事國的利益訴求截然相反，國際法院在實踐中往往賦予當事國官方紀錄和外交聲明以較低的證明價值。❶事實上，對於菲律賓提供的官方紀錄，仲裁庭在審理管轄權和可受理性階段時曾指出："仲裁庭獲得的大部分磋商紀錄均為菲律賓內部紀錄，證明力弱於雙方共同準備的紀錄。儘管如此，仲裁庭認為菲律賓的外交紀錄仍有證明價值（evidentiary value），只要這些紀錄與所載事實是同時發生的，並且是在菲律賓正常外交活動中準備的。"❷"有證明價值"顯然低於"令人信服的"。其次，菲律賓提供的有些官方紀錄並非客觀紀錄。菲律賓自稱中國政府自2012年4月10日起派出海監船，阻止菲律賓執法人員登陸中國漁船檢查，此後菲律賓人員難以登陸和接近中

---

❶ Shabtai Rosenne, *The Law and Practice of the International Court (1920–2005)* (Martinus Nijhoff Publishers, 4th edn, 2006), p. 1243.

❷ *The South China Sea Arbitration (the Republic of the Philippines v. the People's Republic of China),* Award on Jurisdiction and Admissibility, 29 October 2015, Permanent Court of Arbitration, p. 115, fn. 303.

國漁船。然而，在沒有現場檢查的情況下，菲律賓仍堅稱中國漁民捕撈瀕危物種。菲律賓海岸警衛隊 2012 年 4 月 26 日報告菲律賓漁業部，一艘裝載巨蛤和其他海上產品的中國漁船離開黃岩島，但是該報告同時注明："因為兩艘中國海監船護衛，我們無法接近偷襲者，只能觀察。" ❶

（二）不當使用專家證人

近年來，不少國家將海洋劃界和環境保護爭端提交至國際法院或其他爭端解決機構。與傳統爭端不同，這些爭議包含海洋環境、氣候條件、生態系統等複雜的科學技術問題。國際爭端解決機構的法官或仲裁員一般都是法律專家或仲裁人士，處理科學技術問題時存在內在的缺陷，必須借助外界的科學智力。因此，科學技術專家證據的採信與認定，成為許多國際爭端解決機構不得不面對的問題。

根據"誰主張、誰舉證"的舉證責任原則，當事國有責任證明支持其訴求或抗辯的事實。為了支持其訴求，各國往往聘請專家，就爭端中的科學或技術問題出庭作證或提供專家報告。本案中，菲律賓聘請美國弗吉尼亞州歐道明大學（Old Dominion University）的卡朋特（Kent E. Carpenter）教授為專家證人（expert witness），就中國南海活動的環境影響作證。2014年 3 月 22 日，卡朋特教授出具第一份報告《南海東部環境干擾和不負責任的捕魚活動及其對珊瑚礁和漁業的影響》；2015 年 11 月 11 日，卡朋特教授和新加坡國立大學的鄒（L. M. Chou）博士出具第二份報告 ——《填海

---

❶ *The South China Sea Arbitration (the Republic of the Philippines v. the People's Republic of China)*, Award, 12 July 2016, p. 326, para. 839.

對南海各種珊瑚礁的環境影響》。而且，仲裁庭任命德國的費澤（Sebastian Ferse）博士、墨菲（Peter Mumby）教授和沃德（Selina Ward）博士為本案專家，評估中國南海島礁建設活動的環境影響。2016 年 4 月 26 日，三位專家向仲裁庭提交了《南海島嶼 7 個岩礁建設活動所致潛在環境後果的評估》。在審理菲律賓第 11 項和第 12（b）項訴求過程中，仲裁庭依賴菲律賓的專家報告和獨立專家報告，認定中國漁民的漁業活動和島礁建設活動的環境影響。

一些學者讚賞仲裁庭委任獨立專家的做法，認為這是國際爭端使用獨立專家認定爭端各方訴求的重要實例。❶《國際法院規約》允許國際法院任命獨立專家，但除 "霍菇夫工廠案" 和 "科孚海峽案" 外，國際法院一般保持消極態度，拒絕任命獨立專家。在 "阿根廷訴烏拉圭的紙漿廠案" 中，當事國提供相互衝突的專家報告，雖然部分法官主張國際法院任命獨立專家，但是國際法院僅僅指出："為了審理本案，法院沒有必要泛泛討論當事國聘請的專家和顧問準備的文件的相關價值、可靠度和權威性……儘管所提交事實信息的數量大且複雜，確定相關的事實、評估事實的價值並得出結論，都是法院的責任。"❷ 在 "南極捕鯨案" 中，為了明確 "日本在南極特許捕鯨項目第二期"（Second Phase of its Japanese Whale Research Program under Special Permit in the Antarctic，JARPAII）是否屬《國際捕鯨管制公約》第 8 條中的 "出於科研目的"，法院綜合地考慮了諸多技術性因素：項目

---

❶ See Joshua Paine, "Environmental Aspects of the South China Sea Award", EJIL: Talk, http://www.ejiltalk.org/environmental-aspects-of-the-south-china-sea-award/ (last visited 11 February 2017) ; Makane Moïse Mbengue, "The South China Sea Arbitration: Innovation in Marine Environmental Fact-Finding and Due Diligence Obligation", (2016) 110 *AJIL Uubound* 285.

❷ *Pulp Mills on the River Uruguay (Argentina v. Uruguay)*, Judgment, *I.C.J. Reports* 2010, pp. 72–73, para. 168.

中的致死性取樣方法的決定、JARPAII 中的總樣本量、選擇樣本大小的方法、總樣本量與實際捕獲數量的比較、方案的時間跨度、取得的科學成果和方案與相關研究項目的合作程度等等。法院的判決對這些因素進行了大量的闡述，最後採納了一些均獲得雙方同意的證人證言作為事實認定與法律適用的依據。[1] 一個有趣的發展是，一些國家法院或仲裁機構發展出與當事國合作委任專家的方式。比如，在"緬因灣劃界案"中，加拿大和美國請求國際法院任命聯合提名的專家。在"布基納法索和馬里邊境爭端案"中，布基納法索和馬里請求國際法院提名三位專家協助劃界。[2] 在"馬來西亞訴新加坡圍海造地案"中，國際海洋法法庭敦促雙方當事國盡快建立"獨立專家組"，通過調查研究，確定新加坡填海活動的影響並提出處理此種任何不利影響的合適措施。[3]

三、仲裁庭的法律適用

近十年來，幾乎沒有關於炸藥和氰化物使用的報道，且菲律賓的官方紀錄中亦沒有向中國抗議氰化物和炸藥使用的報告，加之中國已經制定和實施《海洋環境保護法》和《漁業法》，仲裁庭沒有就氰化物和炸藥使用

---

[1] 參見何田田：《菲律賓南海仲裁案之管轄權與可受理性裁決書評析：以事實認定和證據使用為視角》，《國際法研究》2016 年第 2 期；劉丹、夏霽：《從國際法院 2010 年 "南極捕鯨案" 看規制捕鯨的國際法》，《武漢大學國際法評論》第 15 卷，第 1 期。

[2] Chester Brown, *A Common Law of International Adjudication*, p. 117.

[3] *Case Concerning Land Reclamation by Singapore in and around the Straits of Johor (Malaysia v. Singapore)*, Order of 8 October 2003, ITLOS, para. 106.1.(a)(i).

作出裁定，其裁決主要圍繞中國漁民捕撈瀕危物種引發的責任，以及人工島嶼建設的國際法責任。

（一）仲裁庭越權審理《生物多樣性公約》爭端

菲律賓承認，漁民捕魚活動不是可歸於國家的行為，但主張中國政府容忍漁民在南海從事有害環境的漁業活動，違反《生物多樣性公約》。然而，菲律賓主張其並沒有提出《生物多樣性公約》的爭端訴求。仲裁庭裁定菲律賓第 11 項和第 12（b）項訴求是關於《海洋法公約》解釋和適用的爭端，享有管轄權。理由之一，根據《海洋法公約》第 293 條第 1 款和《維也納條約法公約》第 31 條第 3 款之規定，即為了解釋《海洋法公約》第 192 條和第 194 條的內容和標準，仲裁庭可以考慮《生物多樣性公約》的相關條款。理由之二，在國際法上，一個以上的條約與具體爭端有關，且條約在內容上相互呼應，這種情況司空見慣。而且，雖然其他條約所包含的權利與義務同《海洋法公約》下的權利和義務相似或相同，但這些條約項下的權利和義務是獨立存在的。❶ 然而，仲裁庭的這些理由並沒有考慮《生物多樣性公約》和《海洋法公約》的具體條款，原因如下：

第一，仲裁庭忽視《生物多樣性公約》與《海洋法公約》爭端解決程序間的潛在衝突。《生物多樣性公約》第 27 條要求締約國通過談判方式尋求解決《生物多樣性公約》解釋與適用的爭端。如果無法通過談判解決，且締約方無法通過仲裁或者提交國際法院等一系列和平方式解決爭端，則

---

❶ *The South China Sea Arbitration (the Republic of the Philippines v. the People's Republic of China)*, Award on Jurisdiction and Admissibility, 29 October 2015, pp. 69–70, para. 174–178.

這項爭端應按照附件二第二部分規定，提交強制調解，除非締約國另有協議。海洋生物多樣性屬《生物多樣性公約》和《海洋法公約》的調整範圍，如果爭端各方同時屬上述兩個公約的締約方 —— 恰如南海仲裁案中的中國和菲律賓，那麼在爭端一方選擇《海洋法公約》的強制性仲裁後，另一方可以選擇《生物多樣性公約》的強制性調解。即爭端各方可以將同一爭端提交不同的爭端解決機構，從而產生管轄衝突，影響國際法的權威。❶

第二，仲裁庭無視《海洋法公約》排除管轄的條款。即使按照仲裁庭的解釋，不同條約下的權利和義務獨立存在，爭端各方仍舊面臨選擇 —— 尋求《海洋法公約》的爭端解決機制還是《生物多樣性公約》的爭端解決機制。根據《海洋法公約》第 281 條，作為有關本公約的解釋或適用的爭端各方的締約各國，如已協議用自行選擇的和平方法來謀求解決爭端，則只有在訴諸這種方法而仍未得到解決，以及爭端各方間的協議並不排除任何其他程序的情形下，才適用本部分所規定的程序。《生物多樣性公約》第 27 條是否排除《海洋法公約》爭端解決程序呢？從字義上看，《生物多樣性公約》滿足第 281 條第 1 款之要求，排除《海洋法公約》的爭端解決程序。在 "南方金槍魚仲裁案" 中，澳大利亞、新西蘭和日本於 1993 年簽訂《保護南方金槍魚公約》。該公約第 16 條規定各方通過協商、提交國際法院或仲裁方式解決爭端。因此，當澳大利亞和新西蘭 1999 年根據《海洋法公約》附件七提起仲裁申請時，仲裁庭認定《保護南方金槍魚公約》屬第 281 條的 "排除其他程序"，進而裁定沒有管轄權。❷ 南海仲裁案庭審過

---

❶ 也許可以假定在兩個不同條約下的爭端屬兩個爭端，但這種假定屬人為的。See Sienho Yee, "The South China Sea Arbitration: The Clinical Isolation and/or One-sided Tendencies in the Philippines' Oral Arguments", (2015) 14 *Chinese Journal of International Law* 423.

❷ *Southern Bluefin Tuna Case (Australia, New Zealand v. Japan),* Award on Jurisdiction and Admissibility, 4 August 2000, pp. 44, 48–49, paras. 59, 72.

程中，菲律賓顧問認為“南方金槍魚案”的裁決在學術著作和其他司法機構的裁決中都遭受普遍爭議，並引用海洋法法庭在“Mox 工廠案”中的裁決。❶ 菲律賓顧問斷章取義，故意省略“Mox 工廠案”的後續進展。事實上，在海洋法法庭作出臨時措施的決定後，由於歐盟委員會向歐洲法院起訴，歐洲法院裁定其享有專屬管轄權。此後，原告愛爾蘭撤回起訴。在國際爭端解決機構擴散的時代，為了維護國際法體系和國際爭端解決機構的聲譽，對不同條約項下的爭端機構應該保持適度尊重。

（二）仲裁庭擴張解釋《海洋法公約》下環境保護義務

一國的國際不法行為引起該國的國家責任。國際不法行為的構成要素有二：一是行為依國際法歸於國家；二是該行為違背該國國際義務。南海仲裁案中，菲律賓主張中國漁民在南海海域捕撈瀕危物種，造成環境損害，中國政府容忍、鼓勵和沒有阻止漁民捕撈瀕危物種，違反《海洋法公約》的環境保護義務。為了查明中國政府在《海洋法公約》項下的環境保護義務，仲裁庭採用系統解釋方法，將《海洋法公約》第 192 條、第 194 條等環境保護條款視為一個整體，而非碎片化的義務，並將締約方在《生物多樣性公約》和《瀕危野生動植物種國際貿易公約》的義務納入《海洋法公約》體系內。❷

---

❶ Hearing on Jurisdiction and Admissibility (Day 2, 8 July 2015), *The South China Sea Arbitration (the Republic of the Philippines v. the People's Republic of China)*, Permanent Court of Arbitration, p. 114.

❷ See Moïse Mbengue, "The South China Sea Arbitration: Innovations in Marine Environmental Fact-finding and Due Diligence Obligation" ; Ilias Plakokefalos, "Environmental Law Aspects of the Arbitral Tribunal Award in the South China Sea Dispute", 5 December 2016, SSRN, https://ssrn.com/abstract=2880624 (last visited 12 February 2017).

《海洋法公約》第 192 條規定，各國有保護和保全海洋環境的義務。仲裁庭認為，第 192 條為締約國創設了義務，包括保護海洋環境在未來免受破壞的義務和使海洋環境保持當前狀況的義務。第 192 條因此產生了採取主動措施保護環境的積極義務和不得使環境退化的消極義務。❶不過，《海洋法公約》第 192 條只是規定締約國的一般性義務，其內容需要根據公約第十二部分和其他可適用的國際法得以具體化，特別是第 194 條第 5 款。根據《海洋法公約》第 194 條第 5 款，按照本部分採取的措施，應包括為保護和保全稀有或脆弱的生態系統，以及衰竭、受威脅或有滅絕危險的物種和其他形式的海洋生物的生存環境，而採取很必要的措施。

仲裁庭認為，第 194 條第 5 款證實締約方負有保護稀有和脆弱生態系統的義務，但是《海洋法公約》沒有解釋生態系統（ecosystems）這個概念，仲裁庭引用《生物多樣性公約》第 2 條的定義，將生態系統定義為"植物、動物和微生物群落和它們的無生命環境作為一個生態單位交互作用形成的一個動態複合體"。❷而且，在中國漁船上發現的海龜是《瀕危野生動植物種國際貿易公約》附錄 1 名單中的瀕危物種，必須採用最嚴格的國際貿易限制措施。《瀕危野生動植物種國際貿易公約》幾乎得到普遍性的接受，包括菲律賓和中國。因此，仲裁庭認為《瀕危野生動植物種國際貿易公約》構成國際法的一部分，顯示了《海洋法公約》第 192 條和第 194 條第 5 款的內容。"維護海洋生物資源是保護和保全海洋環境的要素之一"，而且第 192 條中保護和保全海洋環境的一般義務包括防止捕獲瀕危物種的謹慎義

---

❶ *The South China Sea Arbitration (the Republic of the Philippines v. the People's Republic of China)*, Award, 12 July 2016, pp. 373–374, para. 941.

❷ *The South China Sea Arbitration (the Republic of the Philippines v. the People's Republic of China)*, Award, 12 July 2016, p. 376, para. 945.

務（due diligence obligation）。[1]

　　海洋空間的各種問題密切相關，鑒於人類活動對海洋環境的影響，需要從整體、跨學科、多部門的角度考慮海洋環境保護。《海洋法公約》規定了從事海洋活動必須遵循的法律框架，需要維持其完整性。[2] 環境保護不再只限於控制海洋污染源，而是擴大到防止環境退化和保護生態系統。[3] 然而，仲裁庭在解釋和適用《海洋法公約》時，已經超越《海洋法公約》文本。

　　首先，南海仲裁案中，仲裁庭採納了“查戈斯海洋保護區案”裁決中的意見，認定第 194 條第 5 款證實了《海洋法公約》第十二部分不限於直接控制海洋污染的措施，控制污染雖是海洋環境保護的重要組成部分，但不是唯一的措施。[4] 條約應依其用語按其上下文並參照條約之目的及宗旨所具有之通常意義，善意解釋之。在《海洋法公約》締結之前，國際社會已經通過了一些防止海洋環境污染的國際公約，如 1972 年《防止因傾倒廢物及其他物質而引起海洋污染的公約》和 1973 年《國際防止船舶造成污染公約》。這些條約都是針對某一方面的海洋污染，效果有限。為此，《海洋法公約》建立綜合防止各種污染的制度。《海洋法公約》第 194 條要求各國單獨或共同採取措施，防止、減少和控制海洋環境污染，包括來自陸地的、船隻或其他來源的污染。從條款標題、上下文看，第 194 條第 5 款是防

---

❶ *The South China Sea Arbitration (the Republic of the Philippines v. the People's Republic of China)*, Award, 12 July 2016, pp. 380–381, para. 956 .

❷ See "60/30. Ocean and the law of the sea", Resolution adopted by the General Assemble on 29 November 2005, U.N. Doc. A/RES/60/30.

❸ ［英］帕特薩·波尼、埃倫·波義爾著，那力等譯：《國際法與環境》，北京：高等教育出版社，2007 年，第 336 頁。

❹ *Chagos Marine Protected Area Arbitration (Mauritius v. United Kingdom)*, Award, 18 March 2015, Permanent Court of Arbitration, p. 211, para. 538.

止、減少和控制海洋環境污染的措施，不能擴張到禁止捕獲瀕危物種。

其次，根據《海洋法公約》第 293 條第 1 款，仲裁庭應適用本公約和其他國際法規則，前提是其他國際法規則與本公約不相抵觸（not incompatible）。如果《生物多樣性公約》與《海洋法公約》不相抵觸，仲裁庭可以適用。考慮到上下文、目標和宗旨、嗣後實踐和準備材料方面的差異，不同條約中的相同或相似條款也可能解釋出不同的結果。[1] 雖然《生物多樣性公約》和《海洋法公約》的適用對象在一定程度上有重疊，但是這不能掩蓋兩者在保護理念、保護方法等方面存在差異。[2] 關於海洋生物多樣性的保護，尤其是國家管轄範圍以外區域海洋生物多樣性的養護和可持續利用問題，聯合國大會 2005 年成立工作組，但迄今仍未制定一項具有約束力的文件，反映各國在海洋生物多樣性保護方面的分歧。

（三）仲裁庭錯誤適用船旗國義務

基於對《海洋法公約》第 192 條和 194 條第 5 款的解釋，根據國際海洋法法庭第 21 號諮詢意見案等案例，仲裁庭認為，就船旗國而言，"注意義務" 不僅指通過適當的規則和採取適當的措施，也指在執行和實施行政控制時保持一定程度的警惕。[3] 中國雖然加入了《瀕危野生動植物種國際貿

---

[1] *The MOX Plant Case (Ireland v. United Kingdom)*, Provisional Measures, Order of 3 December 2001, ITLOS, p. 106, para. 51.

[2] See Rüdiger Wolfrum & Nele Matz, "The Interplay of the United Nations Convention on the Law of the Sea and the Convention on Biological Diversity", in Jochen Frowein (ed.), *Max Planck Yearbook of United Nations Law(Book 4)* (Springer, 2000), p. 464S.

[3] *The South China Sea Arbitration (the Republic of the Philippines v. the People's Republic of China)*, Award, 12 July 2016, pp. 375–376, para. 944.

易公約》，並且在 1989 年制定《野生動物保護法》，但是中國並沒有採取任何措施懲罰 2012 年後在南海捕撈瀕危物種的漁民，進而，仲裁庭裁定中國違反項下的環境保護義務。

然而，仲裁庭有關船旗國義務的裁決的前提本身就存在問題。依《海洋法公約》，海洋被劃分為內水、領海、毗連區、專屬經濟區、公海等不同區域，各國在這些區域的海洋環境保護義務並不相同。雖然菲律賓的顧問在庭審時宣稱，"中國保護與保全海洋環境的義務不依賴於哪一方對黃岩島、仁愛礁或美濟礁享有主權或主權權利。真正的問題是中國是否管轄或控制有害漁業活動……"，但卻主張菲律賓對爭議海域享有主權權利。❶菲律賓主張中國在接到有關漁民非法作業的通知後，應對這一事項進行調查，並於適當時候採取任何必要行動，以解決這種情況。此項義務源自《海洋法公約》第 94 條第 6 款。從體系上看，該條位於第七部分公海法律制度中，相應地，船旗國在第 94 條第 6 款的義務適用於公海，而非其他海域。國際海洋法法庭第 21 號諮詢案中的第一個問題就是："當船舶或漁民在第三國專屬經濟區從事非法的、未經報告的和未受規制的漁業活動時，船旗國有什麼義務？"可見，仲裁庭裁決的前提是否認中國對南海海域的權利。

"國家的領土主權是其海洋權利的基礎"是國際法的一般原則。中國人民在南海的活動已有 2000 多年歷史。中國最早發現、命名和開發利用南海諸島及相關海域，最早並持續、和平、有效地對南海諸島及相關海域行使主權和管轄。中國對南海諸島的主權和在南海的相關權益，是在漫長的歷

---

❶ Hearing on Jurisdiction and Admissibility (Day 3, 13 July 2015), *The South China Sea Arbitration (the Republic of the Philippines v. the People's Republic of China)*, Permanent Court of Arbitration, p. 12.

史過程中確立的,具有充分的歷史和法理依據。[1] 仲裁庭無視中國政府對南海諸島的主權和中菲兩國關於談判解決南海爭議的事實,行使管轄權並將黃岩島等認定為 "岩礁",從而把南海部分海域認定為菲律賓的專屬經濟區。這種裁決沒有國際法效力。在此錯誤前提下裁定中國違反《海洋法公約》船旗國義務,顯然屬法律適用錯誤。

(四)仲裁庭不當解釋環境影響評價義務

針對中國在南海諸島的人工島嶼建設活動,仲裁庭認定中國沒有進行環境影響評價,更沒有向沿海國或其他國際機構提交書面環境影響評價報告,違反了《海洋法公約》第 206 條。

為了評估某些特定活動是否可能造成重大跨界損害,要求環境影響評價已是一種非常流行的做法,並在許多國內法和國際條約中得到體現。典型的就是 1991 年 2 月 15 日《跨界環境影響評價公約》。[2]《海洋法公約》第 206 條也規定了環境影響評價。據此,各國如有合理根據(reasonable grounds)認為在其管轄或控制下的計劃中的活動可能對海洋環境造成重大污染或重大和有害的變化(substantial pollution of or significant and harmful changes to the marine environment),應在實際可行範圍內就這種活動對海洋環境的可能影響作出評價,並應依照第 205 條規定的方式提送這些評價結果的報告。環境影響評價旨在使決策者和利益相關者了解項目的潛在影

---

[1] 國務院新聞辦公室:《中國堅持通過談判解決中國與菲律賓在南海的有關爭議》,《人民日報》2016年 7 月 14 日第 010 版。

[2] 關佑文:《跨界環境損害責任導論》,北京:知識產權出版社,2011 年,第 36 頁。

響，以更好地保護環境。遵循這一思路，締約國根據《海洋法公約》第
206 條負有兩項義務：評價活動對海洋環境的影響與就評價結果進行溝通
的義務。然而，第 206 條賦予國家一定程度的自由裁量權，即觸發環境影
響評價的義務需要兩個條件：第一，具備合理理由；第二，發生重大污染
或重大和有害的變化。● 比較其他國際條約或文件中的 "重大（significant）
損害" 或 "重大不利影響"，第 206 條設定的啟動環境影響評價的標準更
高、更嚴格。● 當第 206 條與習慣國際法或其他國際條約不一致時，應遵照
"特別法優於一般法原則"，適用《海洋法公約》第 206 條之規定。

　　中國在南沙島礁建設過程中堅持 "綠色工程、生態島礁" 的生態環境
保護理念，根據《中華人民共和國海洋環境保護法》等法律法規的要求，
對南海島礁建設進行科學評估與論證。在評估和論證過程中，著重研究分
析了島礁建設規模的適宜性、選址合理性、生態環境影響、漁業資源影
響、工程地質、通航可行性等內容。對方案的優劣尤其是可能導致的生態
環境以及漁業資源的影響進行了科學預測與評估，排除了對島礁海洋生態
環境影響大的方案，選擇了最優的方案。客觀地講，島礁建設未對區域珊
瑚生態系統造成破壞。● 總之，中國有 "合理理由" 認定南海島礁建設不會
對海洋環境造成重大污染或重大和有害的變化。只有在活動可能對海洋環

● See Myron H. Nordquist, Shabtai Rosenne and Louis B. Shoh (eds.), *United Nations Convention on the Law of the Sea 1982: A Commentary*, Vol. IV(The Netherlands: Martinus Nijhoff Publishers,1991), para. 206.6(b); Ilias Plakokefalos, "Environmental Law Aspects of the Arbitral Tribunal Award in the South China Sea Dispute".

● 例如，《跨界環境影響評價公約》和國際法委員會通過的《預防危險活動的跨界損害草案》都使用 "重大不利影響" 的表述。

● 豐愛平、王勇智：《南沙島礁擴建工程未對珊瑚礁生態系統造成影響》，2015 年 6 月 10 日，中國國家海洋局網站：http://www.soa.gov.cn/xw/dfdwdt/jgbm_155/201506/t20150610_38318.html，最後訪問時間：2017 年 2 月 10 日。

境造成重大污染或重大和有害的變化時，締約國才負有溝通義務。因此，南海島礁建設並未達到啟動《海洋法公約》第 206 條之環境影響評價和溝通的條件。但是，仲裁庭忽視《海洋法公約》第 206 條對締約國自由裁量權的尊重，不接受中國國家海洋局的報告和聲明，逕直認為島礁建設活動的規模和影響顯示中國只能合理推定建設活動可能對海洋環境造成重大和有害的變化，進而認定中國違反《海洋法公約》第 206 條之溝通環境影響評價結果的義務。❶

四、結論

海洋環境是全球生命支持系統的基本組成部分，亦是實現可持續發展目標的寶貴資源。海洋環境的公共物品屬性，凸顯通過國際合作應對海洋環境污染、保護海洋生物資源和海洋環境的重要性。《海洋法公約》開篇強調，本著以互相諒解和合作的精神解決與海洋法有關的一切問題的願望。於此而言，在各國共同參與的基礎上建立區域性或普遍性的法律框架，談判雖耗時良久，但談判結果多反映各國共識，更易得到各國遵守。反之，國際爭端解決機構強行受理領土主權爭端，並通過系統解釋方法擴張國際義務，超越司法機構的爭端解決職權，為國際社會造法，實不利於國際法治之推進。

---

❶ *The South China Sea Arbitration (the Republic of the Philippines v. the People's Republic of China)*, Award, 12 July 2016, p. 395, para. 988.

餘論

南海地區公共安全產品與服務領域合作 *

　　南海仲裁案引發的風波隨著中國堅持"不承認、不執行"立場，以及南海地區和國際形勢對中國的有利轉變而漸漸淡出輿論視線。但是，中國維護南海合法權益的決心不變。考慮到南海地區安全形勢複雜嚴峻，區域公共安全與服務領域合作薄弱，中國作為負責任的地區大國特別是南海地區大國，有必要積極主動地向南海周邊國家和地區提供更多公共安全產品與服務。為此，本書餘論就中國如何提供南海地區公共安全產品問題，從必要性、可行性、指導思想、路徑選擇、重點領域等方面進行探討，以期為中國未來的南海政策設計建言獻策。

---

* 　作者：張良福，中國南海研究院客座研究員、廈門大學南海研究院兼職研究員、南京大學中國南海研究協同創新中心兼職研究員。

一、提供公共安全產品已成為今後中國南海政策的重要組成部分

近年來，中國對南沙部分駐守島礁開展大規模的島礁維護與建設，進行陸域吹填，增加島礁陸地面積，開展相關建設和設施維護，除建造必要的軍事防衛設施外，還興建了機場、港口，增添了包括避風、助航、搜救、海洋氣象觀測預報、漁業服務及行政管理等民事方面的功能和設施。以此為標誌，南海地區的地緣政治形勢發生了轉折性的改變，中國在南海地區，無論是進駐的島礁面積還是基礎設施能力都已經並將繼續得到有效、全面、實質性的增強，中國對南沙島礁及其附近海域的管控能力都有了飛躍性的提高，這將大大增強中國塑造、主導南海地區局勢演變的硬實力，更為中國未來向南海周邊國家和地區提供更多公共安全產品與服務奠定了堅實的基礎。

在島礁擴建進程中，針對外界的炒作和抹黑，2015 年 4 月 9 日，中國外交部發言人在首次全面、詳細地介紹中國南沙島礁維護與建設的內容、功能、目的等情況時，強調指出，"中國政府對南沙部分駐守島礁進行了相關建設和設施維護，主要是為了完善島礁的相關功能，改善駐守人員的工作和生活條件，更好地維護國家領土主權和海洋權益，更好地履行中方在海上搜尋與救助、防災減災、海洋科研、氣象觀察、環境保護、航行安全、漁業生產服務等方面承擔的國際責任和義務"，"南沙島礁擴建後，島礁上的功能是多方面的、綜合性的，除滿足必要的軍事防衛需求外，更多

的是為了各類民事需求服務"。南沙島礁擴建"將建設包括避風、助航、搜救、海洋氣象觀測預報、漁業服務及行政管理等民事方面的功能和設施，為中國、周邊國家以及航行於南海的各國船隻提供必要的服務"。❶

此後，中國外交部發言人和有關部門官員又多次表態，"此次中方島礁建設的一個重要目的就是履行在海上搜救、防災減災、海洋科研、氣象觀測、生態環境保護、航行安全、漁業生產等方面承擔的國際責任與義務，為中國和周邊國家以及航行於南海的各國船隻提供必要服務。為此，需要建設包括機場、碼頭、通信、氣象、航行安全和環境觀測在內的相關設施"，"中方願在將來條件成熟時邀請有關國家和國際組織利用相關設施開展海上搜救等方面的合作"。❷ 2015 年 9 月 22 日，中國國家主席習近平在對美國進行國事訪問前夕，接受了美國《華爾街日報》的書面採訪。在回答關於南海問題的提問時，習近平指出，中國對南沙部分駐守島礁進行了相關建設和設施維護，不影響也不針對任何國家，不應過度解讀。中方島礁建設主要是為了改善島上人員工作生活條件，並提供相應的國際公共產品服務，也有助於進一步維護南海航行自由和安全。❸

上述政策表態與宣示標誌著中國南海政策的進一步豐富和充實，向南海周邊國家和地區提供更多公共安全產品將成為今後中國南海政策的新內容。

---

❶ 《2015 年 4 月 9 日外交部發言人華春瑩主持例行記者會》，2015 年 4 月 9 日，中華人民共和國外交部網站：http://www.mfa.gov.cn/mfa_chn/fyrbt_602243/jzhsl_602247/t1253375.shtml，最後訪問時間：2016 年 1 月 4 日。

❷ 《外交部邊海司司長歐陽玉靖就中國南沙島礁建設接受媒體採訪》，2015 年 5 月 27 日，新華網：http://news.xinhuanet.com/2015-05/27/c_127844699.htm，最後訪問時間：2016 年 1 月 4 日。

❸ 《習近平接受〈華爾街日報〉採訪》，2015 年 9 月 22 日，新華網：http://news.cntv.cn/2015/09/22/ARTI1442907904994685.shtml，最後訪問時間：2016 年 1 月 4 日。

針對南海仲裁案，中國政府據理力爭，堅決回擊，並積極主動與有關國家溝通、合作，實現仲裁案"軟著陸"。中國與東盟國家均承諾將在航行安全、搜救、海洋科研、環境保護以及打擊海上跨國犯罪等各領域開展合作，共同維護南海地區的和平穩定與發展。

2016 年 7 月 12 日，應菲律賓單方面請求建立的南海仲裁案仲裁庭作出所謂裁決後，中國政府聲明："裁決是無效的，沒有拘束力。中國在南海的領土主權和海洋權益在任何情況下不受仲裁裁決的影響。中國不接受、不承認該裁決，反對且不接受任何以仲裁裁決為基礎的主張和行動。"同時，中方也宣佈："中國積極提供國際公共產品，通過各項能力建設，努力向國際社會提供包括導航助航、搜尋救助、海況和氣象預報等方面的服務，以保障和促進南海海上航行通道的安全。"❶

2016 年 7 月 25 日，中國和東盟國家外交部長在老撾萬象舉行會晤，並發表《關於全面有效落實〈南海各方行為宣言〉的聯合聲明》，承諾"各方可在包括航行安全、搜救、海洋科研、環境保護以及打擊海上跨國犯罪等各領域探討或開展合作"。9 月 7 日，在老撾萬象舉行的第十九次中國—東盟領導人會議上，中國和東盟國家領導人共同審議通過了《中國與東盟國家應對海上緊急事態外交高官熱線平台指導方針》和《中國與東盟國家關於在南海適用〈海上意外相遇規則〉的聯合聲明》。❷ 中國與東盟國家還

❶ 《中國堅持通過談判解決中國與菲律賓在南海的有關爭議》，2016 年 7 月 13 日，騰訊網：http://news.qq.com/a/20160713/020867_all.htm#page1，最後訪問時間：2016 年 7 月 14 日。

❷ 《第 19 次中國—東盟領導人會議通過〈中國與東盟國家應對海上緊急事態外交高官熱線平台指導方針〉》，新華社，2016 年 9 月 8 日，新華網：http://news.xinhuanet.com/world/2016-09/08/c_129273307.htm，最後訪問時間：2016 年 9 月 12 日。《第 19 次中國—東盟領導人會議發表〈中國與東盟國家關於在南海適用《海上意外相遇規則》的聯合聲明〉》，2016 年 9 月 8 日，中華人民共和國外交部網站：http://www.fmprc.gov.cn/ce/ceuk/chn/zgyw/t1395685.htm，最後訪問時間：2016 年 9 月 20 日。

在積極推進"南海行為準則"磋商，目的是妥善處理南海問題，在爭議解決之前管控分歧、化解矛盾、推進合作。

　　菲律賓現任總統杜特爾特就任後選擇了對華友好，並將中國作為東盟以外的首訪國，於 10 月 18 日至 21 日對中國進行國事訪問。"中國也向菲律賓人民張開友誼之臂，伸出合作之手。習近平主席熱情接待了杜特爾特總統，雙方就全面改善發展中菲關係達成重要共識。中菲關係的這一華麗轉身，標誌著南海問題重回對話協商解決的正確軌道，意味著有關國家利用南海問題攪亂地區的圖謀徹底破產，也為中國與東盟國家進一步深化合作掃除了障礙。"[1] 中菲雙方就涉及南海的問題交換了看法。雙方重申爭議問題不是中菲雙邊關係的全部。雙方同意繼續商談建立信任措施，提升互信和信心。"雙方承諾根據公認的國際法原則，包括 1982 年《海洋法公約》，加強兩國海警部門間合作，應對南海人道主義、環境問題和海上緊急事件，如海上人員、財產安全問題和維護保護海洋環境等。"[2]

　　上述動向表明，南海地區公共安全產品建設正日益成為促進地區睦鄰友好、維護南海地區和平穩定、推動南海區域合作的重要抓手。向南海周邊國家和地區提供更多公共安全產品是中國對南海周邊國家乃至國際社會作出的鄭重承諾，將成為今後中國南海政策的新內容。

---

[1] 《外交部部長王毅在 2016 年國際形勢與中國外交研討會開幕式上的演講》，2016 年 12 月 3 日，中華人民共和國外交部網站：http://www.fmprc.gov.cn/web/ziliao_674904/zyjh_674906/t1421108.shtml，最後訪問時間：2017 年 1 月 2 日。

[2] 《中華人民共和國與菲律賓共和國聯合聲明》，2016 年 10 月 21 日，中華人民共和國外交部網站：http://www.fmprc.gov.cn/web/ziliao_674904/1179_674909/t1407676.shtml，最後訪問時間：2016 年 12 月 20 日。

二、對當前南海地區安全形勢和公共安全產品狀況的
基本認知

（一）南海地區安全形勢複雜、嚴峻，既面臨傳統安全上的島礁領土主權爭端和海洋權益爭奪，更存在非傳統安全上的新威脅、新挑戰

　　南海地區的傳統安全威脅包括區域內戰略力量對比變化引發的衝擊、島礁領土主權爭端和海洋權益爭奪日益激烈、尖銳等，由此引發區域內軍事同盟關係及安全防務合作升溫、海上軍備擴充及突發海上衝突乃至軍事衝突危險加大等。突出體現在美國實施重返亞太戰略，在南海軍事活動頻繁。南海周邊有關國家視中國為其領土主權完整乃至國家安全的主要威脅，竭力拉攏美國等域外大國介入南海，成為加劇南海地區局勢緊張動盪的重要根源。

　　南海地區非傳統安全方面的新威脅、新挑戰日益增多。當前南海地區面臨著多個領域、多種表現形式與類型的非傳統安全威脅，例如，海盜等海上跨國犯罪和海上恐怖活動，還有海嘯、颱風等自然災害，赤潮等海洋生態環境惡化災害，溢油等海洋災難事故等。這些非傳統安全問題的存在，嚴重影響南海地區的和平與穩定。

（二）中國在南海地區既面臨嚴峻的局面，也擁有自身的優勢與有利條件

中國在包括南海在內的亞太地區，在經濟和安全領域面臨著兩種不同的處境：一方面，中國綜合國力不斷增強，國際和地區事務中的地位與影響力不斷上升。特別是中國經濟發展迅速，與區域內國家的經濟融合日益密切。另一方面，在安全領域，中國的崛起和美國重返亞太戰略，形成中美兩強並駕亞太的戰略格局。亞太地區這一政治經濟秩序的改變，引發了中國周邊某些國家的戰略焦慮和躁動，島礁領土主權和海洋權益爭端逐漸加劇。絕大多數國家或者說區域內的主要國家對中國的戰略疑慮不斷增加、安全防範不斷加強，相互抱團和聯美對華。美日與南海周邊有關國家不斷加大對中國的戰略遏制，旨在制衡、牽制、抗衡中國的軍事同盟及安全合作關係的加深。

（三）南海地區公共安全產品明顯不足

目前，東亞地區國家，特別是南海周邊國家已經在探討合作應對傳統和非傳統安全威脅，特別是從敏感度低的非傳統安全問題著手，嘗試開展對話與合作，主要體現在已建立了多種形式的區域合作機制，發表了致力於開展合作的政治聲明，舉辦了相關專題研討會及"沙盤推演"、"桌面演習"甚至聯合演練等。例如，東盟系列會議（高官會、部長級會議、領導人會議）、東盟地區論壇、東盟與中日韓會議、東亞峰會及亞太經合組織以及《亞洲地區政府間打擊海盜和武裝劫船合作協定》（RECAAP），聯合

國框架下的專門國際組織如聯合國環境規劃署、國際海事組織、國際海道測量組織等在南海地區推動的區域合作機制和活動。

但由於客觀存在的島礁領土主權和海域劃界爭議以及複雜的地緣政治因素，迄今為止，南海地區的合作仍然是低層次、低水平。即使是在低敏感度的非傳統安全領域、並且是南海海域應該開展的海洋科研、環保、搜救、防災減災、航行安全等領域，有的處於局部的有限合作階段，有的處於事實停滯狀態，有的處於只說不做的狀態。

從中國的角度看，中國近年來多次發出加強南海合作的倡議並展開了一系列具體行動，如 2002 年與東盟國家簽署《南海各方行為宣言》並積極推動後續行動落實進程。2011 年，中國決定設立 30 億元人民幣的中國—東盟海上合作基金。2012 年，中國發佈了《南海及其周邊海洋國際合作框架計劃（2011－2015）》。

新一屆政府就任以來，中國推動建立以合作共贏為核心的新型國際關係和東亞伙伴關係，倡議共同建設絲綢之路經濟帶和 21 世紀海上絲綢之路，提出"親、誠、惠、容"的周邊外交理念，倡導共同、綜合、合作、可持續的亞洲安全觀，打造周邊命運共同體，建設更為緊密的中國—東盟命運共同體，建設中國—東盟海洋伙伴關係，商談簽署"中國—東盟國家睦鄰友好合作條約"等。特別是習近平主席和李克強總理在 2013 年提出與東盟國家共同建設 21 世紀"海上絲綢之路"和中國—東盟海洋伙伴關係的倡議。中方反覆向東盟國家表示，願同東盟國家共同努力，把海上合作打造成中國—東盟互利合作的新亮點，造福各國人民，使海洋成為聯結中國與東南亞國家的友好紐帶。國務院總理李克強 2014 年 11 月 13 日在緬甸內比都出席第十七次中國—東盟（10+1）領導人會議時，呼籲東盟國家與中國一道"精心營造海上合作新亮點","將 2015 年確定為'中國 — 東盟海洋合作年',進一步深化海上合作,加強海上執法機構間對話合作,成立海洋合作中心。落實好《泛北部灣經濟合作路線圖》。共同實施好中國 — 東盟海上合作基金項目"。❶會後發表的《第十七次中國 — 東盟領導人會議主席聲明》宣佈:"我們同意將 2015 年確定為'中國 — 東盟海洋合作年'。我們歡迎中方提出的使用中國 — 東盟海上合作基金的全面規劃,為海上互聯互通、海洋科技、海洋科考、海上搜救、災害管理、航行安全等合作提供資金支持。我們滿意地注意到各方承諾充分用好中國 — 東盟合作基金。"❷

總體上說,東亞國家,包括南海周邊國家在應對非傳統安全領域已經開始探討合作,但難以說取得了實質性的進展。馬航 MH370 航班失聯事件及此前發生的印度洋海嘯、緬甸風災、菲律賓風災等事件表明,上述合作機制並未發揮突出的作用,相反,雙邊形式提供的合作,特別是美國的作用很明顯。這一方面反映了東亞區域公共安全與服務領域合作的薄弱,另一方面,凸顯了美國在提供地區安全與服務方面的優勢能力與地位,更凸顯了中國在提供地區安全與服務方面的薄弱能力、理念與意識。

---

❶ 《李克強出席第十七次中國 — 東盟領導人會議時強調 開創中國 — 東盟戰略伙伴關係起點更高、內涵更廣、合作更深的"鑽石十年"》,2014 年 11 月 13 日,中華人民共和國外交部網站:http://www.mfa.gov.cn/mfa_chn/zyxw_602251/t1210646.shtml,最後訪問時間:2016 年 9 月 20 日。
❷ 《第十七次中國 — 東盟領導人會議主席聲明》,2014 年 11 月 13 日,中華人民共和國外交部網站:http://www.mfa.gov.cn/mfa_chn/zyxw_602251/t1215662.shtml,最後訪問時間:2016 年 9 月 20 日。

三、中國在南海地區提供更多公共安全產品的必要性與可行性

面對南海地區的傳統與非傳統安全問題，中國作為負責任的地區大國和南海大國，有必要肩負起大國在維護地區和平與穩定、推動地區合作方面應負的責任與義務，積極主動地為地區和平穩定與發展提供公共安全與服務產品；並且中國主動提供地區公共安全與服務產品的能力與條件已經基本具備。

（一）隨著綜合國力不斷增強，中國應在力所能及範圍內承擔更多國際責任和義務，提供更多公共安全產品

2014 年 11 月，習近平主席在中央外事工作會議上指出："中國與世界的關係在發生深刻變化，我國同國際社會的互聯互動也已變得空前緊密，我國對世界的依靠、對國際事務的參與在不斷加深，世界對我國的依靠、對我國的影響也在不斷加深。"❶隨著中國綜合國力的不斷增強、對國際和地區事務的影響力不斷提升，中國應把經濟優勢轉化為政治、安全領域的優勢，把中國的全球大國優勢轉化為區域優勢，向區域安全、公共安全與服務產品等領域轉移，發揮和履行區域性大國的義務或責任。正如原國防部外事辦公室主任錢利華少將在評論 2015 年《中國的軍事戰略》時指出："國際社會認為中國是個大國，希望中國軍隊提供更好的公共安全產品。作

---

❶《習近平出席中央外事工作會議並發表重要講話》，2014 年 11 月 29 日，新華網：http://politics. people.com.cn/n/2014/1129/c1024-26118616.html，最後訪問時間：2016 年 10 月 12 日。

為一個崛起中的大國，中國有責任也有義務向有關地區有關國家提供公共安全產品，以維護共同安全，這符合中國的利益，也符合國際社會和接受國的利益。"❶

並且，隨著國際和地區力量格局的變化，特別是美國綜合實力的相對下降，美國向全球和地區提供公共安全產品的意願和能力也明顯相對下降，中國更應該承擔起與自身國力、國際地位相適應的責任與義務。中國作為大國應該為國際社會作出更大的貢獻。

中國，作為一個南海地區大國，更應該為本地區作貢獻，理應為南海地區的和平穩定與發展提供更多公共安全產品與服務。中國應以負責任的地區大國心態，主動為地區事務、地區利益承擔責任和義務，積極、主動地承擔起提供公共安全產品和服務的責任與義務，推動地區和平穩定、合作與發展。

（二）回應"中國責任論"，化解"中國威脅論"

中國的持續崛起，已經並必將繼續對全球及地區國際關係格局、力量對比產生衝擊，"中國威脅論"在全球和周邊地區也隨之甚囂塵上。與此同時，要求中國在國際事務中承擔更多責任與義務的要求也日益增多，"中國責任論"呼聲很高。中國自己也向國際社會作出承諾，堅定不移地走和平發展道路，做負責任的大國。中國向國際社會和周邊地區提供公共安全產品與服務，主動承擔義務與責任，是回應"中國責任論"的重要途徑，是

---

❶ 《中國將提供"公共安全產品"》，《南方日報》，2015 年 6 月 1 日，網易：http://news.163.com/15/0601/04/AR0EOHF300014AED.html，最後訪問時間：2016 年 10 月 12 日。

一個樹立自身負責任大國形象的有效途徑，也是中國走向成熟的全球和地區性大國的標誌，更是增信釋疑，有力反擊"中國威脅論"的有效方式。

由於中國南海島礁遭到鄰國的無理侵佔，由此引發的爭端影響地區和平穩定及國家間睦鄰友好關係的順利發展。多年來中國主張擱置爭議，共同開發，但收效甚微。中國適時調整南海政策，以提供地區公共安全產品與服務為南海政策的新內容，無疑是正確的選項。這樣做，不僅有利於南海周邊國家，更給中國帶來益處，因為它將向南海周邊國家乃至世界表明，中國和平發展有利於地區各國。中國通過積極參與和推動區域合作來體現中國負責任的大國形象，彰顯中國追求地區和平、穩定、發展、進步的誠意，展示中國的實力、地位和影響力；化解南海周邊國家的疑慮與戒備心理，建立相互信任，為最終妥善解決南海爭端創造合適的條件、氣氛、氛圍；通過履行好自身應盡的責任和義務，從而獲得其他國家的凝聚力、向心力、影響力，為南海各國創造共贏的局面，確立負責任大國形象，進而取得在本地區的權利、權力、地位和影響力，增強中國對南海事務的主導權、主動權。

（三）中國主動提供地區公共安全與服務產品的能力與條件已基本具備

隨著中國綜合國力的不斷提高，在全球、地區的國際地位和影響力不斷增強，中國已經有能力提供更多的公共安全產品。東亞地區的區域對話與合作機制的不斷發展，也為中國提供更多公共安全產品與服務奠定了基礎並提供了現成的機制。中國對待地區區域合作與區域公共安全產品的態度也在向積極方向演變，已經有了一定的嘗試和實踐。自冷戰結束以來，特別是自 21 世紀初以來，中國對待東亞地區多邊機制的態度在變化，從多邊機制中的"搗蛋分子"、"消極分子"，逐漸變為"和事佬"、"求同存異"，乃至"積極分子"。中國在對待有關地區公共安全產品的態度上也經歷了一個從反對或迴避、消極應對、內部遲滯、順應地區願望、積極主動、積極倡導與主導的過程演變。這一演變進程的出現，既是中國綜合國力不斷增強、參與地區事務的能力不斷增強、中國日益自信、日益開放與融入地區事務、對外部社會了解與理解日益加深的過程，也是國際社會呼籲、接納、引導、歡迎中國參與地區事務的過程，學會了解、理解中國、照顧中國的關切與舒適度的過程，是認可中國崛起的過程，也是與中國博弈、妥協的過程。可以說，中國在提供地區公共安全產品與服務方面的能力、理念與意識都已提高，國際社會和周邊地區國家也日益歡迎中國提供更多全球和地區公共安全產品。

就南海地區來說，中國近年來的島礁建設為提供更多公共安全產品與服務奠定了堅實的基礎。正如中國外交部發言人所表示的，"中國政府對南沙部分駐守島礁進行了相關建設和設施維護，主要是為了完善島礁的相關功能，改善駐守人員的工作和生活條件，更好地維護國家領土主權和海洋權益，更好地履行中方在海上搜尋與救助、防災減災、海洋科研、氣象觀察、環境保護、航行安全、漁業生產服務等方面承擔的國際責任和義務……南沙島礁擴建後，島礁上的功能是多方面的、綜合性的，除滿足必要的軍事防衛需求外，更多的是為了各類民事需求服務。南海海區遠離大陸，航線密集，漁場眾多，受颱風和季風影響突出，海難事故頻發。本次島礁擴建，我們將建設包括避風、助航、搜救、海洋氣象觀測預報、漁業

服務及行政管理等民事方面的功能和設施，為中國、周邊國家以及航行於南海的各國船隻提供必要的服務"。❶

四、關於中國在南海地區提供更多公共安全產品與服務的政策建議

對中國在南海地區提供更多公共安全產品與服務的指導思想、路徑 / 途徑選擇、重點領域等建議如下：

（一）指導思想

以建立周邊命運共同體、建設 21 世紀海上絲綢之路和中國—東盟海洋伙伴關係的目標為指導，以耐心、坦誠、自信的心態，本著義利兼顧、合作共贏原則，主動提供地區公共安全與服務。

1. 主動謀劃，努力進取

以積極主動的責任感、使命感、義務感去提供南海地區公共安全產品與服務，變"要我提供"為"我願提供、我要提供"。以主動作為、自願作為、示範作為、單方面作為，帶動、引導區域內其他國家參與到公共安全產品和服務的提供和建設中來。

❶ 《2015 年 4 月 9 日外交部發言人華春瑩主持例行記者會》，2015 年 4 月 9 日。

2. 自信坦誠

應該承認，中國在南海地區並不擁有一個客觀、公正和友好的輿論環境，也不要奢望能在近期內改變這一局面。中國在南海地區提供公共安全產品，不一定能得到客觀公正或友好善意的評價。因此，中國在提供公共安全產品與服務時，不要指望"振臂一呼，應者雲集"，不要指望"好評如潮"，也不要過分擔心或在意此舉會不會引發新的"中國威脅論"。中國要以耐心、坦誠、自信的心態，穩步推進地區公共安全與服務產品的提供。只有當中國為地區安全與發展作出了重要的、實實在在的貢獻和發揮了重要作用的時候，"中國威脅論"才會消失，也才能消失，才會轉變為"中國機遇論"。駁斥這些負面輿論的最佳方式是中國通過實實在在的行動向外界展示中國的誠意與善意，向外界展示中國在促進地區公共安全和服務產品方面有實實在在的作為，並且不僅為南海地區國家帶來了實實在在的益處，也為世界各國帶來了實實在在的益處。

3. 自主自願

自主自願是指本著相互平等、自主自願的原則，努力以協商一致的方式探討合作，共同提供公共安全產品，不強求強制。同時，主動承擔責任與義務，並照顧各國的利益和關切，既號召區域內所有國家共同參與，也可以採取志願者同盟或先行者同盟、伙伴關係的方針，積極推動開展"1+X"的形式，開展雙多邊合作，提供公共安全產品。

4. 量力而行

在提供南海地區公共安全產品與服務上，中國應堅持量力而行的原則，積極主動提供公共安全產品與服務。按照"適度提供"、"有限提供"、"逐步參與提供"、"條件和時機成熟時全面提供"的策略，承擔與自身發展水平相協調、相適應的地區公共安全產品與服務的供給責任。

5. 義利兼顧，弘義融利

中國提供南海地區公共安全產品不是也不可能是完全"利他主義"的行為，要在充分維護和促進國家利益、至少是對國家利益無害的基礎上提供，在解決本國利益關切的過程中提供，努力實現雙邊或區域層次上的互利互惠。同時，妥善處理義和利的關係，踐行正確的義利觀。中國要"堅持正確義利觀，有原則、講情誼、講道義，多向發展中國家提供力所能及的幫助"。[❶] 有時甚至要重義輕利、捨利取義，絕不能惟利是圖、斤斤計較，堅持"做到義利兼顧，要講信義、重情義、揚正義、樹道義"。在提供公共安全產品的過程中，中國有時單方面的施與、讓利、讓步、妥協是必須的、必要的。中國應該有主動讓南海周邊國家"搭便車"的氣度、胸懷和慷慨，引領南海區域合作，"真正做到弘義融利"。[❷]

6. 循序漸進，日積月累

提供公共安全產品是一個相對漫長的過程，難以一蹴而就。要遵循穩健、務實、循序漸進的原則。"不積跬步，無以至千里；不積小流，無以成江海"，中國應該抱有耐心，首先從自身做起，身體力行，從增強自身提供

---

❶ 《習近平：讓命運共同體意識在周邊國家落地生根》，2013 年 10 月 25 日，中華人民共和國外交部網站：http://www.mfa.gov.cn/mfa_chn/zyxw_602251/t1093113.shtml，最後訪問時間：2016 年 10 月 12 日。

❷ 《習近平出席中央外事工作會議並發表重要講話》，2014 年 11 月 29 日。

地區公共安全和服務產品的能力、意願做起，通過自身綜合實力的穩步增長和有效發揮，以實實在在的積累與全方位的存在，示範、引領和號召區域內國家的理解、支持、跟進與合作。需要視其他利益相關方及國際社會的反應而循序推進，因此，步步為營的策略在南海地區的政治安全現實中無疑是審慎而必要的。應該採取"積小勝換大勝"，從踟步做起，循序漸進，日積月累。持之以恆，講究策略與謀略，少說多做，先做後說，邊說邊做。

7. 避免對抗，合作共贏

南海地區的海洋事務應由南海周邊國家主導，但在包括南海在內的東亞地區，以美國為主已經提供了許多公共安全產品。中國向南海地區提供公共安全產品時，不可避免地會被美國視為挑戰其在東亞安全領域的主導地位，由此可能會引發美國對中國的抵制和反制。因此，中國向南海地區提供公共安全產品，目的不是要與美國等大國對抗，更不是要推翻重來。中國應堅持不衝突、不對抗、相互尊重、合作共贏原則，妥善應對美國的抵制和反制。中國已提出構築以非對抗、非衝突、相互尊重、合作共贏為核心特徵的中美新型大國關係，已多次明確表示"歡迎美國作為一個亞太國家為本地區的和平、穩定與繁榮作出努力"。中美兩國通過構築新型大國關係，能夠找到中美兩國的"共同利益"和"利益匯合點"。"中美新型大國關係"同樣可以應用於南海地區。中美兩個全球大國、亞太大國，完全有基礎有條件有能力在大國合作機制中，為包括南海在內的東亞區域合作提供公共安全產品。中國應以開放、自信的心態積極發展與美國等域外大國的合作關係，共同為南海地區提供更多公共安全產品。中國應該敦促美國在包括南海在內的亞太地區發揮更大的建設性作用，照顧美國等域外大國在南海地區的正當合理的利益和關切，歡迎美國等域外大國參與南海地區公共安全與服務的提供，既不一味排斥、拒絕美國等域外大國的參與，也不唯美國等域外大國"馬首"是瞻。

8. 以我為主，但不以我為中心

以主動作為，替代對主導權的爭奪，避免直接謀求主導權。通過掌握主動，進而掌握主導權。通過積極主動、示範引導，進而取得公共安全產品與服務領域的主導權、領導權。

（二）路徑／途徑選擇

在提供地區公共安全產品方面要力求"謀大勢、講戰略、重運籌"，加強對地區公共安全產品的"策劃設計，力求取得最大效果"。●

1. 從低敏感領域入手

非傳統安全領域敏感度低，容易達成合作應對的共識。例如，海洋環境保護、資源養護與管理、海上航行安全、打擊海盜、反恐、反走私、緝毒、海洋搜尋與救助、海洋科研、海洋氣象預報、災害預警、減災防災等領域。

2. 擱置爭議、超越爭議

南海地區圍繞島礁領土主權和海洋權益的爭議是客觀存在的，短期內

● 《習近平：讓命運共同體意識在周邊國家落地生根》，2013 年 10 月 25 日。

也難以找到解決之道。為此，必須努力避免因爭議的存在而影響和阻礙中國向南海地區提供公共安全產品。本著擱置爭議、超越爭議的策略，求同存異，在盡量不涉及領土、資源等敏感問題的情況下提供更多公共安全產品。

3. 問題導向

從當前南海地區最突出、最緊迫的公共安全問題入手，積極主動提供公共安全產品與服務。

4. 危機應對

近年來，南海及鄰近地區發生的重大災難性事件都極大地推動了相關領域內的應急合作應對與後續合作進程，如印度洋海嘯、緬甸及菲律賓等國的風災、馬航 MH370 失聯事件等。突發事件和危機的發生，不僅在於使地區內各國開始認識到區域內公共安全產品的缺失及未雨綢繆開展合作的重要性、必要性與緊迫性，而且也使有關國家的指責、臆測、抹黑、干預不再理直氣壯。因此，中國應該不斷增強自身應對突發事件和危機的能力，並且在南海地區發生此類突發事件和危機時，及時出手、有效出手，並且在危機之後，積極推動探討在相關領域的機制化、常態化、可持續合作。

5. 依託現有機制，適時建立新機制

通過建立多邊合作機制的手段提供公共安全產品，可以緩解疑慮，削弱抵制和反對，有利於獲得合法性，為此，中國應該考慮進行合理的制度與機制設計。但在機制化建設方面，近期應以依託現有機制為主，時機、條件成熟時再建立新機制。

6. 善於利用國際公約及其機制

以主動、帶頭落實國際組織、國際條約有關區域、次區域合作的義務與規定的方式，積極開展南海地區在公共安全產品方面的區域合作。例如《海洋法公約》有關區域合作的規定、國際海事組織、聯合國環境開發署等相關的公約、倡議及機制等。中國應該歡迎國際組織和域外國家在尊重沿海國主權、利益及遵循國際法準則和原則的前提下在資金、技術、人力資源、能力建設等方面提供支持。

7. 靈活多樣

積極開展多層次、多領域、多形式的合作。可從小型倡議、次領域、次區域安排等方面做起，合作方式靈活多樣，雙邊、多邊、區域、次區域合作並舉；可以官方、非官方、個人、機構、一軌二軌等方式並舉。可以從中國最有能力、實力與意願的領域做起，將中國具有"比較優勢"的公共安全產品先行提供。可以從容易做的領域做起，從急需做的領域做起，從最有共識的領域做起，從最小阻力的領域做起。可先從周邊鄰近國家和次區域做起，從最願意與中國協調和合作的國家做起。靈活多樣，追求務實有效，不求虛名。

（三）重點領域

在提供地區公共安全產品方面，近期中國應該把重點放在兩個領域，一是加大中國理念的宣傳、傳播與實踐，二是優先提供非傳統安全領域的公共產品與服務。

1. 加大中國理念的宣傳、傳播與實踐

迄今，中國在國際和周邊地區仍然缺乏一個客觀、公正、友善的輿論環境。因此，加強關於地區公共安全產品方面的輿論投資，把中國的觀點和立場向外傳播，增信釋疑，進而影響、改變和分化其他國家的立場和觀點，從而形成有利於中國提供更多公共安全產品的國際輿論環境。近年來，中國政府提出了一系列新理念、新論斷、新觀點，如建立以合作共贏為核心的新型國際關係，推動構建新型大國關係，提出和貫徹正確義利觀，倡導共同、綜合、合作、可持續的亞洲安全觀，提出和踐行親誠惠容的周邊外交理念，建立周邊命運共同體，建設 21 世紀海上絲綢之路和中國—東盟海洋伙伴關係等。中國應該積極宣傳、傳播這些理念並身體力行，提升與周邊地區國家的認同感和親近感，拉近心理距離，構建共同體意識和區域身份認同，推動地區安全公共產品的提供、改革與創新。

2. 優先提供非傳統安全領域的公共產品與服務

在非傳統安全領域，如海洋環境保護、資源養護與管理、海上航行安全、打擊海盜、反恐、反走私、緝毒、海洋搜尋與救助、海洋科研、海洋氣象預報、災害預警、減災防災等領域提供更多產品與服務。

（1）拓展在打擊海盜、反恐、反走私、緝毒等跨國犯罪和海上恐怖活動領域的務實合作

中國應該從本國和地區需要出發，不斷加強打擊海盜等跨國犯罪和海上恐怖活動領域的能力建設，包括人員、技術、裝備等方面的能力建設，加強應急反應能力建設，確保能夠為地區打擊跨國犯罪和海上恐怖活動提

供及時的援助和支持；積極拓展雙邊合作。中國政府和相關部門應積極主動地與有關國家開展合作；可依託現有的國際和區域條約、協定、對話與合作機制，積極開展信息和情報交流、人員培訓與交流、聯合訓練、聯合演習、聯合行動等；可倡議開展區域合作，與有關國家開展多邊合作。

（2）強化海洋減災和防災能力

增強海洋災害意識，強化海洋災害風險防範能力，加快提高海洋災害觀測能力和預警預報服務水平。加強中國海洋災害應急能力建設，建設防災減災應急機制，完善海洋災害應急預案。健全海洋環境突發事件應急處理機制，完善各類海洋環境災害和突發事件應急預案，特別是制定和完善海嘯、風暴潮、赤潮及化學品泄漏、油泄漏、核泄漏、海難、工程設施損毀等應急預案。加強應急處置的基礎設施建設和海洋災害應急演練；加強與有關國家在海洋政策、海洋生態環境保護和防災減災等領域的合作，推動南海海嘯預警與減災系統建設。

（3）維護海上航行安全

建立和完善南海航道航標體系，建成西沙、中沙、南沙海域公用航標，在南海全海域進行航道安全巡航。開展環南海港口建設及航路測繪，測繪和更新重要通航水域、港口海圖。購置直升機、固定翼飛機，建造巡航船、航標船、測量船，推進航運保障基地建設。建立海上巡航、搜救和事故應急合作機制，不斷完善海上安全日常管理協調工作機制。倡導和協助南海沿岸國加強在海洋觀測、航道測量、環境保護和災害預報、航海保障能力建設等，推動開展互惠合作。拓展在打擊海盜、反恐、反走私、緝毒、搜救等領域務實合作，共同維護重要海上運輸通道安全。積極參與維護南海及馬六甲海峽安全的地區事務和海上合作。

（4）加強南海搜救應急方面的能力建設，特別是基礎設施建設

中國在南海的搜救能力遠不能滿足對海難空難的應急搜救需求，應在南海加強建設搜救碼頭與機場。建設以海南島和西沙群島為依託、以中國駐守的南沙島礁為前出基地的應急搜救基礎設施體系，尤其要在西沙群島和南沙島礁上，加快建設各種類型和規模的港口、碼頭、機場、航道等基礎設施。建立健全海上交通安全應急救援指揮機構，完善海上搜救應急預案體系，定期開展海上聯合搜救演練，不斷提高航海保障、海上救生和救助服務水平。

推動建立南海區域搜救合作機制或組織機構。加強信息交流與分享、聯合演練，建立“聯合搜救中心”等。以國際法和國際公約作為合作依據和基礎，建立南海區域搜救合作機制。《海洋法公約》規定沿海國家有搜救、救助義務。中國應聯合南海周邊國家，依據《海洋法公約》、《1979年國際海上搜尋和救助公約》以及國際海事組織其他制度，推動南海區域性合作機制與規範的制訂與實施，維護南海航行秩序。

籌備舉辦南海多國聯合應急搜救演習。中國交通部海事局2004年起在南海進行大規模海上聯合搜救演習，國內相關部門參與。該演習的定期舉辦對加強中國在南海地區的海上搜救能力效果顯著。可考慮邀請南海周邊國家參與該聯合搜救演習，在逐步積累經驗和培養互信後，發起南海多國聯合應急搜救演習。

推動建立南海航空合作機制。汲取馬航MH370航班失聯事件的教訓並以此為契機，推動建立南海區域航空安全合作機制，建立空難搜救合作。中國與南海周邊國家應加強南海及其附近海域的空管資源及信息的分享與合作，從而更有效保障包括民航客機在內的飛行器安全。依託國際民航組

織，加強南海區域的航空安全合作，特別是密切各飛行情報區間的相互合作。以堅持南沙群島領土主權屬中國為前提，推動探討重新劃分南海區域的飛行情報區，必要時宣佈設立中國南海防空識別區。

加強海上溢油應急反應合作。南海地區是國際油輪航行最繁忙的海域之一，也是世界上油氣勘探最集中的海域之一。海上溢油風險度相當高。加強海上溢油應急合作迫在眉睫。中國是南海地區的航行大國，也是油氣開發大國，理應主動、積極、大力推動南海區域的海上溢油應急合作。中國首先應該自身不斷加強對海上石油勘探開發溢油風險實時監測及預警預報，防範海上石油平台、輸油管線、運輸船舶等發生泄漏，完善海上溢油應急預案體系，建立健全溢油影響評價機制。在此基礎上，推動南海周邊國家開展海上溢油應急合作。

（5）開展海洋科研合作

加強中國海洋科研能力建設，積極開展海洋科研合作。積極參與國際海洋領域重大計劃，在區域海洋研究計劃中發揮主導作用。支持並參與聯合國政府間海洋學委員會發起的重大海洋科學計劃和各項活動，組織實施區域海洋合作項目。積極發展與北太平洋科學組織、國際海洋研究科學委員會、國際海洋學院等國際組織和非政府組織的合作關係。進一步發揮在亞太經合組織海洋工作組中的重要作用，做好亞太經合組織海洋可持續發展中心工作。積極開展雙邊海洋科研合作和人才交流合作，建立海洋科研合作研究中心。加強海洋法律、政策與海洋管理、信息共享、教育培訓等領域的合作。用好中國—東盟海上合作基金，打造全方位、多層次的海上合作格局，讓海上合作成為雙方合作的新亮點。

附錄

附 錄 一

菲律賓的 15 項最終訴求（中英文對照）*

2015 年 11 月 30 日，菲律賓代理人呈交菲方最終訴求，請求仲裁庭裁決並宣佈：

On 30 November 2015, the Agent for the Philippines presented the Philippines' Final Submissions, requesting the Tribunal to adjudge and declare that:

A. 仲裁庭對 B 節訴求所載主張擁有管轄權，這些訴求在 2015 年 10 月 29 日管轄權和可受理性裁決未決範圍內具有完全的可受理性。

A. The Tribunal has jurisdiction over the claims set out in Section B of these Submissions, which are fully admissible, to the extent not already determined to be within the Tribunal's jurisdiction and admissible in the Award on Jurisdiction and Admissibility of 29 October 2015.

B. (1) 中國在南海的海洋權利，同菲律賓一樣，不得超過《聯合國海洋法公約》（以下簡稱"《公約》"）明確允許的範圍；

B. (1) China's maritime entitlements in the South China Sea, like those of the Philippines, may not extend beyond those expressly permitted by the United Nations Convention on the Law of the Sea ("UNCLOS" or the "Convention");

---

* 南海仲裁案 2016 年 7 月 12 日裁決第三部分第 112 段。其中的中文版本並非出自仲裁庭，而是由本書主編自行翻譯。

(2) 中國關於所謂"九段線"內的南海海域的主權權利、管轄權以及"歷史性權利"主張，如果超出《公約》明確允許中國主張海域權利的地理及實體內容限制範圍，超出部分違反《公約》，沒有法律效力；

(2) China's claims to sovereign rights, jurisdiction, and to "historic rights", with respect to the maritime areas of the South China Sea encompassed by the so-called "nine-dash line" are contrary to the Convention and without lawful effect to the extent that they exceed the geographic and substantive limits of China's maritime entitlements expressly permitted by UNCLOS;

(3) 黃岩島不產生專屬經濟區及大陸架海域權利；

(3) Scarborough Shoal generates no entitlement to an exclusive economic zone or continental shelf;

(4) 美濟礁、仁愛礁及渚碧礁為低潮高地，不產生領海、專屬經濟區及大陸架，並且不得通過佔領或其他方式被佔有；

(4) Mischief Reef, Second Thomas Shoal and Subi Reef are low-tide elevations that do not generate entitlement to a territorial sea, exclusive economic zone or continental shelf, and are not features that are capable of appropriation by occupation or otherwise;

(5) 美濟礁和仁愛礁是菲律賓的專屬經濟區和大陸架的一部分；

(5) Mischief Reef and Second Thomas Shoal are part of the exclusive economic zone and continental shelf of the Philippines;

(6) 南薰礁和西門礁（包括東門礁）為低潮高地，不產生領海、專屬經濟區及大陸架，但是其低潮線可分別用作確定測算鴻庥島和景宏島領海寬度的基線；

(6) Gaven Reef and McKennan Reef (including Hughes Reef) are low-tide elevations that do not generate entitlement to a territorial sea, exclusive economic zone or continental shelf, but their low-water line may be used to determine the baseline from which the breadth of the territorial sea of Namyit and Sin Cowe, respectively, is measured;

(7) 赤瓜礁、華陽礁和永暑礁不產生專屬經濟區和大陸架；

(7) Johnson Reef, Cuarteron Reef and Fiery Cross Reef generate no entitlement to an exclusive economic zone or continental shelf;

(8) 中國非法干擾菲律賓享有和行使對其專屬經濟區和大陸架中的生物和非生物資源的主權權利；

(8) China has unlawfully interfered with the enjoyment and exercise of the sovereign rights of the Philippines with respect to the living and non-living resources of its exclusive economic zone and continental shelf;

(9) 中國非法地未阻止其本國國民和船隻在菲律賓專屬經濟區內開發生物資源；

(9) China has unlawfully failed to prevent its nationals and vessels from exploiting the living resources in the exclusive economic zone of the Philippines;

(10) 中國通過干擾菲律賓漁民在黃岩島的傳統捕魚活動，非法阻止他們謀求生計；

(10) China has unlawfully prevented Philippine fishermen from pursuing their livelihoods by interfering with traditional fishing activities at Scarborough Shoal;

(11) 中國在黃岩島、仁愛礁、華陽礁、永暑礁、南薰礁、赤瓜礁、東門礁和渚碧礁違反其《公約》下所承擔的保護和保全海洋環境的義務；

(11) China has violated its obligations under the Convention to protect and preserve the marine environment at Scarborough Shoal, Second Thomas Shoal, Cuarteron Reef, Fiery Cross Reef, Gaven Reef, Johnson Reef, Hughes Reef and Subi Reef;

(12) 中國對美濟礁的佔領和在其上的建設活動：
(a) 違反《公約》關於人工島、設施與結構的規定；
(b) 違反中國在《公約》下保護和保全海洋環境的義務；
(c) 違反《公約》而構成試圖佔為己有的非法行為；

(12) China's occupation of and construction activities on Mischief Reef
(a) violate the provisions of the Convention concerning artificial islands, installations and structures;
(b) violate China's duties to protect and preserve the marine environment under the Convention; and
(c) constitute unlawful acts of attempted appropriation in violation of the Convention;

（13）中國在黃岩島周邊海域以危險的方式操作其執法船舶，引發與菲律賓在該海域航行船舶發生碰撞的嚴重風險，違反其在《公約》下的義務；

（14）自菲律賓於 2013 年 1 月啟動仲裁時起，中國通過以下行為，非法地加劇和擴大爭端：
(a) 干擾菲律賓在仁愛礁及其附近水域的航行權利；
(b) 阻止菲律賓在仁愛礁駐紮人員的輪換及補給；
(c) 危害菲律賓在仁愛礁駐紮人員的健康和福祉；
(d) 在美濟礁、華陽礁、永暑礁、南薰礁、赤瓜礁、東門礁和渚碧礁進行挖掘、人工島建造和建設活動；

（15）中國應尊重菲律賓在《公約》下的權利和自由，應遵守其在《公約》下包括與保護和保全南海海洋環境相關的義務，並應在行使其在南海的《公約》權利和自由的同時，妥善顧及菲律賓的權利和自由。

(13) China has breached its obligations under the Convention by operating its law enforcement vessels in a dangerous manner causing serious risk of collision to Philippine vessels navigating in the vicinity of Scarborough Shoal;

(14) Since the commencement of this arbitration in January 2013, China has unlawfully aggravated and extended the dispute by, among other things:
(a) interfering with the Philippines' rights of navigation in the waters at, and adjacent to, Second Thomas Shoal;
(b) preventing the rotation and resupply of Philippine personnel stationed at Second Thomas Shoal;
(c) endangering the health and well-being of Philippine personnel stationed at Second Thomas Shoal; and
(d) conducting dredging, artificial island-building and construction activities at Mischief Reef, Cuarteron Reef, Fiery Cross Reef, Gaven Reef, Johnson Reef, Hughes Reef and Subi Reef; and

(15) China shall respect the rights and freedoms of the Philippines under the Convention, shall comply with its duties under the Convention, including those relevant to the protection and preservation of the marine environment in the South China Sea, and shall exercise its rights and freedoms in the South China Sea with due regard to those of the Philippines under the Convention.

附 錄 二

南海仲裁案最終裁決結果（中英文對照）*

基於本裁決所載理由，在不影響主權或海洋劃界問題的情況下，仲裁庭一致決定：

For the reasons set out in this Award, the Tribunal unanimously, and without prejudice to any questions of sovereignty or maritime boundary delimitation, decides as follows:

A. 關於其管轄權，仲裁庭：

A. In relation to its jurisdiction, the Tribunal:

(1) 裁決中國在南海的主張不包括第 298 條第 1 款（a）（i）項下所指的對南海水域的"歷史性所有權"主張，仲裁庭因此對菲律賓第 1、2 項訴求有管轄權；

(1) FINDS that China's claims in the South China Sea do not include a claim to 'historic title', within the meaning of Article 298(1)(a)(i) of the Convention, over the waters of the South China Sea and that the Tribunal, therefore, has jurisdiction to consider the Philippines' Submissions No. 1 and 2;

---

* 南海仲裁案 2016 年 7 月 12 日裁決第十部分第 1203 段。其中的中文版本並非出自仲裁庭，而是由本書主編自行翻譯。

（2）關於菲律賓第 5 項訴求，裁決：

a. 在美濟礁和仁愛礁 200 海里範圍內，中國所主張的所有海洋地物無一構成第 121 條所指的具有完整權利的島嶼，因此無一可以產生專屬經濟區或大陸架的海域權利；

b. 美濟礁和仁愛礁為低潮高地，因此它們不能產生本身的海域權利；且

c. 在美濟礁和仁愛礁地區不存在重疊的專屬經濟區或大陸架海域權利；

d. 仲裁庭對菲律賓第 5 項訴求有管轄權；

（3）關於菲律賓第 8、9 項訴求，裁決如下：

a. 在美濟礁和仁愛礁 200 海里範圍內，中國所主張的所有海洋地物無一構成第 121 條所指的具有完整權利的島嶼，因此無一可以產生專屬經濟區或大陸架的海域權利；

(2) FINDS, with respect to the Philippines' Submission No. 5:

a. that no maritime feature claimed by China within 200 nautical miles of Mischief Reef or Second Thomas Shoal constitutes a fully entitled island for the purposes of Article 121 of the Convention and therefore that no maritime feature claimed by China within 200 nautical miles of Mischief Reef or Second Thomas Shoal has the capacity to generate an entitlement to an exclusive economic zone or continental shelf;

b. that Mischief Reef and Second Thomas Shoal are low-tide elevations and, as such, generate no entitlement to maritime zones of their own;

c. that there are no overlapping entitlements to an exclusive economic zone or continental shelf in the areas of Mischief Reef or Second Thomas Shoal; and

d. that the Tribunal has jurisdiction to consider the Philippines' Submission No. 5;

(3) FINDS, with respect to the Philippines' Submissions No. 8 and 9:

a. that no maritime feature claimed by China within 200 nautical miles of Mischief Reef or Second Thomas Shoal constitutes a fully entitled island for the purposes of Article 121 of the Convention and therefore that no maritime feature claimed by China within 200 nautical miles of Mischief Reef or Second Thomas Shoal has the capacity to generate an entitlement to an exclusive economic zone or continental shelf;

b. 美濟礁和仁愛礁為低潮高地，因此它們不能產生本身的海域權利；

c. 禮樂灘是完全沒入水下的礁石構造，不能產生海域權利；

d. 在美濟礁、仁愛礁地區或菲律賓GSEC101、Area 3、Area 4 區域或 SC58 石油區塊不存在重疊的專屬經濟區或大陸架海域權利；

e. 第 298 條第 3 款（a）項及第 298 條第 1 款（b）項的執法例外事項在本爭端中不適用；且

f. 仲裁庭對菲律賓第 8、9 項訴求有管轄權。

b. that Mischief Reef and Second Thomas Shoal are low-tide elevations and, as such, generate no entitlement to maritime zones of their own;

c. that Reed Bank is an entirely submerged reef formation that cannot give rise to maritime entitlements;

d. that there are no overlapping entitlements to an exclusive economic zone or continental shelf in the areas of Mischief Reef or Second Thomas Shoal or in the areas of the Philippines' GSEC101, Area 3, Area 4, or SC58 petroleum blocks;

e. that Article 297(3)(a) of the Convention and the law enforcement exception in Article 298(1)(b) of the Convention are not applicable to this dispute; and

f. that the Tribunal has jurisdiction to consider the Philippines' Submissions No. 8 and 9;

（4）裁決中國在華陽礁、永暑礁、南薰礁（北）、赤瓜礁、東門礁、渚碧礁、美濟礁的圍海造地和／或建設人工島、設施和結構，不構成第 298 條第 1 款（b）項所指的"軍事活動"，仲裁庭對菲律賓第 11、12（b）項訴求有管轄權；

(4) FINDS that China's land reclamation and/or construction of artificial islands, installations, and structures at Cuarteron Reef, Fiery Cross Reef, Gaven Reef (North), Johnson Reef, Hughes Reef, Subi Reef, and Mischief Reef do not constitute "military activities", within the meaning of Article 298(1)(b) of the Convention, and that the Tribunal has jurisdiction to consider the Philippines' Submissions No. 11 and 12(b);

（5）關於菲律賓第 12（a）、（c）項訴求，裁決如下：

a. 在美濟礁和仁愛礁 200 海里範圍內，中國所主張的所有海洋地物無一構成第 121 條所指的具有完整權利的島嶼，因此無一可以產生專屬經濟區或大陸架海域權利；

b. 美濟礁和仁愛礁為低潮高地，因此它們不能產生本身的海域權利；

c. 在美濟礁和仁愛礁地區不存在重疊的專屬經濟區或大陸架海域權利；

d. 仲裁庭對菲律賓第 12（a）、（c）項訴求有管轄權；

（6）關於菲律賓第 14 項訴求，裁決如下：

a. 菲律賓海軍支隊在仁愛礁與中國軍事和准軍事船舶之間的對峙爭端，涉及第 298 條第 1 款（b）項所指的"軍事活動"，因而仲裁庭對菲律賓第 14（a）至（c）項訴求沒有管轄權；

(5) FINDS, with respect to the Philippines' Submissions No. 12(a) and 12(c):

a. that no maritime feature claimed by China within 200 nautical miles of Mischief Reef or Second Thomas Shoal constitutes a fully entitled island for the purposes of Article 121 of the Convention and therefore that no maritime feature claimed by China within 200 nautical miles of Mischief Reef or Second Thomas Shoal has the capacity to generate an entitlement to an exclusive economic zone or continental shelf;

b. that Mischief Reef and Second Thomas Shoal are low-tide elevations and, as such, generate no entitlement to maritime zones of their own;

c. that there are no overlapping entitlements to an exclusive economic zone or continental shelf in the areas of Mischief Reef or Second Thomas Shoal; and

d. that the Tribunal has jurisdiction to consider the Philippines' Submissions No. 12(a) and 12(c);

(6) FINDS with respect to the Philippines' Submission No. 14:

a. that the dispute between China and the Philippines concerning the stand-off between the Philippines' marine detachment on Second Thomas Shoal and Chinese military and paramilitary vessels involves "military activities", within the meaning of Article 298(1)(b) of the Convention, and that the Tribunal has no jurisdiction to consider the Philippines' Submissions No. 14(a) to (c); and

b. 中國在華陽礁、永暑礁、南薰礁（北）、
赤瓜礁、東門礁、渚碧礁、美濟礁的圍海
造地和 / 或建設人工島、設施和結構，不構
成第 298 條第 1 款（b）項所指的“軍事活
動”，因此仲裁庭對菲律賓第 14（d）項訴
求有管轄權；

b. that China's land reclamation and/or
construction of artificial islands, installations,
and structures at Cuarteron Reef, Fiery
Cross Reef, Gaven Reef (North), Johnson
Reef, Hughes Reef, Subi Reef, and Mischief
Reef do not constitute "military activities",
within the meaning of Article 298(1)(b) of
the Convention, and that the Tribunal has
jurisdiction to consider the Philippines'
Submission No. 14(d);

（7）關於菲律賓第 15 項訴求，裁決爭端雙
方不存在可以使仲裁庭行使管轄權的爭端；

(7) FINDS, with respect to the Philippines'
Submission No. 15, that there is not a dispute
between the Parties such as would call for
the Tribunal to exercise jurisdiction; and

（8）宣佈仲裁庭對菲律賓在第 1、2、3、4、
5、6、7、8、9、10、11、12、13、14（d）
項訴求中所提事項有管轄權，而且這些主張
具有可受理性。

(8) DECLARES that it has jurisdiction to
consider the matters raised in the Philippines'
Submissions No. 1, 2, 3, 4, 5, 6, 7, 8, 9, 10,
11, 12, 13, and 14(d) and that such claims
are admissible.

B. 關於雙方爭端的實體問題，仲裁庭：

B. In relation to the merits of the Parties'
disputes, the Tribunal:

（1）宣佈，在中菲之間，《公約》界定了在
南海的海域權利範圍，此範圍不得超過《公
約》規定的限度；

(1) DECLARES that, as between the
Philippines and China, the Convention
defines the scope of maritime entitlements in
the South China Sea, which may not extend
beyond the limits imposed therein;

(2) 宣佈，在中菲之間，中國在"九段線"包圍內的南海海域所主張的歷史性權利或其他主權權利或管轄權，就其超越《公約》所容許的地理和實質範圍部分，違反《公約》且不具有法律效力；進一步宣佈，《公約》取代了任何超越其規定的歷史性權利或其他主權權利或管轄權；

(2) DECLARES that, as between the Philippines and China, China's claims to historic rights, or other sovereign rights or jurisdiction, with respect to the maritime areas of the South China Sea encompassed by the relevant part of the "nine-dash line" are contrary to the Convention and without lawful effect to the extent that they exceed the geographic and substantive limits of China's maritime entitlements under the Convention; and further DECLARES that the Convention superseded any historic rights, or other sovereign rights or jurisdiction, in excess of the limits imposed therein;

(3) 關於南海海洋地物的地位，裁決如下：
a. 仲裁庭充分掌握南海地區潮汐狀況信息，在 2015 年 10 月 29 日管轄權和可受理性裁決中，第 401、403 段中所指的有關高程基準和潮汐模型的實際選擇，不妨礙對海洋地物地位的識別；
b. 黃岩島、南薰礁（北）、赤瓜礁、華陽礁和永暑礁包含（或在其自然狀態下包含）第 121 條第 1 款所指的四面環水並在高潮時高於水面的自然形成的陸地區域；

(3) FINDS, with respect to the status of features in the South China Sea:
a. that it has sufficient information concerning tidal conditions in the South China Sea such that the practical considerations concerning the selection of the vertical datum and tidal model referenced in paragraphs 401 and 403 of the Tribunal's Award on Jurisdiction and Admissibility of 29 October 2015 do not pose an impediment to the identification of the status of features;
b. that Scarborough Shoal, Gaven Reef (North), McKennan Reef, Johnson Reef, Cuarteron Reef, and Fiery Cross Reef include, or in their natural condition did include, naturally formed areas of land, surrounded by water, which are above water at high tide, within the meaning of Article 121(1) of the Convention;

c. 渚碧礁、南薰礁（南）、東門礁、美濟礁和仁愛礁是第 13 條所指的低潮高地；

d. 渚碧礁位於中業島以西的高潮高地敦謙沙洲的 12 海里範圍內；

e. 南薰礁（南）位於高潮高地南薰礁（北）和鴻庥島的 12 海里範圍內；

f. 東門礁位於高潮高地西門礁和景宏島 12 海里範圍內；

(4) 宣佈，美濟礁和仁愛礁作為低潮高地，不得產生領海、專屬經濟區或大陸架的海域權利，而且不能被佔有；

(5) 宣佈，渚碧礁、南薰礁（南）和東門礁作為低潮高地，不得產生領海、專屬經濟區或大陸架的海域權利，而且不能被佔有，但可以作為位於不超過領海寬度範圍內的高潮高地的領海基線；

c. that Subi Reef, Gaven Reef (South), Hughes Reef, Mischief Reef, and Second Thomas Shoal, are low-tide elevations, within the meaning of Article 13 of the Convention;

d. that Subi Reef lies within 12 nautical miles of the high-tide feature of Sandy Cay on the reefs to the west of Thitu;

e. that Gaven Reef (South) lies within 12 nautical miles of the high-tide features of Gaven Reef (North) and Namyit Island; and

f. that Hughes Reef lies within 12 nautical miles of the high-tide features of McKennan Reef and Sin Cowe Island;

(4) DECLARES that, as low-tide elevations, Mischief Reef and Second Thomas Shoal do not generate entitlements to a territorial sea, exclusive economic zone, or continental shelf and are not features that are capable of appropriation;

(5) DECLARES that, as low-tide elevations, Subi Reef, Gaven Reef (South), and Hughes Reef do not generate entitlements to a territorial sea, exclusive economic zone, or continental shelf and are not features that are capable of appropriation, but may be used as the baseline for measuring the breadth of the territorial sea of high-tide features situated at a distance not exceeding the breadth of the territorial sea;

（6）宣佈，黃岩島、南薰礁（北）、西門礁、赤瓜礁、華陽礁和永暑礁在其自然狀態下，是第 121 條第 3 款所指的不能維持人類居住或本身經濟生活的岩礁，因此，黃岩島、南薰礁（北）、西門礁、赤瓜礁、華陽礁和永暑礁不能產生專屬經濟區或大陸架的海域權利；

（7）關於南海其他海洋地物的地位，裁決如下：
a. 南沙群島中的所有高潮地物在其自然狀態下，無一能夠符合第 121 條第 3 款所指的維持人類居住或本身經濟生活；
b. 南沙群島中的所有高潮地物，無一可以產生專屬經濟區或大陸架的海域權利；
c. 因此，中國所主張的所有海洋地物不能產生任何專屬經濟區或大陸架的海域權利，從而無法在美濟礁和仁愛礁地區與菲律賓的海域權利發生重疊；
並宣佈，美濟礁和仁愛礁位於菲律賓專屬經濟區和大陸架範圍內；

(6) DECLARES that Scarborough Shoal, Gaven Reef (North), McKennan Reef, Johnson Reef, Cuarteron Reef, and Fiery Cross Reef, in their natural condition, are rocks that cannot sustain human habitation or economic life of their own, within the meaning of Article 121(3) of the Convention and accordingly that Scarborough Shoal, Gaven Reef (North), McKennan Reef, Johnson Reef, Cuarteron Reef, and Fiery Cross Reef generate no entitlement to an exclusive economic zone or continental shelf;

(7) FINDS with respect to the status of other features in the South China Sea:
a. that none of the high-tide features in the Spratly Islands, in their natural condition, are capable of sustaining human habitation or economic life of their own within the meaning of Article 121(3) of the Convention;
b. that none of the high-tide features in the Spratly Islands generate entitlements to an exclusive economic zone or continental shelf; and
c. that therefore there is no entitlement to an exclusive economic zone or continental shelf generated by any feature claimed by China that would overlap the entitlements of the Philippines in the area of Mischief Reef and Second Thomas Shoal; and
DECLARES that Mischief Reef and Second Thomas Shoal are within the exclusive economic zone and continental shelf of the Philippines;

（8）宣佈，中國在 2011 年 3 月 1 日和 2 日通過操作其海監船針對 "M/V Veritas Voyager" 號船的行為，違反了《公約》第 77 條的義務，妨害菲律賓對其在禮樂灘地區的大陸架所享有的對非生物資源的主權權利；

（9）宣佈，中國在 2012 年實施南海禁漁令，其範圍延伸到了菲律賓在南海的專屬經濟區，而且未使禁漁令僅限於懸掛中國國旗的船舶，這一行為違反了其在《公約》第 56 條下的義務，妨害菲律賓在其專屬經濟區內所享有的對生物資源的主權權利；

（10）關於中國船舶在美濟礁和仁愛礁的漁業行為，裁決如下：
a. 懸掛中國國旗船舶的漁民在 2013 年 5 月，在菲律賓位於美濟礁和仁愛礁的專屬經濟區內從事捕魚；而且
b. 中國通過操作其海監船，知悉、容忍、並未能盡職阻止懸掛中國國旗船舶的漁業行為；

(8) DECLARES that China has, through the operation of its marine surveillance vessels in relation to M/V Veritas Voyager on 1 and 2 March 2011 breached its obligations under Article 77 of the Convention with respect to the Philippines' sovereign rights over the non-living resources of its continental shelf in the area of Reed Bank;

(9) DECLARES that China has, by promulgating its 2012 moratorium on fishing in the South China Sea, without exception for areas of the South China Sea falling within the exclusive economic zone of the Philippines and without limiting the moratorium to Chinese flagged vessels, breached its obligations under Article 56 of the Convention with respect to the Philippines' sovereign rights over the living resources of its exclusive economic zone;

(10) FINDS, with respect to fishing by Chinese vessels at Mischief Reef and Second Thomas Shoal:
a. that, in May 2013, fishermen from Chinese flagged vessels engaged in fishing within the Philippines' exclusive economic zone at Mischief Reef and Second Thomas Shoal; and
b. that China, through the operation of its marine surveillance vessels, was aware of, tolerated, and failed to exercise due diligence to prevent such fishing by Chinese flagged vessels; and

c. 因此，中國未能適當顧及菲律賓在其專屬經濟區內的對漁業的主權權利；且

宣佈，中國違反其在《公約》第 58 條第 3 款下的義務；

（11）裁決黃岩島一直是多國漁民的傳統作業漁場，並宣佈中國自 2012 年 5 月以來，通過在黃岩島操作其政府船舶，非法阻止菲律賓漁民在黃岩島從事傳統捕魚活動；

（12）關於南海海洋環境保護和保全，裁決如下：

a. 懸掛中國國旗船舶的漁民大規模捕撈瀕危物種；

b. 懸掛中國國旗船舶的漁民通過嚴重破壞珊瑚礁生態系統的方法捕撈巨蛤；

c. 中國知悉、容忍、保護和未能阻止前述有害活動；因而

宣佈，中國違反其在《公約》第 192 條和第 194 條第 5 款下的義務；

c. that therefore China has failed to exhibit due regard for the Philippines' sovereign rights with respect to fisheries in its exclusive economic zone; and

DECLARES that China has breached its obligations under Article 58(3) of the Convention;

(11) FINDS that Scarborough Shoal has been a traditional fishing ground for fishermen of many nationalities and DECLARES that China has, through the operation of its official vessels at Scarborough Shoal from May 2012 onwards, unlawfully prevented fishermen from the Philippines from engaging in traditional fishing at Scarborough Shoal;

(12) FINDS, with respect to the protection and preservation of the marine environment in the South China Sea:

a. that fishermen from Chinese flagged vessels have engaged in the harvesting of endangered species on a significant scale;

b. that fishermen from Chinese flagged vessels have engaged in the harvesting of giant clams in a manner that is severely destructive of the coral reef ecosystem; and

c. that China was aware of, tolerated, protected, and failed to prevent the aforementioned harmful activities; and

DECLARES that China has breached its obligations under Articles 192 and 194(5) of the Convention;

(13) 關於南海海洋環境保護和保全，進一步裁決如下：

a. 中國在華陽礁、永暑礁、南薰礁（北）、赤瓜礁、東門礁、渚碧礁和美濟礁的圍海造陸和建設人工島、設施和結構的行為，對珊瑚礁生態系統造成嚴重的、不可恢復的損害；

b. 中國沒有與其他南海沿岸國就與這些活動有關的海洋環境保護和保全問題展開合作或協調；而且

c. 中國未能依據《公約》第 206 條，就這些活動對海洋環境的潛在影響作出評估；因而宣佈中國違反其在《公約》第 123 條、第 192 條、第 194 條第 1 款、第 194 條第 5 款、第 197 條、第 206 條下的義務；

(14) 關於中國在美濟礁建設人工島、設施和結構的行為：

a. 裁決中國在未獲得菲律賓授權的情況下，在美濟礁從事人工島、設施和結構建設活動；

(13) FINDS further, with respect to the protection and preservation of the marine environment in the South China Sea:

a. that China's land reclamation and construction of artificial islands, installations, and structures at Cuarteron Reef, Fiery Cross Reef, Gaven Reef (North), Johnson Reef, Hughes Reef, Subi Reef, and Mischief Reef has caused severe, irreparable harm to the coral reef ecosystem;

b. that China has not cooperated or coordinated with the other States bordering the South China Sea concerning the protection and preservation of the marine environment concerning such activities; and

c. that China has failed to communicate an assessment of the potential effects of such activities on the marine environment, within the meaning of Article 206 of the Convention; and

DECLARES that China has breached its obligations under Articles 123, 192, 194(1), 194(5), 197, and 206 of the Convention;

(14) With respect to China's construction of artificial islands, installations, and structures at Mischief Reef:

a. FINDS that China has engaged in the construction of artificial islands, installations, and structures at Mischief Reef without the authorisation of the Philippines;

b. 回顧：（i）仲裁庭裁決美濟礁是低潮高地，（ii）宣佈低潮高地不能被佔有，且（iii）宣佈美濟礁位於菲律賓專屬經濟區和大陸架中；因而

c. 宣佈中國違反《公約》第 60 條、第 80 條關於菲律賓在其專屬經濟區和大陸架的主權權利的規定；

（15）關於中國在黃岩島附近水域操作執法船舶的行為，裁決如下：

a. 中國在 2012 年 4 月 28 日和 5 月 26 日操作執法船舶的行為，引起碰撞和危害菲律賓船舶和人員的嚴重風險；且

b. 中國在 2012 年 4 月 28 日和 5 月 26 日操作執法船舶的行為，違反 1972 年《國際海上避碰規則公約》第 2、6、7、8、15、16 條規則；且

宣佈中國違反其在《公約》第 94 條下的義務；

b. RECALLS (i) its finding that Mischief Reef is a low-tide elevation, (ii) its declaration that low-tide elevations are not capable of appropriation, and (iii) its declaration that Mischief Reef is within the exclusive economic zone and continental shelf of the Philippines; and

c. DECLARES that China has breached Articles 60 and 80 of the Convention with respect to the Philippines' sovereign rights in its exclusive economic zone and continental shelf;

(15) FINDS, with respect to the operation of Chinese law enforcement vessels in the vicinity of Scarborough Shoal:

a. that China's operation of its law enforcement vessels on 28 April 2012 and 26 May 2012 created serious risk of collision and danger to Philippine ships and personnel; and

b. that China's operation of its law enforcement vessels on 28 April 2012 and 26 May 2012 violated Rules 2, 6, 7, 8, 15, and 16 of the Convention on the International Regulations for Preventing Collisions at Sea, 1972; and

DECLARES that China has breached its obligations under Article 94 of the Convention; and

（16）裁決，中國在這些爭端解決程序進行過程中：

a. 在位於菲律賓專屬經濟區中的低潮高地——美濟礁建設大型人工島；

b. 通過其圍海造陸和建造人工島、設施和構造行為，造成對美濟礁、華陽礁、永暑礁、南薰礁（北）、赤瓜礁、東門礁和渚碧礁珊瑚礁生態系統嚴重的、不可恢復的損害；且

c. 通過其圍海造陸和建造人工島、設施和構造行為，永久破壞有關美濟礁、華陽礁、永暑礁、南薰礁（北）、赤瓜礁、東門礁和渚碧礁自然狀態的證據；且

進一步裁決中國：

d. 惡化雙方關於各自在美濟礁地區享有權利和利益的爭端；

e. 惡化雙方關於美濟礁海洋環境保護和保全的爭端；

f. 把雙方關於海洋環境保護和保全的爭端範圍擴大至華陽礁、永暑礁、南薰礁（北）、赤瓜礁、東門礁和渚碧礁；

(16) FINDS that, during the time in which these dispute resolution proceedings were ongoing, China:

a. has built a large artificial island on Mischief Reef, a low-tide elevation located in the exclusive economic zone of the Philippines;

b. has caused — through its land reclamation and construction of artificial islands, installations, and structures—severe, irreparable harm to the coral reef ecosystem at Mischief Reef, Cuarteron Reef, Fiery Cross Reef, Gaven Reef (North), Johnson Reef, Hughes Reef, and Subi Reef; and

c. has permanently destroyed — through its land reclamation and construction of artificial islands, installations, and structures — evidence of the natural condition of Mischief Reef, Cuarteron Reef, Fiery Cross Reef, Gaven Reef (North), Johnson Reef, Hughes Reef, and Subi Reef; and

FINDS further that China:

d. has aggravated the Parties' dispute concerning their respective rights and entitlements in the area of Mischief Reef;

e. has aggravated the Parties' dispute concerning the protection and preservation of the marine environment at Mischief Reef;

f. has extended the scope of the Parties' dispute concerning the protection and preservation of the marine environment to Cuarteron Reef, Fiery Cross Reef, Gaven Reef (North), Johnson Reef, Hughes Reef, and Subi Reef; and

g. 惡化雙方關於南沙群島海洋地物地位及其海域權利的爭端；且

宣佈中國違反其在《公約》第 279、296、300 條下的義務，中國違反在一般國際法下避免採取任何可以對裁決執行產生不利影響行為的義務，以及在一般不允許採取任何可能在爭端解決程序進行過程中惡化或擴大爭端措施的義務。

g. has aggravated the Parties' dispute concerning the status of maritime features in the Spratly Islands and their capacity to generate entitlements to maritime zones; and DECLARES that China has breached its obligations pursuant to Articles 279, 296, and 300 of the Convention, as well as pursuant to general international law, to abstain from any measure capable of exercising a prejudicial effect in regard to the execution of the decisions to be given and in general, not to allow any step of any kind to be taken which might aggravate or extend the dispute during such time as dispute resolution proceedings were ongoing.

責任編輯　　楊　昇

書籍設計　　任媛媛

書　　名　菲律賓南海仲裁案核心問題法理分析

主　　編　黃　瑤　黃靖文

出　　版　三聯書店（香港）有限公司

　　　　　香港北角英皇道 499 號北角工業大廈 20 樓

　　　　　Joint Publishing (H.K.) Co., Ltd.

　　　　　20/F., North Point Industrial Building,

　　　　　499 King's Road, North Point, Hong Kong

發　　行　香港聯合書刊物流有限公司

　　　　　香港新界大埔汀麗路 36 號 3 字樓

印　　刷　美雅印刷製本有限公司

　　　　　香港九龍觀塘榮業街 6 號 4 樓 A 室

版　　次　2018 年 12 月香港第一版第一次印刷

規　　格　16 開（168 x 230 mm）568 面

國際書號　ISBN 978-962-04-3522-5

© 2018 Joint Publishing (H.K.) Co., Ltd.

Published & Printed in Hong Kong